高等职业教育经济贸易类专业在线开放课程新形态一体化教材

进出境通关实务

王瑞华　赵　阔　主　编
孙　康　赵　毅　康　慧　副主编

清华大学出版社
北　京

内容简介

本教材获国家级“双高计划”建设项目和国家级职业教育教师教学创新团队建设项目重点支持。教材根据高职院校以培养高端技能型人才为主的根本任务，对接国家职业标准、行业岗位标准、专业教学标准，按照典型工作过程，以项目导向、任务驱动设计体例，安排教学内容。全书共分8个项目，内容包括海关与报关管理、对外贸易管制、商品归类、海关监管制度、进出口税费核算、海关出入境检验检疫、进出口货物报关单填报、与通关有关的海关规章制度。

本教材以进出境通关国家最新政策法规为依据，整合最新的企业真实案例和现行作业流程，使用新版报关单，让学生掌握关务行业前沿动态。教材同时提供微课、动画、互动实训、教学课件、自主学习等丰富的数字化资源。

本教材结构清晰，思路独特，有很强的实用性，既方便教学，又便于使用，可作为高职高专院校关务与外贸服务、跨境电子商务、现代物流管理等财经类专业的教材，也可供从事关务活动的工作者学习参考。

图书在版编目(CIP)数据

进出境通关实务/王瑞华，赵阔主编. —北京：清华大学出版社，2024.5
高等职业教育经济贸易类专业在线开放课程新形态一体化教材
ISBN 978-7-302-65960-0

Ⅰ. ①进… Ⅱ. ①王… ②赵… Ⅲ. ①出入境管理－中国－高等职业教育－教材 Ⅳ. ①D631.46

中国国家版本馆CIP数据核字(2024)第069019号

责任编辑：左卫霞
封面设计：傅瑞学
责任校对：袁　芳
责任印制：曹婉颖

出版发行：清华大学出版社
网　　址：https://www.tup.com.cn，https://www.wqxuetang.com
地　　址：北京清华大学学研大厦A座　　**邮　　编**：100084
社 总 机：010-83470000　　**邮　　购**：010-62786544
投稿与读者服务：010-62776969，c-service@tup.tsinghua.edu.cn
质量反馈：010-62772015，zhiliang@tup.tsinghua.edu.cn
课件下载：https://www.tup.com.cn，010-83470410
印 装 者：三河市科茂嘉荣印务有限公司
经　　销：全国新华书店
开　　本：185mm×260mm　　**印　　张**：16.5　　**字　　数**：400千字
版　　次：2024年7月第1版　　**印　　次**：2024年7月第1次印刷
定　　价：56.00元

产品编号：099903-01

前　言

为加快落实国务院“放管服”改革要求，进一步提升口岸通关效率，我国不断出台各项新政，关务领域发生了一系列重大变革。如海关实施通关一体化、关检融合，建立了具备“通关＋物流”功能的“中国国际贸易单一窗口”，落实 AEO（经认证的经营者）认证标准等改革措施，优化跨境贸易营商环境，实现跨境贸易便利化。新时代、新海关背景对关务人才的职业胜任能力提出了更高的要求。

本教材对接《报关服务作业规范》《报关服务质量要求》等行业标准设计编写内容，对接关务与外贸服务专业国家教学标准设计编写方案，体现职业教育“类型教育”的特点，具有以下特色。

1. 融入思政，立德树人

本教材全面贯彻党的二十大精神，加快推进党的二十大精神进课堂、进教材、进头脑，结合职业教育类型特征，落实立德树人的根本任务。每个项目均设立素养目标，根据相关知识点、技能点萃取思政元素，形成了课程思政和专业知识的有机结合。

2. 内容新颖，体系完整

本教材对接国家最新政策，采用项目化、任务驱动的教学方法编排体例，以行业典型工作任务为载体，与企业、行业合作，共同开发教学内容，将全国通关一体化、关检融合、通关无纸化、金关工程（二期）、AEO 认证等行业发展的新技术、新规范、新标准体现在教材之中，并且融入了我国迅猛发展的跨境电子商务货物报关内容。

3. 校企合作，课赛融合

本教材的编写充分体现了校企合作精神，团队成员来自高职院校和报关货运企业。主编王瑞华教授、赵阔教授是辽宁经济职业技术学院关务类课程的专职教师。副主编孙康副教授是江苏联合职业技术学院苏州建设交通分院专职教师；副主编赵毅是辽宁经济职业技术学院专职教师，也是辽宁省技术能手、全国优秀报关员；副主编康慧是辽宁北方报关行有限公司业务主管。编写团队具有丰富的课堂教学经验和关务实战经验，融合多年来指导学生关务技能竞赛的经验，兼顾全国关务水平测试要求，使教材既适用于理实一体的课堂教学，也适用于指导学生技能大赛，同时兼顾全国关务水平测试考证。

4. 手段多样，资源丰富

本教材提供给教师多样的教学手段，教材中插入的二维码拓展了教学资源，包括微课、动画、图片、表格、教学文件等相关资源。以本教材为基础的“进出境通关实务”课程已在超星学习通上线，便于学生在网络上自主学习，扫描下页下方二维码即可在线学习该课程。教材设计思政园地、案例导入、思考、在线自测题、实务操作题等教学材料，特别是从准职业人的身份出发，安排了各种实操环境的截图、表格等，使学生有身临其境之感。同时向任课教师提供授课PPT、思考答案、练习题答案等教学资料，力求让教师在授课时能方便地使用本教材。

5. 教学内容循序渐进、实用性强

从海关与报关管理到外贸管制，从商品归类到各类货物的海关监管，梳理出报关流程，教学内容循序渐进；结合“中国国际贸易单一窗口”编写了报关单的填报，从填制规范到信息来源查找，再到“中国国际贸易单一窗口”录入规则，配以录入界面，实操性强。

本教材由王瑞华设计编写方案并负责全书的统稿工作，编写人员具体分工如下：项目五、项目七由王瑞华编写，项目二、项目四（任务一、任务二、任务七）、项目六由赵阔编写，项目一（任务一）、项目三、项目八由孙康编写，项目四（任务三、任务四、任务五、任务六）由赵毅编写，项目一（任务二）由康慧编写，同时由赵毅、康慧提供行业实践素材并负责业务指导。

本教材适用于高职高专关务与外贸服务、国际经济与贸易、国际商务、现代物流管理、跨境电子商务等专业学生，也适用于报检与报关业务从业人员学习参考。

在编写过程中，我们借鉴、吸收了同类教材和著作以及众多网站的内容，引用了其中许多观点和资料，并得到了沈阳中深国际物流股份有限公司、辽宁北方报关行有限公司、中国外运辽宁有限公司等企业的大力支持，在此一并表示衷心的感谢。

由于编者水平所限，书中难免有不足之处，敬请广大读者和专家批评、指正。

编　者

2024年2月

进出境通关实务在线开放课程

目　录

项目一

海关与报关管理

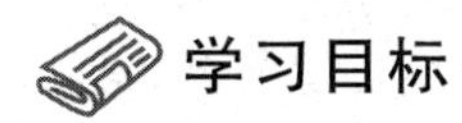

学习目标

知识目标

1. 熟悉海关的管理体制及组织机构设置；
2. 理解海关的性质和任务；
3. 理解海关执法的权力范围；
4. 熟悉 AEO 制度的发展过程；
5. 熟悉海关可以采集反映企业信用状况的信息内容。

技能目标

1. 掌握全国通关一体化改革后的进出境通关的作业模式；
2. 掌握海关全面深化业务改革新举措；
3. 掌握海关对报关单位的通关管理；
4. 掌握海关对企业信用的认定标准；
5. 掌握海关对企业实施信用管理的措施。

素养目标

1. 养成诚信守法、爱岗敬业、务实创新的职业素养；
2. 具有一定实践创新能力和精益求精的工匠精神，增强自我管理、团队合作与沟通能力。

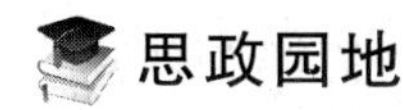

思政园地

坚守法制初心　强国有我

2022 年 8 月 8 日是第二十个海关法治宣传日，漳州市辖区海关通过开展形式多样的宣传活动，向企业和社区宣传海关相关法律、法规。

漳州海关联合有关单位，向保税物流、跨境电子商务等 60 多家企业开展"面对面"普法，通过海关近年来查获的走私案件、侵犯知识产权案件、加工贸易领域主动披露以及安全生产等以案说法、以案释法，最大限度发挥法治宣传教育的社会效益，强调"守法便利、违法惩戒"，强化守法意识。此外，漳州海关还组织业务骨干现场宣讲 RCEP(《区域全面经济伙伴关系协定》)原产地优惠政策、《外来物种入侵管理办法》等，并开展红火蚁等口岸入侵物种调查，维护国门生物安全。

资料来源：https://www.zhangzhou.gov.cn/cms/html/zzsrmzf/2022-08-09/479334475.html.

任务一　中国海关概述

案例导入

2023 年 2 月 14 日，海关总署与香港海关签署《海关总署与香港海关深化风险管理合作安排》。

本次签署合作安排，将进一步促进粤港澳大湾区内人员、货物及物品安全、便捷流通，服务粤港澳大湾区高质量发展。海关总署与香港海关通过开展风险信息共享、联合研判、协同行动等合作，严厉防控打击毒品、枪爆物资、濒危动植物、文物等物品非法进出境活动，对走私违法行为形成强力震慑。同时，提升口岸安全风险防控针对性和精准度，促进粤港澳大湾区贸易安全与通关便利。

香港作为粤港澳大湾区重要组成部分，是内地重要贸易伙伴，两地货物流通量非常巨大。2022 年，两地贸易总值 20402.7 亿元。

资料来源：http://gdfs.customs.gov.cn/customs/xwfb34/302425/sygdtp/4844498/index.html.

问题：

(1) 海关总署能够管辖香港海关吗？

(2) 中国海关的基本任务是什么？

一、海关与关境

1. 海关的含义

一国为了在国际经济交往中保护本国企业和公民的利益，同时维护一个良好、公平的进出境秩序，必然要对进出境活动进行管理。通常来说，国家对进出境经济活动的管理有两种手段——经济手段和行政手段。经济手段主要有关税、汇率、利率等；行政手段则主要有进出口许可、出入境检验检疫等。

在世界贸易组织(World Trade Organization，WTO)的框架制度下，除一般例外规定之外，关税是保护国内经济的唯一合法手段，且各国均由海关行使这一主权。从上述基本认识出发，国际上对海关的经济管理职能具有高度一致的认识。目前，世界多数国家普遍接受《关于简化和协调海关业务制度的国际公约》(又称《京都公约》)中关于海关的解释。根据1999 年 6 月世界海关组织理事会通过的《经修正的京都公约》规定："'海关'指负责海关法的实施、税费的征收并负责执行与货物的进口、出口、移动或储存有关的其他法律、法规和规章的政府机构。"也就是说，海关是依据本国(地区)的海关法律、法规和本国(地区)所承担的国际义务，代表国家统一行使关税征收和进出关境监督管理职权的行政机关。

《中华人民共和国海关法》第二条规定："中华人民共和国海关是国家的进出关境(以下简称进出境)监督管理机关。海关依照本法和其他有关法律、行政法规，监管进出境的运输工具、货物、行李物品、邮递物品和其他物品，征收关税和其他税、费，查缉走私，并编制海关统计和办理其他海关业务。"

2. 关境的含义

海关的法律管辖范围以专业术语“关境”来指称。关境是指实施同一海关法规和关税制度的境域，即国家（地区）行使海关主权的执法范围。世界海关组织对关境的定义是“完全实施同一海关法的地区”。

在一般情况下，关境的范围等于国境，但对于关税同盟的签署国来说，其成员国之间货物进出国境不征收关税，只对来自和运往非同盟国的货物在进出共同关境时征收关税，所以对于每个成员国，关境大于国境，如欧盟。如果在国内设立自由港、自由贸易区等特定区域，因进出这些特定区域的货物都是免税的，所以该国的关境小于国境。关境与国境相同，包括其领域内的领水、领陆和领空，是一个立体的概念。我国的关境范围是除享有单独关境地位的地区以外的中华人民共和国的全部领域，包括领水、领陆和领空。我国的单独关境有香港、澳门和台湾、澎湖、金门、马祖单独关税区。在单独关境内，其各自实行单独的海关制度。因此，我国关境小于国境。本书所称的“进出境”除特指外均指进出我国关境。

3. 世界海关组织

1952 年，“海关合作理事会”（Customs Co-operation Council，CCC）在比利时首都布鲁塞尔诞生。该组织的第一次理事会全体会议于 1953 年 1 月 26 日举行，共有 17 个成员的代表团参加会议。

1983 年，在“海关合作理事会”成立 30 周年之际，“海关合作理事会”成立日（1 月 26 日）被定为“国际海关日”，其目的是推广海关合作、促进国际贸易，以及在各海关组织间建立紧密的联系。1994 年，为了更明确地表明“海关合作理事会”的世界性地位，“海关合作理事会”年会通过了一项有关为该组织命名一个工作名称的议案。因此，该组织获得了一个工作名称，即“世界海关组织（World Customs Organization，WCO）”，从而使该组织与“世界贸易组织（WTO）”相对应。WCO 是世界范围唯一专门研究海关事务的国际政府间组织，它的使命是加强各成员海关工作效益和提高海关工作效率，促进各成员在海关执法领域的合作。中国于 1983 年成为该组织的正式成员。中国香港和中国澳门分别于 1987 年和 1993 年作为单独关境区（非主权国家的身份）加入 WCO。

二、中国海关的历史沿革

中国早期海关产生于西周时期，当时奴隶制已经有相当程度的发展，国家机构和政治制度完备，西周初期就开始建立管理陆路进出境事务的关卡机构，其目的是防止奴隶外逃和奸细潜入，具有军事色彩。西周以后，逐步进入封建社会，关卡增多，并开始征收关税，出现了“关市之征”的记录，这就是中国海关的萌芽。

在海上对外贸易比较发达的唐、宋、元时期，东南沿海各口岸均设立了专管对外贸易、检查进出口船舶并征收商税的机构。康熙二十四年（1685 年），广州、漳州（今厦门）、宁波、江南（今上海）四处设立了关卡，分别称粤海关、闽海关、浙海关、江海关。这是我国历史上首次使用“海关”一词。

1842 年，《中英南京条约》签订，强行开放上海、福州、厦门、宁波、广州五地为对外通商口岸，订立片面协定税则，剥夺了我国海关的关税自主权。自 1859 年英国人李泰国出任中国海关总税务司起至 1949 年中华人民共和国成立之前，历任海关总税务司均为外国人，中国海关的控制权被帝国主义国家掌握了 90 年。这一时期的海关也被称为“洋关”。

图 1-1 所示为粤海关建筑外观。

图 1-1　粤海关

1949 年 10 月 25 日，中华人民共和国海关总署成立，统一全国海关。1951 年 5 月 1 日，《中华人民共和国暂行海关法》施行，这是中国历史上第一部海关法典。1953 年 10 月 1 日起，全国海关开始使用中华人民共和国海关关徽标志。关徽由商神手杖与金色钥匙交叉组成。商神手杖代表国际贸易，钥匙象征海关为祖国把关。关徽寓意着中国海关依法实施进出境监督管理，维护国家的主权和利益，促进对外经济贸易发展和科技文化交往，保障社会主义现代化建设。图 1-2 所示为中华人民共和国海关关徽标志。

图 1-2　中华人民共和国海关关徽标志

视频：关徽的寓意

文档：新中国海关关徽的故事

2003 年 2 月 28 日，第九届全国人民代表大会常务委员会第三十二次会议通过了《中华人民共和国海关关衔条例》；2003 年 10 月 1 日，全国海关工作人员正式佩戴衔级标志上岗工作。关衔是区分海关工作人员等级、表明海关工作人员身份的称号和标志，是国家给予海关工作人员的荣誉。图 1-3 所示为中华人民共和国海关总署办公地址。

在新形势下，海关提出了“依法行政，为国把关，服务经济，促进发展”的工作方针。依法行政，保护公平竞争，维护贸易秩序，从而最大限度地促进社会经济的发展。

在中国特色社会主义新海关建设中，中国海关以习近平新时代中国特色社会主义思想为指引，加快落实国务院“放管服”改革要求。首先以风险管理为主线，加强监管，严守国门安全，然后通过整合海关作业内容和政务服务资源，加快“互联网＋海关”和信息公共服务平台建设，持续深化口岸工作改革，进一步优化营商环境，全力促进贸易便利化。

图 1-3 中华人民共和国海关总署办公地址

文档：海关关衔制度简介

文档：中国海关制服变迁

三、中国海关的管理体制及组织机构设置

（一）海关的管理体制

我国海关是中央国家行政机关的组成部分，行政是行政管理的简称。国家行政机关通常简称政府，是指依照宪法和有关法律设置的、行使国家权力、组织管理国家行政事务的机关。在我国，各级人民政府组成国家行政机关，是行政管理最重要的主体。我国的国家行政机关由各级立法机关产生，相应地，国家行政机关包括中央国家行政机关和地方国家行政机关。我国的中央国家行政机关是中华人民共和国国务院。根据法律规定，国务院的机构设置根据职能分为国务院办公厅、国务院组成部门、国务院直属特设机构、国务院直属机构、国务院办事机构、国务院直属事业单位、国务院部委管理的国家局和国务院议事协调机构。根据《中华人民共和国海关法》第三条规定，海关在国务院机构序列中属于国务院直属机构。

《中华人民共和国海关法》中通过"海关是国家的进出关境监督管理机关"明确了海关的主管事项是"进出关境"的"监督管理"，并对监督管理的对象进行了规定，明确了海关"进出关境监督管理"的职能、职权和职责。

海关总署贯彻落实党中央关于海关工作的方针政策和决策部署，在履行职责过程中坚持和加强党对海关工作的集中统一领导。其主要职责包括：负责全国海关工作；负责组织推动口岸"大通关"建设；负责海关监管工作；负责进出口关税及其他税费征收管理；负责出入境卫生检疫、出入境动植物及产品检验检疫；负责进出口商品法定检验；负责海关风险管理；负责国家进出口货物贸易等海关统计；负责全国打击走私综合治理工作；负责制定并组织实施海关科技发展规划、实验室建设和技术保障规划，组织相关科研和技术引进工作；负责海关领域国际合作与交流；垂直管理全国海关；完成党中央、国务院交办的其他任务。

（二）海关的组织机构设置

《中华人民共和国海关法》第三条规定："国务院设立海关总署，统一管理全国海关。"国家在对外开放的口岸和海关监管业务集中的地点设立海关。海关的隶属关系，不受行政区划的限制。

海关机构的设置为海关总署、直属海关和隶属海关三级。

1. 海关总署

海关总署是正部级国务院直属机构，内设主要机构包括办公厅（国家口岸管理办公室）、政策法规司、综合业务司、自贸区和特殊监管区域发展司、风险管理司、关税征管司、卫生检疫司、动植物检疫司、进出口食品安全局、商品检验司、口岸监管司、统计分析司、企业管理和稽查司、缉私局（全国打击走私综合治理办公室）等。

2. 直属海关

直属海关由海关总署领导，向海关总署负责，直属海关负责管理一定区域范围内的海关业务。目前，除 3 个单独关税区外，我国在 31 个省、自治区、直辖市设立了 42 个直属海关。

3 隶属海关

隶属海关由直属海关领导，向直属海关负责，隶属海关负责办理具体海关业务，是海关进出境监督管理职能的基本执行单位。我国目前有数百个隶属海关机构。

4. 派出和其他机构

海关总署在广州设立广东分署，其主要任务除监督、检查、指导广东省内 7 个直属海关的工作外，还负责对广东省内海关及长沙、南宁、海口、重庆、成都、贵阳、昆明海关实施监督、审计、巡视和培训。

天津特派员办事处主要负责监督、检查华北地区的北京、天津、石家庄、郑州、太原、呼和浩特、满洲里 7 个海关和中国海关管理干部学院的工作。上海特派员办事处主要负责监督、检查华东地区的上海、南京、杭州、宁波、合肥、福州、厦门、南昌、青岛 9 个海关和上海海关学院的工作。

上述 3 个海关总署派出机构均不办理具体海关业务。此外，海关总署设有上海海关学院，并在学院内设有中共海关总署党校。

四、海关的性质和基本任务

文档：海关总署组织架构图

（一）海关的性质

1. 海关是中央国家行政机关的组成部分

海关是国务院的直属机构，从属于国家行政管理体制，是代表国家专门在进出关境环节对运输工具、货物、物品实施监督管理的政府机关。

2. 海关是具有行政执法职能的国家行政机关

海关作为国家行政机关的一个部门，具有行政管理职能，因此海关的监督管理是行政执法活动，执法应有明确的行政执法依据，包括《中华人民共和国海关法》、其他全国性的法律、行政法规、海关总署制定的行政规章、我国参与签署的国际公约。

3. 海关是国家进出境监督管理机关

海关是代表国家专职负责对进出境运输工具、货物、行李物品、邮递物品和其他物品及相关海关事务实施监督并承担相应职责的行政机关。

中国海关实施监督管理的地域范围是中华人民共和国关境(不含香港、澳门和台湾、澎湖、金门、马祖单独关税区),实施监督管理的对象是所有进出关境运输工具、货物、物品的活动。

(二)海关的基本任务

《中华人民共和国海关法》明确规定海关有以下 4 项基本任务。

1. 海关监管

海关监管是指海关根据《中华人民共和国海关法》及相关法律、法规规定的权力,对进出关境运输工具、货物、行李物品、邮递物品和其他物品及相关的进出境行为采取不同措施和制度的一种行政管理行为。监管是海关最基本的任务,海关的其他任务都是在监管工作的基础上进行的。

2. 海关征税

海关征税的主要内容是依据《中华人民共和国海关法》《中华人民共和国进出口税则》及其他有关法律、行政法规规定来征收关税和进口环节海关代征税。关税的课税对象为进出口货物、进出境物品。

3. 查缉走私

查缉走私是指海关依照法律赋予的权力,在海关监管场所和附近规定地区,为预防、打击、制止走私行为,以实现对走私活动综合治理而采取的保障措施及行动。《中华人民共和国海关法》第五条规定:“国家实行联合缉私、统一处理、综合治理的缉私体制。海关负责组织、协调、管理查缉走私工作。”根据我国的缉私体制,除海关以外,公安、工商、税务、烟草专卖等部门也有查缉走私的权力,但这些部门查获的走私案件,必须按照法律规定,统一处理。各有关行政部门查获的走私案件,应当给予行政处罚的,移送海关依法处理;涉嫌犯罪的,应当移送海关缉私部门或地方公安机关依据案件管辖分工和法定程序办理。

4. 海关统计

海关统计是海关依法对进出口货物贸易的统计,是国民经济统计的重要组成部分。它是以实际进出口货物作为统计和分析的对象,通过收集、整理、加工处理进出口货物报关单或经海关核准的其他申报单证,对进出口货物的品种、数(重)量、价格、国别(地区)、经营单位、境内目的地、境内货源地、贸易方式、运输方式、关别等项目分别进行统计和综合分析。其目的是全面、准确地反映对外贸易运行态势,及时提供统计信息和咨询,实施有效的统计监督,开展国际贸易统计、交流与合作、促进对外贸易发展。

五、海关的权力内容

海关执法权是指在海关监督管理职权的范围内由《中华人民共和国海关法》及其他法律、行政法规授予海关的一种支配和指挥的力量,是海关监督管理职权的具体化和表现形式,也是国家意志得以实现的重要保障。

微课:海关的性质与任务

1. 海关的基本权力

表 1-1 所示为中国海关执法权的具体内容。

表 1-1 中国海关执法权的具体内容

序号	海关权力名称	具体内容
1	检查权	有权检查进出境运输工具。 对进出境运输工具的检查不受海关监管区域的限制
		检查有走私嫌疑的运输工具和有藏匿走私货物、物品的场所。 对于有走私嫌疑的运输工具和有藏匿走私货物、物品嫌疑的场所，在海关监管区和海关附近沿海沿边规定地区内，海关人员可直接进行检查。 超过这个范围，在调查走私案件时，应经直属海关关长批准或经授权的隶属海关关长批准，才能进行检查，但不能检查公民住宅
		对走私嫌疑人身体的检查，应在海关监管区和海关附近沿海沿边规定地区内进行，并应得到直属海关关长的批准或经授权的隶属海关关长批准
2	检验权	对列入法定检验商品目录的进出口商品实施法定鉴定和检验，对《食品安全法》《危险化学品安全管理条例》等法律、法规规定需由海关实施检验的进出口食品接触材料、食品添加剂、危险化学品等实施检验，对政府双边协议规定需由海关检验出证的进出口商品实施检验等。对进口缺陷消费品、进口缺陷汽车有权召回
3	检疫权	对出入境动植物及产品的检验检疫；对出入境转基因生物及产品、生物物种资源的检验检疫；对出入境人员、交通工具、集装箱、尸体、骸骨及可能传播检疫传染病的行李、货物、邮包等实施检疫查验；对出入境的微生物、生物制品、人体组织、血液及制品等特殊物品，以及能传播人类传染病的媒介生物实施卫生检疫；对进出口食品、化妆品检验检疫，以及进出口食品生产、加工、存储、经营等单位(场所)的日常检验检疫等
4	查阅、复制权	查阅进出境人员的证件，查阅、复制与进出境运输工具、货物、行李物品、邮递物品和其他物品有关的合同、发票、账册、单据、记录、文件、业务函电、录音录像制品和其他有关数据
5	查问权	有权对违反《中华人民共和国海关法》或者其他有关法律、行政法规的嫌疑人进行查问，调查其违法行为
6	查验权	有权查验进出境货物、个人携带进出境的行李物品、邮寄进出境的物品。海关查验货物认为必要时，可以径行提取货样
7	查询权	在调查走私案件时，经直属海关关长或者其授权的隶属海关关长批准，可以查询案件涉嫌单位和涉嫌人员在金融机构、邮政企业的存款、汇款
8	稽查权	在法律规定的年限内，对企业进出境活动及与进出口货物有关的账务、记账凭证、单证资料等有权进行稽查
9	行政处罚权	有权对违法当事人予以行政处罚，包括对走私货物、物品及违法所得处以没收，对有走私行为和违反海关监管规定行为的当事人处以罚款等
10	佩带和使用武器权	为履行职责，可以依法佩带武器，海关工作人员在履行职责时可以使用武器
11	行政强制权	行政强制权包括海关行政强制措施和海关行政强制执行。 海关行政强制措施是指海关在行政管理过程中，为制止违法行为，防止证据损毁、避免危害发生、控制危险扩大等情形，依法对公民的人身自由实施暂时性限制，或者对公民、法人或者其他组织的财物实施暂时性控制的行为，主要包括限制公民人身自由，扣留财物、冻结存款、汇款、封存货物或者账簿、单证以及其他强制措施。 海关行政强制执行是指海关在有关当事人不依法履行义务的前提下，为实现监督管理职能，依法强制当事人履行法定义务的行为。海关行政强制执行主要包括加收滞纳金、加收滞报金、扣缴税款、抵缴、变价抵缴等

2. 海关权力行使的基本原则

(1) 合法原则。一是主体资格合法。涉税走私犯罪案件的侦察权,只有缉私警察才能行使;海关行使某些权力时应得到"授权或批准",否则不能擅自行使这些权力。二是需以法律规范为依据,无法律规范授权的执法行为,应属无效。三是行使权力的方法、手段、步骤、时限等程序合法。四是一切行政违法主体都应承担相应的法律责任。

(2) 适当原则。海关关员可以根据具体情况和自己的意志,自行判断和选择采取最合适的行为方式及内容来行使职权,因此要遵循适当原则。为了防止自由裁量权的滥用,目前进行监督的法律途径主要有行政监督(行政复议)和司法监督(行政诉讼)程序。

(3) 依法独立行使原则。《中华人民共和国海关法》第三条规定:"海关依法独立行使职权,向海关总署负责。"

(4) 依法受到保障原则。《中华人民共和国海关法》第十二条规定:"海关依法执行职务,有关单位和个人应如实回答询问,并予以配合,任何单位和个人不得阻挠。海关执行职务受到暴力抗拒时,执行有关任务的公安机关和人民武装警察部队应当予以协助。"

【思考 1-1】 海关的权力有哪些需"授权",即经直属海关关长或者其授权的隶属海关关长批准后才能行使的?

文档:思考 1-1
答案解析

六、全国海关通关一体化改革

(一) 全国海关通关一体化概述

2016 年 6 月,海关总署启动全国海关通关一体化改革,该项改革是海关全面深化改革的核心任务,其结构支撑是"两中心、三制度"。2018 年"关检融合"后,进出境检验检疫作业全面融入全国通关一体化整体框架和流程。

1. 全国海关通关一体化基本含义

全国海关通关一体化模式下,进出口企业可以在全国任意一个海关办理进出口货物的通关业务。改革创新后的全国通关一体化管理格局以"两中心、三制度"为结构支撑,力图实现全国海关关键业务的统一执法、集中指挥及各方协同监管。

2018 年"关检融合"后,检验检疫作业已全面融入全国通关一体化整体框架和流程,逐步实现"统一申报单证、统一作业系统、统一风险研判、统一指令下达、统一现场执法"。

2. 全国海关通关一体化的主体架构

全国海关通关一体化是通过机构重组、制度重构、流程再造,以"两中心、三制度"为主体结构支撑,实现海关监管管理体制改革,确保海关全面深化改革的系统性、整体性、协同性。

"两中心"即风险防控中心与税收征管中心(现已经分别改名为风险防控局和税收征管局),是全国通关一体化主体架构的重要组成部分。

"三制度"即"一次申报、分步处置"、税收征管方式改革、隶属海关功能化改造,推进协同监管制度。通过打造制度灵魂,为"两中心"协同运作提供保障,确保"两中心"职责分工相对分离,监管时空得以延伸("一次申报、分步处置");归类、价格原产地等税收要素审核由集中在通关环节拓展到全过程(税收征管方式改革);同时,通过监管作业的流程再造,实现不同海关根据新职能在通关监管中承担新任务、履行新职责(隶属海关功能化改造,推进协同监管制度)。

（二）全国海关通关一体化的作业模式

1. 一次申报、分步处置

“一次申报、分步处置”是指改变海关现行接受申报、审单、查验、征税、放行的“串联式”作业流程，基于舱单提前传输，通过风险防控中心（局）、税收征管中心（局）对舱单和报关单风险甄别和业务现场处置作业环节的前推后移，在企业完成报关和税款自报自缴手续后，安全准入风险主要在口岸通关现场处置，税收风险主要在货物放行后处置的通关管理模式。

1）货物申报前

作为分步处置的前推环节，货物申报前主要进行舱单风险甄别、物流风险甄别和税款方式选择。通关前加载的风险参数包括安全准入风险参数、重大税收风险参数、单证验核风险参数、一般税收风险参数。

（1）舱单风险甄别。舱单传输人按照规定向海关传输舱单及相关电子数据。海关舱单管理系统对舱单实施逻辑检控和审核，对不符合舱单填制规范的，退回舱单传输人予以修改；对通过逻辑检控和审核的舱单数据，进入物流（舱单、运输工具）风险待甄别环节。

（2）物流风险甄别与处置。根据安全准入风险参数和风险判别规则（风险模型）及已下达的布控查验指令，物流风险待甄别环节对高风险舱单和运输工具进行分流处置。在必要情况下，可要求口岸海关运输工具检查岗、货物查验岗在舱单确报后分别依职责登临运输工具实施检查和货物查验，排查处置安全准入风险。

（3）税款方式选择。在货物申报之前，对于需要缴纳税款的货物，企业可自主在缴税放行或税款担保放行两种方式中进行选择。对于采用税款担保放行的，企业应在通关前向海关提供担保并备案，对符合规定免除担保条件的企业，可向海关申请免除担保。

2）货物现场通关

企业（货主企业或代理报关企业）向海关申报报关单及随附单证电子数据和自行核算的应缴税款后，海关通关作业管理系统进行规范性、逻辑性检查，对舱单、许可证件、电子备案信息等进行核注。现场通关的运行处置环节如下。

（1）接受申报。对于符合条件的，海关接受申报，向企业发送接受申报回执；对于不符合条件的，系统自动退单，发送退单回执。企业收到接受申报回执的，如选择缴纳税款，则可自行向银行缴纳税款；如选择担保，则海关办理担保核扣手续；收到退单回执的，企业需重新办理有关申报手续。

（2）现场处置。企业申报完成后，未被任何参数或指令捕中且不涉及许可证件的报关单，通关管理系统自动放行；涉及许可证件且已实现计算机联网监管的，通关管理系统直接核扣电子数据后自动放行；涉及许可证件但未实现计算机联网监管的，由现场海关综合业务岗人工核扣。

如申报的报关单已经加载各类风险参数，则应按照以下措施处置。

被安全准入风险参数捕中的报关单，根据风险防控局指令现场进行处置；被重大税收风险参数捕中的报关单，进行放行前的税收征管要素风险排查处置，并根据审核结果或审核需要下达报关单修撤、退补税或单证验核、实货验估等指令，现场根据指令要求进行相关处置，反馈处置结果；被单证验核风险参数捕中的报关单，在货物放行前现场进行单证验核，留存有关单证、图像等资料后放行报关单数据；被一般税收风险参数捕中的报关单，批量放行，放行后进行后续研判处置。

通过各项风险处置后的报关单，由系统自动研判放行条件。对符合放行条件的，海关放行信息自动发送至卡口，企业根据海关的放行信息，办理实货提离手续；对不符合放行条件的，企业根据海关要求办理相关手续。

3）货物放行后

货物放行后，海关仍会运用风险模型继续对放行后的所有报关单数据进行智能筛选，分别根据风险参数选中部分报关单，同时随机抽取一定比例的已放行报关单，连同通关中被税收风险参数捕中的报关单，以及放行前经过实货验估、单证验核后存证放行的报关单，按商品分类由系统分派至税收征管专家实施研判，结合企业信用情况实施放行后批量审核。

货物放行后批量审核的处置方案：对确定存在涉税要素申报差错的，下达报关单修撤、退补税指令，现场办理有关手续；对需要通过收集并验核有关单证资料、样品，开展质疑、磋商等方式确定税收征管要素的，下达验估指令，现场按照指令要求进行处置并反馈结果；对风险存疑，需要对与进出口货物相关的企业（单位）的账簿、单证等有关资料和有关进出口货物进行核查的，下达稽（核）查指令，稽查部门按照指令要求开展稽（核）查作业，并反馈处置结果；对发现涉嫌走私违规风险线索的，移交缉私部门处置；对发现可能存在安全准入风险的，将有关情况告知风险防控局。

图 1-4 所示为通关一体化前后流程的比较。

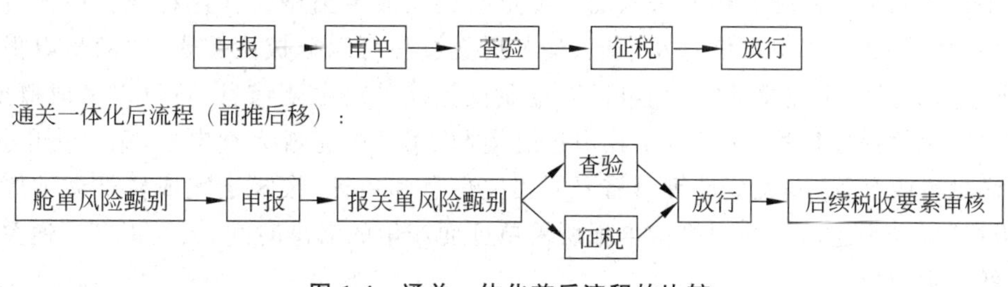

图 1-4 通关一体化前后流程的比较

2. 税收征管方式改革

全国通关一体化改革中的税收征管方式改革，是以企业自报、自缴税款为切入点，建立与“一次申报、分步处置”相适应的征管体制和作业流程，通过建立多维度、立体式的税收风险防控体系，创新税收担保形式，实现征管作业无纸化。

文档：“一次申报、分步处置”通关作业规范

（1）企业自报、自缴税款。企业办理海关预录入时，需自行填报报关单各项目，可以利用预录入系统的海关计税（费）服务工具计算应缴纳的相关税费，并对系统显示的税费计算结果进行确认，连同报关单预录入内容一并提交海关。这也是“一次申报”的核心组成部分。进出口企业、单位在收到海关受理回执后，可自行办理相关税费缴纳手续。改革后，海关不再开具税单进行缴款告知，由企业缴税后自行选择在海关现场打印税单或由商业银行打印完税凭证。

（2）属地纳税人管理。作为海关企业信用管理制度融入全国通关一体化改革的重要组成部分，属地纳税人管理将涉及税收征管的指标、要素统一纳入海关企业信用管理办法和相关企业认证标准（并扩展至代理报关企业），并按照“诚信守法便利”和“失信违法惩戒”原则，在税收征管中实施统一的差别化信用管理措施。

（3）创新税收担保方式，深化海关税款担保改革。为创新多元化的海关税收担保方式，改革后，由以货物为单元的逐票担保方式，逐步向以企业为单元的税收总担保方式进行转变。这一改革允许诚信、合规纳税企业设立总担保账户，全国海关共享通用，额度根据企业缴纳入库情况循环使用。同时以企业需求为向导，研究金融创新产品和非金融机构参与海关税款担保的可行性，进一步降低企业通关纳税成本。

七、海关全面深化业务改革新举措

海关全面建立高效便捷的申报制度、协同优化的风险管理制度、衔接有序的监管作业制度、统一规范通关制度、自由便利的特定区域海关监管制度，形成符合新职能需要的监管制度体系。

文档：“两步申报”业务流程

（一）两步申报

2019 年 9 月，海关总署在杭州、宁波、青岛、黄埔、深圳等海关相继开展进口“两步申报”改革试点。2019 年 12 月 26 日，海关总署决定自 2020 年 1 月 1 日起全面推广进口货物“两步申报”改革试点。“两步申报”是适应国际贸易特点和安全便利需要所采取的一项重要通关改革措施。在这种通关模式下，企业不需要一次性提交全部申报信息及单证，整个提交过程可以分成两步走。“两步申报”不是“两次申报”，而是一个完整的“过程申报”，企业仅凭提单的主要信息，就可以完成概要申报（第一步申报）并提离货物，在运输工具申报进境起 14 日内完成完整申报（第二步申报），补充提交满足税收征管、海关统计等所需要的相关信息和单证，按规定完成税款缴纳等流程。“两步申报”减少了进口货物因等待申报所需单证而产生的滞港时间，大大提高了通关效率，大幅降低了企业成本。

在“两步申报”通关模式下，企业将 105 个申报项目分为两步进行申报。

第一步是概要申报，对于不涉及进口禁限管制、检验或检疫的货物，企业只需申报 9 个项目[境内收发货人、运输方式/运输工具名称及航次号、提运单号、监管方式、商品编号（六位）、商品名称、数量及单位、总价、原产国（地区）]、确认 2 个物流项目（毛重、集装箱号）；对于涉及进口禁限涉证管制、检验或检疫的，分别增加申报 2 个（许可证号/证件编号、集装箱商品项号关系）和 6 个项目[产品资质（产品许可/审批/备案）、商品编号（13 位）、货物属性、用途、集装箱商品项号关系、目的地检验检疫机关]。

应税的项目需选择符合要求的担保备案编号。如果货物不需查验，即可提离；涉税货物已经提交税款担保的，或需查验货物海关已完成查验的，也可以提离。

第二步是完整申报，企业在规定时间内补充申报其他项目，办理缴纳税款等通关手续。

如货物申报的征免性质为照章征税、折半征税的货物，则涉税。企业需提前向注册地直属海关关税职能部门提交税收担保备案申请，担保额度可根据企业税款缴纳情况循环使用。

如货物符合以下几种情况，则属于涉检范围：商品编码属于法定检验检疫的货物；旧机电设备货物；危险品货物。

如涉及的监管证件必须是已实现联网核查的货物，则属于涉证商品。具体明细见《关于开展“两步申报”改革试点的公告》（海关总署公告2019年第127号）附件2“已实现联网的监管证件”。

实施“两步申报”模式的同时，继续保留“一次申报、分步处置”模式，企业可根据自身情况及需要自主选择申报模式。

“两步申报”与“一次申报、分步处置”申报模式的主要区别：一是“时点申报”变为“过程申报”，企业不必一次性填报完整，而是根据掌握的信息分步填报，概要申报环节仅申报“9＋2＋N”项目，其他项目在完整申报阶段补充；二是货物提离加快，第一步概要申报后，如果货物不需要查验，即可将货物提离海关监管场所；三是税收担保创新，依托社会信用体系，建立概要申报的担保制度，高级认证企业可向海关申请免除担保；四是监管理念转变，秉承“告知承诺制”，企业在概要申报阶段自行确认是否涉证、涉检、涉税，这一确认行为视同企业向海关做出守法承诺。

（二）两轮驱动

两轮驱动是以随机抽查掌控风险防控覆盖面，以精准布控靶向锁定风险目标，构建随机抽查与精准布控协同分工、优势互补的风险统一防控机制。一是实施科学随机抽查，形成覆盖全面、评估客观、震慑有力、规则相对稳定的随机抽查模式。二是提升精准布控水平，建立实现精准打击的风险布控规则。

（三）两段准入

两段准入是指现场监管的制度，是将进口货物准予提离口岸监管作业场所视为口岸放行，以口岸放行为界，根据“是否允许货物入境”和“是否允许货物进入国内市场销售或使用”，分段实施“准许入境”“合格入市”监管。通过“两段准入”模式的改革，可使涉及商品检验类的货物更快提离、更快通关，降低企业仓储成本。

1.“第一段监管”准予进入中国关境

“第一段监管”是指进口货物完成必要的口岸检查，凭海关通知准予提离进境地口岸海关监管区。虽然海关允许企业将完成第一段监管的货物从口岸提离，且由企业自行运输和存放，但此时货物尚未完成全部通关手续，仍需接受海关监管，企业不能随意处置。

2.“第二段监管”准予进入中国市场

“第二段监管”是指进口货物准予从口岸提离后，由企业自行运输和存放，凭海关放行通知准予销售或使用。“两段准入”对于企业来说不必在口岸实施所有安全检查，货物通关更加便利，能够减少货物在口岸积压，降低滞港产生的仓储和时间成本。对于海关来说，能够聚焦重大安全准入风险，口岸更加安全；关检业务深度融合，流程更加顺畅；分段准入监管，口岸通关时间再压缩；口岸与属地监管资源进一步合理优化。图1-5所示为“两段准入”作业流程。

（四）两类通关

两类通关是逐步将邮寄、快递、跨境电子商务纳入全国通关一体化，针对邮寄、快递物品及该渠道的小批量、多批次货物，统一规范通关模式，形成货运渠道和寄递渠道两类通关。

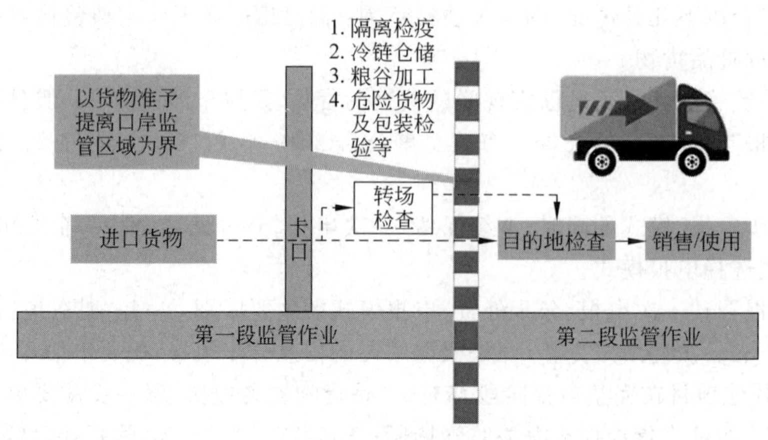

图 1-5 “两段准入”作业流程

根据寄递渠道特点，设置差异化申报要求，简化申报项目，同时将布控查验指令直接作用于生产分拣线，实现自动挑拣查验目标。

文档：走近国际贸易“单一窗口”

（五）两区优化

两区优化的主要思路是优化海关特殊监管区域和自由贸易试验区海关监管制度，发挥试验田作用。其主要实现方式是电子账册和卡口的双优化，建设具有国际先进水平的国际贸易“单一窗口”，对海关特殊监管区域和自由贸易试验区内的企业试点取消工单核销和单耗管理，探索创新服务贸易海关监管制度。

在关检融合基础上进一步全面深化海关业务改革，既是全国海关通关一体化改革在重点领域和关键环节的延续和深化，也是新时代海关应对新形势、新挑战、新机遇的必然要求。

文档：思考 1-2 答案解析

【思考 1-2】 我国海关进一步全面深化海关业务改革，采取“两步申报”“两轮驱动”“两段准入”“两类通关”“两区优化”等多种新举措，请思考海关深化业务改革的最终目标是什么？

任务二 海关对报关单位的信用管理

案例导入

沈阳奔腾汽车零部件有限公司常年在大连口岸进出口货物，2021 年通过海关认证审核，成为海关 AEO 高级认证企业，在提高通关效率的同时，有效降低了物流成本。

问题：

(1) 什么是 AEO?

(2) 哪些类型的公司可以申请成为海关 AEO 高级认证企业?

(3) 按照海关信用管理体系，共分为几类企业?

一、AEO 概述

1. AEO 的含义

AEO 是 Authorized Economic Operator 的简称，是世界各国海关对高信用企业的统称，中文译名“经认证的经营者”。

经认证的经营者(AEO)制度是世界海关组织为了实现《全球贸易安全和便利标准框架》，构建海关与商界之间的伙伴关系，实现贸易安全与便利目标而引入的一项制度。在世界海关组织制定的《全球贸易安全与便利标准框架》中，AEO 被定义为“以任何一种方式参与货物国际流通，并被海关当局认定符合世界海关组织或相应供应链安全标准的一方，包括生产商、进口商、出口商、报关行、承运商、理货人、中间商、口岸和机场、货站经营者、综合经营者、仓储业经营者和分销商”。

AEO 制度是海关对守法程度、信用状况和贸易安全水平较高的企业进行认证，从而给予其切实便利和优惠措施的制度。而通过国际海关间的 AEO 互认合作，则可以使中国的 AEO 企业能够享受互认国家(地区)海关的通关便利，能够更好地帮助中国企业“走出去”。AEO 资质已被世界各国家(地区)海关公认为全球贸易的“绿色通行证”。

中国海关将国家信用体系建设要求与世界海关组织 AEO 制度有机融合，发展形成了独具中国海关特色的海关信用管理体系，依据《中华人民共和国海关法》《中华人民共和国海关稽查条例》《企业信息公示暂行条例》《优化营商环境条例》及其他有关法律、行政法规的规定，以“诚信守法便利、失信违法惩戒、依法依规、公正公开”为原则，制定了《中华人民共和国海关注册登记和备案企业信用管理办法》《海关高级认证企业标准》及管理措施。

2. AEO 制度的发展过程

信用是现代市场经济的基石，社会诚信是国家治理体系和治理能力现代化的集中体现。党中央、国务院高度重视社会信用体系建设。自 2014 年实施《社会信用体系建设规划纲要》以来，国务院已多次印发重要文件，对社会信用体系建设提出了明确要求。国家信用体系也称社会信用体系，是社会主义市场经济体制和社会治理体制的重要组成部分。

海关总署作为社会信用体系建设部际联席成员单位，始终贯彻落实党中央、国务院决策部署，不断加强进出口领域信用体系建设，全力构建以信用为基础的新型海关监管机制，持续完善海关信用管理制度。

2008 年制定《中华人民共和国海关企业分类管理办法》(海关总署令第 170 号，自 2008 年 4 月 1 日起，现已废止)。

2014 年重新制定《中华人民共和国海关企业信用管理暂行办法》(海关总署令 225 号，自 2014 年 12 月 1 日起施行，现已废止)。

2018 年修订出台《中华人民共和国海关企业信用管理办法》(海关总署令 237 号，自 2018 年 5 月 1 日起施行，现已废止)。

2021 年修订出台《中华人民共和国海关注册登记和备案企业信用管理办法》(海关总署令 251 号，自 2021 年 11 月 1 日起施行)。

文档：《中华人民共和国海关注册登记和备案企业信用管理办法》

3. 信用等级设置

根据《中华人民共和国海关注册登记和备案企业信用管理办法》将企业信用等级划分为

高级认证企业、其他在海关注册登记和备案企业、失信企业3种。并对信用等级进行了优化，更加突出“抓两头、促中间”的管理原则。同时明确高级认证企业是中国海关“经认证的经营者”(AEO)，以更好地对标国际规则。

海关根据企业申请，按照本办法规定的标准和程序将企业认证为高级认证企业的，对其实施便利的管理措施。

海关根据采集的信用信息，按照本办法规定的标准和程序将违法违规企业认定为失信企业的，对其实施严格的管理措施。海关对高级认证企业和失信企业之外的其他企业实施常规的管理措施。

二、企业信用信息采集和公示

1. 企业信用信息采集

根据《中华人民共和国海关注册登记和备案企业信用管理办法》的规定，海关可以采集反映企业信用状况的下列信息。

(1) 企业注册登记或者备案信息以及企业相关人员基本信息。

(2) 企业进出口以及与进出口相关的经营信息。

(3) 企业行政许可信息。

(4) 企业及相关人员行政处罚和刑事处罚信息。

(5) 海关与国家有关部门实施联合激励和联合惩戒信息。

(6) AEO互认信息。

(7) 其他反映企业信用状况的相关信息。

2. 企业信用信息公示

海关应当及时公示下列信用信息，并公布查询方式。

(1) 企业在海关注册登记或者备案信息。

(2) 海关对企业信用状况的认证或者认定结果。

(3) 海关对企业的行政许可信息。

(4) 海关对企业的行政处罚信息。

(5) 海关与国家有关部门实施联合激励和联合惩戒信息。

(6) 其他依法应当公示的信息。

公示的信用信息涉及国家秘密、国家安全、社会公共利益、商业秘密或者个人隐私的，应当依照法律、行政法规的规定办理。

自然人、法人或者非法人组织认为海关公示的信用信息不准确的，可以向海关提出异议，并且提供相关资料或者证明材料。海关应当自收到异议申请之日起20日内进行复核。自然人、法人或者非法人组织提出异议的理由成立的，海关应当采纳。

【思考1-3】 沈阳奔腾汽车零部件有限公司为海关AEO高级认证企业，其报关代理为沈阳快又好报关服务有限公司，信用等级为其他在海关注册登记和备案企业。现因业务需要，沈阳快又好报关服务公司于2022年2月向海关递交了高级认证企业申请，后经自行对照发现公司办公场所安全不达标于2022年4月撤回认证申请，海关于2022年5月10日将未通

文档：思考1-3
答案解析

过认证决定书送达公司。请思考以下问题。

(1)沈阳奔腾汽车零部件有限公司在委托沈阳快又好报关服务有限公司申报业务过程中是否适用海关AEO高级认证管理措施?

(2)海关AEO高级认证企业适用哪些便利管理措施?

(3)沈阳快又好报关服务公司计划2025年5月1日再次向海关提交认证申请,是否可行?

三、企业信用的认定标准、程序和信用修复

(一)高级认证企业的认证标准、程序和信用修复

1. 高级认证企业的认证标准

高级认证企业的认证标准分为通用标准和单项标准。高级认证企业的通用标准包括内部控制、财务状况、守法规范及贸易安全等内容。高级认证企业的单项标准是海关针对不同企业类型和经营范围制定的认证标准。

高级认证企业应当同时符合通用标准和相应的单项标准。通用标准和单项标准由海关总署制定并公布。

2. 高级认证企业的认证程序

企业申请成为高级认证企业的,应当向海关提交书面申请,并按照海关要求提交相关资料。海关依据高级认证企业通用标准和相应的单项标准,对企业提交的申请和有关资料进行审查,并赴企业进行实地认证。

海关应当自收到申请及相关资料之日起90日内进行认证并作出决定。特殊情形下,海关的认证时限可以延长30日。

经认证,符合高级认证企业标准的企业,海关制发高级认证企业证书;不符合高级认证企业标准的企业,海关制发未通过认证决定书。高级认证企业证书、未通过认证决定书应当送达申请人,并且自送达之日起生效。

3. 高级认证企业的认证复核

海关对高级认证企业每5年复核一次。企业信用状况发生异常情况的,海关可以不定期开展复核。

经复核,不再符合高级认证企业标准的,海关应当制发未通过复核决定书,并收回高级认证企业证书。

海关可以委托社会中介机构就高级认证企业认证、复核相关问题出具专业结论。企业委托社会中介机构就高级认证企业认证、复核相关问题出具的专业结论,可以作为海关认证、复核的参考依据。

企业有下列情形之一的,1年内不得提出高级认证企业认证申请。

(1)未通过高级认证企业认证或者复核的。

(2)放弃高级认证企业管理的。

(3)撤回高级认证企业认证申请的。

(4)高级认证企业被海关下调信用等级的。

(5)失信企业被海关上调信用等级的。

（二）失信企业的认定标准、程序和信用修复

1. 失信企业的认定标准

企业有下列情形之一的，海关认定为失信企业。

（1）被海关侦查走私犯罪公安机构立案侦查并由司法机关依法追究刑事责任的。

（2）构成走私行为被海关行政处罚的。

（3）非报关企业1年内违反海关的监管规定被海关行政处罚的次数超过上年度报关单、进出境备案清单、进出境运输工具舱单等单证总票数千分之一且被海关行政处罚金额累计超过100万元的。

报关企业1年内违反海关的监管规定被海关行政处罚的次数超过上年度上述单证总票数万分之五且被海关行政处罚金额累计超过30万元的。

上年度上述单证票数无法计算的，1年内因违反海关的监管规定被海关行政处罚，非报关企业处罚金额累计超过100万元、报关企业处罚金额累计超过30万元的。

（4）自缴纳期限届满之日起超过3个月仍未缴纳税款的。

（5）自缴纳期限届满之日起超过6个月仍未缴纳罚款、没收的违法所得和追缴的走私货物、物品等值价款，并且超过1万元的。

（6）抗拒、阻碍海关工作人员依法执行职务，被依法处罚的。

（7）向海关工作人员行贿，被处以罚款或者被依法追究刑事责任的。

（8）法律、行政法规、海关规章规定的其他情形。

失信企业存在违反进出口食品安全管理规定、进出口化妆品监督管理规定或者走私固体废物被依法追究刑事责任的，非法进口固体废物被海关行政处罚金额超过250万元的，海关依照法律、行政法规等有关规定实施联合惩戒，将其列入严重失信主体名单。

2. 失信企业的认定程序

海关在作出认定失信企业决定前，应当书面告知企业拟作出决定的事由、依据和依法享有的陈述、申辩权利。

海关拟将企业列入严重失信主体名单的，还应当告知企业列入的惩戒措施提示、移出条件、移出程序及救济措施。

企业对海关拟认定失信企业决定或者列入严重失信主体名单决定提出陈述、申辩的，应当在收到书面告知之日起5个工作日内向海关书面提出。

海关应当在20日内进行核实，企业提出的理由成立的，海关应当采纳。

3. 失信企业的信用修复

未被列入严重失信主体名单的失信企业纠正失信行为，消除不良影响，并且符合下列条件的，可以向海关书面申请信用修复并提交相关证明材料。

（1）因构成走私行为被海关行政处罚以及抗拒、阻碍海关工作人员依法执行职务被认定为失信企业的，应适用失信企业管理满1年方可向海关提出修复申请。

（2）因存在违反海关的监管规定被行政处罚而认定为失信企业的，应适用失信企业管理满6个月方可向海关提出修复申请。

（3）因存在超过规定期限仍未缴纳税款或相关罚没款项而被认定为失信企业的，应适用失信企业管理满3个月方可向海关提出修复申请。

经审核符合信用修复条件的，海关应当自收到企业信用修复申请之日起20日内作出准予信用修复决定。

失信企业连续2年未发生失信情形的，海关主动对失信企业作出信用修复决定。

被列入严重失信主体名单的失信企业连续2年未发生失信情形的，海关主动将其移出严重失信主体名单并通报相关部门。

法律、行政法规和党中央、国务院政策文件明确规定不可修复的，海关不予信用修复。

四、企业管理措施和原则

海关按照诚信守法便利、失信违法惩戒、依法依规、公正公开原则，对企业实施信用管理。

海关根据企业申请，按照有关规定标准和程序将企业认证为高级认证企业的，对其实施便利的管理措施。

海关根据采集的信用信息，按照《中华人民共和国海关注册登记和备案企业信用管理办法》规定的标准和程序将违法违规企业认定为失信企业的，对其实施严格的管理措施。

海关对高级认证企业和失信企业之外的其他企业实施常规的管理措施。

1. 高级认证企业管理措施

高级认证企业是中国海关AEO，适用下列管理措施。

(1) 进出口货物平均查验率低于实施常规管理措施企业平均查验率的20%，法律、行政法规或者海关总署有特殊规定的除外。

(2) 出口货物原产地调查平均抽查比例在企业平均抽查比例的20%以下，法律、行政法规或者海关总署有特殊规定的除外。

(3) 优先办理进出口货物通关手续及相关业务手续。

(4) 优先向其他国家(地区)推荐农产品、食品等出口企业的注册。

(5) 可以向海关申请免除担保。

(6) 减少对企业稽查、核查频次。

(7) 可以在出口货物运抵海关监管区之前向海关申报。

(8) 海关为企业设立协调员。

(9) AEO互认国家或者地区海关通关便利措施。

(10) 国家有关部门实施的守信联合激励措施。

(11) 因不可抗力中断国际贸易恢复后优先通关。

(12) 海关总署规定的其他管理措施。

部分地区海关在总署措施目录基础上，结合各关区外贸发展实际，做了进一步补充、细化，形成《××海关认证企业(AEO)管理措施目录》。

2. 失信企业管理措施

(1) 进出口货物查验率80%以上。

(2) 经营加工贸易业务的，全额提供担保。

(3) 提高对企业稽查、核查频次。

(4) 海关总署规定的其他管理措施。

图1-6所示为企业管理措施分类。

3. 管理原则

办理同一海关业务涉及的企业信用等级不一致，导致适用的管理措施相抵触的，海关按照较低信用等级企业适用的管理措施实施管理。

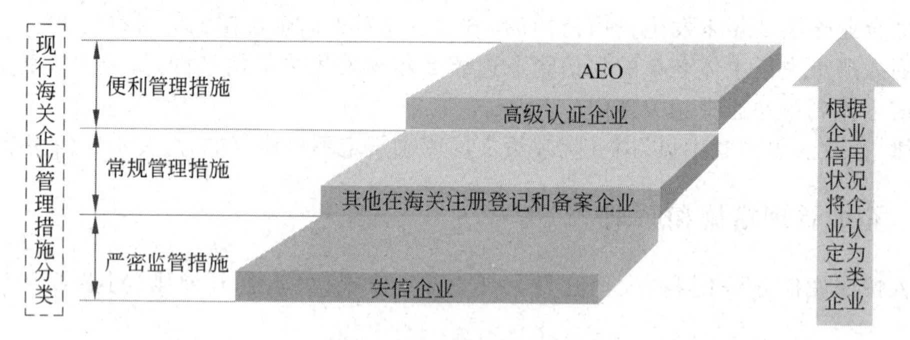

图 1-6 企业管理措施分类

高级认证企业、失信企业有分立合并情形的，海关按照以下原则对企业信用状况进行确定并适用相应管理措施。

（1）企业发生分立，存续的企业承继原企业主要权利义务的，存续的企业适用原企业信用状况的认证或者认定结果，其余新设的企业不适用原企业信用状况的认证或者认定结果。

（2）企业发生分立，原企业解散的，新设企业不适用原企业信用状况的认证或者认定结果。

（3）企业发生吸收合并的，存续企业适用原企业信用状况的认证或者认定结果。

（4）企业发生新设合并的，新设企业不再适用原企业信用状况的认证或者认定结果。

高级认证企业涉嫌违反与海关管理职能相关的法律、法规被刑事立案的，海关应当暂停适用高级认证企业管理措施。

高级认证企业涉嫌违反海关的监管规定被立案调查的，海关可以暂停适用高级认证企业管理措施。

高级认证企业存在财务风险，或者有明显的转移、藏匿其应税货物以及其他财产迹象的，或者存在其他无法足额保障税款缴纳风险的，海关可以暂停其免除担保管理措施。

海关注册的进口食品境外生产企业和进境动植物产品国外生产、加工、存放单位等境外企业的信用管理，由海关总署另行规定。

企业主动披露且被海关处以警告或者海关总署规定数额以下罚款的行为，不作为海关认定企业信用状况的记录。

拓展训练

文档：项目一在线自测

一、在线自测

扫描右侧二维码查阅题目。

二、实务操作

2023 年 11 月，关务与外贸服务专业的学生小王进入沈阳佳航国际物流有限公司工作，小王的师傅告诉他，最近接到一批与卡塔尔世界杯相关的周边产品，包括球服、旗帜、吉祥物等出口产品的委托申报，因此要求小王通过网络查询中国海关如何对知识产权实施边境海关保护，并对沈阳海关近年来的知识产权保护的成果进行调研。

文档：项目一实务操作解析

项目二

对外贸易管制

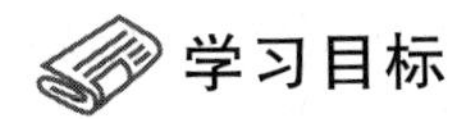

学习目标

知识目标

1. 了解外贸管制的含义、法律体系；
2. 掌握我国外贸管制的主要内容；
3. 熟悉我国外贸管制的主要管理措施。

技能目标

1. 理解我国外贸管制主要措施的报关规范；
2. 掌握进出口许可证件管理的海关规范，并结合工具查找所需要的监管证件。

素养目标

1. 将“法治意识”作为本章课程学习的思政教育主题，同学们要养成遵纪守法、服从管理的意识；

2. 理解习近平总书记提出的国内国际双循环的新发展格局的意义，认识对外贸易管制的目的是让国际贸易更加有秩序，培养作为一名中国人的自豪感。

思政园地

保护濒危物种　维护全球生命共同体

根据海关总署报道，中国海关认真履行《生物多样性公约》《濒危野生动植物种国际贸易公约》等国际环境公约，积极开展打击濒危野生动植物及制品走私国际合作，截至2019年7月，中国海关针对象牙等濒危物种“非洲启运、多国中转、周边囤积、偷运进境”的走私特点，加强国际执法合作，已实施多次跨境联合打击，精准指引新加坡、越南、中国香港等海关查获象牙11吨、穿山甲鳞片59.8吨、犀牛角90.5千克，实现了对走私策源、中转、跨境的全链条打击。

我国自2018年1月1日起全面停止加工销售象牙及制品的活动，保护大象等濒危野生动植物物种，但走私犯罪禁而不绝。这就要求我们公民必须守法尽责，维护全球生命共同体。

保护濒危物种就是保护生态环境，就是保护我们自己。

资料来源：https://www.gov.cn/xinwen/2021-10/09/content_5641656.htm.

任务一 对外贸易管理制度概述

案例导入

2022年1月，大连晨宇进出口有限公司向大窑湾海关申报进口一批铅铋合金粉，海关对该批货物进行查验，并取样送检。经鉴定，该批货物送检样品为以铅阳极泥为主的混合物，夹杂有金属残物，属于生产过程中产生的废弃物质，为禁止进口的固体废物。2022年2月，大窑湾海关根据有关规定，对大连晨宇进出口有限公司作出罚款12.5万元的行政处罚，并责令退运该批固体废物。由于境外发货人不同意退运，大连晨宇进出口有限公司无法将该批货物退运出境，只得将其移交有处置资质的单位进行无害化处理，大连晨宇进出口有限公司为此还承担了相关的滞港费用和处置费用。

问题：

（1）我国禁止进口货物目录包括哪几类商品？

（2）该批货物属于哪些禁止进口货物？

对外贸易管制是各国政府为保护和促进国内生产与发展、适时限制进出口而采取的鼓励或限制措施。对外贸易管制已经成为世界各国不可或缺的一项重要政府职能，是一个国家对外经济和外交政策的具体体现。

一、对外贸易管理制度概况

微课：我国对外贸易管制

1. 对外贸易管制的含义及形式

对外贸易管制简称外贸管制，是指一国政府从国家的宏观经济利益、国内外政策需要以及履行所缔结或加入国际条约的义务出发，在遵循国际贸易有关规则的基础上，确立实行各种管制制度、设立相应管制机构，通过对本国的进出口活动采取或禁止，或限制，或鼓励的各种贸易政策或措施，以规范对外贸易活动的总称。

对外贸易管制的形式通常有3种分类方法，见表2-1。

表2-1 对外贸易管制的形式

分类方法	形式
按照管理目的分类	进口贸易管制
	出口贸易管制
按照管制手段分类	关税措施
	非关税措施
按照管制对象分类	货物进出口贸易管制
	技术进出口贸易管制
	国际服务贸易管制

2. 对外贸易管制的法律体系

实行对外贸易管制是我国社会制度和经济与技术发展需要所决定的，几十年的实践证明，实行对外贸易管制对我国的经济建设和对外贸易发展起到极其重要的作用。由于我国对外贸易管制是一种国家管制，因此所涉及的法律渊源只限于宪法、法律、行政法规、部门规章以及相关的国际条约，不包括地方性法规、规章及各民族自治区政府的地方条例和单行条例。

(1) 法律。我国现行的与对外贸易管制有关的法律主要有《中华人民共和国对外贸易法》《中华人民共和国海关法》《中华人民共和国进出口商品检验法》《中华人民共和国进出境动植物检疫法》《中华人民共和国固体废物污染环境防治法》《中华人民共和国国境卫生检疫法》《中华人民共和国野生动物保护法》《中华人民共和国药品管理法》《中华人民共和国文物保护法》《中华人民共和国食品卫生法》等。

(2) 行政法规。我国现行的与对外贸易管制有关的行政法规主要有《中华人民共和国货物进出口管理条例》《中华人民共和国技术进出口管理条例》《中华人民共和国关税条例》《中华人民共和国知识产权海关保护条例》《中华人民共和国野生植物保护条例》《中华人民共和国外汇管理条例》《中华人民共和国反补贴条例》《中华人民共和国反倾销条例》《中华人民共和国保障措施条例》等。

(3) 部门规章。我国现行的与对外贸易管制有关的部门规章主要有《货物进口许可证管理办法》《货物出口许可证管理办法》《货物自动进口许可证管理办法》《出口收汇核销管理办法》《进口药品管理办法》《放射性药品管理办法》《两用物项和技术进出口许可证管理办法》等。

(4) 国际条约。我国目前加入或缔结的涉及对外贸易管制的国际条约主要有加入世界贸易组织(WTO)所签订的各类贸易协定、关于麻醉品和精神药物的国际公约、《京都公约》《濒危野生动植物种国际贸易公约》(又称《华盛顿公约》)、《关于消耗臭氧层物质的蒙特利尔议定书》《关于化学品国际贸易资料交换的伦敦准则》《关于在国际贸易中对某些危险化学品和农药采用事先知情同意程序的鹿特丹公约》《控制危险废物越境转移及其处置巴塞尔公约》《建立世界知识产权组织公约》等。

二、对外贸易管理制度的主要内容

进出口许可是国家对进出口的一种行政管理制度，既包括准许进出口的有关证件的审批和管理制度本身的程序，也包括以国家各类许可为条件的其他行政管理手续，这种行政管理制度称为进出口许可管理制度。进出口许可管理制度作为一项非关税措施，是各国管理进出口贸易的常见手段，在国际贸易中长期存在，并广泛运用。

货物进出口许可管理制度是我国进出口管理制度的主体，是国家对外贸易管制中极其重要的管理制度。其管理范围包括禁止进出口的货物、限制进出口的货物、自由进出口中部分实行自动许可管理的货物。

(一) 禁止进出口管理

为维护国家安全和社会公共利益，保护人民的生命健康，履行我国所缔结或参加的国际条约和协定，主要实行目录管理，国务院商务主管部门会同国务院有关部门依照《中华人民共和国对外贸易法》等有关法律、法规，制定、调整并公布禁止进出口货物、技术目录。海关依据国家相关法律法规对禁止进出口货物、技术实施监督管理。

文档：《禁止进口货物目录（第七批）》和《禁止出口货物目录（第六批）》

1. 禁止进口管理

对列入国家公布禁止进出口目录及其他法律、法规明令禁止或停止进口的货物、技术，任何对外贸易经营者不得经营进口。

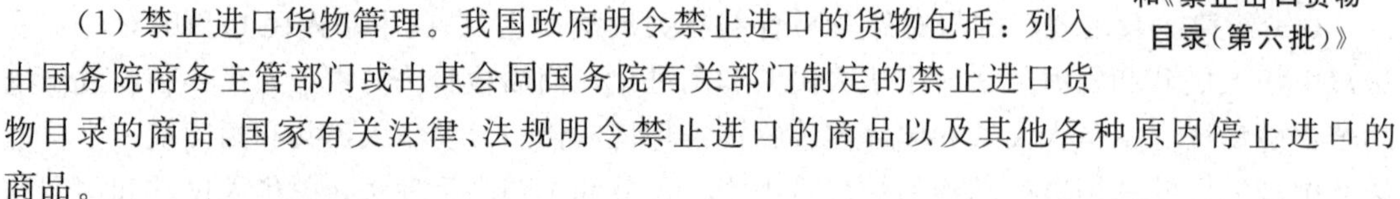

（1）禁止进口货物管理。我国政府明令禁止进口的货物包括：列入由国务院商务主管部门或由其会同国务院有关部门制定的禁止进口货物目录的商品、国家有关法律、法规明令禁止进口的商品以及其他各种原因停止进口的商品。

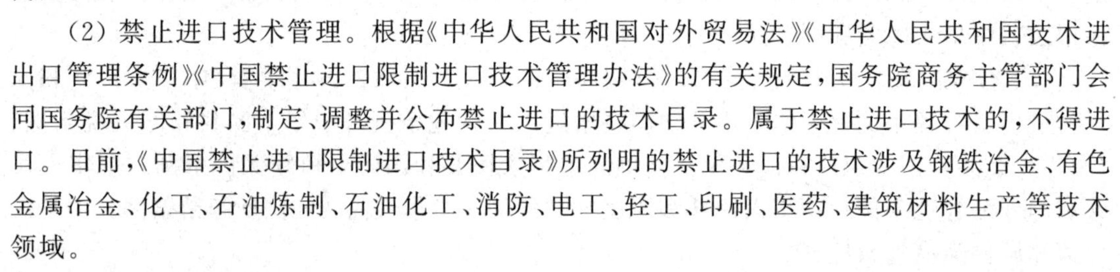

（2）禁止进口技术管理。根据《中华人民共和国对外贸易法》《中华人民共和国技术进出口管理条例》《中国禁止进口限制进口技术管理办法》的有关规定，国务院商务主管部门会同国务院有关部门，制定、调整并公布禁止进口的技术目录。属于禁止进口技术的，不得进口。目前，《中国禁止进口限制进口技术目录》所列明的禁止进口的技术涉及钢铁冶金、有色金属冶金、化工、石油炼制、石油化工、消防、电工、轻工、印刷、医药、建筑材料生产等技术领域。

2. 禁止出口管理

对列入国家公布禁止进出口目录及其他法律、法规明令禁止出口的货物、技术，任何对外贸易经营者不得经营出口。

（1）禁止出口货物管理。我国政府明令禁止出口的货物包括：列入由国务院商务主管部门或由其会同国务院有关部门制定的禁止出口货物目录的商品、国家有关法律、法规明令禁止出口的商品。

（2）禁止出口技术管理。根据《中华人民共和国对外贸易法》和《中华人民共和国技术进出口管理条例》，2020 年 8 月 28 日商务部、科技部对《中国禁止出口限制出口技术目录》（商务部科技部令 2008 年第 12 号附件）内容作了部分调整。属于禁止出口技术的，不得出口。目前，《中国禁止出口限制出口技术目录》所列明的禁止出口的技术涉及渔、牧、有色金属矿采选、农副食品加工、饮料制造、造纸、化学制品制造、医药制造、非金属矿物制品业、有色金属冶炼、交通运输设备制造、农用机械制造、计算机及其他电子设备制造、工艺品制造、电信信息传输等几十个行业领域，包括畜牧品种的繁育、微生物肥料、中国特有的物种资源、蚕类品种繁育和蚕类采集加工、水产品种的繁育、绿色植物生长调节剂制造、采矿工程、肉类加工、饮料生产、造纸、烟花爆竹生产、化学合成及半合成咖啡因生产、核黄素生产工艺、中药材资源及生产、中药饮片炮制、化学合成及半合成药物生产、非晶无机非金属材料生产、低维无机非金属材料生产、有色金属冶金、稀土的提炼加工和利用、航天器测控、航天器设计与制造、集成电路制造、机器人制造、地图制图、书画墨及八宝印泥制造、中国传统建筑、计算机网络、空间数据传输、卫星应用、大地测量、中医医疗等几十项技术。

企业要核实某个商品或技术是否属于禁止进/出口的范围，可以查询《禁止进口货物目录》《中国禁止出口限制出口技术目录》，或者通过查询商品编码，获知海关监管条件代码。例如，监管条件代码“8”表示禁止出口，代码“9”表示禁止进口。以木材为原料直接烧制的木炭，其监管条件代码查询如图 2-1 所示。

以木材为原料直接烧制的木炭

基本信息

HS商品编码：4402900010

商品名称：以木材为原料直接烧制的木炭

申报要素：0:品牌类型;1:出口享惠情况;2:材质;3:是否活化;4:碳含量;5:挥发分;6:GTIN;7:CAS;

海关监管条件：8

检验检疫类别：无

备注：

英文名称：Wood charcoal, directly burnt from wood

编码状态：正常

图 2-1　禁止出口货物的监管条件

（二）限制进出口管理

文档：商务部科技部公告 2020 年第 38 号文件

为维护国家安全和社会公共利益，保护人民的生命健康，履行我国所缔结或参加的国际条约和协定，国务院商务主管部门会同国务院有关部门依照《中华人民共和国对外贸易法》等有关法律、法规，制定、调整并公布各类限制进出口货物、技术目录。海关依据国家相关法律、法规对限制进出口目录货物、技术实施监督管理。

1. 限制进口管理

国家实行限制进口管理的货物、技术，必须依照国家有关部门规定取得国务院商务部主管部门或者由其会同国务院有关部门许可，方可进口。

（1）限制进口货物管理。

第一，许可证件管理。主要包括进口许可证、两用物项和技术进出口许可证、濒危物种进口、药品进口、音像制品进口、有毒化学品进口、黄金及制品进口等管理。

国务院商务主管部门或者国务院有关部门在各自的职责范围内，根据国家有关法律、行政法规的规定签发上述各项管理所涉及的各类许可证件，申请人凭相关许可证件办理海关手续。

第二，关税配额管理。关税配额管理是指一定时期内（一般是公历年度内），国家对部分商品的进口制定关税配额税率并规定该商品进口数量总额，在限额内，经国家批准后允许按照关税配额税率征税进口，如超出限额，则按照配额外税率征税进口的措施。

（2）限制进口技术管理。限制进口技术实行目录管理。根据《中华人民共和国对外贸易法》《中华人民共和国技术进出口管理条例》《禁止进口限制进口技术管理办法》的有关规定，国务院商务主管部门会同国务院有关部门，制定、调整并公布限制进口的技术目录。属于目录范围内的限制进口的技术，实行许可证管理，未经国家许可，不得进口。

进口属于限制进口的技术，应当向国务院商务主管部门提出技术进口申请。目前，列入《中国禁止进口限制进口技术目录》中属于限制进口的技术包括生物技术、化工技术、石油炼制技术、石油化工技术、生物化工技术和造币技术等。

2. 限制出口管理

国家实行限制出口管理的货物、技术，必须依照国家有关部门规定取得国务院商务部主管部门或者由其会同国务院有关部门许可，方可出口。

（1）限制出口货物管理。对于限制出口货物管理，《中华人民共和国货物进出口管理条例》规定，国家规定有数量限制的出口货物，实行配管管理；其他限制出口货物，实行许可证管理；实行配额管理的限制出口货物，由国务院主管部门和国务院有关经济管理部门按照国务院规定的职责划分进行管理。

出口配额管理是指在一定时期内为建立公平竞争机制、增强我国商品在国际市场的竞争力、保障最大限度地收汇及保护我国产品的国际市场利益，国家对部分商品的出口数量直接加以限制的措施。它包括出口配额许可证管理和出口配额招标管理两种形式。

出口许可证管理是指在一定时期内根据国内政治、军事、技术、卫生、环保、资源保护等领域的需要，以及为履行我国所加入或缔结的有关国际条约的规定，以经国家各主管部门签发许可证件的方式来实现的各类限制出口措施。目前，出口许可证件管理主要包括出口许可证、濒危物种出口、两用物项出口、黄金及制品出口等许可管理。

【思考 2-1】 从 2015 年 3 月开始，我国取消了限制进口货物的数量限制，目前的配额管理主要针对部分限制出口货物，而在进口贸易中主要采用许可证件管理。许可证件管理涉及的被管制和管理货物的范围比较广，相对而言，目前的配额管理涉及面较小。配额管理使国家可以通过直接规定进出口的总量来达到管制目的，也可以通过和关税措施结合达到对数量的控制目的。许可证管理则使国家可以通过发证与否直接控制进出口货物。

文档：思考 2-1
答案解析

问题：配额管理与许可证管理是什么关系？有什么异同？请举一种商品，谈谈配额管理或许可证管理对其产业的影响。

（2）限制出口技术管理。限制出口技术实行目录管理。根据《中华人民共和国对外贸易法》《中华人民共和国技术进出口管理条例》《中华人民共和国生物两用品及相关设备和技术出口管制条例》《禁止进口限制进口技术管理办法》等有关规定，国务院商务主管部门会同国务院有关部门，制定、调整并公布限制出口的技术目录。属于目录范围内的限制出口的技术，实行许可证管理，未经国家许可，不得出口。

目前，我国限制出口的技术目录主要有《两用物项和技术进出口许可证管理目录》《中国禁止出口限制出口技术目录》等，涉及农、林、渔、牧、农副食品加工制造、饮料制造、纺织、造纸、化学原料制造、医药制造、橡胶制品业、金属冶炼及压延等几十个行业领域的上百项技术。出口属于上述限制出口的技术，应当向国务院商务主管部门提出技术出口申请，经国务院商务主管部门审核批准后取得技术出口许可证件，企业持证向海关办理出口通关手续。

（三）自由进出口管理

除上述国家禁止、限制进出口货物、技术外，其他货物、技术均属于自由进出口范围。自由进出口货物、技术的进出口不受限制，但基于统计和监测进出口情况的需要，国家对部分属于自由进口的货物实行自动进口许可管理，对自由进出口的技术实行技术进出口合同登记管理。

1. 货物自动进口许可管理

自动进口许可管理是在任何情况下对进口申请一律予以批准的进口许可制度。目前，我国自动进口许可管理只有自动进口许可证管理。进口属于自动进口许可管理的货物，进口经营者应当在办理海关报关手续前，向国务院相关主管部门提交自动进口许可申请，凭相关部门发放的自动进口许可的批准证件，向海关办理报关手续。自动进口许可证内容见表 2-2。

表 2-2 中华人民共和国自动进口许可证

QUTOMATIC IMPORT LICENCE OF THE PEOPLES REPUBLIC OF CHINA

1. 进口商 Importer	3. 经办人(进口用户签章) Name of Operator(Stamp of Consignee) 电话 Telephone
2. 进口用户 Consignee	4. 进口用户所在地区(部门) Area/Department of Consignee
5. 贸易方式 Terms of Trade	8. 贸易国(地区) Country/Region of Trading
6. 外汇来源 Terms of Foreign Exchange	9. 原产地国(地区) Country/Region of Origin
7. 报关口岸 Place of Clearance	10. 商品用途 Use of Goods

11. 商品名称 Description of Goods	商品编码(HS) Code of Goods	设备状态 Status of Equipment

12. 规格、型号 Specification	13. 单位 Unit	14. 数量 Quantity	15. 单价 Unit Price	16. 总值 Amount	17. 总值折美元 Amount in USD
××××××××××	××××××	××××××	××××××	××××××	××××××
18. 总计 Total					

19. 备注 Supplementary Details	进口用户所在地区(部门)意见:(签章) Area/Department of Consignee's Notion (Stamp)
	受理日期 Date

2. 技术进出口合同登记管理

进出口属于自由进出口的技术，应当向国务院商务主管部门或者其委托的机构办理合同备案登记。国务院商务主管部门应当自收到规定的文件之日起 3 个工作日内，对技术进出口合同进行登记，颁发技术进出口合同登记证，申请人凭技术进出口合同登记证，办理外汇、银行、税务、海关等相关手续。

任务二 对外贸易管制措施

案例导入

某年8月，上海一家进出口贸易公司以一般贸易方式向吴淞海关申报进口3台六成新的“旧履带式凿地机”，生产年份分别为2012年或2013年，型号为“加藤HD832MD”“日立ZX210H”和“日立ZX210K”。经海关现场查验发现，该批申报进口的“旧履带式凿地机”除工作头为破碎锤外，其余部分均与挖掘机相同，存在企业通过改装进口的嫌疑。海关将有关情况提交国家商务主管部门进行鉴定。不久，国家商务主管部门反馈的鉴定结果证实了海关的怀疑：该批货物已具备了挖掘机的主要特征。

问题：

(1) 企业为什么要改装？

(2) 我国对外贸易管制中关于旧挖掘机有哪些管理规定？

一、货物、技术进出口许可管理制度

(一) 进出口许可证管理

1. 进出口许可证的管理机构

进出口许可证管理是指由商务部或者由商务部会同国务院其他有关部门，依法制定并调整进出口许可证管理目录，以签发进出口许可证的方式对进出口许可证管理目录中的商品实行的行政许可管理。

商务部是全国进出口许可证管理的归口单位，负责制定进出口许可证管理办法及规章制度，监督、检查进出口许可证管理办法的执行情况，处罚违规行为。商务部会同海关总署制定、调整和发布年度进口许可证管理货物目录及出口许可证管理货物目录。商务部授权配额许可证事务局统一管理全国进出口许可证的签发工作；配额许可证事务局及商务部驻各地特派员办事处和各省、自治区、直辖市的商务主管部门以及计划单列市和经商务部授权的其他省会城市的商务主管部门为许可证的发证机构。

2. 进出口许可证的管理范围

进出口许可证管理属于国家限制进出口管理范畴，按照证件类别划分为进口许可证管理和出口许可证管理。

(1) 进口许可证管理。对国家规定有数量限制的进口货物，实行配额管理；其他限制进口货物，实行许可证管理。2022年我国对进口货物没有设置配额管理。2022年实施进口许可证管理的商品如下。

① 重点旧机电产品属于我国限制进口许可证件管理商品，包括旧化工设备、旧金属冶炼设备、旧工程机械、旧起重运输设备、旧造纸设备、旧电力电气设备、旧食品加工及包装设备、旧农业机械、旧印刷机械、旧纺织机械、旧船舶类、旧硒鼓、旧X射线管十三大类。

② 消耗臭氧层物质属于我国限制进口许可证件管理商品，包括甲基氯仿、三氯氟甲烷、二氯二氟甲烷等81个商品编号的商品。

(2) 出口许可证管理。2022年实施出口许可证管理的商品如下。

① 配额许可证管理的商品。活牛（对港澳地区出口）、活猪（对港澳地区出口）、活鸡（对港澳地区出口）、小麦、玉米、大米、小麦粉、玉米粉、药料用工人种植麻黄草、煤炭、原油、成品油（不含润滑脂、润滑油、润滑油基础油）、锯材、棉花。凭配额证明文件申领出口许可证。

② 配额招标管理的商品。甘草及甘草制品、蔺草及蔺草制品。凭配额招标中标证明文件申领出口许可证。

③ 出口许可证管理的商品。活牛（对港澳地区以外市场）、活猪（对港澳地区以外市场）、活鸡（对港澳地区以外市场）、牛肉、猪肉、鸡肉、天然砂（含标准砂）、矾土、磷矿石、镁砂、滑石块（粉）、氟石（萤石）、稀土、锡及锡制品、钨及钨制品、钼及钼制品、锑及锑制品、焦炭、成品油（润滑脂、润滑油、润滑油基础油）、石蜡、部分金属及制品、硫酸二钠、碳化硅、消耗臭氧层物质、柠檬酸、白银、铂金（以加工贸易方式出口）、铟及铟制品、摩托车（含全地形车）及发动机和车架、汽车（包括成套散件）及底盘等。需按规定申领出口许可证。

3. 进出口许可证的申请

消耗臭氧层物质和实行出口许可证管理的商品如下。

（1）时间。组织该类进出口应证商品前。

（2）申领形式。网上和书面两种形式。

（3）提交材料。提交的材料包括与加盖经营者公章相对应的许可证申请表、主管机关签发的进出口批准文件、合同正本复印件和商务部规定的其他应当提交的材料。年度内初次申请还应提交营业执照、进出口企业资格证书。经营者为外商投资企业的，还应提交外商投资企业批准证书。进口许可证办理流程如图 2-2 所示。

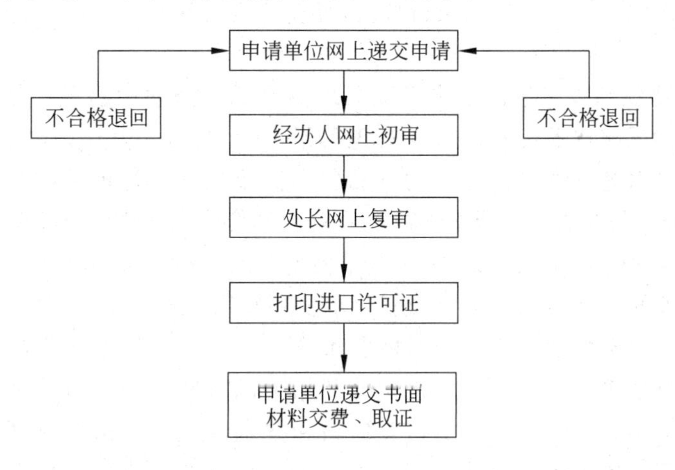

申请单位提交的书面材料：
1. 进口许可证申请表
2. 主管部门批准文件（正本）
3. 进口合同（正本复印件）
4. 领证人员身份证或单位介绍信
5. 属于委托代理进口的，应提交委托代理进口协议（正本复印件）
6. 进出口资格证书或外商投资企业批准证书（年内首次申领）

图 2-2 进口许可证办理流程

4. 报关规范

(1) 进口许可证的有效期为1年,当年有效。特殊情况需要跨年度使用时,有效期不得超过次年3月31日,逾期自行失效。

(2) 出口许可证的有效期不得超过6个月,当年有效。商务部可视具体情况,调整某些货物出口许可证的有效期。

(3) 进出口许可证一经签发,不得擅自更改内容。如需更改,经营者应当在许可证有效期内提出更改申请,由原发证机构重新签发许可证。

(4) 进出口许可证实行"一证一关"管理。一般情况下,进出口许可证为"一批一证"。

(5) 为实施出口许可证联网核销,对不属于"一批一证"制的货物,出口许可证签发时应在备注栏内填注"非一批一证"。在出口许可证有效期内,"非一批一证"制货物可以多次报关使用,但不得超过12次。12次报关后,出口许可证即使尚存余额,海关也停止接受报关。

(6) 对实行"一批一证"进出口许可证管理的大宗、散装货物,溢装数量不得超过其许可证所列数量的5%,其中原油、成品油溢装数量不得超过其许可证所列数量的3%。对实行"非一批一证"进出口许可证管理的大宗、散装货物,在每批货物进出口时,按其实际进出口数量进行核扣,最后一批货物进出口时,其溢装数量按该许可证实际剩余数量并在规定的溢装上限5%内(原油、成品油在溢装上限3%内)计算。

微课:对外贸易管制主要措施

(二) 两用物项和技术进出口许可证管理

1. 管理部门

商务部是全国两用物项和技术进出口许可证的归口管理部门,负责制定两用物项和技术进出口许可证管理办法及规章制度,监督、检查两用物项和技术进出口许可证管理办法的执行情况,处罚违规行为。

2. 管理范围

2022年两用物项和技术进出口许可证管理目录,分为《两用物项和技术进口许可证管理目录》和《两用物项和技术出口许可证管理目录》两个部分。其中,2022年目录中列明的实施两用物项和技术进口许可证管理的商品包括监控化学品管理条例名录所列物项(74种)、易制毒化学品(54种)、放射性同位素(10种)、商品密码进口许可清单(4种),共4类。2022年目录中列明的实施两用物项和技术出口许可证管理的商品包括核出口管制清单所列物项和技术(159种)、核两用品及相关技术出口管制清单所列物项和技术(144种)、监控化学品管理条例名录所列物项(74种)、有关化学品及相关设备和技术出口管理清单所列物项和技术(37种)、导弹及相关物项和技术出口管制清单所列物项和技术(186种)、易制毒化学品(2类共71种)、部分两用物项和技术(6种)、特殊民用物项和技术(5种)、商用密码出口许可清单(11种)。

文档:贯彻党的二十大精神,落实两用物项出口管制工作任务

3. 报关规范

(1) 两用物项和技术进出口许可证有效期一般不超过1年。跨年度使用时,在有效期内只能使用到次年3月31日,逾期发证机构将根据原许可证有效期换发新许可证。

(2) 两用物项和技术进口许可证实行"非一批一证"制和"一证一关"制,两用物项和技术出口许可证实行"一批一证"制和"一证一关"制。进出口经营者应如实规范向海关申报,在固定栏目规范填报两用物项进出口许可证电子证书编号。

（3）两用物项和技术进出口许可证一经签发，不得更改证面内容，如需更改，则重新申请，换发新证；同时，要做到证单相符。

（4）两用物项和技术进出口许可证仅限于申领许可证的进出口经营者使用，不得买卖、转让、涂改、伪造或变造；两用物项和技术进出口许可证应在批准的有效期内使用，逾期自动失效，海关不予验放。

（三）自动进口许可证管理

1. 实施范围

2022 年实施自动进口许可证管理的商品共计 43 类商品。

（1）由商务部签发自动进口许可证的商品包括牛肉、猪肉、羊肉、鲜奶、奶粉、木薯、大麦、高粱、大豆、油菜籽、食糖、玉米酒精、豆粕、烟草、二醋酸纤维丝束、原油、部分成品油、部分化肥、烟草机械、移动通信产品、卫星广播电视设备及关键部件、部分汽车产品、部分飞机、部分船舶等，共 24 类商品。

（2）由商务部授权的地方商务主管部门发证机构或者商务部许可证局负责签发自动进口许可证的商品包括肉鸡、植物油、铜精矿、煤、铁矿石、部分成品油、部分化肥、钢材、聚氯丁橡胶、工程机械、印刷机械、纺织机械、金属冶炼及加工设备、金属加工机床、电气设备、部分汽车产品、部分飞机、部分船舶、医疗设备等，共 19 类商品。

2. 免交验进口许可证的情形

进口列入《自动进口许可管理货物目录》的商品，在办理报关手续时需向海关提交自动进口许可证，但下列情形免交。

（1）加工贸易项下进口并复出口的（原油、成品油、化肥除外）。

（2）外商投资企业作为投资进口或者投资额内生产自用的（旧机电产品除外）。

（3）货样广告品、实验品进口，每批次价值不超过 5000 元人民币的。

（4）暂时进口的海关监管货物。

（5）从境外进入保税区、出口加工区等海关特殊监管区域及进入保税仓库、保税物流中心属自动进口许可管理的。

（6）加工贸易项下进口的不作价设备监管期满后留在原企业使用的。

（7）国家法律、法规规定其他免领自动进口许可证的。

3. 报关规范

（1）自动进口许可证有效期 6 个月，但仅限公历年度内使用。

（2）原则上实行“一批一证”管理，对部分货物实行“非一批一证”管理。实行“非一批一证”管理的，在有效期内可以分批次累计报关使用，但累计使用不得超过 6 次。同一进口合同项下，收货人可以申请并领取多份自动进口许可证。

（3）海关对溢装数量在货物总量 5%以内的散装货物予以免证验放，对溢装数量在货物总量 3%以内的原油、成品油、化肥、钢材四种大宗散装货物予以免证验放。对“非一批一证”的大宗散装商品，每批货物进口时，按其实际进口数量核扣自动进口许可证额度数量；最后一批货物进口时，其溢装数量按该自动进口许可证实际剩余数量并在规定的允许溢装上限内计算。

（四）进口关税配额管理

1. 实施进口关税配额管理的农产品

（1）管理部门和范围。2022年，我国实施进口关税配额管理的农产品有小麦、玉米、稻谷和大米、食糖、羊毛、毛条、棉花。其中食糖、羊毛、毛条由商务部授权机构负责办理本地区的申请；小麦、玉米、稻谷、大米、棉花由国家发展和改革委员会授权机构负责本地区的申请。

（2）管理措施。海关凭商务部、国家发展和改革委员会各自授权机构向最终用户发放的加盖“商务部农产品进口关税配额证专用章”和“国家发展和改革委员会农产品进口关税配额证专用章”的“农产品进口关税配额证”办理验放手续。

（3）报关规范。实行“一证多批”。“农产品进口关税配额证”的有效期为每年1月1日至当年12月31日。如需要延期，应向原发证机构申请办理换证，但延期最迟不得超过下一年的2月底。“农产品进口关税配额证”的正面内容不得更改，如需更改，应到发证部门换发新证。

2. 实施进口关税配额管理的工业品

（1）管理部门和范围。实施进口关税配额管理的工业品为化肥。商务部负责全国化肥关税配额管理工作。商务部的化肥进口关税配额管理机构负责管辖范围内化肥进口关税配额的发证、统计、咨询和其他授权工作。

（2）报关规范。关税配额内化肥进口时，海关凭进口单位提交的化肥进口关税配额证明（有效期3个月）按配额内税率征税，并验放货物。

（五）野生动植物种进出口管理

动画：濒危物种海关监管

涉及国际公约的申领公约证明，即列入《进出口野生动植物种商品目录》中属于《濒危野生动植物种国际贸易公约》成员国应履行保护义务的物种的进出口，需申领公约证明；未涉及国际公约，仅涉及国内法律、法规的申领非公约证明，即列入《进出口野生动植物种商品目录》中属于我国自主规定管理的野生动植物及产品的进出口，需申领非公约证明。公约证明和非公约证明实行“一批一证”制度。

对于进出口列入《进出口野生动植物种商品目录》中适用公约证明或非公约证明管理的《濒危野生动植物种国际贸易公约》附录及国家重点保护野生动植物以外的其他列入品目录的野生动植物及相关货物或物品和含野生动植物成分的纺织品，均需事先申领物种证明。

物种证明分为一次使用和多次使用两种。一次使用的物种证明有效期自签发之日起不得超过180日；多次使用的物种证明有效期不超过360日。多次使用的物种证明只适用于同一物种、同一货物类型、在同一报关口岸多次进出口的野生动植物，多次使用的物种证明有效期截至发证当年12月31日。

（六）进出口药品管理

进出口药品管理是我国进出口许可管理制度的重要组成部分，属于国家限制进出口管理范畴，实行分类管理和目录管理。国家食品监督管理局会同国务院对外贸易主管部门对相关药品依法调整管理目录，以签发许可证件的形式对其进出口加以管制。

药品必须经由国务院批准的允许药品进口的口岸进口。目前，允许进口药品的口岸有北京、天津、上海、大连、青岛、济南、成都、武汉、长沙、重庆、厦门、南京、杭州、宁波、福州、广州、深圳、珠海、海口、西安、南宁 21 个城市口岸，以及西藏吉隆县和普兰县所在地直属海关所辖关区口岸。首次在中国境内销售的精神、麻醉药品，进口口岸限定为北京、上海和广州 3 个城市的口岸。进出口药品管理范围及报关规范见表 2-3。

表 2-3 进出口药品管理范围及报关规范

管理类别	管理范围	报关规范
精神药品进出口	列入《精神药品管制品种目录》的药品，包含精神药品标准品及对照品，如咖啡因、去氧麻黄碱、复方甘草片等	① 需要申领并提交精神药品进出口准许证及相关单据； ② 仅限在该证注明的口岸使用，并实行“一批一证”
麻醉药品进出口	列入《麻醉药品管制品种目录》的药品，包括鸦片、可卡因、大麻、吗啡、海洛因以及合成麻醉药类和其他易成瘾癖的约品、药用原植物及制剂	① 需要申领并提交麻醉药品进出口准许证及相关单据； ② 仅限在该证注明的口岸使用，并实行“一批一证”
兴奋剂进出口	列入《兴奋剂目录》的商品，包括蛋白同化制剂品种、肽类激素品种、刺激剂(含精神药品)品种、药品类易制毒化学品品种、医疗用毒性药品品种、其他品种	① 进口蛋白同化制剂和肽类激素提交药品进出口准许证； ② 进口准许证有效期 1 年，出口准许证有效期 3 个月； ③ “一证一关”，证面内容不得更改
一般药品进出口	① 列入《进口药品目录》的药品，用于预防、治疗、诊断人的疾病，有目的地调节人的生理机能并规定其适应症、用法和用量的物质，包括中药材、中药饮品、中成药、化学原料药及制剂、抗生素、生化药品、血清疫苗、血液制品等； ② 列入《生物制品目录》的药品，包括疫苗类、血液制品类及血源筛查用诊断试剂等； ③ 首次在我国境内销售的药品； ④ 进口暂未列入《进口药品目录》的原料药的单位，必须遵守《进口药品管理办法》中各项规定，主动到各口岸药品检验所报验	① 报关单位向海关提交有效的进口药品通关单及相关单据； ② 进口药品通关单仅限在该单注明的口岸海关使用，实行“一批一证”制度，证面内容不得更改； ③ 一般药品出口目前暂无特殊的管理要求

【思考 2-2】 *我公司拟进口的食用药品原料列入了国家药品监督管理局与海关总署联合下发的《进口药品目录》，但其用途是非药用的，是否还按照药品办理相关通关手续？*

文档：思考 2-2
答案解析

（七）其他货物进出口管理

1. 黄金及黄金制品进出口管理

中国人民银行是黄金及黄金制品进出口的管理机关，管理范围包括列入《黄金及黄金制品进出口管理商品目录》的黄金及黄金制品；海关凭中国人民银行或其授权的中国人民银行分支机构签发的黄金及其制品进出口准许证办理验放手续。

保税区、出口加工区及其他海关特殊监管区域和保税监管场所与境外进出口及海关特殊监管区域、保税监管场所之间进出口的黄金及黄金制品，免于办理黄金及其制品进出口准许证，海关实施监管。保税区、出口加工区及其他海关特殊监管区域和保税监管场所与境内区外之间进出口黄金及黄金制品，应办理黄金及其制品进出口准许证。

2. 美术品进出口管理

纳入我国进出口管理的美术品是指艺术创作者以线条、色彩或者其他方式，经艺术创作者以原创方式创作的具有审美意义的造型艺术作品，包括绘画、书法、雕塑、摄影等作品，以及艺术创作者许可并签名的，数量在200件以内的复制品。但注意，批量临摹的作品、工业化批量生产的美术品、手工艺品、工艺美术产品、木雕、石雕、根雕、文物等均不纳入美术品进行管理。

对美术品进出口实行专营，经营美术品进出口的企业必须是在商务部门备案登记，取得进出口资质的企业。在美术品进出口前，美术品进出口单位应向美术品进出口口岸所在省、自治区、直辖市文化行政部门提出申请，文化行政部门应当自受理之日起15日内作出决定。

3. 农药进出口管理

我国对进出口农药实行目录管理，凡进出口列入《中华人民共和国进出口农药登记证明管理名录》的农药，应事先向农业农村部农药检定所申领农药进出口登记管理放行通知单，凭此向海关办理进出口报关手续。农药进出口登记管理放行通知单实行“一批一证”管理，一经签发，任何单位或个人不得修改证明内容。

4. 兽药进口管理

进口兽药实行目录管理，《进口兽药管理目录》由农业农村部会同海关总署制定、调整并公布。企业进口列入《进口兽药管理目录》的兽药，应向进口口岸所在地省级人民政府兽医行政管理部门申请办理进口兽药通关单，凭此向海关办理报关手续。进口兽药通关单实行“一单一关”制，在30日有效期内只能使用一次。

对于人兽共用的药品，也就是说，既列入了《进口药品目录》、又列入了《进口兽药管理目录》的药品，海关免予验核进口药品通关单。

5. 有毒化学品进出口管理

为了保护人体健康和生态环境，加强有毒化学品进出口的环境管理，国家根据《关于化学品国际贸易资料交换的伦敦准则》，发布了《中国禁止或严格限制的有毒化学品名录》，对有毒化学品实行目录管理。生态环境部对符合目录管理的有毒化学品签发有毒化学品进出口环境管理放行通知单。

6. 音像制品进口管理

进口音像制品实行许可管理制度，由新闻出版总署批准的音像制品进口单位经营，并应在进口前报新闻出版总署进行内容审查。进口单位不得擅自更改报送新闻出版总署进行内容审查样片原有的名称和内容。

图书馆、音像资料馆、科研机构、学校等单位进口供研究、教学参考的音像制品成品，应当委托新闻出版总署批准的音像制品成品进口经营单位办理进口审批手续。

新闻出版总署自受理进口音像制品申请之日起30日内作出批准或者不批准的决定。批准的，发给进口音像制品批准单；不批准的，应当说明理由。进口内容属于进口音像制品成品的,批准单当年有效;属于用于出版的音像制品的,批准单有效期限为1年。

二、货物贸易外汇管理制度

对外贸易经营者在对外贸易交易活动中,应当依照国家有关规定结汇、用汇。国家外汇管理局依据国务院《中华人民共和国外汇管理条例》及其他有关规定,对包括经常项目外汇业务、资本项目外汇业务、金融机构外汇业务、人民币汇率生成机制和外汇市场等领域实施监督管理。

从事对外贸易机构的外汇收支应当具有真实、合法的交易背景、与货物进出口应当一致。从事对外贸易机构应当根据贸易方式、结算方式及资金来源或流向,凭进出口报关单外汇核销专用联等相关单证在金融机构办理贸易外汇收支。海关进出口报关单外汇核销专用联可在进出口货物海关放行后向海关申请取得。金融机构应当对从事对外贸易机构提交的交易单证真实性及外汇收支的一致性进行合理审查。国家外汇管理局及各级分支机构,依法对从事对外贸易机构及经营结汇、售汇业务的金融机构进行监督检查。形成了从事对外贸易机构自律、金融机构专业审查、国家外汇管理局监管的运行机制,落实了我国货物贸易外汇管理制度。

国家外汇管理局对货物外汇的主要监管方式包括从事对外贸易机构名录登记管理、非现场核查、现场核查、ABC分类管理。

三、贸易管制中的救济制度

贸易管制中的救济制度主要包括三大救济措施:反倾销、反补贴和保障措施。其基本目的是要限制外国进口产品在本国市场上的恶意竞争或所谓的“不公平贸易或不公平竞争”,防止本国经济和本国市场受到进一步损害。

反倾销与反补贴针对的是不公平贸易或不公平竞争,而保障措施是针对公平条件下数量猛增的进口产品的情况。

(一)反倾销措施

反倾销措施包括临时反倾销措施和最终反倾销措施。

1. 临时反倾销措施

临时反倾销措施是指进口方主管机构经过调查,初步认定被指控产品存在倾销,并对国内同类产业造成损害,因此可以依据世界贸易组织所规定的程序进行调查,在全部调查结束之前,采取临时性的反倾销措施,以防止调查期间国内产业继续受到损害。

临时反倾销措施有两种形式:一是征收临时反倾销税;二是要求提供现金保证金、保函或者其他形式的担保。

征收临时反倾销税,由商务部提出建议,国务院关税税则委员会根据其建议作出决定,商务部予以公告;要求提供现金保证金、保函或者其他形式的担保,商务部作出决定并予以公告。海关自公告规定实施之日起执行。临时反倾销措施实施的期限,自临时反倾销措施决定公告规定实施之日起,不超过4个月;在特殊情形下,可以延长至9个月。

2. 最终反倾销措施

对终裁决定确定倾销成立并由此对国内产业造成损害的，可以在正常海关税费之外，征收反倾销税。征收反倾销税，由商务部提出建议，国务院关税税则委员会根据建议作出决定，由商务部予以公告。海关自公告规定实施之日起执行。

【思考 2-3】 2005 年 1 月 1 日，按照中国加入世界贸易组织的进程表，美国和欧盟相继取消了对来自中国的纺织品配额的限制。但好景不长，没过多少时日，美国和欧盟就以大量的中国纺织品涌进其国内市场对本国行业造成冲击为由，采取了措施，实施了救济。

文档：思考 2-3 答案解析

问题：美国和欧盟当时采取的是哪种救济措施？为什么？

（二）反补贴措施

反补贴与反倾销的措施相同，也分为临时反补贴措施和最终反补贴措施。

1. 临时反补贴措施

初裁决定确定补贴成立并由此对国内产业造成损害的，可以采取临时反补贴措施。临时反补贴措施采取以现金保证金或保函作为担保的征收临时反补贴税的形式。采取临时反补贴措施，由商务部提出建议，国务院关税税则委员会根据其建议作出决定，由商务部予以公告。海关自公告规定实施之日起执行。临时反补贴措施实施的期限，自临时反补贴措施决定公告规定实施之日起，不超过 4 个月。

2. 最终反补贴措施

在为完成磋商的努力没有得到效果的情况下，终裁决定确定补贴成立，并由此对国内产业造成损害的，征收反补贴税。征收反补贴税，由商务部提出建议，国务院关税税则委员会根据其建议作出起定，由商务部予以公告。海关自公告规定实施之日起执行。

（三）保障措施

保障措施分为临时保障措施和最终保障措施。

1. 临时保障措施

临时保障措施是指在有明确证据表明进口产品数量增加，将对国内产业造成难以补救的损害的紧急情况下，进口国与成员国之间可不经磋商而作出初裁决定，并采取临时性保障措施。临时保障措施采取提高关税的形式，如果事后调查不能证实进口激增对国内有关产业已经造成损害或损害威胁，则增收的临时关税应予以退还。

2. 最终保障措施

最终保障措施可以采取提高关税、数量限制等形式，但保障措施应限于防止、补救严重损害并便利调整国内产业所必要的范围内。

保障措施的实施期限一般不超过 4 年，在此基础上，如果继续采取保障措施，则必须满足 4 个条件：对于防止或者补救严重损害仍有必要；有证据表明相关国内产业正在进行调整；已经履行有关对外通知、磋商的义务；延长的措施不严于延长前的措施。

反倾销、反补贴和保障措施三者的区别见表 2-4。

表 2-4　反倾销、反补贴和保障措施的区别

措　施	适用对象	实施形式	实施期限
反倾销	不公平贸易或不公平竞争	现金保证金、价格承诺、保函	自临时反倾销措施决定公告规定实施之日起，不超过 4 个月，在特殊情况下可延长至 9 个月
反补贴	不公平贸易或不公平竞争	现金保证金、价格承诺、保函	自临时反补贴措施决定公告规定实施之日起，不超过 4 个月
保障措施	公平条件下数量猛增的进口产品	加征关税、实行配额数量限制或最终加征关税或实行关税配额等	临时性措施的实施期限不得超过 200 日，最终保障措施一般不超过 4 年，也可相应延长，但不得超过 10 年

拓展训练

一、在线自测

扫描右侧二维码查阅题目。

文档：项目二在线自测

二、实务操作

2023 年 9 月，沈阳佳航国际物流有限公司报关部收到了沈阳市金辉贸易有限公司出口一批 20 公吨镀锌铁质钢丝（商品编码 7217200000）的报关委托，预计出口时间为 2023 年 9 月底。王经理记得 2015 年国家对部分钢材产品出口实行了出口许可证管理，镀锌铁质钢丝是否在管理范围内呢？他要求李川查证一下，如果确实属于管理范围内的货物，请沈阳市金辉贸易有限公司提供相关的许可证件，并预审该证件表面内容是否与其他报关单证的内容和数据相符。

李川的工作任务如下。

（1）查明实行出口许可证管理的部分钢材有没有包括镀锌铁质钢丝。

（2）查找“镀锌铁质钢丝”对应的监管条件，判断除出口许可证外，还可能需要哪些监管证件。

（3）预审该证件的表面内容是否与其他报关单证的内容和数据相符。

文档：项目二实务操作答案

项目三

商品归类

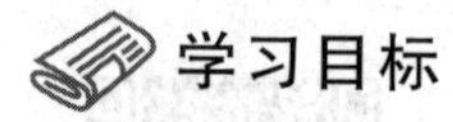

学习目标

知识目标

1. 熟悉《商品名称及编码协调制度》的基本结构、分类原则；
2. 掌握归类总规则的内容、适用范围及运用技巧；
3. 明确海关商品归类的操作程序。

技能目标

1. 掌握商品编码各层次的含义及注释运用的方式；
2. 能够熟练应用归类总规则对进出口商品进行正确归类。

素养目标

1. 养成优秀的归类习惯、谨慎的工作态度；
2. 培育不停累积知识和经验，从个案中找寻共性的能力；
3. 提高交流表达能力、组织协调能力。

思政园地

2022年版《商品名称及编码协调制度》修订目录解读

《商品名称及编码协调制度》(简称协调制度)是世界海关组织(WCO)主持制定的一部供国际贸易各方共同使用的商品分类编码体系。为适应贸易及科技的发展，协调制度一般每隔5年进行一次全面修订。WCO自2014年9月启动第六审议循环，其成果2022年版协调制度于2022年1月1日起在全球实施。海关总署发布了2022年版协调制度修订目录中文版，2022年版协调制度主要有哪些方面的修订呢？

一、本次修订的主要特点

2022年版协调制度共有351组修订，修订后的协调制度共有6位数子目5609个，比2017年版协调制度增加了222个。2022年版协调制度通过对贸易中形成主要趋势的新产品以及与全球关注的环境和社会问题相关的产品进行列目，调整原有列目结构使协调制度适应当前贸易发展。

协调制度将商品分成21大类，本次仅第八类(皮革制品)、第十二类(鞋帽等)、第十九类(武器弹药)没有修订。修订较多的项：第十六类(机电产品)修订52组(占全部修订组数的14.8%)、第六类(化工品)修订47组(占13.4%)、第一类(动物产品)、第九类(木及木制品)

均修订31组(占8.8%)。

二、本次修订的重点内容

1. 因应新技术发展及新产品贸易需求作出的修订

增列品目,如新型烟草产品(品目2404)、平板显示模组(品目8524)、无人机(品目8806)等。修订章注释及条文,如半导体换能器(品目8541)等。

2. 因应产业和贸易发展变化需求作出的修订

调整品目结构,如玻璃纤维及其制品(品目7019)、加工金属的锻造冲压机床(品目8462)等。

3. 因应国际社会对安全、环保、健康问题的关注作出的修订

根据《巴塞尔公约》,为明确某些废物的范围新增品目(品目8549);为《禁止化学武器公约》(CWC)控制的特定化学品、《鹿特丹公约》控制的某些危险化学品、《蒙特利尔议定书》管制的臭氧层消耗物质修订协调制度(第二十九章、第三十八章及第三十九章相关品目);为安慰剂和盲法(或双盲法)临床试验试剂盒(子目3006.93)、寨卡病毒及由伊蚊属蚊子传播的其他疾病用诊断或实验用试剂(子目3822.12)增列子目等。

4. 因应简化优化协调制度目录结构需求作出的修订

删除贸易量低的品目和子目,如镉及其制品(品目8107)、地球仪和天体仪(子目4905.10)、镍铁蓄电池(子目8507.40)、电话应答机(子目8519.30)、钟表发条(子目9114.10)等。

5. 因应协调制度规范应用需求作出的修订

修订相关类、章注释及条文以明确商品范围,如为明确微生物油脂归入品目1515修订品目条文等、新增第五十九章注释三以明确"用塑料层压的纺织物"的定义等。

三、中国海关深度参与修订工作

本轮修订中,中国海关45组提案及修订意见获得采纳,创历史新高。其中"玻璃车窗""通信天线""无人机""不锈钢真空保温容器"等被列入2022年版协调制度,解决了归类争议,助力我国优势产品走出去。同时,为明确"微生物油脂""3D打印机""集成电路检测设备"等产品归类,提供了"中国方案"并获得通过,还将北斗导航系统等中国元素及"单板层积材"国家标准纳入《商品名称及编码协调制度注释》。

资料来源:https://baijiahao.baidu.com/s?id=1714295997156474911&wfr=spider&for=pc.

任务一　商品归类概述

案例导入

2019年7月,C海关对某企业进口编带机商品归类情况实施稽查,发现该企业在2018年5月以一般贸易方式进口全自动编带机1台,货值824838元,申报商品编号84864029.00,进口关税税率0。通过实地查看发现,该设备通过输送装置将需要编带的物件(如半导体元件、芯片、晶元器件、传感器等)输送到载带中,由检测系统对物件进行检测,合格品将被盖带卷入盘中,完成编带包装,而不合格品会被放入次品收纳装置中。上述设备是通过检测、分拣和编带包装三道工序对需编带的物件进行包装,其主要功能是包装,检测、分拣仅是为了服务、实现最后的编带包装功能的必备步骤。参照海关总署J2011-0005号归类决定,依据

归类总规则一及六，上述设备应按包装机器归入税则号列 8422.4000 项下，2018 年进口关税税率 10%。

该企业上述进口货物商品编号申报不实的行为影响了国家税款征收。经计核，上述货物漏缴税款共计人民币 9.57 万元。依据《中华人民共和国海关行政处罚实施条例》第十五条第四项，海关决定对该企业处罚款 6 万元整。

问题：

(1) 进出口商品归类的作用有哪些？

(2) 进出口商品归类的主要依据是什么？

一、《商品名称及编码协调制度》

文档：《商品名称及编码协调制度的国际公约》

《商品名称及编码协调制度》(The Harmonized Commodity Description and Coding System，HS)是指在原海关合作理事会商品分类目录和国际贸易标准分类目录的基础上，协调国际上多种商品分类目录而制定的一部多用途的国际贸易商品分类目录。在现实工作中，为了适用海关监管、海关征税及海关统计，需要按照进出口商品的性质、用途、功能或加工程度等将商品准确地归入协调制度中与之对应的类别和编号。协调制度是我国制定进出口税则，实施贸易管制、贸易统计及其他各项进出口管理措施的基础目录。

（一）协调制度的产生

海关进出口商品归类是建立在商品分类目录基础上的。早期的国际贸易商品分类目录只是因为对进出本国的商品征收关税而产生的，其结构较为简单。后来随着社会化大生产的发展，进出口商品品种与数量的增加，除了税收的需要，人们还要了解进出口贸易情况，即还要进行贸易统计，因此，海关合作理事会(1995 年更名为世界海关组织 WCO)与联合国分别编制了两个独立的商品分类目录，即《海关合作理事会商品分类目录》(CCCN)和《国际贸易标准分类目录》(SITC)。

由于商品分类目录的不同，一种商品有时在一次国际贸易过程中要使用不同的编码，给国际贸易带来极大的不便。因此，海关合作理事会于 1983 年 6 月通过了《商品名称及编码协调制度的国际公约》及附件协调制度。协调制度既满足了海关税则和贸易统计需要，又包容了运输及制造业等要求，因此，该目录自 1988 年 1 月 1 日起正式生效后，即被广泛应用于海关税则、国际贸易统计、原产地规则、国际贸易谈判、贸易管制等多个领域，所以又称国际贸易的语言。

随着新产品的不断出现和国际贸易结构的变化，协调制度一般每隔 5 年就要进行一次较大范围的修订。自 1988 年生效以来，协调制度一共进行了 7 次修订，形成了 1988 年、1992 年、1996 年、2002 年、2007 年、2012 年、2017 年、2022 年 8 个版本。

（二）协调制度的基本结构

协调制度将国际贸易涉及的各种商品按照生产类别、自然属性和不同功能用途等分为 21 类 97 章，每一章均由若干品目构成，品目项下又细分出若干一级子目和二级子目。2022 年实施的协调制度共有 4 位品目 1228 个、6 位数子目 5609 个，与 2017 年版相比，4 位品目的数量增加了 6 个，6 位子目的数量增加了 222 个。

协调制度总体结构由归类总规则、注释、商品名称及编码表3个部分组成，这3个部分是HS的法律性条文，具有严格的法律效力和严密的逻辑性。

1. 归类总规则

为了保证国际上对HS使用和解释的一致性，使某一特定商品能够始终如一地归入一个唯一编码，HS设立了6条归类总规则，规定了使用HS对商品进行分类时必须遵守的分类原则和方法。归类总规则是指导整个协调制度商品归类的总原则，也是具有法律效力的归类依据，位于协调制度文本的卷首。

2. 注释

注释是为限定协调制度各类、章、品目和子目所属货品的准确范围，简化品目和子目条文文字，杜绝商品分类的交叉，保证商品归类正确而设立的解释说明性文字，分布于21类97章当中，是具有法律效力的归类依据。

3. 商品名称及编码表

商品名称及编码表由商品编码和商品名称两部分组成，是协调制度的主体部分，从属于21类，分布在97章当中。商品编码居左，商品名称居右，依次构成一横行。表3-1所示为商品名称及编码表举例。

表3-1 商品名称及编码表

商品编码	商 品 名 称
0103091	重量在50千克以下的，非改良种用的猪
0105012	重量不超过185克的，火鸡
0104010	绵羊

协调制度是一部系统的国际贸易商品分类目录，所列商品名称的分类和编排是有一定规律的。从类来看，它基本上是按社会生产的分工(或称生产部类)分类的，它将属于同一生产部类的产品归在同一类里，如农业在第一类、第二类；化学工业在第六类；纺织工业在第十一类；冶金工业在第十五类；机电制造业在第十六类等。

从各章来看，基本上按照商品的自然属性(原材料及制成品)或所具有的原理、功能及用途(制成品)来分类。第一章至第八十三章(第六十四章至第六十六章除外)基本上是按商品的自然属性来分章，而每章的前后顺序则是按照动、植、矿物质来排序。如第一章至第五章是活动物和动物产品；第六章至第十四章是活植物和植物产品；第五十章和第五十一章是蚕丝、羊毛及其他动物毛；第五十二章和第五十三章是棉花、其他植物纺织纤维和纸纱线；第五十四章和第五十五章为化学纤维。商品之所以按自然属性分类，是因为其种类、成分或原料比较容易区分，同时也是因为商品价值的高低往往取决于构成商品本身的原材料。第六十四章至第六十六章和第八十四章至第九十七章是按货物的用途或功能来分章的，如第六十四章是鞋、第六十五章是帽、第八十四章是机械设备、第八十五章是电气设备、第八十七章是汽车、第八十九章是船舶等。这样分类的原因：一是因为这些物品由各种材料或多种材料构成，难以将这些物品作为哪一种材料制成的物品来分类。如鞋、帽，有可能是皮的，也可能是布的或塑料的，有些还可能是由几种材料制成的。例如运动鞋，其外底是橡胶的，鞋底是泡沫塑料的，鞋面是帆布的等。二是因为商品的价值主要体现在生产该物品的社会必要劳动时间上。如一台机器，其价值一般主要看生产这台机器所耗费的社会必要劳动时间，而不是看机器用了多少贱金属等。

从品目的排列看，一般也是按照动、植、矿物质顺序排列，而且更为明显的是原材料优先于产品，加工程度低的产品优先于加工程度高的产品，列名具体的品种优先于列名一般的品种。例如，在第四十四章内，品目 4403 是原木；4404～4408 是经简单加工的木材；4409～4413 是木的半制品；4414～4421 是木的制成品。对同一商品而言，一般整机在前，专用零件或配件在后。例如，品名 8408 用于压燃式活塞内燃发动机；品名 8409 专用于或主要用于品名 8407 或 8408 所列发动机的零件。

在协调制度分类时，还注意照顾了商业习惯和实际操作的可行性。对难于按常用的分类标志进行分类的大宗进出口商品，则从照顾商业习惯和便于实际操作入手，专列类、章和品目，使商品归类简单易行。如第二十类第九十四章的活动房屋即属此种情况。

协调制度商品归类是协调制度商品分类的逆运用，是依照商品归类原则，将商品归入协调制度分类目录的某一商品编码的操作。

协调制度采用结构性号列，即税(品)目的号列不是简单的顺序号，而是以线性结构排列的，并有一定的含义。它的项目号列用四位数编码来表示，前两位数表示项目所在的章，后两位数表示项目在有关章的排列次序。如品目 0104，前两位数表示该项目在第一章，后两位数表示所列商品为第一章的第四个项目。四位数号列再细分下去，用五位数码来表示的是一级子目；一级子目中又被进一步细分为六位数码来表示的是二级子目，各级子目所包括的商品总和等于其上一级子目的商品范围。没有设一级或二级子目的品目，商品编码的第五位或第六位数码为 0，如 0501.00。需要指出的是，作为未列名货品的第五位或第六位数码一般用数字 9 表示，不代表它在所属品目或子目中的实际序位，其间的空序号是为在保留原有编码的情况下，适应日后增添新商品等情况而预留的。数字 9 被零件占用时，数字 8 通常表示未列名整机。如商品编码 8432.80，其中第 5 位数字“8”表示“其他机械(未列名的整机)”，而商品编码 8432.90 中第 5 位数字“9”则表示属于 8432 品目范围的整机的零件。

另外，协调制度的各章均列有一个起“兜底”作用、名为“其他”的子目，使任何进出口商品都能在这个分类体系中找到自己适当的位置。

文档：带你了解协调制度

(三)《商品名称及编码协调制度注释》

为了便于各缔约国正确理解协调制度，保证商品分类与归类的一致性，海关合作理事会制定了《商品名称及编码协调制度注释》。它是协调制度所列商品名称及编码范围最具权威性的解释文件，是对进出口商品进行税则归类或统计目录归类的法律依据，是进出口商品归类时必不可少的参考书。该书中译本名称为“进出口税则商品及品目注释”。需要明确的是，归类时该书不具有法律效力，具有法律效力的归类依据只有归类总规则、类注释、章注释、子目注释和品目条文及子目条文。

二、《中华人民共和国进出口税则》

文档：《中华人民共和国进出口税则(2024)》

我国海关自 1992 年 1 月 1 日起开始采用协调制度，进出口商品归类工作成为我国海关最早实现与国际接轨的执法项目之一。根据海关征税和海关统计工作的需要，我国在协调制度的基础上增设本国子目(三级和四级子目)，形成了我国海关进出口商品分类目录。我国海关以其为基础结合我国实际进出口货物情况，编制了《中华人民共和国海关进出口税则》和《中华人民共和国海关统计商品目录》。

现行海关税则结构与协调制度商品分类目录结构基本相同，逐条采用了 HS 的归类总规则、类注释、章注释及子目注释，也以商品名称及编码协调制度注释作为最具权威性的解释说明文件，商品归类原则和方法也与协调制度相同。两者相比较，前者在商品名称及编码表中增设了税率栏，并将货品编码改称税则号列，税则号列的前六位数码及货品名称与协调制度相应栏目完全一致。第七位、第八位是根据我国关税、统计和贸易管理的需要加列的本国子目，同时，还根据代征税、暂定税率和贸易管制的需要对部分税号增设了第九位、第十位附加代码。表 3-2 所示为海水税号 2501.0030 的含义。

表 3-2　海水税号 2501.0030 的含义

商品名：海水　　品目：2501　　税号：2501.0030

25	01	0	0	3	0	海水
章	顺序号	一级子目	二级子目	三级子目	四级子目	子目条文
品目号		5 位数级子目	6 位数级子目	7 位数级子目	8 位数级子目	
与协调制度完全一致				我国子目		

因此协调制度中的编码只有 6 位数，而我国海关进出口商品分类目录的编码为 8 位数，其中第七位、第八位是我国根据实际情况加入的“本国子目”。在商品名称与编码表中的货品名称前面都有一个或几个横杠：“—”表示一级子目；“— —”表示二级子目；“— — —”表示三级子目；“— — — —”表示四级子目。

例如，商品编码(税则号列)8709.1910 各层次含义如下。

87 表示第八十七章(协调制度章代码)；

09 表示该章的第九个品目(协调制度品目代码)；

1 表示品目 8709 项下的第一个一级子目(协调制度子目代码)；

9 表示子目 8709.1 项下的未列名二级子目(协调制度子目代码)；

1 表示子目 8709.19 项下的第一个三级子目(中国子目代码)；

0 表示子目 8709.191 项下未增设四级子目(中国子目代码)。

注意：协调制度将第五位和第六位数字作为 HS 子目代码，我国将第七位和第八位数字作为本国子目代码。

三、进出口商品归类的海关管理

1. 商品归类的依据

2007 年 3 月 2 日海关总署发布的第 158 号总署令《中华人民共和国海关进出口货物商品归类管理规定》第二条规定：“商品归类是指在《商品名称及编码协调制度的国际公约》商品分类目录体系下，以《中华人民共和国进出口税则》为基础，按照《进出口税则商品及品目注释》《中华人民共和国进出口税则本国子目注释》以及海关总署发布的关于商品归类的行政裁定、商品归类决定的要求，确定进出口货物商品编码的活动。”据此对进出

文档：《中华人民共和国海关进出口货物商品归类管理规定》

口商品进行归类的依据如下。

(1)《中华人民共和国进出口税则》。

(2)《进出口税则商品及品目注释》。

(3)《中华人民共和国进出口税则本国子目注释》。

(4) 海关总署发布的关于商品归类的行政裁定。

(5) 海关总署发布的商品归类决定。

2.《中华人民共和国进出口税则本国子目注释》

《中华人民共和国进出口税则本国子目注释》是海关和有关政府部门、从事与进出口贸易有关工作的企(事)业单位及个人进行商品归类的法律依据之一,对《中华人民共和国进出口税则》部分子目进行解释。

目前以海关总署公告2013年第5号发布生效的2013年版本国子目注释为基础,根据需要不断通过海关公告的形式对本国子目注释进行新增、调整及废止。

3. 商品归类决定

商品归类决定是指海关总署依据有关法律、行政法规规定,对进出口货物的商品归类作出具有普遍约束力的决定,具有海关规章的同等效力。与商品归类行政裁定一样,商品归类决定也由海关总署或其授权机构作出,并由海关总署以公告的形式统一对外公布。两者的不同之处在于:商品归类行政裁定是海关依对外贸易经营者申请作出的,而商品归类决定是海关主动作出的。

商品归类决定一般来源于下列三种途径:第一,由海关总署及授权机构作出;第二,根据中国海关协调制度商品归类技术委员会会议决议作出;第三,由世界海关组织协调制度委员会作出,并由海关总署通过法律程序转化为海关规章。

商品归类决定的主要内容一般包括归类决定编号、税则号列、中英文商品名称、商品描述及归类决定等;海关总署关于世界海关组织商品归类决定的内容一般包括序号、归类决定编号、发布日期、子目号、子目序号、文件号、商品名称、英文名称、其他名称、商品描述、归类依据、备注等。作出商品归类决定所依据的法律、行政法规及其他相关规定发生变化的,商品归类决定同时失效,并由海关总署对外公布。归类决定存在错误的,由海关总署予以撤销,并对外公布。被撤销的商品归类决定自撤销之日起失效。需要时也可通过公告废止部分商品归类决定,以公告附件形式废止的部分商品归类决定主要包括序号、归类决定编号和商品名称等内容。

海关总署每年会不定期发布相关归类决定公告,包括新发布的,以及废止的商品归类。

4. 商品归类行政裁定

商品归类行政裁定是海关若干种行政裁定中重要的一种,具备以下特征:第一,海关依对外贸易经营者申请作出而非海关主动作出;第二,在货物实际进出口之前作出:第三,由海关总署以公告的形式统一对外公布,具有海关规章的同等效力,在我国关境范围均适用;第四,进出口相同的货物,适用相同的行政裁定。

商品归类行政裁定的内容主要包括归类裁定编号、商品税则号列、中英文商品名称、商品描述、归类意见等。

除特殊情况外,海关行政裁定的申请人,应当在货物拟进口或出口的3个月前向海关总署或直属海关提交书面申请。一份申请只应包含一项海关事务。海关行政裁定的申请人应当是在海关注册登记的进出口货物经营单位。

5. 归类预裁定

在货物实际进出口前，申请人可以就进出口货物的商品归类申请预裁定。预裁定的申请人应当是与实际进出口活动有关，并且在海关注册登记的对外贸易经营者。

申请人应当在货物拟进出口3个月之前向其注册地直属海关提出预裁定申请。特殊情况下，申请人确有正当理由的，可以在货物拟进出口前3个月内提出预裁定申请。一份"预裁定申请书"应当仅包含一类海关实务。申请预裁定的商品信息描述应翔实、客观，便于海关快速且准确理解商品。

预裁定与行政裁定的差异主要体现在以下两方面：一是裁定机关不同，预裁定的裁定机关是直属海关，行政裁定的裁定机关是海关总署。二是法律效力不同，预裁定决定仅对申请该预裁定的申请人具有约束力，对预裁定决定不服，可以申请行政复议或提起行政诉讼；行政裁定不仅对申请人具有约束力，还对其他对外贸易经营者具有约束力，与海关规章具有同等效力，对行政裁定不服，不能申请行政复议或者提起行政诉讼。

文档：思考3-1答案解析

【思考3-1】 根据《中华人民共和国进出口税则》的编排规律分析重量为150克的非改良种用的活鸡归入为商品编码0105.1190的理由。

表3-3所示为商品编码表中品目0105的编排规律。

表3-3 品目0105的编排规律

01.05	家禽，即鸡、鸭、鹅、火鸡及珍珠鸡：	品目
	重量不超过185克：	一级子目
	-- 鸡	二级子目
0105.1110	--- 改良种用	三级子目
0105.1190	--- 其他	三级子目
	-- 火鸡：	二级子目
0105.1210	--- 改良种用	三级子目
0105.1290	--- 其他	三级子目
	……	
	-- 珍珠鸡	二级子目
0105.1510	--- 改良种用	三级子目
0105.1590	--- 其他	三级子目
	其他	一级子目
	-- 鸡	二级子目
0105.9410	--- 改良种用	三级子目
0105.9490	--- 其他	三级子目
	……	

任务二 商品归类总规则

案例导入

日常生活中，我们经常遇到多种商品包装在一起销售的货品。例如，茶叶和茶具包装在一起的礼盒、成套包装在一起的修理工具、包装在一起的牙膏和牙刷等，这些成套包装在一起的货品，往往在销售过程中不再进行分装，而是直接出售给消费者。对于这些成套货品，许多归类人员直接采用归类总规则三的规定，按基本特征归类法对其进行归类。但这种归类思路是不正确的，所有进出口货物在协调制度归类中都必须遵循六大规则，并且使用时必须注意以下两点。

(1) 归类总规则一至归类总规则四需按顺序使用。当归类总规则一不适用时，才能使用归类总规则二；归类总规则二不适用时，才使用归类总规则三，以此类推。

(2) 在实际使用归类总规则二至归类总规则四时要注意条件，即注意相关注释和条文是否有特别规定和说明。换言之，归类总规则一才是我们归类时应首先考虑使用的原则。首先应看有关的品目条文、相关的类注或章注是否有明确规定。

问题：

(1) 归类总规则一至归类总规则六的具体内容是什么？

(2) 如何判断零售成套货品的基本特征？

归类总规则是为保证每一个商品，甚至是层出不穷的新商品都能始终归入同一个品目或子目，避免商品归类的争议而制定的商品归类应遵循的原则。归类总规则位于协调制度的部首，共由六条构成，它们是指导并保证商品归类统一的法律依据。

一、规则一

规则一　类、章及分章的标题，仅为查找方便而设。具有法律效力的归类，应按品目条文和有关类注或章注确定，如品目、类注或章注无其他规定，按以下规则确定。

1. 规则解释

(1) 第一段“类、章及分章的标题，仅为查找方便而设”。要将数以万计的商品归入编码表中的几千个子目之内并非易事，为便于查找编码，协调制度将一类或一章商品加以概括并冠以标题。由于现实中的商品种类繁多，通常情况下一类或一章标题很难准确地对本类、章商品加以概括，所以类、章及分章的标题仅为查找方便而设，不具有法律效力。换句话说，类章中的商品并不是全部都符合标题中的描述。例如，第十五类的标题为“贱金属及其制品”，但许多贱金属制品并不归入该类，像铜纽扣就归入第九十六章“杂项制品”；贱金属制的机械设备归入第八十四章“核反应堆、锅炉、机器、机械器具及其零件”。又如，第二十二章的标题为“饮料、酒及醋”，但是通常被我们认为是饮料的瓶装蒸馏饮用水却不归入该章，而应归入第二十八章“无机化学品”，类似的例子还有很多。

(2) 第二段“具有法律效力的归类，应按品目条文和有关类注或章注确定”。这里有两层含义：第一，具有法律效力的商品归类，是按品目名称和有关类注或章注确定商品编码；第二，许多商品可直接按目录规定进行归类。

这里将类注、章注统称注释，注释的作用在于限定品目、类、章商品的准确范围，常用的方法如下。

① 以 定义形式来界定类、章或品目的商品范围及对某些商品的定义作出解释。例如，第七十二章章注一(五)中将不锈钢定义为按重量计含碳量在1.2%及以下，含铬量在10.5%及以上的合金钢，不论是否含有其他元素。而中国大百科全书“机械工程”手册中规定：不锈钢含铬量不小于12%。显然两者规定不相同，但作为协调制度归类的法律依据是前者。

② 列举典型例子的方法。例如,第十二章章注一中列举了归入品目1207中的主要包括油料作物的果实。再如第二十五章章注四中列举了归入品目2530的主要商品。

③ 用详列具体商品名称来定义品目的商品范围。例如,第三十章章注四中定义了品目3006的商品范围由11个方面的商品组成。

④ 用排他条款列举若干不能归入某一类、章或编码的商品。例如,第一章注释了“本章包括所有活动物,但下列各项除外……”这样的例子在类注、章注中还有很多。

某些注释综合运用上述几种注释方法。例如,有的注释既作了定义,又列举了一系列包括在内,或列出除外的商品。这样能使含义更加明确。例如,第四十章章注四中关于“合成橡胶”的定义。

(3) 第三段“如品目、类注或章注无其他规定”,旨在明确品目条文及与其相关的类、章注释是最重要的。换而言之,它们是在确定归类时应首先考虑的规定。例如,第三十一章的注释规定该章某些编码仅包括某些货品,因此,这些编码就不能根据规则二(二)扩大为包括该章注释规定不包括的商品。这里需注意的是,不能因为品目条文不明确,不论类注、章注有无规定,就按规则二归类,而必须是在品目条文、类注、章注都无其他规定的条件下才能按规则二归类。

2. 规则一应用举例

【例3-1】 牛尾毛。

归类说明:首先查阅类、章名称——第五章“其他动物产品”;其次,如品目0511中未提到牛尾毛,则按其他未列名动物产品归类;然后按归类总规则一规定查阅第五章章注四,发现“马毛”包括马科、牛科的尾毛;最终将牛尾毛归入0511.9940。

【例3-2】 纯棉针织女式束腰胸衣。

归类说明:如果直接看标题,似乎符合第六十一章的标题“针织或钩编的服装及衣着附件”而可以归入此章,但因为标题不是归类依据,所以应根据品目条文和类注、章注来确定。按第六十一章章注二(一)、第六十二章章注一和6212品目条文的规定,该商品应归入6212.3090。

二、规则二

规则二 (一) 品目所列货品,应包括该项货品的不完整品或未制成品,只要在进口或出口时该项不完整品或未制成品具有完整品或制成品的基本特征;还应包括该项货品的完整品或制成品(或按本款可作为完整品或制成品归类的货品)在进口或出口时的未组装件或拆散件。

(二) 品目中所列材料或物质,应视为包括该种材料或物质与其他材料或物质混合或组合的物品。品目所列某种材料或物质构成的货品,应视为包括全部或部分由该种材料或物质构成的货品。由一种以上材料或物质构成的货品,应按规则三归类。

1. 规则解释

(1) 规则二分为两大部分:第一部分实际上是扩大编码的商品范围,这里有两层意思。其中,第一层意思是品目所列商品包括其不完整品或未制成品,只要其具有完整品或制成品的基本特征,就应包括在内。例如,缺一个轮子的汽车,因其缺少的部件并不能影响产品本身的特征,故应按完整品归类。第二层意思是还应视为包括该项货品的完整品或制成品在进口或出口时的未组装件或拆散件。例如,完整的一辆汽车和缺少某些零部件的汽车,都可按整汽车归类。之所以这样规定，是因为编码品目有限，不可能将各种情况的商品一一列出。

① 不完整品。不完整品是指某个商品还不完整，缺少某些零部件，但却具有完整品的基本特征。例如，缺少一个轮胎或倒车镜等零部件的汽车，仍应按完整的汽车归类，并不因为缺少了一个轮胎而不叫作汽车；缺少键盘的便携式计算机仍应按完整的便携式计算机归类等。如没有这项规则，则需将每缺一个零部件的商品单列一个子目，一是难以列全，二是很烦琐且浪费目录资源。

② 未制成品。未制成品指已具备了成品的形状特征，但还不能直接使用，需经进一步加工才能使用的商品。例如，已具有钥匙形状的铜制钥匙坯片。

③ 因运输、包装、加工贸易等原因，进口时未组装件或拆散的货品。例如，机电产品的成套散件，此类成套散件只需简单组装即可成为完整成品。

规则二第一部分的意思归纳起来有两点：第一，扩大编码上列名商品的范围，即不仅包括该商品的完整品或制成品，而且还包括它的非完整品、非制成品及整机的拆散件；第二，该规则的使用是有条件的，即未完整品或未制成品一定要具有完整品（整机）的基本特征，拆散件必须是完整品的成套散件。此外，需要注意的是，规则二的第一部分不适用于第一类至第六类的商品（第三十八章及以前的各章）。

（2）规则二第二部分也有两层意思。第一，品目中所列某种材料包括该种材料的混合物或组合物，也是对品目商品范围的扩大；第二，其适用条件是加进去的东西或组合起来的东西不能失去原商品的特征，即混合或组合后的商品不存在看起来可归入两个及以上品目的问题。例如，加糖的牛奶，还应按牛奶归类，添加了糖的牛奶并未改变牛奶的特性。所以绝不会产生是按糖归类还是按牛奶归类的疑问。而添加了花椒粉的盐则改变了盐的特性，使之属性从盐改变为调味品。

2. 规则二应用举例

【例 3-3】 缺少鼠标的笔记本电脑（整机特征）。

归类说明：首先查阅类、章名称，属于第八十四章物品，按规则二（一），未制成品如已具备制成品的基本特征应按制成品归类，按规则一规定查阅第八十四章章注，未提到该物品是否有具体列名，查阅第八十四章品目条文，按笔记本电脑自动处理数据的特性，归入 8471，根据规则二（一）按整机归入 8471.3090。

【例 3-4】 做手套用已剪成型的针织棉（未制成品）。

归类说明：查阅类、章名称，针织棉布属第五十二章，手套属第六十一章，按规则二（一），未制成品如已具备制成品的基本特征应按制成品归类，按规则一规定查阅第五十二章、第六十一章章注，未提到该物品是否具体列名，按规则二（一）归入 6116.9200。

【例 3-5】 由一个靠背、一个支架、一个坐板组成的铝制椅子散件，组装即可使用（组合物）。

归类说明：查阅类、章名称，属于第九十四章的商品，按规则二（二）应归入 9401.7900。

三、规则三

规则三　当货品按规则二（二）或由于其他原因看起来可归入两个或两个以上品目时，应按以下规则归类。

（一）列名比较具体的品目，优先于列名一般的品目。但是，如果两个或两个以上品目都仅述及混合或组合货品所含的某部分材料或物质，或零售的成套货品中的某些货品，即使其中某个品目对该货品描述得更为全面、详细,这些货品在有关品目的列名应视为同样具体。

(二) 混合物、不同材料构成或不同部件组成的组合物以及零售的成套货品,如果不能按规则三(一)归类时,在本款可适用的条件下,应按构成货品基本特征的材料或部件归类。

(三) 货品不能按规则三(一)或三(二)归类时,应按号列顺序归入其可归入的最末一个品目。

1. 规则解释

(1) 规则三第一部分,"不论是按规则二(二)或其他任何原因归类,货品看起来可归入两个或两个以上品目时,应按以下规则归类",这是规则三运用的前提。规则三有三条,可概括如下:①具体列名;②基本特征;③从后归类。

这三条规定应按照其在本规则的先后次序加以运用。据此,只有在不能按照规则三(一)归类时,才能运用规则三(二);不能按照规则三(一)和三(二)归类时,才能运用规则三(三)。

规则三(一)讲的是当一个商品涉及两个或两个以上品目时,哪个品目相对于商品表述更为具体,就归入哪个品目。但是,如果两个或两个以上品目都仅述及混合或组合货品所含的某部分材料或物质,或零售的成套货品中的某些货品,即使其中每个品目对该货品描述得更为全面、详细,这些货品在有关品目的列名应视为同样具体。要想制定几条规定来确定哪个列名更具体是困难的,但作为一般原则可作以下理解。

① 商品的具体名称与商品的类别名称相比,商品的具体名称较为具体。例如,紧身胸衣是一种女式内衣,可归入两个品目,一个是6208女内衣,另一个是6212妇女紧身胸衣,前一个是类名称,后一个是具体商品名称,故应归入6212.30。如两个品目属同一类商品,可根据它的功能(用途)进行深度比较,哪个功能(用途)更为接近,就应视为更具体。

② 如果一个品目所列名称更为明确地包括某一货品,则该品目要比所列名称不完全包括该货品的其他品目更为具体。

但是,如果两个或两个以上品目都仅述及混合或组合货品所含的某部分材料或物质,或零售成套货品中的某些货品,即使其中某个品目比其他品目对该货品描述得更为全面、详细,这些货品在有关品目的列名应视为同样具体。在这种情况下,货品应按规则三(二)或三(三)的规定进行归类。

(2) 规则三(二)解释如下。

① 本款归类原则适用条件如下:a. 混合物;b. 不同材料的组合货品;c. 不同部件的组合货品;d. 零售的成套货品。

此外,还必须注意只有在不能按照规则三(一)归类时,才能运用本款。也只有在可适用本款规定的条件下,货品才可按构成货品基本特征的材料或部件归类。

② 不同货品确定其基本特征的因素有所不同,一般来说确定商品的主要特征,可根据商品的外观形态、使用方式、主要用途、购买目的、价值比例、贸易习惯、商业习惯、生活习惯等诸多因素进行综合考虑分析来确定。

③ 本款所称"零售的成套货品",是指同时符合以下三个条件的货品:a. 至少由两种看起来可归入不同编码的不同物品构成的;b. 为了适应某一项活动的特别需要而将几件产品或物品包装在一起的;c. 其包装形式适用于直接销售给用户而货物无须重新包装的。

(3) 规则三(三)只能用于不能按规则三(一)或三(二)归类的货品。它规定商品应归入同样值得考虑的品目中的顺序排列为最后的品目内,但相互比较的编码或品目只能同级比较。也就是说,如果看起来一个商品可以归入两个或两个以上品目时,比较起来每个品目都同样具体，那么就按在商品编码表中位置靠后的那个品目进行归类。

2. 规则三应用举例

【例 3-6】 汽车用风挡刮雨器(具体列名)。

归类说明：该货品可能归入 8708 的汽车零件或第八十五章的电动工具两个品目，查阅第十六类、第十七类及第八十四章、第八十五章注释，并无具体规定，按规则三(一)应选列明最明确的品目，8512 是机动车风挡刮雨器，比 8708 的汽车零件更为具体，最终应归入 8512.4000。

【例 3-7】 由一块面饼、一个脱水蔬菜包、一个调味包组成的袋装方便面(基本特征)。

归类说明：该货品可能归入第十九章的面食、第七章的干制蔬菜、第九章的调味料，查阅第十九章、第七章、第九章的注释，并无具体规定，按规则三(二)应选具有基本特征的品目，第十九章的面食构成了整袋方便面的基本特征，应归入 1902.3030。

【例 3-8】 浅蓝色的平纹机织物，由 50％棉、50％聚酰胺短纤织成，每平方米重量超过 170 克(从后归类)。

归类说明：查阅类、章标题，棉属第五十二章，聚酰胺短纤属第五十五章，查阅第十一类和第五十二章、第五十五章注释，并无提到该合成织物的归类，按规则三(一)、三(二)不适用，应按规则三(三)从后归类，按聚酰胺短纤机织物应归 5514。所以应从后归入 5514.3010。

四、规则四

规则四　根据上述规则无法归类的货品，应归入与其最相类似的品目。

1. 规则解释

这条规则所述的“最相类似”，是指名称、功能、用途或结构上的相似。实际操作中往往难以统一认识。一般来说，这条规则不常使用，尤其是在 HS 编码中，每个品目下都设有“其他”子目，不少章节单独列出“未列名货品的品目”(例如品目 8479、8543、9031 等)来收容未考虑到的商品。因此，规则四实际使用频率很低。

本条规则的使用方法如图 3-1 所示。

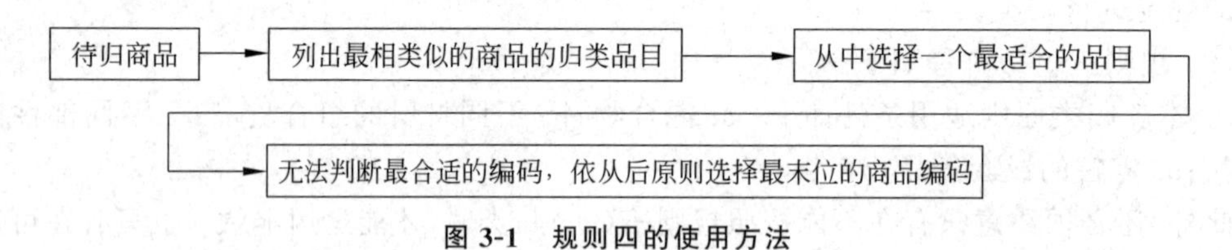

图 3-1　规则四的使用方法

2. 规则四应用举例

例如，切断尼龙纱线，2～3 毫米长，专用于卡车轮胎的增强材料。

归类说明：尼龙纱线被切断成 2～3 毫米长的小段，无法运用品目条文、类章注释及归类总规则二、三归类，与品目 5601 所列的货品——长度不超过 5 毫米的纺织纤维(纤维屑)最相类似，故应依据规则四归入品目 5601.3000。

五、规则五

规则五　除上述规则外，本规则适用于下列货品的归类。

(一) 制成特殊形状仅适用于盛装某个或某套物品并适合长期使用的，如照相机套、乐器盒、枪套、绘图仪器盒、项链盒及类似容器，如果与所装物品同时进口或出口，并通常与所装物品一同出售的，应与所装物品一并归类。但本款不适用于本身构成整个货品基本特征的容器。

（二）除规则五（一）规定的以外，与所装货品同时进口或出口的包装材料或包装容器，如果通常是用来包装这类货品的，应与所装货品一并归类。但明显可重复使用的包装材料和包装容器可不受本款限制。

1. 规则解释

规则五是一条关于包装物品归类的专门条款。

规则五（一）仅适用于同时符合以下各条规定的容器。

（1）制成特定形状或形式，专门盛装某一物品或某套物品的，专门设计的，有些容器还制成所装物品的特殊形状。

（2）适合长期使用的，容器的使用期限与所盛装某一物品使用期限是相称的："在物品不使用期间，这些容器还起保护作用。"

（3）与所装物品一同进口或出口，不论其是否为了运输方便而与所装物品分开包装；单独进口或出口的容器应归入相应的品目。

（4）通常与所装物品一同出售的。

（5）包装物本身并不构成整个货品的基本特征，即包装物本身无独立使用价值。

规则五（一）不适用于本身构成整个商品基本特征的容器。例如，装有茶叶的银质茶叶罐，银罐本身价值昂贵，远远超出茶叶的价格，因此应按银制品和茶叶分别归类。

规则五（二）实际上是对规则五（一）规定的补充。当包装材料或包装容器不符合规则五（一）条件时，如果通常是用来包装某类货品的，则应与所装货品一同归类。但本款不适用于明显可以重复使用的包装材料或包装容器，例如，装有压缩液化气体的钢瓶应按钢铁制品和液化气分别归类。

由于HS编码列有五位数级、六位数级子目。因此，有必要对五、六位数级子目的归类规则作出规定，规则六就是这样产生的。

2. 规则五应用举例

【例3-9】 特殊形状的塑料盒，盒内装有一块指针式石英铜表。

归类说明：上述商品属于适合供长期使用的包装容器，由于塑料盒只是石英铜表的包装物，无论是从价值还是从作用来看，都不构成整个物品的基本特征。根据归类总规则五（一），故该塑料盒应与石英铜表一并归类，归入9102.1100。

【例3-10】 装有玻璃高脚杯（非铅晶质玻璃制）的纸板箱。

归类说明：装有玻璃高脚杯的纸板箱属于明显不能重复使用的包装容器。根据归类总规则五（二），纸板箱应与玻璃杯子一并归类，应按照高脚杯归入7013.2800。

六、规则六

规则六　货品在某一品目项下各子目的法定归类，应按子目条文或有关的子目注释以及以上各条规则来确定，但子目的比较只能在同一数级上进行。除协调制度条文另有规定的以外，有关的类注、章注也适用于本规则。

1. 规则解释

(1) 以上规则一至规则五在必要的地方加以修改后,可适用于同一品目下的各级子目。

(2) 规则六中所称“同一数级”子目,是指同为五位数级或同为六位数级的子目。据此,当按照规则三(一)规定考虑某一物品在同一品目项下的两个及两个以上五位数级子目的归类时,只能依据有关的五位数级子目条文来确定哪个五位数级子目所列名称更为具体或更为类似。只有在确定了列名更为具体的五位数级子目后,而且该子目下又再细分了六位数级子目时,才能根据有关六位数级子目条文考虑物品应归入这些六位数级子目中的哪个子目。

(3) “除协调制度条文另有规定的以外”是指类、章注释与子目条文或子目注释不相一致的情况。例如,第七十一章注释四(二)所规定的“铂”的范围,与第七十一章子目注释二所规定的“铂”的范围不相同。因此,在解释子目号 7110.11 及 7110.19 的范围时,应采用子目注释二,而不应考虑该章注释四(二)。即类、章注释与子目注释的应用次序为子目注释→章注释→类注释。

(4) 某个五位数级子目下所有六位数级子目的商品总和不得超出其所属的五位数级子目的商品范围;同样,某个四位数级品目下所有五位数级子目的商品总和也不得超出其所属的四位数级品目的商品范围。

总之,规则六表明,只有在货品归入适当的四位数级品目后,方可考虑将它归入合适的五位数级或六位数级子目,并且在任何情况下,应优先考虑五位数级子目后再考虑六位数级子目的范围或子目注释。此外,规则六注明只有属同一级别的子目才可做比较并进行归类选择,以决定哪个子目较为合适;比较方法为同级比较,层层比较。

2. 规则六应用举例

【例 3-11】 金属制带软垫的理发用椅。

归类说明:该商品可涉及的税号是 9401.71 和 9402.10,9401.71 的子目条文是“带软垫的金属框架的其他坐具”,9402.10 的子目条文是“理发用椅及其零件”,但因根据归类总规则六“同级比较”原则,该两个子目不是同一四位数级下的子目,所以不能比较。所以应先看哪个四位品目合适,可看出 9402 列名更具体,因此应归入 9402.1010。

【例 3-12】 中华绒螯蟹种苗。

归类说明:根据总规则一,中华绒螯蟹种苗应归入品目 0306。在归入品目 0306 项下子目时,应按以下步骤进行。

先确定一级子目,即将三个一级子目“冻的”“活、鲜或冷的”“其他”进行比较后,归入“活、鲜或冷的”(因为种苗肯定是“活的”)。

再确定二级子目,即将二级子目“岩礁虾及其他龙虾”“螯龙虾”“蟹”“挪威海螯虾”“冷水小虾及对虾”“其他小虾及对虾”“其他”进行比较后归入“蟹”。

最后确定三级子目,即将两个三级子目“种苗”与“其他”进行比较后归入“种苗”。在此,不能将三级子目“种苗”与四级子目“中华绒螯蟹”比较而归入 0306.3391“中华绒螯蟹”。因为两者不是同级子目,不能比较。

所以,中华绒螯蟹种苗应归入子目 0306.3310。

对以上六个规则简单归纳如下。

规则一:归类总的指导原则。

规则二(一)：不完整品、未制成品、未组装件、拆散件的归类。

规则二(二)：混合物或组合物的归类。

规则三(一)：具体列名。

规则三(二)：基本特征。

规则三(三)：从后归类。

规则四：最相似物品的归类。

规则五(一)：特殊包装容器的归类。

规则五(二)：包装材料及包装容器的归类。

规则六：子目的归类。

【思考 3-2】 学生文具套装，包含塑料文具盒，有一把剪刀、一把小刀、数只铅笔、两只圆珠笔、厘米刻度的尺子、一卷胶带、一个胶带分割器、一个卷笔刀、一块橡皮和一批便条纸(9 厘米×7 厘米)，为零售用而放在盒子中。请分析对于学生文具套装的归类应如何运用归类总规则？

文档：思考 3-2 答案解析

文档：从一个工具箱的归类过程浅析归类的基本步骤及方法

拓展训练

文档：项目三
在线自测

一、在线自测

扫描右侧二维码查阅题目。

二、实务操作

根据本项目所学习的归类总规则，查询《中华人民共和国进出口税则》明确下列商品的品目号列[第(9)题需明确子目号列]。

(1) 液体猪油，含有 5%花生油(供食用)。

(2) 电子计算器套装散件(缺少垫圈)。

(3) 涂清漆的木制雕像。

(4) 胃镜照相机(通过照相的手段检查胃病变)。

(5) 装于一个纸盒内的一个三明治(夹猪肉火腿，猪肉占三明治总重的 25%)和一杯法式炸土豆条。

(6) 大麦和燕麦组成的等量混合物。

(7) 皮革制小提琴盒和适合装在该盒内的小提琴(同时报验)。

(8) 皮套里装有电动剃须刀。

(9) 吊秤，最大称重为 1000 千克。

文档：项目三
实务操作答案

项目四

海关监管制度

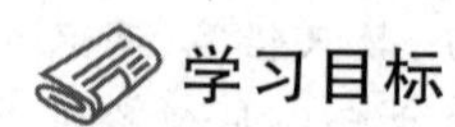

学习目标

知识目标

1. 掌握海关监管货物的含义及分类;
2. 掌握一般进出口货物海关监管要点、报关程序;
3. 掌握保税加工货物与保税物流货物海关监管要点、报关程序;
4. 掌握特定减免税货物海关监管要点、报关程序;
5. 掌握暂准进出境货物海关监管要点、报关程序;
6. 掌握退运、退关及修理货物海关监管要点、报关程序;
7. 熟悉跨境电子商务零售进出口商品的报关要点。

技能目标

1. 能办理一般进出口货物的报关;
2. 能办理电子化手册、电子账册管理下保税加工货物的报关,能办理保税仓库、出口监管仓库、保税区等特殊监管区域货物的报关;
3. 能办理特定减免税货物的报关;
4. 能办理暂准进出境货物的报关;
5. 能独立完成跨境电子商务零售进出口货物报关操作。

素养目标

1. 将“爱国、诚信、敬业”作为本章课程学习的思政教育主题,激励学生树立刻苦钻研专业技能的意识;
2. 通过理解海关通关一体化改革等系列创新措施,增强对中国特色社会主义制度的认同感,树立创新意识,培养开拓进取精神。

思政园地

把热爱做到极致的“技贸达人”——海关之星风采

深圳前海海关技贸工作“灵魂人物”陈芳,潜心钻研技贸工作,凭借智慧和执着,成为深圳海关“技贸达人”“巾帼先锋”、深圳海关无人机技术贸易措施应对专家,并在2019年获评全深圳市仅有15名的“百姓学习之星”。

陈芳在工作中亮点频出,助力中国口罩“走出去”、护航中国无人机破壁出海、力争国际话语权、为产业发展建言献策。专业源于钻研、严谨源于责任、坚持源于忠诚、耐心源于坚韧。陈芳说:“我热爱技贸工作,在这个专业领域,我想把热爱做到极致!”

具体事迹请参见“海关总署首页-专题专栏-国门风采-海关之星”。

资料来源:http://www.customs.gov.cn/customs/ztzl86/302414/302415/gmfc40/2813471/3056543/index.html.

任务一　海关监管货物概述

案例导入

天津北辰国际货运代理公司为高级认证企业,以规范、高效赢得了众多的客户,近期接受了几笔进口报关委托:①北京国际汽车展览会上德国展出的奔驰汽车;②天津某企业进口的日本产电子产品;③北京某合资企业在投资总额内进口两台原产于马来西亚的五轴联运加工中心(结构龙门式);④秦皇岛某公司进口一批纱料用于加工成品出口。业务经理秦伟从中选择“一般贸易”的报关委托,准备让新进报关员张琳熟悉一般进出口货物报关的操作流程。

问题:秦伟经理选择的是哪笔报关委托?

海关对不同性质的进出境货物实施不同的监管,并分别建立相应的海关监管制度。进出口货物收发货人或其代理人需要根据不同的海关监管货物类别,办理相关的报关手续。

一、海关监管货物的含义

微课:认知海关监管货物

海关监管货物是海关监管的重要标的之一,是指以各种贸易或非贸易形态进出境,在尚未办结海关手续的情形下,其处置及物流应受海关监督控制的货物。《中华人民共和国海关法》第二十三条规定:“进口货物自进境起到办结海关手续止,出口货物自向海关申报起到出境止,过境、转运和通运货物自进境起到出境止,应当接受海关监管。”在此期间,未经海关许可,不得开拆、提取、交付、发运、调换、改装、抵押、质押、留置、转让、更换标记、移作他用或者进行其他处置。

二、海关监管货物的分类

根据货物进出境的目的不同,海关监管货物可分为以下几类。

1. 一般进出口货物

一般进出口货物是指办结海关进出境手续后进入国内或境外生产、消费领域流通的进出境货物。

2. 保税进出口货物

保税进出口货物是指经海关批准,货物进境时未办理纳税手续,在境内按规定储存或加工后复运出境或办理进口报关纳税手续后,经核销办结海关手续的货物。其主要包括保税加工(加工贸易)、保税物流进出口货物。

3. 特定减免税货物

特定减免税货物是指《中华人民共和国海关法》第五十七条规定适用的减免税范围的货物，主要有特定地区、特定企业和特定用途的进出口货物。

4. 暂准进出境货物

暂准进出境货物是指经海关批准，货物暂时进出关境并且在规定的期限内复运出境、进境，并按规定办结海关手续的货物，包括暂时进境货物和暂时出境货物。

货物进(出)境前(或时)需在海关办理暂时进(出)境核准手续，提交相关海关事务担保；货物进(出)境时免予缴纳进出口税款，除另有规定外，免予提交进出口许可证件；货物进(出)境完成特定目的后，在规定期限内复运出境或复运进境，或按最终实际流向办结海关手续。

5. 其他类别货物

其他类别货物主要包括过境、转运、通运货物，市场采购货物，租赁货物，无代价抵偿货物，进出境修理物品，退运货物，直接退运货物、进出境快件，跨境贸易电子商务零售进出口货物等。

三、报关程序

报关程序是指进出口货物收发货人、运输工具负责人、物品所有人或其代理人按照海关的规定，办理货物、运输工具、物品进出境及相关海关事务的手续和步骤。

从海关对进出境货物进行监管的全过程来看，报关程序按时间先后可分为三个阶段，即前期阶段、进出境阶段和后续阶段。不同类别进出境货物的报关程序见表 4-1。

表 4-1　不同类别进出境货物的报关程序

<table>
<tr><th>货物类别</th><th>前期阶段</th><th>进出境阶段</th><th>后续阶段</th></tr>
<tr><td>一般进出口货物</td><td>无</td><td rowspan="4">进出口申报
配合查验
缴纳税费
提取或装运货物</td><td>无</td></tr>
<tr><td>保税进出口货物</td><td>加工贸易备案和申领登记手册</td><td>保税货物核销申请</td></tr>
<tr><td>特定减免税货物</td><td>特定减免税货物备案登记和申领减免税证明</td><td>解除海关监管申请</td></tr>
<tr><td>暂准进出境货物</td><td>暂准进出境备案申请</td><td>暂准进出境货物销案申请</td></tr>
</table>

【思考 4-1】 所有货物进出口都要经过前期的申报备案阶段吗？

文档：思考 4-1 答案解析

四、不同运输方式下进出境报关的特点

进出境运输分为实际进出境运输和无实际进出境运输两种方式。

实际进出境运输包括水路运输、铁路运输、公路运输、航空运输、邮件运输及其他运输(包括人扛、畜驮、管道、输送带和输电网)等方式。

无实际进出境运输包括特殊监管区域、保税监管场所进出区以及其他境内流转的货物(包括特殊监管区域内的流转、调拨货物、特殊监管区域、保税监管场所之间流转的货物，特殊监管区域外的加工贸易余料结转、深加工结转、内销等货物)的运输。

任务二 一般进出口货物监管制度

案例导入

李菲是天津宏达国际物流有限公司新来的报关员，报关经理王明告知李菲有两票货物需要他去报关，业务的大概情况如下。

北京宏润有限公司(11029389761)于2021年8月从天津新港进口一批智能机器人，运载该批货物的运输工具于2021年8月20日申报进境；另有一批液晶显示器出口到印度，预计装船时间为8月25日。该公司委托天津宏达国际物流有限公司全权办理该批货物的报关手续。

问题：

(1) 两笔货物是否属于一般进出口货物？

(2) 两笔货物如何进行进口和出口申报？

一、一般进出口货物的定义

一般进出口货物是一般进口货物和一般出口货物的合称，是指在进出口环节缴纳了应征的进出口税费并办结了所有必要的海关手续，海关放行后不再进行监管，可以直接进入生产和流通领域的进出口货物。

一般进出口货物报关程序没有前期阶段和后续阶段，由四个环节组成，即进出口申报、配合检验、缴纳税费、提取或装运货物。

一般进出口货物与一般贸易货物的区别见表4-2。

表4-2 一般进出口货物与一般贸易货物的比较

货物类型	划分角度	比较对象	二者关系
一般进出口货物	海关监管方式	保税货物、暂准进出境货物、特定减免税货物	可以是以一般贸易方式进口的货物，也可以是以别的贸易方式进口的货物
一般贸易货物	国际贸易方式	进料加工、来料加工、补偿贸易、易货贸易、寄售、招标、拍卖	可以是一般进出口货物，也可以是保税货物或特定减免税货物等

二、一般进出口货物的特征

一般进出口货物具有以下三个特征。

1. 进出口时缴纳进出口税费

一般进出口货物的收发货人应当按照《中华人民共和国海关法》和其他有关法律、行政法规的规定，在货物进出境时向海关缴纳相关的税费。

2. 进出口时提交相关的许可证件

进出口应受国家法律、行政法规管制的，进出口货物收发货人或其代理人应当向海关提交相关的进出口许可证件。

3. 海关放行即办结了海关手续

海关征收了全额的税费，审核了相关的进出口许可证件，并对货物进行实际查验（或做不予查验的决定）以后，按规定签章放行。这时，进出口货物收发货人或其代理人才能办理提取进口货物或者装运出口货物的手续。

对一般进出口货物来说，海关放行就意味着海关手续已经全部办结，海关不再监管，可以直接进入生产和消费领域流通。

三、一般进出口货物的范围

一般进出口货物适用于除特定减免税货物以外的实际进出口货物。具体而言，它包括以下范围。

（1）一般贸易进出口货物。

（2）转为实际进口的保税货物、暂准进境货物，转为实际出口的暂准出境货物。

（3）易货贸易、补偿贸易进出口货物。

（4）不批准保税的寄售代销贸易货物。

（5）承包工程项目实际进出口货物。

（6）外国驻华商业机构进出口陈列用的样品。

（7）外国旅游者小批量订货出口的商品。

（8）随展览品进境的小卖品。

（9）免费提供的进口货物，例如，外商在经济贸易活动中赠送的进口货物；外商在经济贸易活动中免费提供的试车材料等；我国在境外的企业、机构向国内单位赠送的进口货物。

【思考 4-2】

（1）德国客商免费提供机器设备一套给温州某企业用以来料加工。

（2）某公司经批准以易货贸易方式进口货物一批在境内出售。

（3）天津东疆保税港区批准出售天然橡胶一批给烟台汽车轮胎厂。

（4）某加工贸易企业经批准从美国进口机器设备一套用于加工产品出口。

文档：思考 4-2 答案解析

问题：上述哪种货物适用一般进出口通关制度？为什么？

四、一般进出口货物报关程序（“一次申报、分步处置”通关模式）

（一）进出口申报

进出口申报是进出口货物收发货人、受委托的报关企业，依照《中华人民共和国海关法》以及有关法律、行政法规的要求，在规定的期限、地点，采用电子数据报关单和纸质报关单形式，向海关报告实际进出口货物的情况，并接受海关审核的行为。《中华人民共和国海关法》规定，进口货物的收货人、出口货物的发货人应当向海关如实申报，交验进出口许可证件等有关单证。国家限制进出口的货物，没有进出口许可证件的，不予放行。

微课：一般进出口货物的申报

为进出口货物收发货人、受委托的报关企业办理申报手续的人员，应当是在海关备案的报关人员。

1. 申报地点

全国海关实行通关一体化改革后，原则上进出口货物收发货人或其代理人可以选择任意地点进行报关。但在一般情况下出口货物在启运地申报，进口货物在目的地申报。

2. 申报日期

进出口货物收发货人或其代理人的申报数据自被海关接受之日起产生法律效力。申报日期是申报数据被海关接受的日期。

以电子数据报关单方式申报的，申报日期为海关计算机系统接受申报数据时记录的日期，该日期将反馈给原数据发送单位，或通过公共信息系统发布。电子数据报关单经过海关计算机检查被退回的，视为海关不接受申报，进出口货物收发货人或其代理人应当按照要求修改后重新申报，申报日期为海关接受重新申报的日期。

海关已接受申报的报关单电子数据，人工审核确认需要退回修改的，进出口货物收发货人、受委托的报关企业应当在 10 日内完成修改并且重新发送报关单电子数据，申报日期仍为海关接受原报关单电子数据的日期；超过 10 日的，原报关单无效，进出口货物收发货人、受委托的报关企业应当另行向海关申报，申报日期为海关再次接受申报的日期。

文档：思考 4-3 答案解析

【思考 4-3】 *上海嘉欣贸易公司申报的报关单被电子退单，能否算成海关已经接受申报？如果重新发送，则申报日期还是原先的报关单的申报日期吗？*

3. 申报期限和滞报金

(1) 申报期限。进口货物的申报期限为自装载货物的运输工具申报进境之日起 14 日内。出口货物的申报期限为货物运抵海关监管区后、装货的 24 小时以前。

文档：《中华人民共和国海关征收进口货物滞报金办法》

经电缆、管道或其他特殊方式进出境的货物，进出口货物收发货人或其代理人应当按照海关的规定定期申报。

(2) 滞报金。进口货物收货人未按照规定期限向海关申报产生滞报的，由海关按照规定征收滞报金；滞报金的计征起始日为运输工具申报进境之日起第 15 日，截止日为海关接受申报之日。起始日和截止日均计入滞报期间。滞报金的计征起始日如遇法定节假日，则顺延至其后第一个工作日。滞报金的日征收金额为进口货物完税价格的 0.5‰，以人民币“元”为计征单位，不足人民币 1 元的部分免予计收。滞报金的起征点为人民币 50 元。因不可抗力等特殊情况产生滞报的可申请减免滞报金。

征收滞报金的计算公式为

滞报金额＝进口货物完税价格×0.5‰×滞报天数

申报期限的最后一天是法定节假日或休息日的，顺延至法定节假日或休息日后的第一个工作日。滞报金天数计算办法见表 4-3。

表 4-3 滞报金天数计算办法

滞报原因	起始日	截止日
超过规定期限向海关申报产生滞报	运输工具申报进境之日起第 15 日	海关接受申报之日
电子申报后未在规定期限提交纸质报关单,海关撤单后重报产生	运输工具申报进境之日起第 15 日	海关重新接受申报之日
经海关批准撤单后重新申报产生滞报	撤销原电子报关单之日起第 15 日	海关重新接受申报之日
收货人申请发还被海关依法变卖掉的超期 3 个月未报货物之余款	运输工具申报进境之日起第 15 日	该 3 个月期限的最后一日

【思考 4-4】 重庆某公司以 150 美元/千克 CIF 重庆从德国进口某种货物 1000 千克,该批货物由德国法兰克福的机场起运,3 月 13 日运至中国上海浦东国际机场,3 月 15 日转机运至重庆。该公司 4 月 3 日去重庆海关申报。中国银行的外汇折算价为 1 美元=人民币 6.5718 元。该公司是否应该缴纳滞报金?如果需要缴纳,则应缴纳多少?

文档:思考 4-4 答案解析

4. 申报程序

一般进出口货物的申报程序及报关单证如图 4-1 所示。

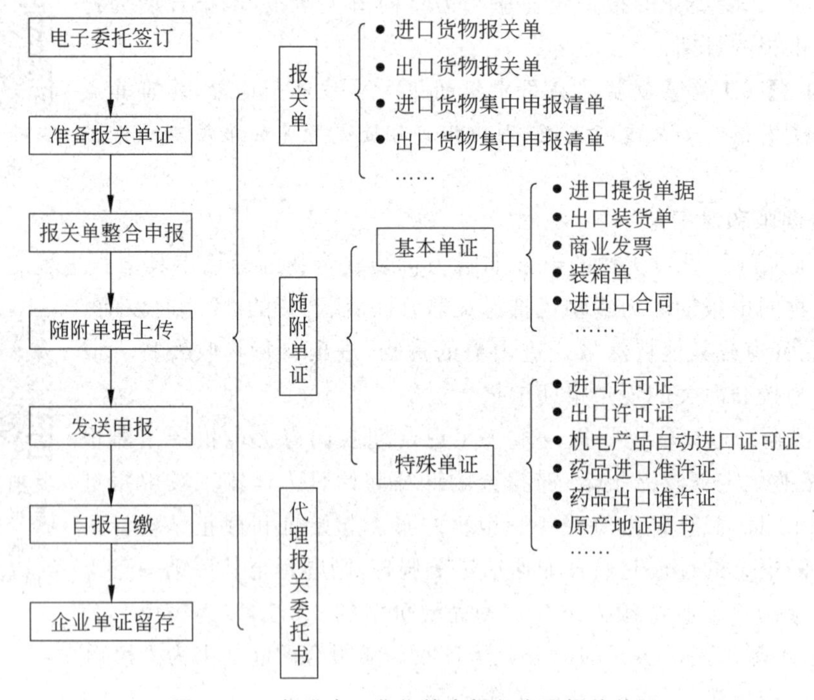

图 4-1 一般进出口货物的申报程序及报关单证

(1) 电子委托签订。不能自行办理报关的企业需办理报关委托,与报关企业签订电子报关委托书。

办理电子委托步骤如下。

第一步,在浏览器中搜索"中国国际贸易单一窗口"或单击网址 https://www.singlewindow.cn/#/,进入"中国国际贸易单一窗口"界面。

第二步，单击“业务应用”→“标准版应用”→“报关代理委托”选项，单击“电子代理报关委托”下拉菜单，如图 4-2 所示，按照系统提示办理即可。

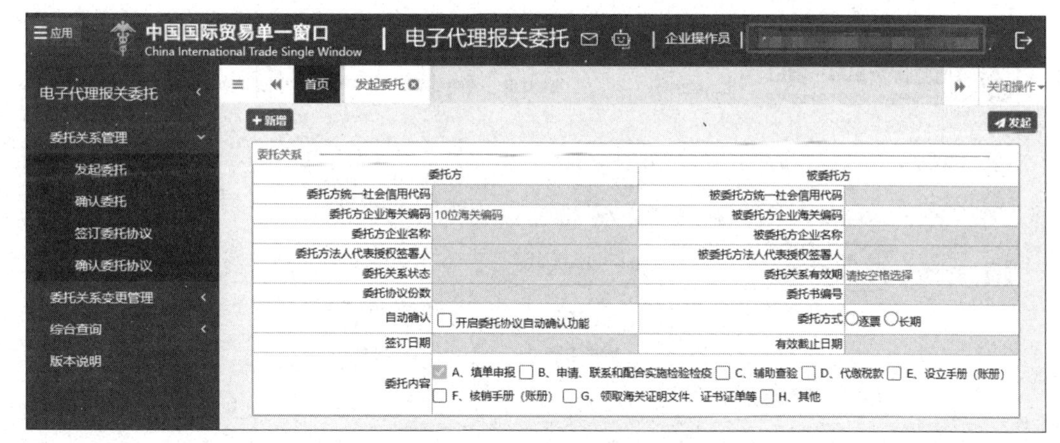

图 4-2　电子代理报关委托

（2）准备报关单证。

① 自理报关。进出口货物收发货人在“中国国际贸易单一窗口”界面报关单录入前，报关人员需要准备好报关所需要的单证。报关单证包括：第一，报关单录入凭单。报关人员需要根据随附单据及业务实际情况填写。第二，随附单据。包括基本单证、特殊单证。基本单证一般有进出口合同、商业发票、装箱单、提货单等，特殊单证一般有进口许可证、出口许可证、自动进口许可证、原产地证明书等。

② 代理报关。电子报关代理委托书签订后，报关企业的接单员认真审核进出口货物收发货人提供的报关单证是否齐全，与其确认报关单证中不能体现的报关所需要的其他信息。然后交给制单员制作报关单录入凭单，经审核无误后转交报关单录入员。需要注意的是，中小型报关企业岗位分工相对简单，存在一个报关人员同时承担接单、制单、录入等所有工作。

（3）报关单整合申报。进出口货物收发货人或其代理人在“中国国际贸易单一窗口”界面录入报关单数据、检查无误发送数据到海关计算机系统后，在录入报关单数据的计算机上接收到海关发送的接受申报信息，即表示电子申报成功。如果接收到海关发送的不接受申报信息，则应当根据信息提示修改报关单内容后重新申报。申报流程如下。

第一步，登录“中国国际贸易单一窗口”界面，单击“货物申报”按钮，如图 4-3 所示。

第二步，进口业务报关时，单击“进口整合申报”→“进口报关单整合申报”选项，如图 4-4 所示。出口业务报关时，单击“出口整合申报”→“出口报关单整合申报”选项，如图 4-5 所示。

第三步，录入报关单数据。进口报关时，如涉及进口法检商品申报，还需要填写检验检疫相关栏目，报关、报检同时进行。出口报关时，如涉及出口法检商品申报，需要提前在货物产地报检，取得出境电子检验检疫申请受理凭条，生成电子底账，然后在出境地海关报关时输入相关信息即可。

图 4-6 所示为进口报关单录入界面。

图 4-3 单击“货物申报”按钮

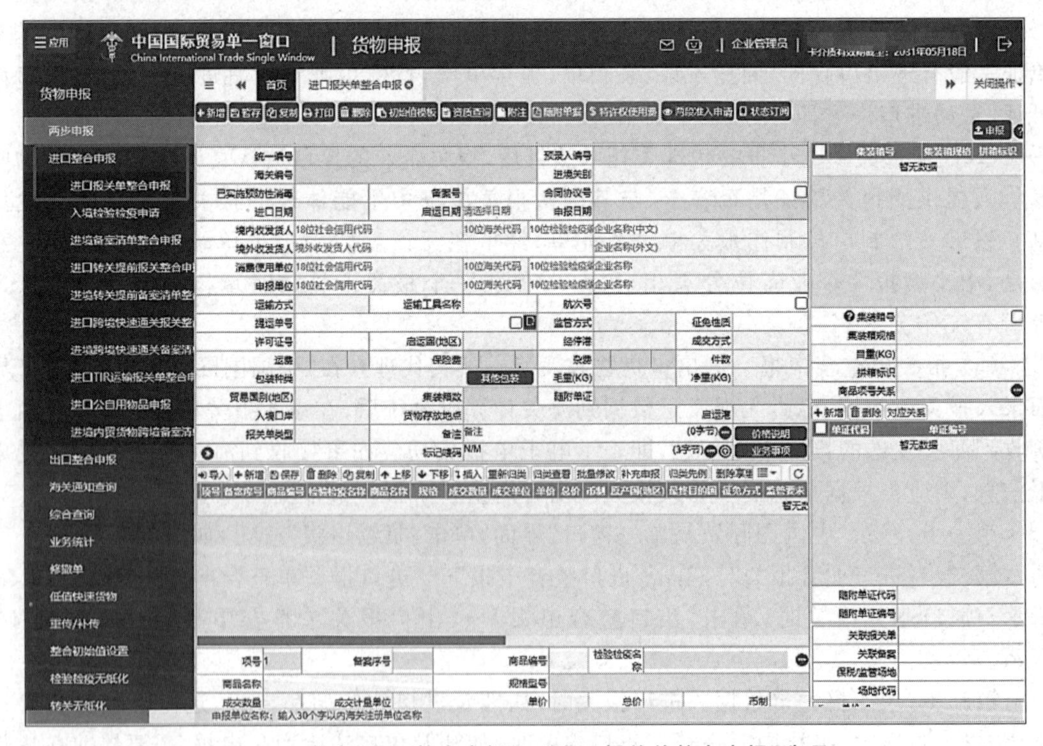

图 4-4 单击“进口整合申报”→“进口报关单整合申报”选项

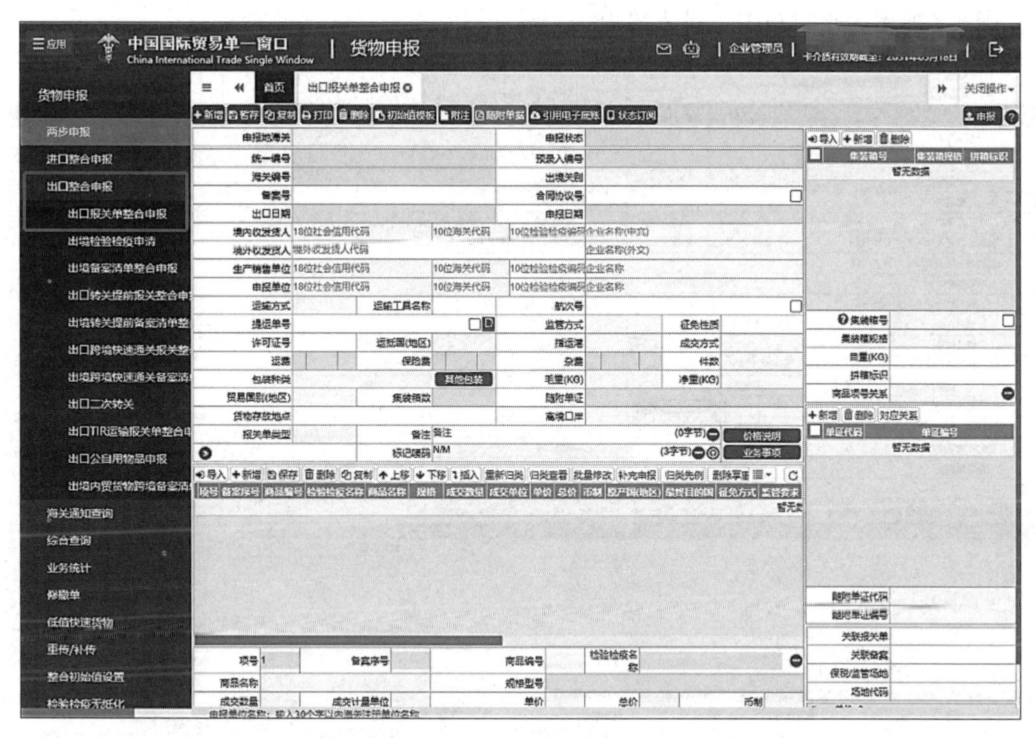

图 4-5 单击“出口整合申报”→“出口报关单整合申报”选项

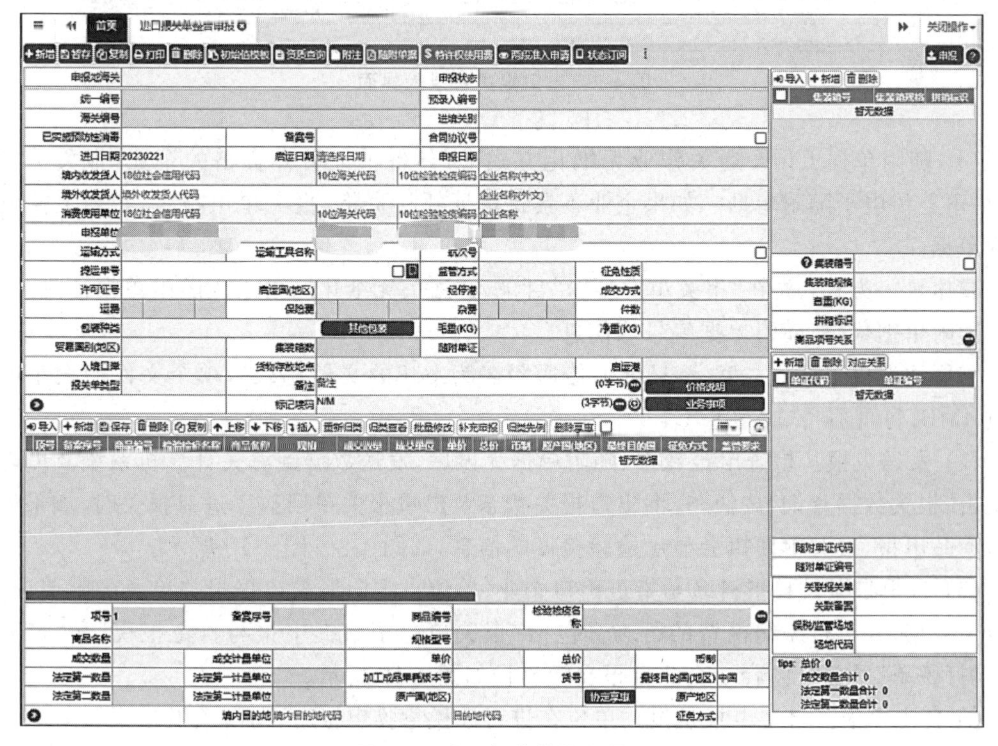

图 4-6 进口报关单录入界面

图 4-7 所示为出口报关单录入界面。

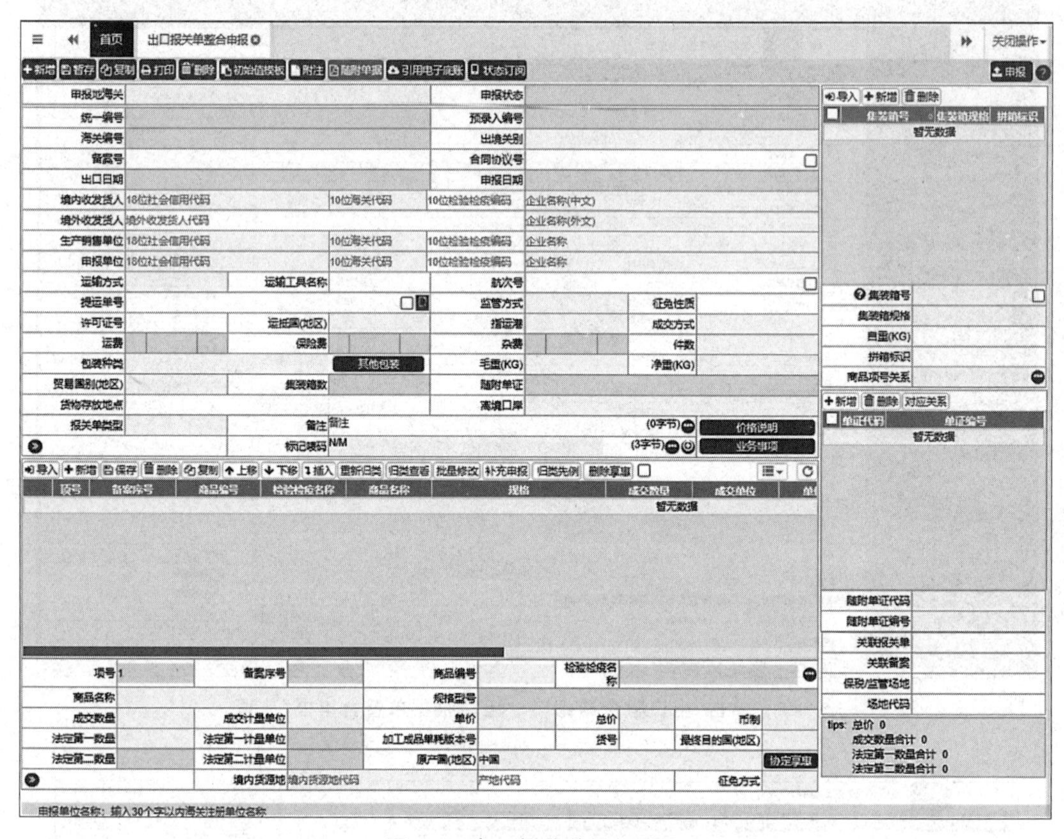

图 4-7 出口报关单录入界面

(4) 随附单据上传。通关作业无纸化方式下,具备单证暂存资格的企业,报关单申报时,可不上传电子随附单据。如果企业不具备单证暂存资格,报关单申报时,必须上传电子随附单据。

具体录入方式：先在“报关单类型”栏目录入“通关无纸化”;再录入随附单据信息,逐一录入随附单据代码、随附单据编号等信息。

需要注意以下两点：第一,只可上传后缀名为.pdf 的文件;第二,单个文件的大小不能超过 4MB;每页不超过 200KB。

(5) 发送申报。检查申报数据、随附单据无误后,发送数据到海关计算机系统。可以通过单击“报关数据查询”按钮,查询出口报关状态及出口报关单回执。进口报关时,如果涉及法检商品申报,报关单回执会显示检验检疫的信息,如图 4-8～图 4-10 所示。

(6) 自报自缴。自报自缴是指进出口企业、单位自主向海关申报报关单及随附单证、税费电子数据,并自行缴纳税费的行为。包括“报关单电子数据申报与自主报税”和“自缴税款、自打税单”两部分内容。企业自报自缴流程如图 4-11 所示。

① 自主申报。自主申报是报关单位在进行涉税货物申报时,向海关发送报关单电子数据后,利用“中国国际贸易单一窗口”界面的海关计税服务工具计算应缴纳的相关税费,并对系统显示的税费计算结果进行确认后提交海关的过程。操作如下。

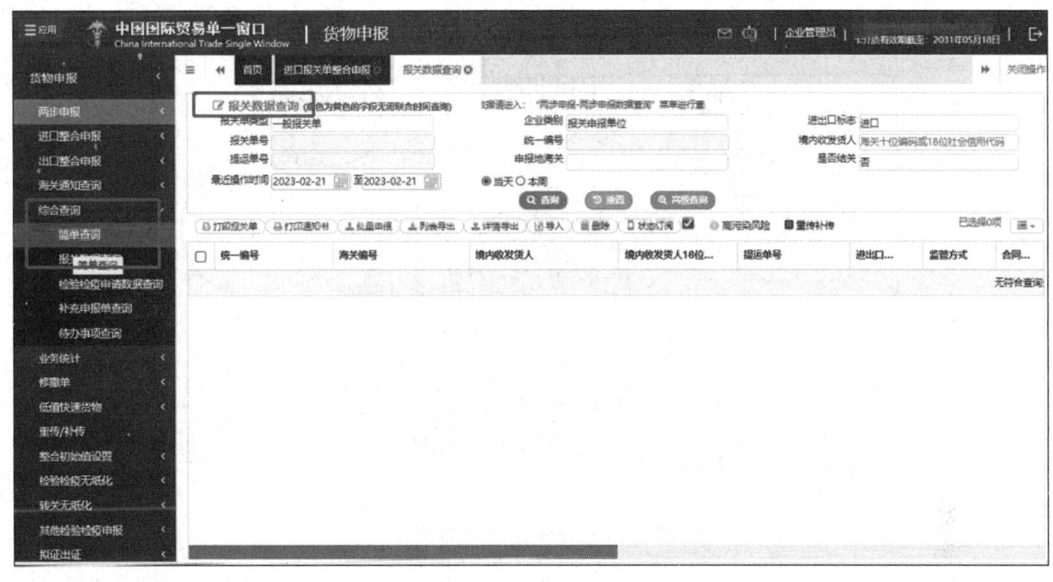

图 4-8　报关数据查询

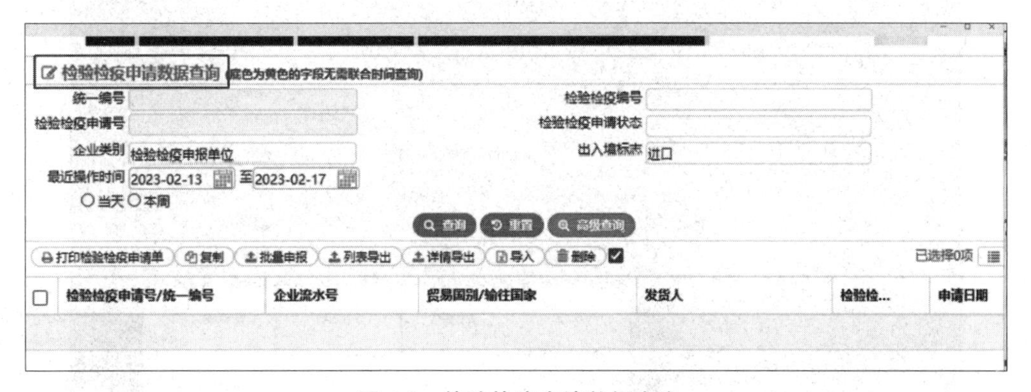

图 4-9　检验检疫申请数据查询

报关单回执

序号	海关编号/统一编号	回执号	回执状态	回执详细信息	回执时间
1	020220231000029093	202300005398911427	拟证出证 查看更多>>	报关单号[020220231000029093]已放行，请您与[新港海关]联系出证事宜。	2023-02-14 09:00:19
2	020220231000029093	202300005398910167	海关已结关	报关单已结关	2023-02-14 08:59:50
3	020220231000029093	202300005398910457	海关已放行	报关单已放行	2023-02-14 08:59:50
4	020220231000029093	202300005398149085	通关无纸化审结	海关已接受申报	2023-02-13 16:23:44
5	020220231000029093	202300005398122355	海关入库成功	入库成功!	2023-02-13 16:18:03
6	I20230000991804971	202300005398121455	申报到海关预录入系统成功	I20230000991804971直接申报成功	2023-02-13 16:17:57

总共 6 条记录 每页显示 10 条记录

图 4-10　报关单回执

第一步，报关单位在报关单界面中录入相关的报关单数据后，在“业务事项”中勾选“自报自缴”复选框，然后单击“确定”按钮，如图 4-12 所示。

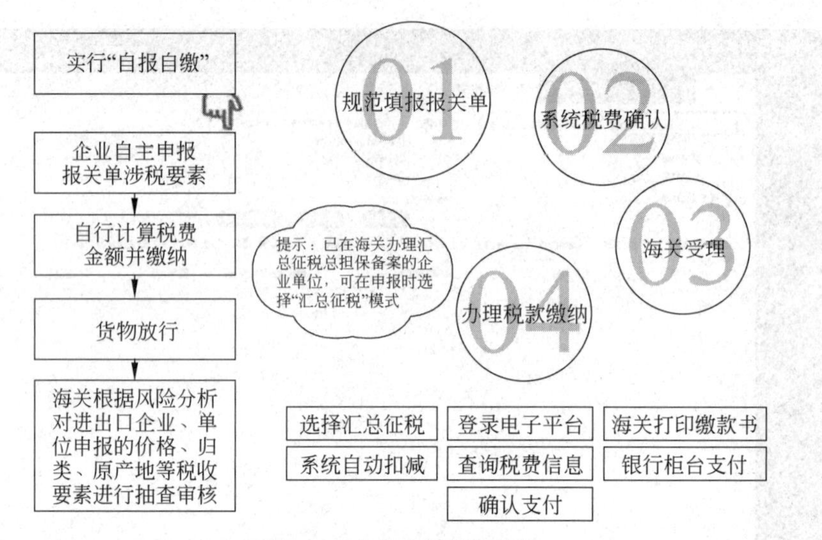

图 4-11　企业自报自缴流程

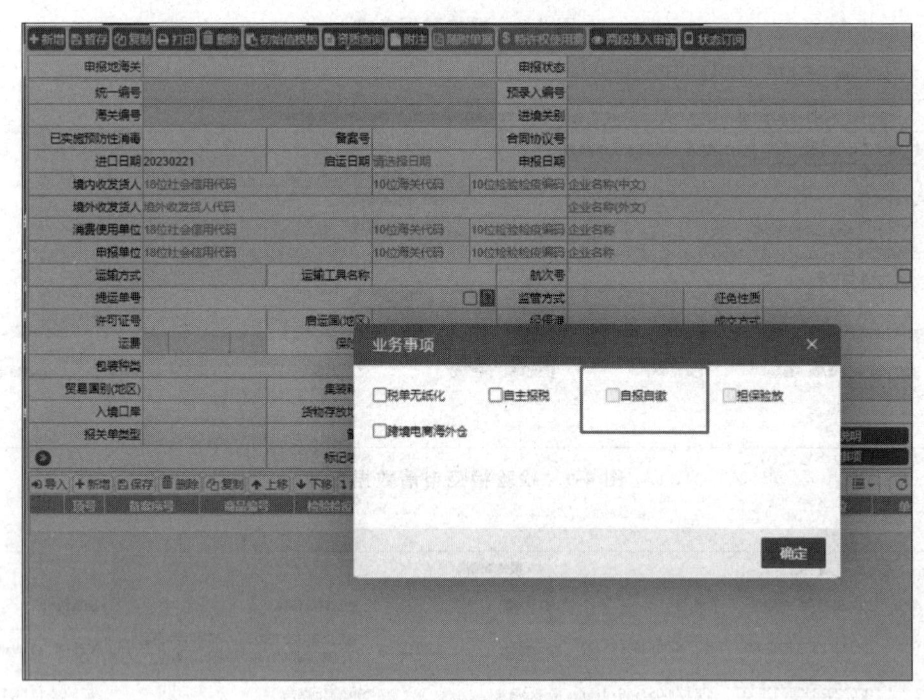

图 4-12　“自报自缴”复选框

第二步，单击“暂存”按钮后，如报关单信息录入无误，则可单击“申报”按钮，系统进入计税界面，如图 4-13 所示。

第三第，单击“计税”按钮，调用计税模块计算税款，进入税费明细单界面，如图 4-14 所示。

第四步，检查确认税款，如税款无误，单击“确认申报”按钮，向海关提交报关单。

② 自行缴税。进出口货物收发货人应当自收到海关通关系统发送的回执或海关填发税款缴款书之日起 15 日内办理相关税费缴纳手续。税费缴纳可以在“中国国际贸易单一窗

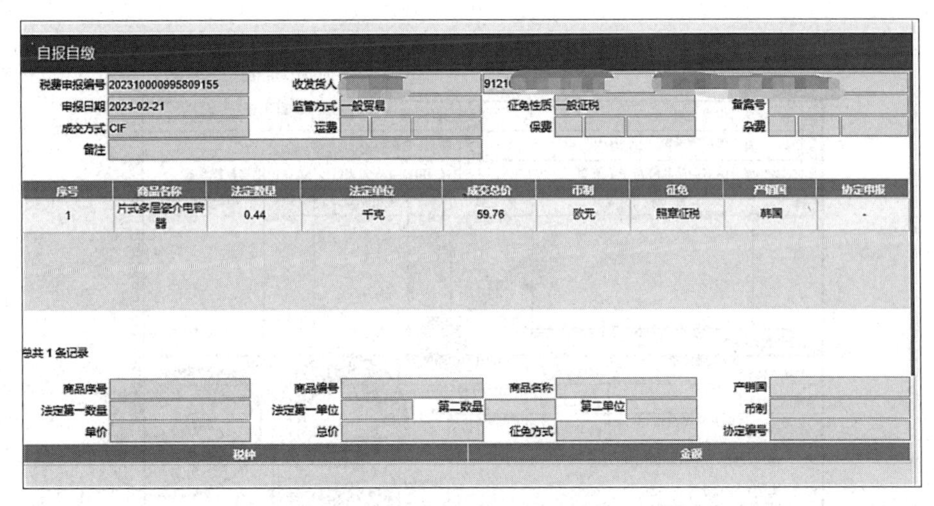

图 4-13 系统计税界面

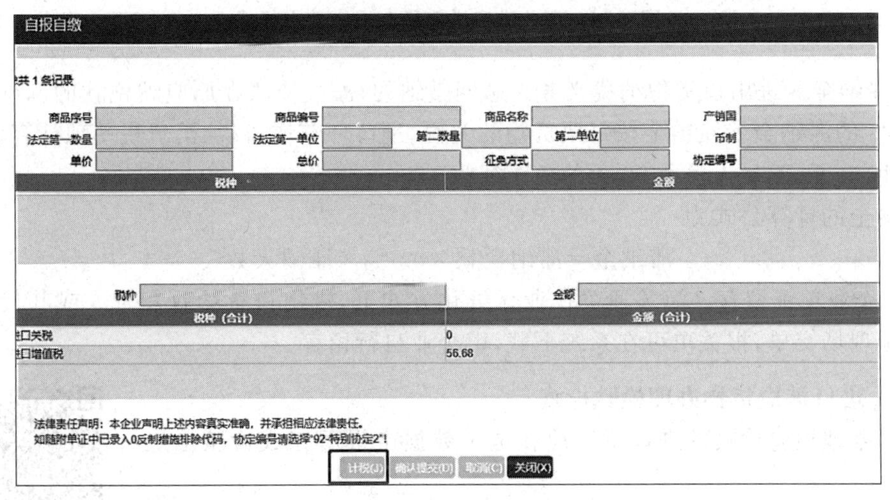

图 4-14 税费明细单界面

口”界面进行，单击“税费办理”→“货物贸易税费支付”按钮即可，如图 4-15 所示。海关进口增值税专用缴款书样式如图 4-16 所示。

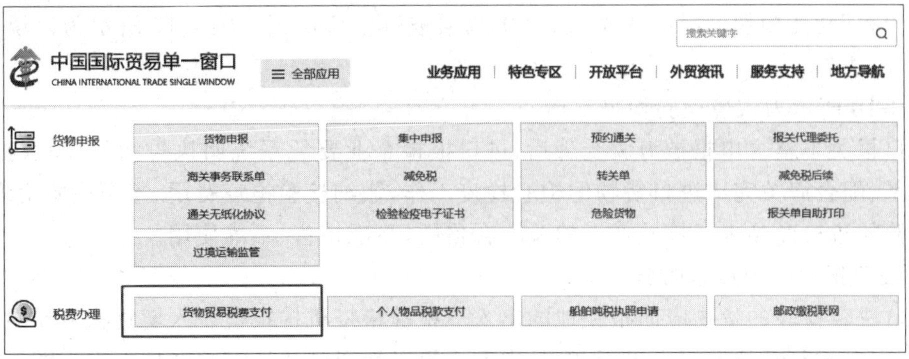

图 4-15 税费缴纳

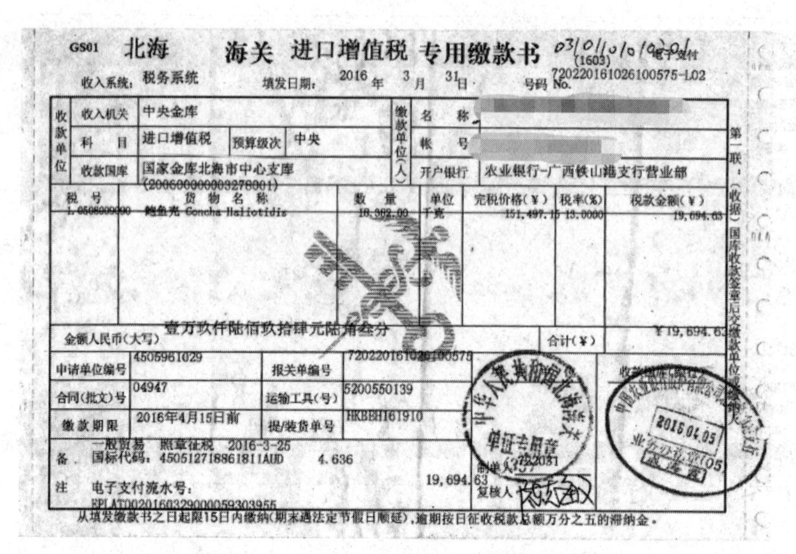

GS01 北海 海关 进口增值税 专用缴款书 (1603) 电子支付

收入系统：税务系统 填发日期：2016年3月31日 号码 No. 720220161026100575-L02

收款单位				缴款单位(人)	
收入机关	中央金库			名称	
科目	进口增值税	预算级次	中央	帐号	
收款国库	国家金库北海市中心支库(2006000000003278001)			开户银行	农业银行-广西铁山港支行营业部

税号	货物名称	数量	单位	完税价格(¥)	税率(%)	税款金额(¥)
1.0508009090	鲍鱼壳 Concha Haliotidis	18,382.00	千克	151,497.15	13.0000	19,694.63

金额人民币(大写)	壹万玖仟陆佰玖拾肆元陆角叁分		合计(¥)	¥19,694.63
申请单位编号	4505961029	报关单编号	720220161026100575	
合同(批文)号	04947	运输工具(号)	5200550139	
缴款期限	2016年4月15日前	提/装货单号	HKBBH161910	

备注 一般贸易 照章征税 2016-3-25
国标代码：4505127188618111AUD 4.636
19,694.63
电子支付流水号：
EPLAT002016032900059303955

制单人 复核人

收款国库(银行)

从填发缴款书之日起限15日内缴纳(期末遇法定节假日顺延)，逾期按日征收税款总额万分之五的滞纳金。

第一联：(收据)国库收款签章后交缴款单位或缴款人

图 4-16　海关进口增值税专用缴款书样式

③ 滞纳金。进出口货物纳税义务人逾期缴纳的，海关依法在原应纳税款的基础上按日加收0.5‰的滞纳金。滞纳金按每票货物的关税、进口环节增值税、消费税单独计算，超征点为人民币50元，不足人民币50元的免予征收。

滞纳金的计算公式为

$$滞纳金=滞纳税款\times 0.5‰\times 滞纳天数$$

(7) 企业单证留存。海关通关作业无纸化方式下，进出口货物收发货人或其代理人申报时无须现场交单，报关单可在系统下载，由企业自行留存。

(二) 进口涉检货物办理检验检疫

需要办理检验检疫的进口货物应在电子数据申报后完成检验检疫业务。

文档：《中华人民共和国进出口商品检验法实施条例》

1. 进口报检的业务操作

进口货物报检业务操作的要求、程序与出口货物报检业务基本相同。但出口货物报检需要在出口报关前通过"中国国际贸易单一窗口"界面"出境检验检疫申请"功能录入数据申报，而进口货物报检通过"进口整合申报"功能模块同时录入报关、报检数据进行整合申报。图4-17所示为出境检验检疫申请。

图4-18所示为入境检验检疫申请。

进口报关单整合申报被海关受理后，进口报检企业要凭系统回执告知的检验检疫编号主动联系、配合海关完成进口货物的检验检疫工作，缴纳检验检疫费用，签领检验检疫单证。法定检验的进口商品未经检验或者检验不合格的，不准销售、不准使用。

2. 进口报检的地点和时限

进口法定检验的货物应向报关地的出入境检验检疫机构报检。入境货物需要对外索赔出证的，应在索赔有效期前不少于20日内向入境口岸或到达地海关办理报检手续。进口微生物、人体组织、生物制品、血液及制品或种畜、禽及精液、胚胎、受精卵的，应当在入境前30日

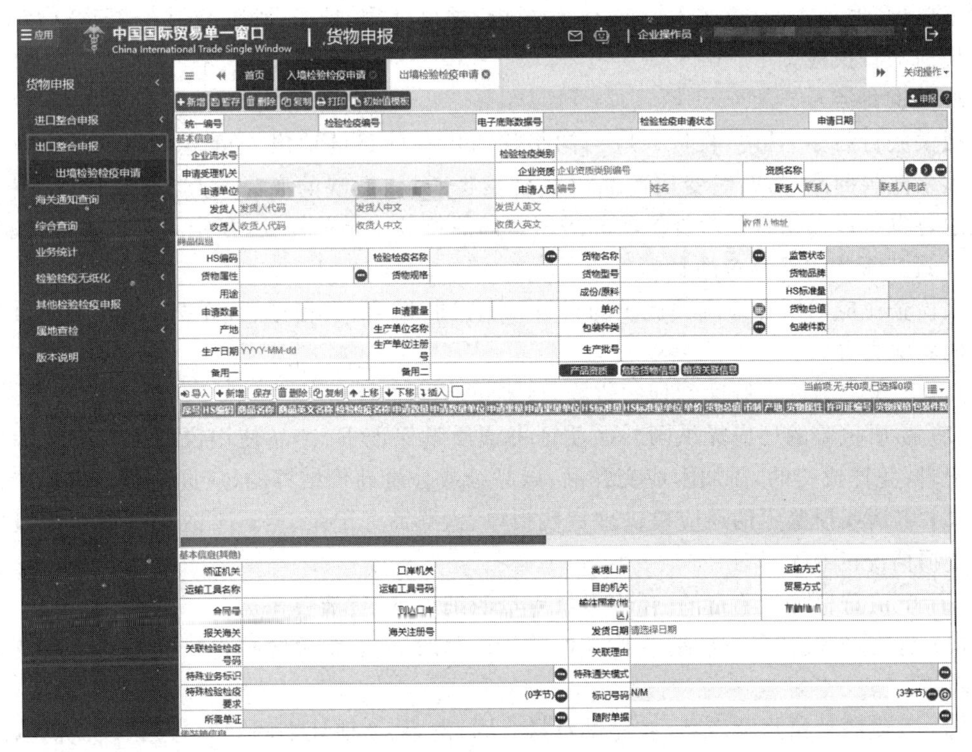

图 4-17 出境检验检疫申请

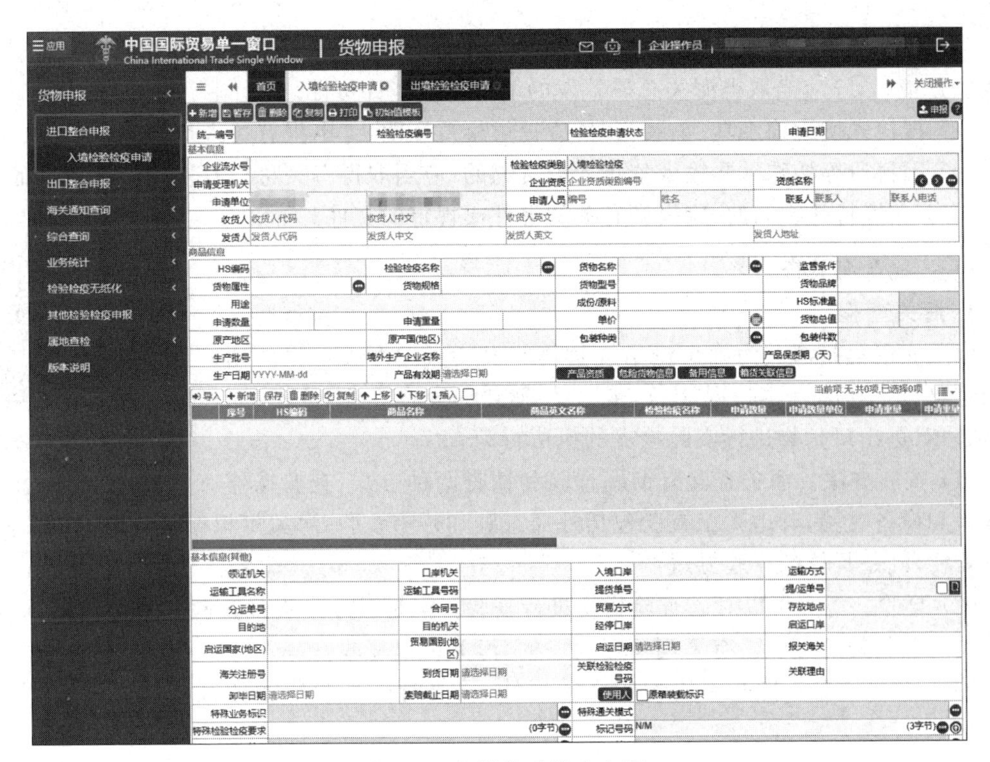

图 4-18 入境检验检疫申请

报检；进口其他动物的，应在入境前15日报检；进口植物、种子、种苗及其他繁殖材料的，应在入境前7日报检。

3. 检验地点

通关放行后20日内，收货人应当向报检时申报的目的地出入境检验检疫机构申请检验。大宗散装商品、易腐烂变质商品以及已发生残损、短缺的商品，应当在卸货口岸检验。海关总署也可以根据方便对外贸易和进出口商品检验工作的需要，指定在其他地点检验。

4. 进口报检需要准备的材料

报检企业应向所在地海关提供的材料，除合同、发票、装箱单、提单外，还需要提供如下规定的其他文件。

（1）国家实施许可制度管理的货物，应提供有关证明。

（2）品质检验的还应提供国外品质证书或质量保证书、产品使用说明书及有关标准和技术资料；凭样成交的，需加附成交样品；以品级或公量计价结算的，应同时申请重量鉴定。

（3）申请残损鉴定的还应提供理货残损单、铁路商务记录、空运事故记录或海事报告等证明货损情况的有关单证。

（4）申请重（数）量鉴定的，还应提供重量明细单、理货清单等。

（5）货物经收、用货部门验收或其他单位检测的，应随附验收报告或检测结果以及重量明细单等。

（6）入境的动植物及产品，在提供贸易合同、发票、产地证书的同时，还必须提供输出国家或地区官方的检疫证书；需办理入境检疫审批手续的，还应当取得入境动植物检疫许可证。

（7）过境动植物及产品报检时，应持货运单和输出国家或地区官方出具的检疫证书；运输动物过境时，还应当取得海关总署签发的动植物过境许可证。

（8）报检入境运输工具、集装箱时，应提供检疫证明，并申报有关人员健康状况。

（9）因科研等特殊需要输入禁止入境货物的，应当取得海关总署签发的特许审批证明。

（10）入境特殊物品的，应提供有关的批件或规定的文件。

（三）配合海关查验

1. 海关查验

微课：海关查验

海关查验是指海关为确定进出境货物收发货人向海关申报的内容是否与进出口货物的真实情况相符，或者为确定商品的归类、价格、原产地等，依法对进出口货物进行实际核查的执法行为。

（1）查验方法。海关查验有彻底查验和抽查两种方式；查验操作有人工查验和设备查验，其中人工查验包括外形查验和开箱查验；海关可根据货物情况以及实际执法需要，确定具体的查验方法。

（2）复验。海关可以对已查验货物进行复验。但是已经参加过查验的查验人员不得参加对同一票货物的复验。有下列情形之一的，海关可以复验。

① 经初次查验未能查明货物的真实属性，需要对已查验货物的某些性状做进一步确认的。

② 货物涉嫌走私违规，需要重新查验的。

③ 进出口货物收发货人对海关查验结论有异议，提出复验要求并经海关同意的。

④ 其他海关认为必要的情形。

（3）径行开验。径行开验是指海关在进出口货物收发货人或其代理人不在场的情况下，对进出口货物进行开拆包装查验。海关实施径行开验时，存放货物的海关监管场所经营人、运输工具负责人应当到场协助，并在查验记录上签名确认。实施径行开验的情形如下。

① 进出口货物有违法嫌疑的。

② 经海关通知查验，进出口货物收发货人或其代理人未到场的。

【思考 4-5】 海关查验已报关的进出口货物，收发货人或其代理人必须到场，并按海关要求负责搬运、拆装等工作，海关不能在未经发货人或其代理人同意的情况下自行开箱验货或者提取货样。这种说法对吗？为什么？

文档：思考 4-5
答案解析

2. 配合海关查验的内容

报关人员在收到查验通知后，应做好配合查验准备，配合查验实施。

（1）配合查验准备。

① 准备好全套报关纸质单证。

② 确认等待查验货物的准确位置及堆放地点。

③ 掌握货物及装箱单明细等信息。

④ 评估查验可能产生的货损风险等。

（2）配合查验实施。进出口货物收发货人或其代理人配合查验时，应做好以下工作。

① 负责按海关要求搬移货物，开拆包装以及重新封装货物。

② 预先了解和熟悉所申报货物的情况，如实回答查验人员的询问，提供必要的资料。

③ 协助海关提取需要做进一步检验、化验或鉴定的货样，收取海关出具的取样清单。

（3）确认查验记录。查验结束后，认真阅读查验人员填写的“海关进出境货物查验记录单”，对开箱情况、货物残损情况及造成残损的原因、提取货样情况以及查验结论等记录仔细核实，查验记录准确清楚的应签名确认。

3. 货物损坏赔偿

在查验过程中，或者证实海关在径行开验过程中，因为海关关员的责任造成被查验货物损坏的，进口货物的收货人、出口货物的发货人或其代理人可以要求海关赔偿，但海关赔偿的范围仅限于查验过程中由于海关关员的责任造成被查验货物损坏的直接经济损失。直接经济损失的金额根据被损坏货物及部件的受损程度确定，或者根据修理费确定。

以下情况不属于海关赔偿范围。

（1）进出口货物收发货人或其代理人搬移、开拆、重封包装或保管不善造成的损失。

（2）易腐、易失效货物在海关正常工作程序所需时间内（含扣留或代管期间）所发生的变质或失效。

（3）海关正常查验时产生的不可避免的磨损。

（4）在海关查验之前已发生的损坏和海关查验之后发生的损坏。

（5）由于不可抗力的原因造成的货物的损坏、损失。

如果进出口货物收发货人或其代理人在海关查验时对货物是否受损坏未提出异议，事后发现货物有损坏的，海关不负赔偿责任。

文档：思考 4-6 答案解析

【思考 4-6】

(1) 杭州清花工艺品进出口公司购进陶瓷花瓶，一个陶瓷花瓶成本价格为 400 元，销售价格为 750 元，海关在查验过程中损坏陶瓷花瓶 1 件。是否需要赔偿？如需要，则赔偿多少元？

(2) 天津新港海关查验完一批贵重的精密仪器，交给发货人或其代理人后，有关发货人或其代理人当时并未提出异议，后来确认证实是海关查验时损坏的。海关应负赔偿责任吗？为什么？

（四）海关现场放行

海关现场放行是指海关允许进出口货物离开海关监管现场。目前，海关对进出口货物放行操作已从传统的纸质放行转为电子放行指令作业。如为海关布控查验的，一般查验后半天即可放行，甚至可以通过手携电子设备在查验现场进行操作，提高了放行效率。

（五）提取货物或装运货物

提取货物是指进口货物收货人或其代理人签收海关加盖海关放行章戳记的进口提货凭证，凭以到货物进境地的港区、机场、车站、邮局等地的海关监管仓库办理提取进口货物的手续。

装运货物是指出口货物发货人或其代理人签收海关加盖海关放行章戳记的出口装货凭证，凭以到货物出境地的港区、机场、车站、邮局等地的海关监管仓库，办理将货物装上运输工具离境的手续。

（六）申请签发报关单证明联和办理其他证明手续

在进出口货物结关后，报关单位视情况需要可以向海关申请签发有关的海关证明。

1. 打印报关单证明联

2015 年 5 月 1 日(含)以后出口的货物，海关不再签发纸质出口货物报关单证明联(出口退税专用)，并同时停止向国家税务总局传输出口货物报关单证明联(出口退税专用)相关电子数据，改由海关总署向国家税务总局传输出口报关单结关信息电子数据。

自 2019 年 6 月 1 日起，海关、国家外汇管理局全面取消报关单收、付汇证明联和办理加工贸易核销的海关核销联。企业办理出口退税、货物贸易外汇收付和加工贸易核销业务时，按规定需提交纸质报关单的，可通过“中国电子口岸”自行以普通 A4 纸打印报关单并加盖企业公章。

2. 申请货物进口证明书

货物进口证明书是依据国家有关法律、行政法规、规章和国际公约的要求，海关在办结进口货物放行手续后，应进口货物收货人的申请所签发的证明文书。

目前需要签发证明书的进口货物主要是汽车和摩托车整车，并实行“一车一证”管理；货物进口证明书是进口货物收货人向交通管理部门办理车辆牌照手续的重要依据之一。其他进口货物如按规定需要申领货物进口证明书的，进口货物收货人或代理人也可向海关提出申请。

五、一般进出口货物报关程序(进口“两步申报”通关模式)

“两步申报”是中国海关为适应国际贸易特点和安全便利需要，在深化海关通关一体化改革及实施“一次申报、分步处置”通关模式基础上的改革延续，是指货物通关时，企业申报由“一次”变为“两步”，即企业可先凭提单进行概要申报，货物符合安全准入条件即可快速提离，在规定时间内再进行完整（补充）申报，海关“口岸现场通关作业阶段”的通关管理，因而需要随“两步”申报分阶段办理的新型通关模式。

（一）“两步申报”的基本要求

（1）境内收发货人信用等级为一般信用及以上。

（2）实际进境的货物均可采用“两步申报”。

（3）运输方式为水路、航空（非水路、航空系统会给予“是否继续”的提示）。

（4）涉及的监管证件已实现联网核查。表 4-4 所示为部分实现联网核查的证件名称。

表 4-4 部分实现联网核查的证件名称

序号	证件名称	序号	证件名称
1	中华人民共和国两用物项和技术进口许可证	11	中华人民共和国野生动植物允许进出口证明书
2	中华人民共和国两用物项和技术出口许可证	12	药品进口准许证
3	中华人民共和国出口许可证	13	药品出口准许证
4	中华人民共和国进口许可证	14	进口药品通关单
5	中华人民共和国自动进口许可证	15	麻精药品进出口准许证（含精神药物进、出口准许证，麻醉药品进、出口准许证）
6	中华人民共和国技术出口许可证	16	进口非特殊用途化妆品卫生许可批件
7	中华人民共和国技术出口合同登记证	17	进口特殊用途化妆品卫生许可批件
8	援外项目任务通知单	18	进口医疗器械注册证、进口医疗器械备案证
9	非《进出口野生动植物种商品目录》物种证明	19	密码产品和含有密码技术的设备进口许可证
10	《濒危野生动植物国际贸易公约》允许进出口证明书	20	黄金及黄金制品进出口准许证

（5）转关业务暂不适用“两步申报”模式。

（6）保留“一次申报、分步处置”申报模式，企业可自行选择两种模式之一进行申报。

（二）“两步申报”的作业方式

1. 提货申报

企业凭提单信息，提交满足口岸安全准入监管需要等必要信息进行概要申报，无须查验的货物即可放行提离，涉税货物则需提供有效税款担保。

2. 完整申报

企业在自载运相关货物的运输工具申报进境之日起 14 日内，补充提交满足税收征管、合格评定、海关统计等整体监管需要的全面信息及单证。

3. 企业报关单证留存

在“两步申报”模式下，海关监管的风险识别由提货放行前审核申报数据，拓展到后续监管。因此，企业更应该重视报关单证的留存工作，以备后续海关稽查。单证保管时间至少 3 年。

文档：思考 4-7
答案解析

【思考 4-7】 “两步申报”是“两次申报”吗？

任务三　保税进出口货物监管制度

案例导入

在经济全球化的过程中，我们通过跨境电子商务平台连接世界各地购买商品，随着跨境电子商务的发展和普及，越来越多的人在网上购物。可以看到很多电商平台推出了一些特殊的物流配送模式。这些特殊的物流配送模式中就有保税仓库发货。

问题：

(1) 什么是保税货物？

(2) 企业为什么会选择保税仓库配送模式？

海关保税监管是海关依据法律、行政法规及部门规章，对享受保税政策的进出口货物、物品在保税状态下进行实际监管的行政执法行为，是海关监管的重要组成部分。

一、保税加工货物监管制度

(一) 保税监管的基本概念

保税是指纳税义务人进口应税货物，在符合海关特定条件下，经申请主管海关同意，海关暂缓征收进口关税和进口环节税，同时保留征收税款的权力，而纳税义务人得以暂缓履行缴纳相关税款的义务，货物处于海关监管之下的一种状态。

保税监管是海关依据法律、行政法规及部门规章，对享受保税政策的进出口货物、物品在保税状态下研发、加工(含深加工结转)、装配、制造、检测、维修等产业链的全过程，采购、运输、存储、包装、刷唛、改装、组拼、集拼、分销、分拨、中转、转运、配送、调拨等简单加工及增值服务等供应链的全过程，以及实施备案、审核、核准、查验、核查、核销等实际监管的行政执法行为。

(二) 保税监管业务分类

1. 保税加工

文档：保税货物与一般进出口货物对比

保税加工也称加工贸易，即加工贸易项下的进口料件、成品，以及加工过程中产生的边角料、残次品、副产品等从境外进口，在境内加工装配后，成品运往境外的贸易。这种方式称作“两头在外”的贸易，通常有来料加工和进料加工两种形式。

(1) 来料加工。来料加工是指由境外企业提供料件，经营企业不需要付汇进口，按照境外企业的要求进行加工或装配，只收取加工费，制成品由境外企业销售的经营活动。

(2) 进料加工。进料加工是指经营企业购买料件进口，制成品后外销出口的经营活动。

2. 保税物流

保税物流是指经海关批准未办理纳税手续进境，在境内储存后复运出境的货物，也称保税仓储货物。

3. 保税服务

保税服务主要是指适用保税政策的研发、试制和检测、维修、展示等产品前后端配套活动等生产性服务产业。随着对外经济贸易的发展，保税政策适用范围持续扩大，保税服务还包括保税交易（如期货保税交割）、融资租赁、离岸结算等其他新兴业态。

（三）保税监管制度

1. 备案核销制度

加工贸易、保税物流、保税服务经营企业以保税方式进口货物前，需要向所在地主管海关办理必要的手册、账册设立和货物备案手续。海关依据国家有关法律、法规和政策，对企业提交的材料进行审核，决定是否核准予以保税。这是货物以保税方式进口的前提，也是海关实施全过程保税监管的开始。海关对手册、账册按合同周期或定期核销，据此验证相关企业对保税货物管理是否符合海关监管要求，是保税监管后期管理的核心。

2. 保税核查制度

保税核查是指海关依法对加工贸易货物、保税物流货物、保税服务货物进行验核查证，检查核实海关特殊监管区域区内区外企业、保税监管场所企业，经营保税业务行为的真实性、合法性。海关实行“多查合一”的业务管理，保税监管部门负责保税核查的选查，稽查部门负责实施相关业务核查。

3. 保税担保制度

保税担保是指与保税相关的经营企业向海关申请从事或办理加工贸易、保税物流、保税服务业务时，以向海关提交保证金、保证函等符合海关规定的担保方式，保证其行为合法，保证在一定期限内履行其承诺的义务的法律行为。

4. 内销征税制度

保税货物经营企业，因故将保税货物转为内销，海关依法对内销保税货物征收进口关税和进口环节增值税、消费税。内销保税货物完税价格由海关审定。海关规定应征收缓征税利息的，经营企业应按规定缴纳缓税利息。内销保税货物，涉及进口贸易管制的，经营企业应按规定提交相关进口许可证件。

5. 风险监控制度

海关保税监管风险监控制度是指海关以保税业务监控分析系统、风险管理平台，以及执法评估、执法监督等信息化系统为依托，对经营企业资信状况、内部经营、保税货物经营信息、经营方式等风险要素，进行定量或定性风险识别、区分和分析，评估、确认海关保税监管风险管理目标实施管控的措施和方法。

（四）金关工程（二期）保税监管系统简介

金关工程（二期）是经国务院批准立项的国家重大电子政务工程项目，保税监管系统是其中的应用系统。金关工程（二期）保税监管系统是海关对保税业务实施管理的新一代作业平台，共包括8个子系统：保税物流管理系统、海关特殊监管区域管理分系统、加工贸易手册管理分系统、加工贸易账册管理分系统、保税综合管理分系统、保税流转管理系统、保税业务监控分析系统、自由贸易试验区海关管理系统。系统的主要特点包括以下几个方面。

文档：金关工程（二期）保税监管系统

1. 构建全国统一、分层级管理的保税系统和应用平台

金关工程(二期)保税监管系统统一了保税监管应用系统和监管模式,建立了标准统一、功能综合、数据连通、分层管理、配置灵活、监管高效的保税监管信息化管理平台,同时兼顾支持个性化、差异化管理需求,适应了保税业务转型升级的发展需要。

2. 改革保税货物通关模式,创新底账核注方式

开展保税业务的企业使用金关工程(二期)保税底账办理保税货物进出口、结转、流转等手续时,需先向海关申报保税核注清单。保税核注清单与报关单有以下联系与区别:保税核注清单填报的内容是企业向海关申报的基于企业内部管理精细化程度要求的料号级商品项;报关清单用于通关,由保税核注清单的料号级数据经过归并汇总的项号级商品加工贸易货物余料结转、加工贸易货物销毁、不作价设备结转,以及海关特殊监管区域、保税监管场所间或与区(场所)外企业间进出货物的,可以仅通过保税核注清单实现报关,不再申报报关单。

3. 支持"料号级备案、项号级通关、料号级核销"监管模式

金关工程(二期)系统电子账册可以根据企业管理精细化程度和海关监管的需要,选择按照料号级管理或者项号级管理的精细化程度建立电子底账,同时取消原 H2000 电子账册系统有形的归并关系对应表,企业在通关过程申报的核注清单按照"归并规则"自动归并为报关单。

4. 实现区域和场所的统一管理和信息共享

上线全国统一版海关特殊监管区域和保税监管场所信息化系统,实现区域、场所保税货物流转的审批、物流、通关和底账核注数据的互联互通和对碰,方便跨区监管货物流动,提高保税货物物流效率。

5. 健全保税底账管理体系,支持开展新型业务

保税业务全面实现保税底账管理,统一账册结构和应用,实现料号级管理和规范化申报。

微课:认知保税加工货物

(五) 保税加工货物监管制度

1. 加工贸易电子化手册监管

加工贸易手册是海关对加工贸易企业实施管理的手段和载体之一。随着时代的发展和科技的进步,加工贸易手册的表现形式和管理内涵也在发生变化。

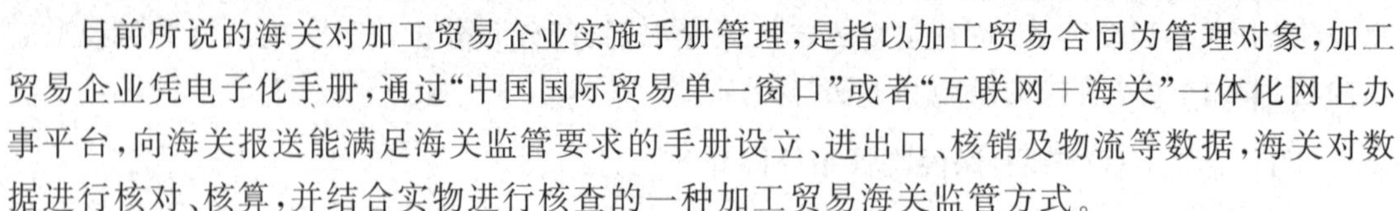

目前所说的海关对加工贸易企业实施手册管理,是指以加工贸易合同为管理对象,加工贸易企业凭电子化手册,通过"中国国际贸易单一窗口"或者"互联网+海关"一体化网上办事平台,向海关报送能满足海关监管要求的手册设立、进出口、核销及物流等数据,海关对数据进行核对、核算,并结合实物进行核查的一种加工贸易海关监管方式。

1)电子化手册前期设立监管

(1)业务准备。企业在申请办理加工贸易手册前,应该全面掌握有关加工贸易料件、成品、单损耗等情况,对本企业加工贸易料件和成品的中文品名、商品税号、规格型号及单价等物料信息进行汇总整理,同时应该了解加工贸易禁止类和限制类商品备案的有关要求。

① 预归类。加工贸易企业在办理具体业务前，按照《中华人民共和国进出口税则》和《中华人民共和国海关统计商品目录》规定的目录条文和归类总规则、类注、章注、子目注释及其他归类注释，梳理本企业加工贸易料件和成品的商品归类。无法确定商品税号的，应提前咨询主管海关或海关预归类专业部门，以确定正确的商品税号。

② 规范性申报。企业在对加工贸易料件、成品进行预归类时，必须按照规范性申报的要求，对照《中华人民共和国进出口税则》条目注释，如实申报加工贸易料件、成品的品名、规格、型号、成分、含量、等级、用途、功能等。

③ 禁止类商品备案。加工贸易禁止类商品是指《中华人民共和国对外贸易法》规定禁止进口的商品，以及海关无法实行保税监管的商品，列入禁止类目录的商品不得开展加工贸易。

④ 限制类商品备案。《加工贸易限制类商品目录》由商务部、海关总署会同国家其他部门定期公布。目前公布的加工贸易进口限制类商品，主要包括冻鸡、植物油、初级形状聚乙烯、聚酯切片、天然橡胶、糖、棉、棉纱、棉坯布和混纺坯布、化纤短纤、铁和非合金钢材、不锈钢、电子游戏机等。加工贸易出口限制类商品，主要包括线型低密度聚乙烯、初级形状聚苯乙烯、初级形状环氧树脂、初级形状氨基树脂等化工品，玻璃管、棒、块、片及其他型材和异型材，羊毛纱线，部分有色金属等。

以加工贸易深加工结转方式转出、转入的商品属于限制类的，按允许类商品管理。

(2) 手册设立的申报、审核。

① 手册设立的业务流程。企业按照海关监管要求，通过“中国国际贸易单一窗口”或“互联网＋海关”一体化网上办事平台，登录金关工程(二期)加贸管理系统中的加工贸易手册子系统企业端，自行录入或委托报关公司录入加工贸易手册设立数据。

金关工程(二期)加贸管理系统已实现随附单证无纸化传输，企业录入加工贸易手册设立数据，上传有关随附单证后，向海关发送电子数据报文，并等待海关审核通知。

加工贸易企业申请设立加工贸易手册，在向海关发送申请手册设立的电子数据后，直接上传随附单证电子文档。

经海关审核通过予以设立手册的，系统中建立由12位阿拉伯数字和大写英文字母组成的加工贸易手册底账。第一位为英文字母，其中B表示来料加工，C表示进料加工，D表示不作价设备；第二位至第五位表示海关关区代码；第六位、第七位表示年份；第八位至第十二位是手册顺序号，手册顺序号首位为大写字母A，从0001开始计数。

海关不再签发纸质登记手册，企业凭加工贸易手册号码即可办理通关手续。

② 手册设立需上传单证。首次办理的企业，登录“加工贸易企业经营状况及生产能力信息系统”，自主填报相关信息表并对信息真实性做出承诺。信息表有效期为自填报(更新)之日起1年，到期后或相关信息发生变化，企业应及时更新信息表。

必须上传的单证：经营企业对外签订的合同。属于来料加工的，提交来料加工协议或合同；属于进料加工的，提交进料加工进口合同。

根据情况上传的其他单证：经营企业委托加工的，应当提交与加工企业签订的委托加工合同；涉及铜精矿、生皮、卫星电视接收设施、成品油、易制毒化学品等，根据有关规定设定了企业资质或数量等限制条件的商品，需提供商务部为企业出具的涉及禁止或限制开展加工贸易商品的核准文件；进口保税消耗性物料的，需提供经主管海关签章确认的加工贸易项下进口消耗性物料申报表;商品编码涉及禁止类、出口应税商品等加工贸易政策要求的,需提供说明材料;涉及缴纳风险担保的,需上传风险保证金计算表,并要求经营企业提供保证金或者银行保函;商品编码涉及单耗标准的,需上传是否适用单耗标准或者是否超单耗标准的说明,包括计量单位的换算过程、料件和成品的规格型号、归并情况等。

③ 加工贸易手册变更业务流程。加工贸易电子化手册变更是指经营企业因原备案品名、规格、金额、数量、单损耗、商品编码等内容发生变化,以及电子化手册有效期因故需要延长,向主管海关申请办理备案变更手续。可分为新增变更、修改变更和删除变更3种。加工贸易手册设立内容发生变更的,经营企业应当在加工贸易手册有效期内办理变更手续。

企业按照信息表变更内容和海关监管要求,通过"中国国际贸易单一窗口"或"互联网+海关"一体化网上办事平台,登录金关工程(二期)加贸管理系统中的加工贸易手册子系统企业端,自行录入或委托报关公司录入加工贸易手册变更数据。

在"中国国际贸易单一窗口"标准版中,需要先在"数据查询"界面的"加工贸易手册数据查询"模块中输入查询条件进行查询,选中需要变更的数据,才能进行相应的变更操作。

企业录入加工贸易手册变更数据,上传有关随附单证后,向海关发送,并等待海关审核通知。金关工程(二期)加贸管理系统海关端对企业申报的变更数据进行逻辑监控,并根据逻辑监控的结果判断审核通道,相应做自动审核通过、人工审核、自动退单等处理。

对经审核准予变更的,因手册变更导致担保金额增加或担保期限延长的,由海关依法为企业办理担保内容变更手续。金关工程(二期)加贸管理系统会自动产生担保征收单,并发送至企业端,企业缴纳完毕经海关确认后,系统最终自动审核通过。

2) 电子化手册中期设立监管

(1) 外发加工。外发加工是指经营企业因自身生产特点和条件限制,经海关批准并办理有关手续,委托承揽企业对加工贸易货物进行加工,在规定期限内将加工后的产品运回本企业并最终复出口的行为。

企业通过金关工程(二期)加贸管理系统办理加工贸易外发加工业务,应按外发加工的相关管理规定,自外发之日起3个工作日内向海关申报外发加工申报表,以及报备经营企业与承揽企业签订的加工合同或协议、承揽企业的营业执照复印件等。对全工序外发的,应在申报表中勾选"全工序外发"标志,并按规定提供担保后开展外发加工业务。外发加工一次申报、收发货记录自行留存备查。

应注意的是,外发加工的成品、剩余料件及生产过程中的边角料、残次品、副产品等原则上需运回经营企业,但若经营企业所在地主管海关批准,也可以不运回,直接出口至境外、海关特定监管区,或者以深加工结转方式出口。

(2) 深加工结转。深加工结转是指加工贸易企业将由保税进口料件加工的产品转至另一关区加工贸易企业进一步加工后复出口的经营活动。

企业通过金关工程(二期)加贸管理系统办理加工贸易深加工结转业务时,应在规定的时间内直接向海关申报保税核注清单及报关单办理结转手续。企业应于每月15日前对上月深加工结转情况进行保税核注清单及报关单的集中申报,但集中申报不得超过手(账)册有效期或核销截止日期,且不得跨年申报。企业深加工结转实行一次申报、收发货记录自行留存备查,海关对加工贸易深加工结转业务不再进行事前审核。

结转双方的商品编号前8位原则上必须一致，如出现结转货物商品编码前8位不一致，转出、转入企业应积极协调解决。若无法协调，应及时反馈各自主管海关，由转出、转入地主管海关按规定协调解决。

(3) 加工贸易货物内销。加工贸易货物内销简称“内销”，是指加工贸易企业因故不能按规定加工复出口，而需要将全部或者部分保税料件、制成品在国内销售，或者转用于生产内销产品的行为。

从字面意义来看，内销可以理解为“境内销售”。因此，对加工贸易企业来说，内销的范围包括但不限于保税料件和制成品，还包括将加工贸易项下产生的半成品、边角料、残次品、副产品以及受灾保税货物等转为境内销售的行为。

加工贸易货物内销征收缓税利息适用的利息率暂由参照1年期贷款基准利率调整为参照中国人民银行公布的活期存款利率执行。加工贸易缓税利息应根据填发海关税款缴款书时海关总署公布的最新缓税利息率按日征收。缓税利息计算公式为

应征缓税利息＝应征税额×计息期限×缓税利息率÷360

加工贸易料件或制成品经批准内销的，缓税利息计息期限的起始日期为内销料件或制成品所对应的加工贸易合同项下首批料件进口之日；加工贸易电子账册项下的料件或制成品内销时，起始日期为内销料件或制成品所对应电子账册的最近一次核销之日(若没有核销日期的，则为电子账册的首批料件进口之日)。对上述货物征收缓税利息的终止日期为海关填发税款缴款书之日。

加工贸易料件或制成品未经批准擅自内销，违反海关监管规定的，缓税利息计息期限的起始日期为内销料件或制成品所对应的加工贸易合同项下首批料件进口之日；若内销涉及多本合同，且内销料件或制成品与合同无法一一对应的，则计息的起始日期为最近一本合同项下首批料件进口之日；若加工贸易电子账册项下的料件或制成品擅自内销的，则计息的起始日期为内销料件或制成品所对应电子账册的最近一次核销之日(若没有核销日期的，则为电子账册的首批料件进口之日)。按照前述方法仍无法确定计息的起始日期的，则不再征收缓税利息。

违规内销计息的终止日期为保税料件或制成品内销之日。内销之日无法确定的，终止日期为海关发现之日。

加工贸易料件或制成品等违规内销的，还应征收滞纳金。

加工贸易货物需要后续补税，但海关未按违规处理的，缓税利息计息的起止日期比照上述规定办理。

无论加工贸易企业是否取得内销集中征税资格，在金关工程(二期)加贸管理系统中办理内销征税手续的业务流程都是一样的。无须申报内销征税联系单，根据内销货物情况直接申报保税核注清单；以保税核注清单为基础申报内销征税报关单，并生成税单；根据税单缴纳税款及缓税利息。

3) 电子化手册后期核销监管

(1) 加工贸易报核。加工贸易手册核销是指企业根据保税货物进、销、存、转等情况，将加工贸易手册有效期限内的料件进口、成品出口、生产加工、货物库存、深加工结转、内销征税和后续补税等情况向海关申报，海关予以审核、核销、结案的过程。

(2) 加工贸易报核填报。金关工程(二期)加贸管理系统中，加工贸易手册报核数据的

填报要求如下。

报核表头：录入"加工贸易手册编号"后按回车键，系统自动调出并返填对应的加工贸易手册基本信息，包括经营单位，加工单位信息，进、出口核注清单数，同时"申报单位代码""申报单位社会信用代码""申报单位名称""报核截止日期"，而"备注"字段开放为可录入状态。

核注清单：录入"核注清单编号"后按回车键，系统自动返填"进出口标识"，并保存手册报核清单表体。

报核料件：根据录入的"料件备案序号"，系统自动返填"料号""商品编码""商品名称""计量单位"；其他录入字段有"进口数量""深加工进口数量""内销数量""复出口数量""料件销毁数量""边角料数量""余料转出数量""产品总耗用量""料件剩余数量"等。

报核成品：根据录入的"料件备案序号"，系统自动返填"料号""商品编码""商品名称""计量单位"；其他录入字段有"出口数量""深加工出口数量""成品退换进口数量""成品退换出口数量"等。

报核单耗：根据录入的"成品序号""料件序号"，系统自动返填"料号""商品编码""商品名称"；其他录入字段还有"料件名称""单耗""净耗""有形损耗率""无形损耗率""单耗申报状态""保税料件比例""企业执行标志"。

随附单据，可在系统内上传、下载、删除随附单据电子文档。

加工贸易手册涉及以下情形的，需提交相关单证资料：加工贸易货物因侵犯知识产权被没收、销毁的，应提交有关行政执法部门出具的没收或者销毁证明材料；经海关核定准予加工贸易货物销毁处置的，应提交处置单位出具的接收单据、销毁处置证明，以及销毁处置后相关报关数据信息；因走私被海关或者法院没收加工贸易货物的，应提交行政处罚决定书、判决书等相关证明材料；因不可抗力造成保税货物受灾，应提交保险公司出具的保险赔款通知书或者其他有效证明文件；因特殊加工生产需要导致工艺损耗较高的，需提供相关资料或情况说明。

4）手册核销结案

企业应自加工贸易手册项下最后一批成品出口或者加工贸易手册到期之日起 30 日内向海关报核。经营企业对外签订的合同提前终止的，应当自合同终止之日起 30 日内向海关报核。企业单证齐全、正确、有效，数据规范完整的，海关自受理报核之日起 30 日内予以核销，完成核销结案手续。特殊情况需要延长时限的，经直属海关关长或其授权的隶属海关关长批准可以延长 30 日。

金关工程（二期）加贸管理系统首先对企业报核数据进行逻辑监控，未通过逻辑监控的，系统将会退单给企业，企业需根据退单原因修改后重新发送。

企业报核数据通过逻辑监控的，进入风险及通道判别阶段。报核数据无问题的，金关工程（二期）加贸管理系统显示"报核通过"；若报核数据触发风险参数，系统将转人工审核处理。

手册报核数据通过核销核算的，金关工程（二期）加贸管理系统显示"正式核算通过"；若报核数据存在不平衡或者其他问题，系统将转人工审核处理。

海关同意核销结案的，金关工程（二期）加贸管理系统显示"结案通过"。

手册核销结案后，加工贸易企业可在"中国国际贸易单一窗口"打印结案通知书，并到属地海关业务窗口盖章;也可直接到属地海关业务窗口打印结案通知书。

手册结案后,企业通过"中国国际贸易单一窗口"发送担保退还申请,收到金关工程(二期)加贸管理系统通知后,持相关单证到属地海关业务窗口办理担保退还手续。

需注意金关工程(二期)加贸管理系统的报核清单是参与核算的所有核注清单。必须检查所有参与报核的核注清单状态是否为"终审通过",核扣标志是否为"已核扣"。如不是,将影响手册核算平衡。如果企业在核销前进行盘点,盘亏补税的核注清单需纳入报核清单。

2. 加工贸易电子账册监管

加工贸易电子账册是海关以企业为管理单元为联网企业建立电子底账的海关监管模式。海关根据联网企业的生产情况和海关的监管需要确定核销周期,并按照该核销周期对实行加工贸易账册管理的联网企业进行核销。

海关对加工贸易企业实施计算机联网监管,是指加工贸易企业通过数据交换平台或者其他计算机网络方式向海关报送能满足海关监管要求的物流、生产经营等数据,海关对数据进行核对、核算,并结合实物进行核查的一种监管方式。

联网企业是实行加工贸易计算机联网监管的企业。实施计算机联网监管后,加工贸易企业通过数据交换平台或者其他计算机网络方式向海关办理设立、变更、进出口通关、核销等手续。

电子底账是海关根据企业实际情况,为申请计算机联网监管的企业所报送备案的资料建立电子底账,对联网企业实施电子底账管理。

1) 电子账册前期设立监管

(1) 业务准备。加工贸易企业实施海关计算机联网监管前,应接受海关资质审核并做好相关前期准备工作。加工贸易联网监管企业准入是指海关审核企业是否具备实施计算机联网监管的条件,对具备资格的企业签发海关实施加工贸易联网监管通知书的过程。主要业务办理流程:企业申请计算机联网监管资格→主管海关进行资质评估→海关确认企业计算机联网监管资格→主管海关签发海关实施加工贸易联网监管通知书。

(2) 账册设立的申报、审核。加工贸易企业在完成前期申请和技术准备工作后,可向海关申请设立加工贸易账册。联网监管企业申请设立加工贸易账册,首先需要通过"中国国际贸易单一窗口"或"互联网+海关"一体化网上办事平台登录金关工程(二期)加贸管理系统的加工贸易账册子系统。金关工程(二期)加贸管理系统中的加工贸易账册设立包括企业资质申请备案和加工贸易账册备案两部分。

企业资质申请备案,联网监管企业需登录商务部"加工贸易企业经营状况及生产能力信息系统",自主填报信息表,并对信息真实性做出承诺。信息表有效期为自填报(更新)之日起1年,到期后或相关信息发生变化,企业应及时更新信息表。联网监管企业根据信息表的相关内容,录入包括经营单位名称及代码、加工单位名称及代码、加工生产能力、保税加工进出口料件和成品范围(商品编码前4位)等在内的企业资质申请表头和表体内容。金关工程(二期)加贸管理系统海关端接到企业通过网络传送的资质申请数据后,经审核通过的,将产生12位的档案库号码,其中第一位、第二位为标记代码"IE",第三至第六位为关区代码,第七位、第八位为年份,第九位至第十二位为顺序号。

企业资质申请经海关审核通过后,方可进行加工贸易账册备案。企业通过金关工程(二期)加贸管理系统加工贸易账册子系统中的“加工贸易账册”模块录入加工贸易账册设立数据。企业向海关发送数据后,应通知主管海关加工贸易部门予以审核。企业向海关申报加工贸易账册设立数据并经过海关审核通过后,由海关确定账册的最大周转金额和核销周期,金关工程(二期)加贸管理系统会产生12位加工贸易账册号码,其中第一位为标记代码“E”,第二位至第五位为关区代码,第六位至第七位为年份,第八位为账册类型代码,第九位至第十二位为顺序号。

企业从管理系统中导出料号级数据生成报关清单,按照加工贸易合同内容,参照报关单填制规范进行制单,生成报关清单。企业由报关清单填报完整的报关单内容后,使用E账册向海关正式申报,生成报关单。如需报关清单和报关单修改、撤销的,不涉及报关清单的报关单内容可直接进行修改,涉及报关清单的报关单内容修改,必须先修改报关清单。

2) 电子账册中期监管

联网监管企业加工贸易料件串换、外发加工、深加工结转,加工贸易剩余料件、边角料、残次品、副产品、受灾保税货物处理,加工贸易货物销毁处置、内销集中纳税、抵押等,比照电子化手册管理的相关手续办理。

联网企业缴纳缓税利息的起始日期为内销料件或者制成品对应的电子账册最近一次核销之日。没有核销日期的,起始日期为内销料件或者制成品对应的电子账册首批料件进口之日。缴纳缓税利息的终止日期为海关签发税款缴款书之日。

3) 电子账册后期核销监管

联网监管企业加工贸易货物核销,是指加工贸易经营企业加工复出口或者办结内销等海关手续后,凭相关单证向海关申请解除监管,海关经审查、核查属实且符合有关法律、行政法规、规章的规定,予以办理解除监管手续的行为。

(1) 企业向海关报核。加工贸易企业在完成前期申请和技术准备工作后,可向海关申请设立加工贸易账册。

联网企业必须在海关确定的加工贸易账册核销期结束之日起规定时限内完成报核手续。电子账册实行阶段性核销,核销周期不超过1年。海关完成电子账册核销的时限为下一个核销日期前,但最长不得超过180日。企业原则上应当在海关确定的核销期结束之日起30日内完成报核。企业通过金关工程(二期)加贸管理系统加工贸易账册子系统中的“加工贸易账册报核”模块直接申报报核数据。

企业向金关工程(二期)加贸管理系统发送正式报核数据,并提交以下单证:电子账册核销周期内保税料件汇总表,保税成品汇总表(料号级数据可以附光盘),盘点及差异处理情况申报表,边角料、副产品、残次品、受灾保税货物处理情况申报表,“进、出、存”金额统计表,电子账册核销平衡表(平衡表中理论结余为负时应随附说明);盘点报告(在结合盘点核销的情况下)、企业自核说明;海关按规定需要收取的其他单证和材料。

(2) 加工贸易账册项下的保税货物库存盘点。加工贸易账册项下的保税货物库存盘点是指企业在加工贸易账册核销周期到期时,由企业、海关或所委托的中介机构对保税货物进行盘点,并确认盘点结果的过程。

主要业务办理流程:确定核销截止日期及盘核方式→企业(海关、中介)实施盘点→确认“联网监管企业保税货物库存盘点清册”→海关予以审核。

盘点结束后,企业应向主管海关报送联网监管企业保税货物库存盘点清册,内容包括原材料库存、成品折料库存、半成品折料库存、在线料件数量等。

(3) 核销结案。经系统核销核算,存在差异的报核数据可以选择是否由企业处置。对于选择由企业处置的报核数据,企业需通过企业端系统数据查询模块,查询出需要差异处置的加工贸易账册报核数据,并进行处置操作,处置完毕后再申报。对于未选择由企业处置的报核数据,由海关进行处置。

海关确认企业电子账册核销情况符合海关核销规定,单证齐全有效的,予以核销结案。

二、保税物流货物监管制度

微课:认知保税物流货物

(一) 保税物流货物

1. 保税物流货物的含义

保税物流货物是指经海关批准未办理纳税手续进境,在境内储存后复运出境的货物,也称保税仓储货物。

2. 保税物流货物的特征

(1) 进境暂缓纳税,复运出境免税。内销应该补税,不征收缓税利息。

(2) 进出境免于交验进出口许可证件(国家另有规定的除外)。

(3) 进境海关现场放行不是结关,进境后必须进入海关特殊监管区域或保税监管场所,运离这些区域或场所必须办理结关手续。

3. 保税物流货物的范围

(1) 保税储存后转口境外的进境货物。

(2) 已办结出口手续尚未离境,存放在保税监管场所或特殊监管区域的货物。

(3) 保税储存的加工贸易货物。

(4) 供应国际航行船舶和航空器的油料、物料和维修用零部件;供维修外国产品进口寄售的零配件。

(5) 外商进境暂存货物。

(6) 进入保税监管场所或特殊监管区域保税的其他未办结海关手续的进境货物。

4. 保税物流货物的管理

海关保税监管场所属于海关保税物流监管的基本形态之一,目前包括保税仓库、出口监管仓库、保税物流中心(A 型)和保税物流中心(B 型)4 种形态。

海关特殊监管区域包括保税区、出口加工区、保税物流园区、保税港区(综合保税区),以及珠澳跨境工业区珠海园区、中哈霍尔果斯国际边境合作中心中方配套区等。根据相关政策,除保税区外,其他海关特殊监管区域将统一整合优化为综合保税区。在综合保税区的基础上,国家又批准设立洋山特殊综合保税区,并赋予洋山特殊综合保税区和洋浦保税港区更为开放和自由的政策。

(1) 设立审批。保税物流货物必须存放在经过法定程序审批设立的保税监管场所或者特殊监管区域。保税监管场所要经过海关或海关会同有关部门审批,并核发批准证书,凭批准证书设立及存放保税物流货物;保税物流园区、保税区、保税港区要经过国务院审批,凭国务院同意设立的批复设立,并经海关等部门联合验收合格才能进行保税物流货物的运作。

未经法定程序审批同意设立的任何场所或者区域都不得存放保税物流货物。

（2）准入保税。保税物流货物通过准予进入保税监管场所或特殊监管区域来实现保税。海关应当依法监管这些场所或者区域，按批准存放范围准予货物进入这些场所或者区域，不符合规定存放范围的货物不准进入。

（3）纳税暂缓。加工贸易货物进入海关监管场所暂缓缴纳关税和环节税。最后根据产品的最终流向确定产品征税还是不予征税。

（4）监管延伸。进口的保税料件是海关放行未结关的监管货物，无论在时间上，还是地点上都处在海关监管之下。

① 时间延伸性。保税监管期限内或自复运出境放行之日起 3 年内或经批准转为一般贸易进口放行之日起 3 年内，海关可进行稽查。

② 地点延伸性。离开进境地口岸海关监管场所后进行加工、装配的地方都必须是海关监管的场所。

5. 保税物流货物的核销结关

保税货物运离保税监管场所或特殊监管区域，根据货物的流向都必须经过海关核销后才能结关。

（二）保税仓库货物

1. 保税仓库简介

（1）保税仓库的含义。保税仓库是指经海关批准设立的专门存放保税货物及其他未办结海关手续货物的仓库。

（2）保税仓库的类型。

① 按使用对象分类。

公用型保税仓库：中国境内企业法人经营仓储业务，专门向社会提供保税仓储服务。

自用型保税仓库：由特定的中国境内独立的企业法人经营，仅存储供本企业自用的保税货物。

② 按存储货物的类型或特定用途分类。

液体危险品保税仓库：在中国关于危险化工品仓储规定下，专门提供液体危险化工品保税仓储服务的保税仓库。

备料保税仓库：企业存储为加工复出口产品所进口的料件及零件等的保税仓库，所存货物仅限于本企业产品。

寄售维修保税仓库：储存为了维修国外所寄售产品的保税仓库。

其他专用型保税仓库：除上述集中专用型保税仓库以外的专门用于特定用途的保税仓库。

（3）保税仓库的功能。保税仓库的功能单一，就是仓储，而且只能存放进境货物。

经海关批准可以存入保税仓库的进境货物有下列几种：①加工贸易进口货物；②转口贸易；③供应国际航行船舶和航空器的油料、物料和维修用零部件；④供维修外国产品所进口寄售的零配件；⑤外商进境暂存货物；⑥未办结海关手续的一般贸易进口货物；⑦经海关批准的其他未办结海关手续的进境货物。

保税仓库不得存放国家禁止进境的货物，不得存放未经批准的影响公共安全、公共卫生或健康、公共道德或秩序的国家限制进境货物及其他不得存入保税仓库的货物。

（4）保税仓库的设立。保税仓库应当设立在设有海关机构、便于海关监管的场所。申请设立保税仓库的企业应当是已在海关办理进出口收发货人注册登记的,不同时拥有报关企业身份的企业,同时还应当具备相应的条件。

企业申请设立保税仓库的,应向仓库所在地主管海关提交书面申请,提供能够证明已具备设立仓库的相应文件材料,由主管海关受理并报直属海关审批。

(5) 保税仓库电子账册。保税仓库电子账册是企业开展保税仓储业务之前应该向主管海关申请建立的电子手册,也是海关依据电子凭证来进行进出库的核销。海关依据电了数据账册能控制和记录企业所申报进出口及存放保税货物的情况。

2. 保税仓库货物通关流程

1) 办理货物入仓

(1) 货物入库操作流程如图 4-19 所示。

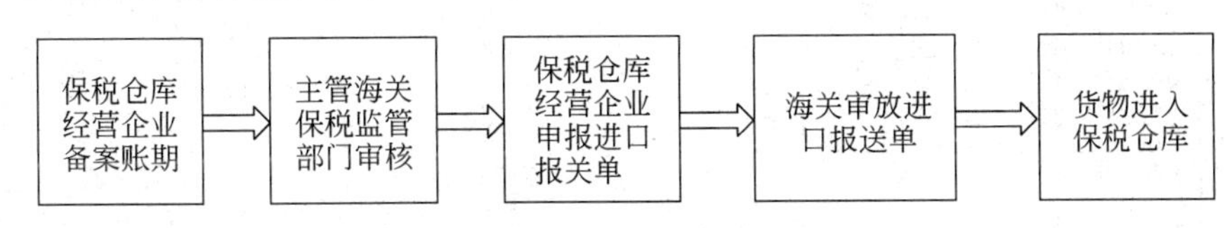

图 4-19 货物入库操作流程

(2) 货物进仓通关监管。收发货人或其代理人应当在仓库主管海关办理报关手续,也可以直接在口岸海关办理报关手续,进入保税仓库的货物,除国家法律、法规另有规定外,免领进口许可证件。

保税仓库入仓货物在口岸海关报关进口时,分别按以下方式监管:口岸海关不在同一直属海关关区内的,按转关运输方式办理通关手续;口岸海关与仓库主管海关不在同一直属海关关区的,可直接在口岸海关办理通关手续。

全国通关一体化模式下,保税仓库入仓货物可以选择在仓库主管海关申报,仓库经营企业应当在口岸海关按照保税仓库报关单填制注意事项及其他有关要求,填制进口报关单办理验放手续后再提取货物入仓。向海关办理进口通关手续。

保税仓库凭进口报关单等海关放行货物的凭证办理货物入仓手续。

(3) 货物入仓报关单填制注意事项。

① 货物从境外进口存入保税仓库。保税仓库经营企业填写进口报关单,并进行申报,见表 4-5。

② 货物从保税仓库或保税物流中心(A、B 型)存入保税仓库。转入方保税仓库填写进口报关单,见表 4-6。

③ 转出方保税仓库或保税物流中心(A、B 型)填写出口报关单,见表 4-7。

2) 办理货物出仓

(1) 货物出库操作流程如图 4-20 所示。

(2) 保税仓库货物出仓流向。

① 出库后运往境外。

② 出库后运往其他保税仓库继续实施保税监管。

③ 出库后转加工贸易进口。

④ 出库后转入国内市场销售。

表 4-5　货物从境外进口存入保税仓库报关单填写说明

中华人民共和国海关进口货物报关单

预录入编号：　　　　　　　　　　　　　　　　　　　　海关编号：

境内收货人 实际经营单位名称及编码	进境关别		进口日期		申报日期	备案号 保税仓库电子账册号或其分册号	
境外发货人	运输方式 实际运输方式		运输工具名称及航次号		提运单号	货物存放地点	
消费使用单位 保税仓库名称及编码	监管方式(1233) 保税仓库货物		征免性质 (空)		许可证号	启运港 实际情况	
合同协议号	贸易国(地区)		启运国(地区)(142) 实际情况		经停港	入境口岸	
包装种类	件数	毛重(千克)	净重(千克)	成交方式	运费	保费	杂费
随附单证及编号							
标记唛码及备注							

项号	商品编号	商品名称及规格型号	数量及单位	单价/总价/币制	原产国(地区)	最终目的国(地区)	境内目的地	征免
01 (保税货物备案序号)								全免 (3)

特殊关系确认：　价格影响确认：　支付特许权使用费确认：　公式定价确认：　暂定价格确认：　自报自缴：

报关人员　　报关员证号　　电话　　兹申明对以上内容承担如实申报、依法纳税之法律责任 申报单位　　　　　　　　　　　　　　　　　申报单位(签章)	海关批注及签章

表 4-6 转入方保税仓库进口报关单填写说明

中华人民共和国海关进口货物报关单

预录入编号： 海关编号：

<table>
<tr><td>境内收货人
实际经营单位名称及编码</td><td colspan="2">进境关别</td><td colspan="2">进口日期</td><td>申报日期</td><td colspan="2">备案号
保税仓库电子账册号或其分册号</td></tr>
<tr><td>境外发货人</td><td colspan="2">运输方式(9)
其他</td><td colspan="2">运输工具名称及航次号</td><td>提运单号</td><td colspan="2">货物存放地点</td></tr>
<tr><td>消费使用单位
转入方保税仓库名称及编码</td><td colspan="2">监管方式(1200)
保税间货物</td><td colspan="2">征免性质
(空)</td><td>许可证号</td><td colspan="2">启运港</td></tr>
<tr><td>合同协议号</td><td colspan="2">贸易国(地区)</td><td colspan="2">启运国(地区)(142)
中国</td><td>经停港</td><td colspan="2">入境口岸</td></tr>
<tr><td>包装种类</td><td>件数</td><td>毛重(千克)</td><td>净重(千克)</td><td>成交方式</td><td>运费</td><td>保费</td><td>杂费</td></tr>
<tr><td colspan="8">随附单证及编号</td></tr>
<tr><td colspan="8">标记唛码及备注</td></tr>
<tr><td colspan="8">项号　商品编号　商品名称及规格型号　数量及单位　单价/总价/币制　原产国(地区)　最终目的国(地区)　境内目的地　征免</td></tr>
<tr><td colspan="7">01
(保税货物备案序号)</td><td>全免
(3)</td></tr>
<tr><td colspan="8"></td></tr>
<tr><td colspan="8"></td></tr>
<tr><td colspan="8"></td></tr>
<tr><td colspan="8"></td></tr>
<tr><td colspan="8">特殊关系确认：　价格影响确认：　支付特许权使用费确认：　公式定价确认：　暂定价格确认：　自报自缴：</td></tr>
<tr><td colspan="6">报关人员　报关员证号　电话　兹申明对以上内容承担如实申报、依法纳税之法律责任
申报单位　申报单位(签章)</td><td colspan="2">海关批注及签章</td></tr>
</table>

表 4-7 转出方保税仓库或保税物流中心(A、B 型)出口报关单填写说明

中华人民共和国海关出口货物报关单

预录人编号：　　　　　　　　　　　　　　　　　　海关编号：

<table>
<tr><td>境内发货人
实际发货企业名称及编码</td><td colspan="2">出境关别</td><td colspan="2">出口日期</td><td>申报日期</td><td colspan="2">备案号
实际情况</td></tr>
<tr><td>境外收货人</td><td colspan="2">运输方式(9)
其他</td><td colspan="2">运输工具名称及航次号</td><td colspan="3">提运单号</td></tr>
<tr><td>生产销售单位
转出方保税仓库</td><td colspan="2">监管方式(1200)
保税间货物</td><td colspan="2">征免性质
(空)</td><td colspan="3">许可证号</td></tr>
<tr><td>合同协议号</td><td colspan="2">贸易国(地区)</td><td colspan="2">运抵国(地区)(142)
中国</td><td>指运港(142)
中国</td><td colspan="2">离境口岸</td></tr>
<tr><td>包装种类</td><td>件数</td><td>毛重(千克)</td><td>净重(千克)</td><td>成交方式</td><td>运费</td><td>保费</td><td>杂费</td></tr>
<tr><td colspan="8">随附单证及编号</td></tr>
<tr><td colspan="8">标记唛码及备注
关联报关单：填写本次对应的 18 位进口报关单号码</td></tr>
</table>

项号	商品编号	商品名称及规格型号	数量及单位	单价/总价/币制	原产国(地区)	最终目的国(地区)	境内货源地	征免
01 (保税货物备案序号)								全免 (3)

特殊关系确认：　价格影响确认：　支付特许权使用费确认：　公式定价确认：　暂定价格确认：　自报自缴：

<table>
<tr><td>报关人员　　报关员证号　　电话　　兹申明对以上内容承担如实申报、依法纳税之法律责任
申报单位(签章)
申报单位</td><td>海关批注及签章</td></tr>
</table>

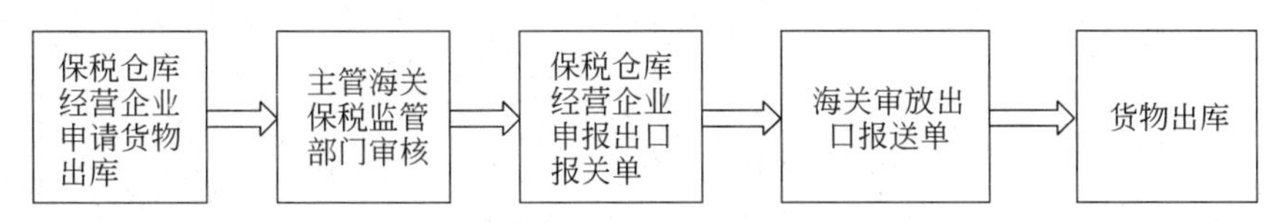

图 4-20 货物出库操作流程

(3) 货物出仓通关监管。

口岸海关不在同一直属海关关区内的,按转关运输方式办理通关手续。

口岸海关与仓库主管海关不在同一直属海关关区,可直接在口岸海关办理通关手续。

经海关批准,企业也可采取选择在属地海关申报,在口岸海关验放的跨关区模式办理出仓报关手续。

保税仓库货物出仓复出境的,企业按保税仓库报关单填制注意事项及其他有关要求填制出口报关单,向海关办理复出口通关手续。

保税货物出仓运往境内转为正式进口的,应在仓库主管海关办结通关手续。

保税仓库货物出仓转为正式进口的,由货物收货人或其代理人按实际进口监管方式填制进口报关单;由保税仓库经营企业填制L账册核注清单核扣账册数据,核注清单与进口报关单的货名、数量、商品编码、计量单位、规格型号、价格等必须一致。

保税仓库内的寄售维修零配件如申请以保修期内免税方式出仓的,除提交正常出仓单证外,还应提交以下单证:保税仓库寄售维修件保修期内维修免税申请表;具有资质的商品检验机构出具的原进口货物品质不良的检验证明书或买卖双方签订的索赔协议;维修记录单,海关保税业务部门留存一套上述单证的复印件后,正本退企业报关。

保税仓库寄售维修零部件申请免税出仓的,企业应对以下内容进行自我检查:进口报关单的收发货人与保税仓库经营企业是否一致;免税出仓的维修件应在保修期内,但最长不应超过原设备进口之日起3年;维修件应由外商免费提供;进口报关单贸易方式应为"无代价抵偿货物"(代码3100);被更换的零部件是否已退运或放弃;对被更换的零部件超过3个月尚未退运的,海关将收取与维修件进口税等额的风险担保金;核对企业原设备进口货物报关单信息,属异地关区的,无法通过系统查询到相关报关单信息的,需经原设备进口地海关确认。

(4) 货物出仓报关单填制规范。

① 保税仓库货物出口至境外。保税仓库经营企业填写出口报关单,并进行申报,保税仓库经营企业出口报关单填写说明见表4-8。

② 保税仓库货物转入国内(除保税物流场所外)。收货单位填写进口报关单,并进行申报。收货单位进口报关单填写说明见表4-9。

③ 保税仓库经营企业填写出口报关单,并进行申报。保税仓库经营企业出口报关单填写说明见表4-10。

④ 保税仓库货物转入保税仓库、保税物流中心(A、B型)。转入方填写进口报关单,并进行申报。转入方进口报关单填写说明见表4-11。

⑤ 转出方保税仓库经营企业填写出口报关单,并进行申报。转出方保税仓库出口报关单填写说明见表4-12。

(5) 保税仓库货物报关操作规范。

保税仓库货物报关操作规范见表4-13。

表 4-8　保税仓库经营企业出口报关单填写说明

中华人民共和国海关出口货物报关单

预录入编号：　　　　　　　　　　　　　　　　　　　　　　海关编号：

境内发货人 实际经营单位名称及编码	出境关别		出口日期		申报日期	备案号 保税仓库电子账册号或其分册号	
境外收货人	运输方式 实际情况		运输工具名称及航次号		提运单号		
生产销售单位 保税仓库名称及编码	监管方式(1233) 保税仓库货物		征免性质 (空)		许可证号		
合同协议号	贸易国(地区)		运抵国(地区) 实际情况填写		指运港	离境口岸	
包装种类	件数	毛重(千克)	净重(千克)	成交方式	运费	保费	杂费
随附单证及编号							
标记唛码及备注							

项号	商品编号	商品名称及规格型号	数量及单位	单价/总价/币制	原产国(地区)	最终目的国(地区)	境内货源地	征免
01 (保税货物备案序号)								全免 (3)

特殊关系确认：　价格影响确认：　支付特许权使用费确认：　公式定价确认：　暂定价格确认：　自报自缴：

报关人员　　　报关员证号　　电话　　兹申明对以上内容承担如实申报、依法纳税之法律责任 申报单位(签章) 申报单位	海关批注及签章

表 4-9　收货单位进口报关单填写说明

中华人民共和国海关进口货物报关单

预录入编号：　　　　　　　　　　　　　　　　　　　　　　　海关编号：

<table>
<tr><td>境内收货人
实际收货单位名称及编码</td><td colspan="2">进境关别</td><td colspan="2">进口日期</td><td>申报日期</td><td colspan="2">备案号
实际情况</td></tr>
<tr><td>境外发货人</td><td colspan="2">运输方式(8)
保税仓库</td><td colspan="2">运输工具名称及航次号</td><td>提运单号</td><td colspan="2">货物存放地点</td></tr>
<tr><td>消费使用单位
实际提货单位名称及编码</td><td colspan="2">监管方式
实际情况</td><td colspan="2">征免性质
实际情况</td><td>许可证号</td><td colspan="2">启运港</td></tr>
<tr><td>合同协议号</td><td colspan="2">贸易国(地区)</td><td colspan="2">启运国(地区)(142)
中国</td><td>经停港</td><td colspan="2">入境口岸</td></tr>
<tr><td>包装种类</td><td>件数</td><td>毛重(千克)</td><td>净重(千克)</td><td>成交方式</td><td>运费</td><td>保费</td><td>杂费</td></tr>
<tr><td colspan="8">随附单证及编号</td></tr>
<tr><td colspan="8">标记唛码及备注</td></tr>
</table>

项号	商品编号	商品名称及规格型号	数量及单位	单价/总价/币制	原产国(地区)	最终目的国(地区)	境内目的地	征免
01 (保税货物备案序号)								实际情况

特殊关系确认：　价格影响确认：　支付特许权使用费确认：　公式定价确认：　暂定价格确认：　自报自缴：

报关人员　　报关员证号　　电话　　兹申明对以上内容承担如实申报、依法纳税之法律责任 申报单位　　　　　　　　　　　　　　　　　　　　申报单位(签章)	海关批注及签章

表 4-10　保税仓库经营企业出口报关单填写说明

中华人民共和国海关出口货物报关单

预录入编号：　　　　　　　　　　　　　　　　　　　　　　　　　　海关编号：

<table>
<tr><td>境内发货人
实际经营单位名称及编码</td><td colspan="2">出境关别</td><td colspan="2">出口日期</td><td>申报日期</td><td colspan="2">备案号
保税仓库电子账册号或其分册号</td></tr>
<tr><td>境外收货人</td><td colspan="2">运输方式(9)
其他运输</td><td colspan="2">运输工具名称及航次号</td><td colspan="3">提运单号</td></tr>
<tr><td>生产销售单位
保税仓库名称及编码</td><td colspan="2">监管方式(1200)
保税间货物</td><td colspan="2">征免性质
实际情况</td><td colspan="3">许可证号</td></tr>
<tr><td>合同协议号</td><td colspan="2">贸易国(地区)</td><td colspan="2">运抵国(地区)(142)
中国</td><td>指运港(142)
中国</td><td colspan="2">离境口岸</td></tr>
<tr><td>包装种类</td><td>件数</td><td>毛重(千克)</td><td>净重(千克)</td><td>成交方式</td><td>运费</td><td>保费</td><td>杂费</td></tr>
<tr><td colspan="8">随附单证及编号</td></tr>
<tr><td colspan="8">标记唛码及备注
关联报关单：填写本次对应的 18 位进口报关单号码</td></tr>
<tr><td colspan="8">项号　商品编号　商品名称及规格型号　数量及单位　单价/总价/币制　原产国(地区)　最终目的国(地区)　境内货源地　征免</td></tr>
<tr><td colspan="8">01　　　　　　　　　　　　　　　　　　　　　　　　　　　　　　　实际情况
(保税货物备案序号)</td></tr>
<tr><td colspan="8"></td></tr>
<tr><td colspan="8"></td></tr>
<tr><td colspan="8"></td></tr>
<tr><td colspan="8"></td></tr>
<tr><td colspan="8"></td></tr>
<tr><td colspan="8">特殊关系确认：　价格影响确认：　支付特许权使用费确认：　公式定价确认：　暂定价格确认：　自报自缴：</td></tr>
<tr><td colspan="6">报关人员　　　　报关员证号　　电话　　兹申明对以上内容承担如实申报、依法纳税之法律责任
申报单位　　　　　　　　　　　　　　　　　　　　　　　　　申报单位(签章)</td><td colspan="2">海关批注及签章</td></tr>
</table>

表 4-11 转入方进口报关单填写说明

中华人民共和国海关进口货物报关单

预录入编号：　　　　　　　　　　　　　　　　　　　　　　　　海关编号：

<table>
<tr><td>境内收货人
实际经营单位名称及编码</td><td colspan="2">进境关别</td><td colspan="2">进口日期</td><td>申报日期</td><td colspan="2">备案号
收货保税仓库电子账册号或其分册号</td></tr>
<tr><td>境外发货人</td><td colspan="2">运输方式(9)
其他运输</td><td colspan="2">运输工具名称及航次号</td><td>提运单号</td><td colspan="2">货物存放地点</td></tr>
<tr><td>消费使用单位
转入方保税场所名称及编码</td><td colspan="2">监管方式(1200)
保税间货物</td><td colspan="2">征免性质
(空)</td><td>许可证号</td><td colspan="2">启运港(142)
中国</td></tr>
<tr><td>合同协议号</td><td colspan="2">贸易国(地区)</td><td colspan="2">启运国(地区)(142)
中国</td><td>经停港</td><td colspan="2">入境口岸</td></tr>
<tr><td>包装种类</td><td>件数</td><td>毛重(千克)</td><td>净重(千克)</td><td>成交方式</td><td>运费</td><td>保费</td><td>杂费</td></tr>
<tr><td colspan="8">随附单证及编号</td></tr>
<tr><td colspan="8">标记唛码及备注</td></tr>
</table>

项号	商品编号	商品名称及规格型号	数量及单位	单价/总价/币制	原产国(地区)	最终目的国(地区)	境内目的地	征免
01 (保税货物备案序号)								全免 (3)

特殊关系确认：　价格影响确认：　支付特许权使用费确认：　公式定价确认：　暂定价格确认：　自报自缴：

<table>
<tr><td>报关人员　　　报关员证号　　电话　　兹申明对以上内容承担如实申报、依法纳税之法律责任
申报单位　　　　　　　　　　　　　　　　　　　　　　　　申报单位(签章)</td><td>海关批注及签章</td></tr>
</table>

表 4-12　转出方保税仓库出口报关单填写说明

中华人民共和国海关出口货物报关单

预录入编号：　　　　　　　　　　　　　　　　　　　　海关编号：

<table>
<tr><td>境内发货人
实际经营单位名称及编码</td><td colspan="2">出境关别</td><td colspan="2">出口日期</td><td>申报日期</td><td colspan="2">备案号
发货保税仓库电子账册号或其分册号</td></tr>
<tr><td>境外收货人</td><td colspan="2">运输方式(9)
其他运输</td><td colspan="2">运输工具名称及航次号</td><td colspan="3">提运单号</td></tr>
<tr><td>生产销售单位
转出方保税仓库名称及编码</td><td colspan="2">监管方式(1200)
保税间货物</td><td colspan="2">征免性质
(空)</td><td colspan="3">许可证号</td></tr>
<tr><td>合同协议号</td><td colspan="2">贸易国(地区)</td><td colspan="2">运抵国(地区)(142)
中国</td><td>指运港(142)
中国</td><td colspan="2">离境口岸</td></tr>
<tr><td>包装种类</td><td>件数</td><td>毛重(千克)</td><td>净重(千克)</td><td>成交方式</td><td>运费</td><td>保费</td><td>杂费</td></tr>
<tr><td colspan="8">随附单证及编号</td></tr>
<tr><td colspan="8">标记唛码及备注
关联报关单：填写本次对应的 18 位进口报关单号码</td></tr>
</table>

项号	商品编号	商品名称及规格型号	数量及单位	单价/总价/币制	原产国(地区)	最终目的国(地区)	境内货源地	征免
01 (保税货物备案序号)								全免 (3)

特殊关系确认：　价格影响确认：　支付特许权使用费确认：　公式定价确认：　暂定价格确认：　自报自缴：

<table>
<tr><td>报关人员　　报关员证号　　电话　　兹申明对以上内容承担如实申报、依法纳税之法律责任
申报单位(签章)
申报单位</td><td>海关批注及签章</td></tr>
</table>

表 4-13 保税仓库货物报关操作规范

<table>
<tr><td rowspan="3">进仓报关</td><td rowspan="3">进口报关</td><td colspan="2">保税仓库货物进境入仓,除国家另有规定外,免领进口许可证件</td></tr>
<tr><td>仓库主管海关与进境口岸海关不是同一直属海关</td><td>按转关运输办理报关手续</td></tr>
<tr><td>仓库主管海关与进境口岸海关是同一直属海关</td><td>经直属海关批准,可不按转关运输办理,经营企业直接在口岸海关报关,口岸海关放行后,企业自行提取货物入仓</td></tr>
<tr><td rowspan="8">出仓报关</td><td rowspan="5">进口报关(进入国内市场)</td><td colspan="2">转为正式进口的同一批货物,填制两张报关单:一张办结出仓报关手续,填制出口货物报关单,监管方式填写“1200”;一张办理进口申报手续,按照实际进口监管方式,填制进口货物报关单</td></tr>
<tr><td>出仓用于加工贸易</td><td>按加工贸易货物报关程序办理手续</td></tr>
<tr><td>出仓用于特定减免税用途</td><td>按特定减免税货物报关程序办理手续</td></tr>
<tr><td>出仓进入国内市场或境内其他方面</td><td>按一般进口货物报关程序办理手续</td></tr>
<tr><td>保税仓库内的寄售维修零配件申请以保修期内免税出仓</td><td>保税仓库经营企业办理进口报关手续,填制进口货物报关单,贸易方式为“无代价抵偿(3100)”</td></tr>
<tr><td rowspan="2">出口报关(复运出口)</td><td>仓库主管海关与口岸海关不是同一直属海关</td><td>按转关运输办理出口报关手续</td></tr>
<tr><td>仓库主管海关与口岸海关是同一直属海关</td><td>经直属海关批准,可不按转关运输办理,企业自行提取货物出仓到口岸海关办理出口报关手续</td></tr>
<tr><td>集中报关</td><td colspan="2">保税货物出库批量少、批次频繁的,经海关批准可以办理定期集中报关手续</td></tr>
</table>

(三) 出口监管仓库货物

1. 出口监管仓库简介

(1) 出口监管仓库的含义。出口监管仓库是指经海关批准设立,对已办结海关出口手续的货物进行存储、保税物流配送,提供流通性增值服务的海关专用监管仓库。

(2) 出口监管仓库的功能。出口监管仓库的功能也只有仓储,主要用于存放出口货物。

经过海关的批准可以存入出口监管仓库的货物有以下几种:①一般贸易出口货物;②加工贸易出口货物;③从其他海关特殊监管区域、场所转入的出口货物;④其他已办结海关出口手续的货物。

出口配送行仓库还可以存放为拼装出口货物而进口的货物。

出口监管仓库不得存放下列货物:①国家禁止出入境货物;②未经批准的国家限制进出境货物;③ 海关规定不得存放的货物。

(3) 出口监管仓库的设立。出口监管仓库申请设立,应当向仓库所在地主管海关提交书面申请,还应提供能证明该企业已经具备的有关文件。

企业申请设立出口监管仓库的,申请人应向仓库所在地主管海关提交书面申请,由主管海关受理并报直属海关审批。

出口监管仓库验收合格后,经直属海关注册登记并核发中华人民共和国海关出口监管仓库注册登记证书,可以投入运营。

2. 出口监管仓库货物通关流程

1）办理货物入仓

出口监管仓库货物入库操作流程如图 4-21 所示。

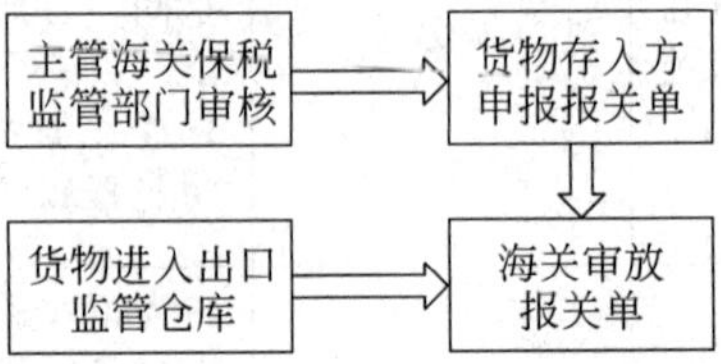

主管海关保税监管部门审核 → 货物存入方申报报关单 → 海关审放报关单 ← 货物进入出口监管仓库

图 4-21 出口监管仓库入库操作流程

2）货物入库需提交的单证

（1）出口监管仓库货物在仓库主管海关办理出口货物报关入库手续的，仓库经营企业应先向主管海关提出申请，并提交以下单证。

① 出口监管仓库货物进(出)仓申请表(一式两份)。

② 加盖出口监管仓库经营企业报关专用章的出口监管仓库货物入仓清单(一式三份)。

③ 货物所有人与仓库经营企业签订的仓储合同(协议)(复印件，一式两份)。

④ 注明拟存出口监管仓库名称的出口货物报关单。

⑤ 对外签订的货物出口合同或海关加工贸易手册。

⑥ 属于许可证件管理的货物，需要提交相关许可证件。

⑦ 非自理报关的，应提供代理报关委托书。

⑧ 海关监管需要的其他单证。

（2）在启运地海关办结出口报关手续的出口货物，以转关运输方式存入出口监管仓库的，仓库经营企业应向主管海关提交以下单证。

① 出口监管仓库货物进(出)仓申请表(一式两份)。

② 加盖出口监管仓库经营企业报关专用章的出口监管仓库货物入仓清单(一式三份)。

③ 进/出口转关货物申报单或进/出境载货清单。

④ 货物所有人与仓库经营企业签订的仓储合同(协议)(复印件，一式两份)。

⑤ 对外签订的货物出口合同。

⑥ 海关监管需要的其他单证。

3）货物入库集中申报

出口监管仓库货物，企业针对批量少、批次频繁的入仓货物可以向主管海关申请，采取集中申报方式办理货物入仓手续。入仓集中申报应采取事前申请，事后报关的方式办理。

出口监管仓库申请以集中申报方式办理货物入仓手续的，应在货物入仓前填制出口监管仓库货物集中报关申请表向仓库主管海关提出申请。对准予集中申报的，海关予以签发出口监管仓库货物集中报关审核表，并批注相关要求。

4）货物入库报关单填制规范

（1）一般贸易出口货物、加工贸易出口货物存入出口监管仓库的，由存入方填写出口报关单，报关单填写说明表表 4-14。

（2）为拼装出口货物而进口的货物，以及未改换出口监管仓库货物包装而进口的包装物料存入出口配送型出口监管仓库的，填写进口货物报关单，进口货物报关单填写说明如表 4-15 所示。

5）办理货物出仓

图 4-22 所示为出口监管仓库货物出库操作流程。

表 4-14　存入方出口报关单填写说明

中华人民共和国海关出口货物报关单

预录入编号：　　　　　　　　　　　　　　　　　　　　海关编号：

<table>
<tr><td>境内发货人
实际经营单位名称及编码</td><td colspan="2">出境关别</td><td colspan="2">出口日期</td><td>申报日期</td><td colspan="2">备案号</td></tr>
<tr><td>境外收货人</td><td colspan="2">运输方式(1)
监管仓库</td><td colspan="2">运输工具名称及航次号</td><td colspan="3">提运单号</td></tr>
<tr><td>生产销售单位
实际发货单位名称及编码</td><td colspan="2">监管方式
实际贸易方式</td><td colspan="2">征免性质
(空)</td><td colspan="3">许可证号</td></tr>
<tr><td>合同协议号</td><td colspan="2">贸易国(地区)</td><td colspan="2">运抵国(地区)(142)
中国</td><td>指运港(142)
中国境内</td><td colspan="2">离境口岸</td></tr>
<tr><td>包装种类</td><td>件数</td><td>毛重(千克)</td><td>净重(千克)</td><td>成交方式</td><td>运费</td><td>保费</td><td>杂费</td></tr>
<tr><td colspan="8">随附单证及编号</td></tr>
<tr><td colspan="8">标记唛码及备注
存入出口监管仓库的名称，以及出口监管仓库货物入仓清单编号。
关联报关单号：CJ＋出口监管仓库 10 位数编码</td></tr>
<tr><td colspan="8">项号　商品编号　商品名称及规格型号　数量及单位　单价/总价/币制　原产国(地区)　最终目的国(地区)　境内货源地　征免</td></tr>
<tr><td colspan="8">　　　　　　　　　　　　　　　　　　　　　　　　　　　　　　中国(142)</td></tr>
<tr><td colspan="8">特殊关系确认：　价格影响确认：　支付特许权使用费确认：　公式定价确认：　暂定价格确认：　自报自缴：</td></tr>
<tr><td colspan="6">报关人员　　报关员证号　　电话　　兹申明对以上内容承担如实申报、依法纳税之法律责任
申报单位　　　　　　　　　　　　　　　　　　　　　　　　申报单位(签章)</td><td colspan="2">海关批注及签章</td></tr>
</table>

表 4-15　进口货物报关单填写说明

中华人民共和国海关进口货物报关单

预录入编号：　　　　　　　　　　　　　　　　　　　　　　　　海关编号：

境内收货人 实际经营单位名称及编码	进境关别		进口日期		申报日期	备案号	
境外发货人	运输方式 实际运输方式		运输工具名称及航次号		提运单号	货物存放地点	
消费使用单位 出口监管仓库经营单位	监管方式(1233) 保税仓库货物		征免性质		许可证号	启运港	
合同协议号	贸易国(地区)		启运国(地区)		经停港	入境口岸	
包装种类	件数	毛重(千克)	净重(千克)	成交方式	运费	保费	杂费
随附单证及编号							
标记唛码及备注 存入出口监管仓库的名称，以及出口监管仓库货物入仓清单编号							

项号	商品编号	商品名称及规格型号	数量及单位	单价/总价/币制	原产国(地区)	最终目的国(地区)	境内目的地	征免

特殊关系确认：　价格影响确认：　支付特许权使用费确认：　公式定价确认：　暂定价格确认：　自报自缴：

报关人员　　报关员证号　　电话　　兹申明对以上内容承担如实申报、依法纳税之法律责任 申报单位(签章) 申报单位	海关批注及签章

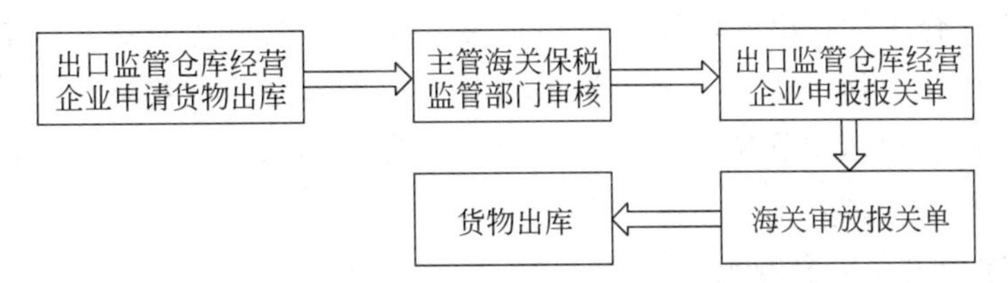

图 4-22 出口监管仓库货物出库操作流程

6）货物出库需提交的单证

（1）出口监管仓库货物在仓库主管海关申报出仓，并从本仓库主管海关口岸出境的，即口岸海关与仓库主管海关在同一隶属海关的，企业直接在主管海关通关现场办理报关手续，并提交以下单证。

① 出口监管仓库货物进(出)仓申请表(一式两份)。

② 加盖出口监管仓库经营企业报关专用章的出口监管仓库货物入仓清单(一式三份)。

③ 出口货物报关单。

④ 非自理报关的，应提供代理报关委托书。

⑤ 运输工具装运单证。

⑥ 海关监管需要的其他单证。

（2）出口监管仓库货物在仓库主管海关申报出仓离境，如同一个直属关区内的口岸海关与仓库主管海关，虽不是同一个隶属海关的，原则上按“转关运输”方式办理通关手续，但企业向仓库主管海关申请审核同意，企业可以凭主管海关出具的关封，在口岸海关办理通关手续。如不是同一个直属关区内的口岸海关与仓库主管海关，按转关运输方式办理相关通关手续，提交以下单证。

① 出口监管仓库货物进(出)仓申请表(一式两份)。

② 加盖出口监管仓库经营企业报关专用章的出口监管仓库货物入仓清单(一式三份)。

③ 出口货物报关单。

④ 非自理报关的，应提供代理报关委托书。

⑤ 进/出口转关货物申报单或进/出境载货清单。

⑥ 海关监管需要的其他单证。

（3）出口监管仓库货物不在仓库主管海关申报出仓，从口岸海关直接申报出境时，按以下程序办理手续：仓库主管海关对仓库经营企业提交的出口监管仓库货物进(出)仓申请和出口监管仓库货物出仓清单进行审核，并开具海关出口监管仓库货物口岸申报业务联系单。企业在口岸海关办理申报手续时，应提交以下单证。

① 出口监管仓库货物进(出)仓申请表(一式两份)。

② 加盖出口监管仓库经营企业报关专用章的出口监管仓库货物入仓清单(一式三份)。

③ 出口货物报关单。

④ 非自理报关的，应提供代理报关委托书。

⑤ 进/出境载货清单及随附单证。

⑥ 海关出口监管仓库货物口岸申报业务联系单。

⑦ 海关监管需要的其他单证。

（4）出口监管仓库货物出库转国内进口业务。出口监管仓库货物出库转国内进口的，仓库经营企业影响主管海关提交书面申请报告及出口监管仓库货物进（出）仓申请表（一式两份）。海关审批同意后，根据贸易管制有关规定、实际贸易方式和货物实际状态在仓库主管海关办理进口报关手续。

7）货物出库报关单填制规范

（1）出口监管仓库货物出仓后运往境外的，填写出口货物报关单，出口货物报关单填写说明见表 4-16。

注意：出口监管仓库货物出仓实际离境，应申报报关单电子数据。

（2）出口监管仓库货物出仓转为加工贸易进口或转入国内市场销售的，由实际提货单位填写进口货物报关单，进口货物报关单填写说明见表 4-17。

（3）出口监管仓库货物出仓后转至保税仓库继续实施保税监管的，由出口监管仓库填写出口货物报关单，保税仓库按《保税仓库报关单填制注意事项》填写进口货物报关单，进口货物报关单填写说明见表 4-18。

（4）从其他出口监管仓库（保税仓库）转出的出口货物存入出口监管仓库的，由转出方填写出口货物报关单，出口货物报关单填写说明见表 4-19。

（四）保税区货物

1. 保税区简介

（1）保税区的含义。保税区是经国务院批准在中华人民共和国境内设立的由海关进行监管的特定区域。

（2）保税区的功能。保税区具有出口加工、转口贸易、商品展示、仓储运输等功能，也就是说既有保税加工功能，又有保税物流的功能。

文档：我国保税区分布

保税区与境内其他地区之间，设置符合海关要求的隔离设施。

保税区有以下禁止事项：①除安全保卫人员外，其他人员不得在保税区居住；②国家禁止进出口的货物、物品，不得进出保税区；③国家明令禁止进出口的货物和列入《加工贸易禁止类商品目录》的商品在保税区内不准开展加工贸易。

2. 保税区进出货物报关程序

保税区的货物通关，“一线免证保（免）税，二线应证应税，区内流转便利”。其中，“一线”是指保税区与境外之间，“二线”是指保税区与境内区外之间，“区内流转”是指货物在统一保税区内的不同企业之间，保税区进出货物流程如图 4-23 所示。

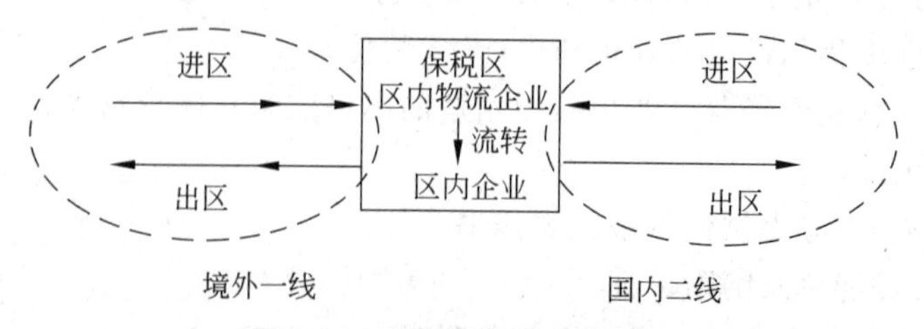

图 4-23　保税区进出货物流程

表 4-16　出口货物报关单填写说明

中华人民共和国海关出口货物报关单

预录入编号：　　　　　　　　　　　　　　　　　　　　　　　　海关编号：

境内发货人 出口监管仓库经营单位	出境关别		出口日期		申报日期	备案号	
境外收货人	运输方式 实际情况		运输工具名称及航次号		提运单号		
生产销售单位 出口监管仓库经营单位	监管方式(1233) 保税仓库货物		征免性质		许可证号		
合同协议号	贸易国(地区)		运抵国(地区) 实际最后运抵国		指运港 实际情况	离境口岸	
包装种类	件数	毛重(千克)	净重(千克)	成交方式	运费	保费	杂费
随附单证及编号							
标记唛码及备注 对应出口监管仓库的名称，出口监管仓库货物出仓清单编号，以及出口监管仓库货物原进仓报关单编号							

项号	商品编号	商品名称及规格型号	数量及单位	单价/总价/币制	原产国(地区)	最终目的国(地区)	境内货源地	征免
						实际情况		

特殊关系确认：　价格影响确认：　支付特许权使用费确认：　公式定价确认：　暂定价格确认：　自报自缴：

报关人员　　　报关员证号　　　电话　　　兹申明对以上内容承担如实申报、依法纳税之法律责任 申报单位(签章) 申报单位	海关批注及签章

表 4-17 实际提货单位的进口货物报关单填写说明

中华人民共和国海关进口货物报关单

预录人编号：　　　　　　　　　　　　　　　　　　　　　　　　海关编号：

<table>
<tr><td>境内收货人
实际经营单位名称及编码</td><td colspan="2">进境关别</td><td colspan="2">进口日期</td><td>申报日期</td><td colspan="2">备案号</td></tr>
<tr><td>境外发货人</td><td colspan="2">运输方式(1)
监管仓库</td><td colspan="2">运输工具名称及航次号</td><td>提运单号</td><td colspan="2">货物存放地点</td></tr>
<tr><td>消费使用单位
实际收货单位名称及编码</td><td colspan="2">监管方式
实际情况</td><td colspan="2">征免性质</td><td>许可证号</td><td colspan="2">启运港(142)
中国</td></tr>
<tr><td>合同协议号</td><td colspan="2">贸易国(地区)</td><td colspan="2">启运国(地区)(142)
中国</td><td>经停港</td><td colspan="2">入境口岸</td></tr>
<tr><td>包装种类</td><td>件数</td><td>毛重(千克)</td><td>净重(千克)</td><td>成交方式</td><td>运费</td><td>保费</td><td>杂费</td></tr>
<tr><td colspan="8">随附单证及编号</td></tr>
<tr><td colspan="8">标记唛码及备注
对应出口监管仓库的名称，以及出口监管仓库货物出仓清单编号。
关联备案号：CJ＋出口监管仓库 10 位数编码</td></tr>
</table>

项号	商品编号	商品名称及规格型号	数量及单位	单价/总价/币制	原产国(地区)	最终目的国(地区)	境内目的地	征免

特殊关系确认：　价格影响确认：　支付特许权使用费确认：　公式定价确认：　暂定价格确认：　自报自缴：

<table>
<tr><td>报关人员　　　　　报关员证号　　　电话
申报单位</td><td>兹申明对以上内容承担如实申报、依法纳税之法律责任
申报单位(签章)</td><td>海关批注及签章</td></tr>
</table>

表 4-18 转入方保税仓库经营企业进口货物报关单填写说明

中华人民共和国海关进口货物报关单

预录入编号： 海关编号：

境内收货人 转出出口监管仓库经营单位	进境关别	进口日期	申报日期	备案号
境外发货人	运输方式(9) 其他运输	运输工具名称及航次号	提运单号	货物存放地点
消费使用单位 转出出口监管仓库经营单位	监管方式(1200) 保税间货物	征免性质	许可证号	启运港(142) 中国
合同协议号	贸易国(地区)	启运国(地区)(142) 中国	经停港	入境口岸

包装种类	件数	毛重(千克)	净重(千克)	成交方式	运费	保费	杂费

随附单证及编号

标记唛码及备注

转至＋转入保税仓库的名称及电子账册编号，对应转出出口监管仓库的名称，以及出口监管仓库货物流转申请表编号。

关联备案号：保税仓库电子账册编号

项号	商品编号	商品名称及规格型号	数量及单位	单价/总价/币制	原产国(地区)	最终目的国(地区)	境内目的地	征免

特殊关系确认： 价格影响确认： 支付特许权使用费确认： 公式定价确认： 暂定价格确认： 自报自缴：

报关人员 报关员证号 电话 兹申明对以上内容承担如实申报、依法纳税之法律责任 申报单位(签章) 申报单位	海关批注及签章

表 4-19　转出方出口货物报关单填写说明

中华人民共和国海关出口货物报关单

预录入编号：　　　　　　　　　　　　　　　　海关编号：

<table>
<tr><td>境内发货人
转出出口监管仓库经营单位</td><td colspan="2">出境关别</td><td colspan="2">出口日期</td><td>申报日期</td><td colspan="2">备案号</td></tr>
<tr><td>境外收货人</td><td colspan="2">运输方式(9)
其他运输</td><td colspan="2">运输工具名称及航次号</td><td colspan="3">提运单号</td></tr>
<tr><td>生产销售单位
转出出口监管仓库经营单位</td><td colspan="2">监管方式(1200)
保税间货物</td><td colspan="2">征免性质</td><td colspan="3">许可证号</td></tr>
<tr><td>合同协议号</td><td colspan="2">贸易国(地区)</td><td colspan="2">运抵国(地区)(142)
中国</td><td>指运港(142)
中国境内</td><td colspan="2">离境口岸</td></tr>
<tr><td>包装种类</td><td>件数</td><td>毛重(千克)</td><td>净重(千克)</td><td>成交方式</td><td>运费</td><td>保费</td><td>杂费</td></tr>
<tr><td colspan="8">随附单证及编号</td></tr>
<tr><td colspan="8">标记唛码及备注
转自＋转出出口监管仓库的名称，出口监管仓库货物流转申请表编号(转自＋转出保税仓库的名称及电子账册编号，保税仓库货物流转申请表编号)，存入出口监管仓库的名称。
关联备案号：CJ＋转入出口监管仓库 10 位数编码</td></tr>
</table>

项号	商品编号	商品名称及规格型号	数量及单位	单价/总价/币制	原产国(地区)	最终目的国(地区)	境内货源地	征免
						中国 142		

<table>
<tr><td colspan="2">特殊关系确认：　价格影响确认：　支付特许权使用费确认：　公式定价确认：　暂定价格确认：　自报自缴：</td></tr>
<tr><td>报关人员　　　报关员证号　　　电话　　　兹申明对以上内容承担如实申报、依法纳税之法律责任
申报单位　　　　　　　　　　　　　　　　　　　　　　申报单位(签章)</td><td>海关批注及签章</td></tr>
</table>

1）一线进出境货物管理

（1）海关对一线进出的货物实施简便、有效的监管。

（2）一线进出的货物的收发货人或其代理人向海关实行备案制管理。

（3）海关针对一线进出的货物，不实行进出口配额、许可证管理，但是实行出口被动配额管理。

（4）一线进出境通关申报流程如图 4 24 所示。

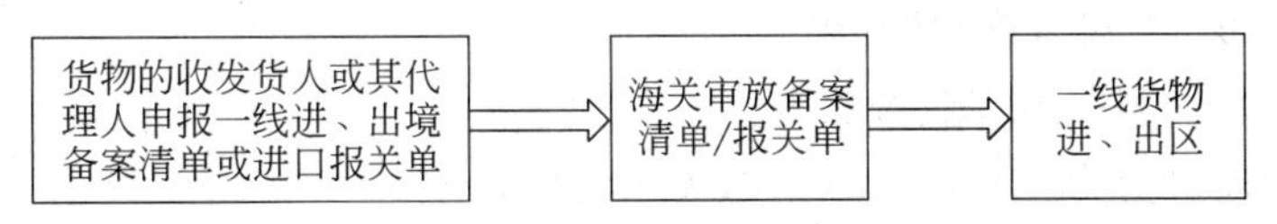

图 4-24　一线进出境通关申报流程

（5）按照保税区相关规定填制的相应报关单证、相关监管方式包括：保税区进出仓储、转口货物填报“保税区仓储转口，1234”；保税区进出境加工贸易货物根据性质填报区外加工贸易货物相应监管方式；保税区进出境减免税货物根据性质填报区外减免税货物相应监管方式。

2）二线进出区货物管理

（1）二线出区货物，按照进口货物办理手续；从非保税区进入保税区的货物，按照出口货物通关手续办理，海关在货物实际离境后，才签发出口退税证明联。

（2）二线进区供区内使用的机器、设备、基建物资和物品，使用单位应当向海关提供进区货物的清单，经过海关查验后放行。针对货物已经缴纳税款不予退还。

（3）保税区内的货物需从非保税区进出口或者保税区内的货物运往另一个保税区的，企业应先向海关提出书面申请，经海关批准后，按照海关转关运输及有关规定办理。

（4）货物二线进、出区通关流程如图 4-25 所示。

图 4-25　货物二线进、出区通关流程

（5）按照保税区相关规定填制相应报关单证、相关监管方式包括：按成品征税的保税区进料加工成品转内销货物，填报“保区进料成品，0444”；按成品征税的保税区来料加工成品转内销货物，填报“保区来料成品，0445”；按料件征税的保税区进料加工成品转内销货物，填报“保区进料料件，0544”；按料件征税的保税区来料加工成品转内销货物，填报“保区来料料件，0545”；其他货物根据性质填报区外相应监管方式。

3）货物区内流转

保税区的货物可以在区内企业之间转让、转移，双方企业当事人应当就转让、转移的内容向主管海关备案。

（五）综合保税区（保税港区）

海关特殊监管区域包括保税区、出口加工区、保税物流园区、保税港区（综合保税区），以及珠澳跨境工业区珠海园区、中哈霍尔果斯国际边境合作中心中方配套区等。根据相关政策,除保税区外,其他海关特殊监管区域将统一整合优化为综合保税区。在综合保税区的基础上,国家又批准设立洋山特殊综合保税区。

保税港区是指经国务院批准,设立在国家对外开放的口岸港区和与之相连的特定区域内是有口岸、物流、加工等功能的海关特殊监管区域。

综合保税区是指经国务院批准,设立在内陆地区的具有保税港区功能的海关特殊监管区域。综合保税区的政策、功能、管理模式等均与保税港区相同。

1. 综合保税区(保税港区)的功能

(1) 研发、加工、制造、检测、维修等。

(2) 存储进出口货物和其他未办结海关手续的货物。

(3) 国际采购、分销和配送。

(4) 融资租赁。

(5) 跨境电子商务。

(6) 商品展示。

(7) 国际中转。

(8) 港口作业。

(9) 期货保税交割。

(10) 国家规定可以在区内开展的其他业务。

2. 综合保税区(保税港区)的物流管理

海关对进出综合保税区(保税港区)的交通运输工具及外包装、集装箱、物品及综合保税区(保税港区)内企业进行监管。

申请在综合保税区(保税港区)内开展维修业务的企业应当具有企业法人资格,并在综合保税区主管海关登记备案。

经综合保税区(保税港区)主管海关批准,区内企业可以在综合保税区(保税港区)综合办公区专用的展示场所举办商品展示活动。展示的货物应当在海关备案,并接受海关监管。

综合保税区(保税港区)内的货物可以自由流转。区内企业转让、转移货物的,双方企业应当及时向海关报送转让、转移货物的品名、数量、金额等电子数据信息。

综合保税区(保税港区)内的货物不设存储期限。

经海关核准,区内企业可以办理集中申报手续。实行集中申报的区内企业在不超过账册核销日期的前提下,最迟可在季度结束后15日内填制进出口货物报关单,向海关办理集中申报手续。集中申报适用报关单集中申报之日实施的税率、汇率。集中申报不得跨年度办理。

3. 综合保税区(保税港区)货物的进出

1) 综合保税区(保税港区)与境外之间进出的货物

海关对综合保税区(保税港区)与境外之间进出的货物实行备案制管理,对从境外进入综合保税区(保税港区)的货物予以保税,但减免税货物、征税货物(区内自用的交通运输工具、生活消费用品)、通过综合保税区(保税港区)直接进出的货物除外。实行备案制管理的货物,其收发货人或者代理人应当如实填写进出境货物备案清单,向海关备案。

从综合保税区(保税港区)运往境外的货物免征出口关税,但法律、行政法规另有规定的除外。

综合保税区(保税港区)与境外之间进出的货物,不实行进出口配额、许可证件管理,但法律、行政法规和规章另有规定的除外。对于同一配额、许可证件项下的货物,海关在进区环节已经验核配额、许可证件的,在出境环节不再要求企业出具配额、许可证件。

综合保税区(保税港区)与境外之间进出的货物应当向主管海关办理海关手续;进出境口岸不在综合保税区(保税港区)主管海关辖区内的,经综合保税区(保税港区)主管海关批准,可以在口岸海关办理海关手续。

企业按照《海关特殊监管区域进出口货物报关单、进出境货物备案清单填制规范》填制相应单证,相关监管方式如下。

区内企业从境外购进的用于研发的料件、成品,或者研发后将上述货物、物品退回境外,但不包括企业自用或其他用途的设备,填报"特殊区域研发货物"(代码 5010)。

区内加工企业在来料加工贸易业务项下的料件从境外进口及制成品申报出境的,填报"区内来料加工"(代码 5014)。

区内加工企业在进料加工贸易业务项下的料件从境外进口及制成品申报出境的,填报"区内进料加工"(代码 5015)。

进出特殊区域的货物,区内物流企业与境外进出的用于仓储、分拨、配送、转口的物流货物和区内加工企业将境内入区且未经加工的料件申报出境。填报"区内物流货物"(代码 5034),不得再使用代码 5033 填报。

区内企业从境外进口的用于区内业务所需的设备、基建物资,以及区内企业和行政管理机构自用合理数量的办公用品等,填报"境外设备进区"(代码 5335)。

区内企业将监管方式代码 5335 项下的货物退运境外,填报"区内设备退运"(代码 5361)。

区内企业经营来料加工业务,从境外进口的料件复出境的,填报"来料料件复出"(代码 0265)。

区内企业经营来料加工业务,进境的料件出境退换的,填报"来料料件退换"(代码 0300)。

区内企业经营来料加工业务,出境的成品返回区内退换的,填报"来料成品退换"(代码 4400)。

区内企业经营进料加工业务,从境外进口的料件复出境的,填报"进料料件复出"(代码 0664)。

区内企业经营进料加工业务,进境的料件出境退换的,填报"进料料件退换"(代码 0700)。

区内企业经营进料加工业务,出境的成品返回区内退换的,填报"进料成品退换"(代码 4600)。

特殊区域与境外之间进出的检测、维修货物,以及特殊区域与境内(区外)之间进出的检测、维修货物,区内企业填报"修理物品"(代码 1300)。

区内企业将来料加工项下的边角料复出境的,填报"来料边角料复出"(代码 0864),将进料加工项下的边角料复出境的,填报"进料边角料复出"(代码 0865)。

2) 综合保税区(保税港区)与境内区外之间进出的货物

综合保税区(保税港区)与境内区外之间进出的货物需要征税的,区内企业或者区外收发货人按照货物进出区时的实际状态缴纳税款。

属于配额、许可证件管理商品的，区内企业或者区外收货人还应当向海关出具配额、许可证件。对于同一配额、许可证件项下的货物，海关在进境环节已经验核配额、许可证件的，在出区环节不再要求企业出具配额、许可证件。

申报地点：综合保税区（保税港区）主管海关。区内企业在区外从事对外贸易业务且货物不实际进出综合保税区（保税港区）的，可以在收发货人所在地或者货物实际进出境口岸地海关办理申报手续。

企业按照《海关特殊监管区域进出口货物报关单、进出境货物备案清单填制规范》填制相应单证，相关监管方式如下。

进出特殊区域的货物，区内物流、加工企业与境内（区外）之间进出的料件（不包括经过区内企业实质性加工的成品）以及上述料件因故退运、退换的，填报“料件进出区”（代码5000）。

进出特殊区域的成品，区内企业加工后的成品（包括研发成品和物流企业简单加工的成品）进入境内（区外）的以及上述成品因故在境内（区外）退运、退换的，填报“成品进出区”（代码 5100）。

进出特殊区域的企业自用设备、物资，区内企业从境内（区外）购进的自用设备、物资，以及将上述设备、物资从特殊区域销往境内（区外）、结转到同一特殊区域或者另一特殊区域的企业，或在境内（区外）退运、退换和区内企业从境外进口的自用设备、物资，申报进入境内（区外），填报“设备进出区”（代码 5300）。

特殊区域与境外之间进出的检测、维修货物，以及特殊区域与境内（区外）之间进出的检测、维修货物，区内企业填报“修理物品”（代码 1300）。

区内企业将来料加工项下的边角料销往境内（区外）的，填报“来料边角料内销”（代码0844），将进料加工项下的边角料销往境内（区外）的，填报“进料边角料内销”（代码 0845），不得再使用代码 5200 填报。

区内企业产品、设备运往境内（区外）测试、检验或委托加工产品，以及复运回区内，填报“暂时进出货物”（代码 2600）。

区内企业产品运出境内（区外）展览及展览完毕运回区内，填报“展览品”（代码 2700）。

无原始报关单的后续补税，填报“后续补税”（代码 9700）。

区外货物以出口报关方式进入综合保税区（保税港区）的，其出口退税按照国家有关规定办理；区外货物属于原进口货物的，原已缴纳的关税、进口环节海关代征税海关不予退还。

3）综合保税区（保税港区）与其他海关特殊监管区域或者保税监管场所之间往来的货物

海关对于综合保税区（保税港区）与其他海关特殊监管区域或者保税监管场所之间往来的货物，实行保税监管。但货物从未实行国内货物入区（仓）环节出口退税制度的海关特殊监管区域或者保税监管场所转入综合保税区的，视同货物实际离境。

综合保税区与其他海关特殊监管区域或者保税监管场所之间的流转货物，不征收进出口环节的有关税费。

（六）自由贸易试验区

建设自由贸易试验区是我国打造改革开放新高地的重要决策，自 2013 年中国（上海）自由贸易试验区挂牌成立，自由贸易试验区的建设标志着我国新一轮深化改革、扩大开放的战略布局已然成型，进入以制度创新激发红利、以自由贸易试验区引领发展的新时代。

文档：自由贸易试验区与区外、其他特殊监管区域的对比表

1. 自由贸易试验区的功能定位

上海建立了中国第一个自由贸易试验区，它是中国经济新的“试验田”，力争建设成为具有国际水准的投资贸易便利、货币兑换自由、监管高效便捷、法制环境规范的自由贸易试验区。中国（上海）自由贸易试验区的政策与经验强调复制性和推广性。

2. 在自由贸易试验区海关特殊监管区域内开展汽车平行进口试点保税仓储业务

（1）汽车平行进口试点企业是指符合准入条件，经地方主管部门核准认定的平行进口汽车经销企业。汽车平行进口试点企业的关联仓储企业是指接受汽车平行进口试点企业委托，在自由贸易试验区海关特殊监管区域内开展平行进口汽车保税仓储业务的企业。

（2）平行进口汽车保税仓储业务是指汽车平行进口试点企业及其关联仓储企业在自由贸易试验区海关特殊监管区域内，根据海关监管要求开展的平行进口汽车仓储及进出区业务。

（3）平行进口汽车的保税仓储期限按照特殊监管区域相关规定执行。平行进口汽车在保税仓储期间，汽车平行进口试点企业或其关联仓储企业可以按规定申请适用自由贸易试验区创新制度。

（4）汽车平行进口试点企业的关联仓储企业应当具备，建立符合海关监管要求的计算机管理系统，能够通过数据交换平台或其他相关网络按照海关规定的认证方式与海关联网，向海关报送能够满足海关监管要求的数据和具备符合海关监管要求的汽车专用仓储场地。

（5）汽车平行进口试点企业开展业务前，应凭地方主管部门批准的汽车平行进口试点资质认定证明，向海关加工贸易主管部门备案。

（6）平行进口汽车进境入区向主管海关申报时，汽车平行进口试点企业或其关联仓储企业应当按照《中华人民共和国海关进出口货物报关单填制规范》的要求填制进境备案清单，并在备注栏注明“平行进口汽车”。

（7）汽车平行进口试点企业应当凭汽车平行进口专用许可证件向海关申报出区进口。

（8）平行进口汽车应符合国务院整车进口口岸管理的相关规定，在进口口岸、进口转关、出区进口、签发货物进口证明书时，按照现行规定办理有关手续。

（9）平行进口汽车在保税仓储状态下不得进行标准符合性整改。

（10）汽车平行进口试点企业或其关联仓储企业应保证如实申报，并按照海关监管的时限和要求对平行进口汽车进行保税仓储和进出区操作。若有违反承诺内容或其他海关规定行为的，海关暂停为其办理汽车平行进口业务。

【思考 4-8】 某文具制品企业为一家来料加工厂，成立于 2004 年，主要生产办公文具制品和印刷制品。该厂主要开展来料加工业务，并收取一定的加工费，厂区主要生产设备为印刷机等外商提供的不作价设备。

文档：思考 4-8 答案解析

2019 年年底，受国际疫情冲击，国内加工贸易行业急剧萎缩，大量加工贸易企业出口受阻，开工不足，生产设备闲置，一些加工贸易企业受到严重冲击，该来料加工厂也不例外，由于外贸进出口显著下滑，外需减少，该

厂此时的订单急剧减少，产能明显过剩，部分设备已经停用，一时间工厂面临无法支付工人工资、厂房租金等沉重经济压力。在此情况下，该厂将厂区内部分尚未达到解除海关监管年限的不作价设备出租给另一加工贸易企业，并与该企业签订了相应的设备租赁合同，将相应的不作价设备搬离了厂区。

2020年年初，海关发现该工厂存在擅自处置不作价设备的情况。经海关核实，该厂擅自处置未解除监管不作价设备五色印刷机2台、四色印刷机1台。该厂负责人也承认将上述设备搬离厂区。

结合贯彻党的二十大精神，请根据上述情况，由海关认定该企业是否存在违反海关规定的行为？

任务四　特定减免税货物监管制度

案例导入

小李是前程国际货运代理有限公司刚参加工作的报关员，前程国际货运代理有限公司报关经理董新安排小李协助同事办理一票货物进口报关，详细业务情况如下：浙江天玛时服装有限公司（属于国家鼓励发展产业类）在其投资总额内，从境外购进一批免税纺织机械。在海关查验该批进口设备时，收货单位的陪同查验人员开拆包装不慎，将其中一台设备的某一部分损坏并在查验记录上注明。此后该企业又从同一供货处购进生产原料一批，其中35%的加工产品内销、45%的加工产品返销境外、20%的加工产品结转给另外一直属关区的其他加工贸易企业继续加工产品后销往境外。料件进口前，该企业已向海关办妥加工贸易合同登记备案手续和深加工结转手续。在海关监管期内，该企业为调整产业结构，将该加工设备出售给某内资企业。

问题：

（1）在海关查验时造成的加工设备损坏，应该怎么办？

（2）料件进口应以哪种方式办理进口申报手续？

（3）免税纺织机械进口时该怎么办？

对外贸易管制是各国政府为保护和促进国内生产与发展、适时限制进出口而采取的鼓励或限制措施。对外贸易管制已经成为世界各国不可或缺的一项重要政府职能，是一个国家对外经济和外交政策的具体体现。

一、特定减免税货物概述

（一）减免税货物的含义

减免税货物是指减征关税和免征关税的简称，减免税货物可以分为三类，即法定减免税、特定减免税和临时减免税。而特定减免税和临时减免税都属于政策性减免税范围，两者并无明显的区别。

微课：认知减免税货物

自2009年1月1日起，国家实施增值税转型改革后，大部分进口减免税货物恢复征收进口增值税，只免征进口关税。

法定减免税是指按《中华人民共和国海关法》等法律、法规实施的减免税，除外国政府、国际组织无偿赠送的物资外，一般无须前期办理减免税申请，后期办理销案。

政策性减免税，大多是指根据国家政治、经济政策的需要，对特定地区、特定企业或者有特定用途的进出口货物，给予减免进出口税收的优惠政策。包括基于特定目的实行的临时减免税政策，如汶川地震灾后重建进口物资。

法定减免税和临时减免税的适用面较窄，若无特别说明，这里减免税货物主要是指特定减免税货物。特定减免税货物是指海关根据国家的政策规定准予减免税进口适用于特定地区、特定企业、特定用途的货物。表 4-20 所示为特定减免税货物的范围。

表 4-20　特定减免税货物的范围

货物类型	定　义	举　例
特定地区	我国关境内由行政法规规定的某一特别限定区域，享受减免税优惠的进口货物只能在这个特别限定的区域内使用	保税区、出口加工区、保税物流园区、保税港区等特定区域进口生产性的基础设施建设项目所需要的机器、设备和其他基建物资等予以免税
特定企业	由国务院制定的行政法规专门规定的企业，享受减免税优惠的进口货物，只能由这些专门规定的企业使用	外商投资企业进口减免税货物
特定用途	国家规定可以享受减免税优惠的进口货物，只能用于行政法规专门规定的用途	外商投资项目投资额度内进口的自用设备；国内属国家重点鼓励发展产业的投资项目进口的自用设备；科研机构和大专院校进口的国内不能生产或者性能不能满足需要的科学研究和教学用品；残疾人专用品及残疾人组织和单位进口的货物

（二）减免税货物管理

1. 监管年限

进口后在特定的海关监管期限内接受海关监管。进口货物的海关监管期限按照货物种类的不同而不同，一般来说，船舶、飞机的监管期限为 8 年，机动车辆的监管期限为 6 年，其他货物的监管期限为 5 年。

监管年限自货物进口放行之日起计算。在海关监管年限内，减免税申请人应当自进口减免税货物放行之日起，每年 6 月 30 日（含当日）以前向主管海关提交减免税货物使用状况报告书，报告减免税货物使用状况。超过规定期限未提交的，海关按照有关规定将其列入信用信息异常名录。在海关监管年限及其后 3 年内，海关可以对减免税申请人进口和使用减免税货物情况实施稽查。

2. 减免税额度

在海关监管年限内，减免税申请人将进口减免税货物转让给进口同一货物享受同等减免税优惠待遇的其他单位的，不予恢复减免税货物转出申请人的减免税额度，减免税货物转入申请人的减免税额度按照海关审定的货物结转时的价格、数量或者应缴税款予以扣减。

减免税货物因品质或规格原因原状退运出境，减免税申请人以无代价抵偿方式进口同一货物的，不予恢复其减免税额度，未以无代价抵偿方式进口同一类型货物的，减免税申请人在原减免税货物退运出境之日起 3 个月内提出申请，经海关批准可以恢复其减免税额度，对其他提前解除监管的情形，不予恢复减免税额度。

3. 担保放行

国家对限制类进出口货物要求提供许可证件，如果不能提供许可证件的，以及法律、行政法规不得提供担保的其他情形，进出口地海关不得办理减免税货物凭税款担保放行手续。

减免税申请人若办理税款担保手续，应当在货物申报进出口前向主管海关提出申请，并按照有关进出口税收优惠政策的规定向海关提交相关材料。主管海关准予担保的，出具准予担保证书，进出口地海关凭主管海关出具的证明，办理货物的税款担保和验放手续。

税收担保期限不超过 6 个月，经直属海关关长或其授权人批准可以予以延期，延期时间自保税担保期限届满之日起算，延长期限不超过 6 个月。特殊情况仍需延期的，应当经海关总署批准。

二、特定减免税货物报关程序

减免税货物的报关程序大体有减免税备案和审批、进口报关、减免税货物的后续处置三个阶段。

（一）减免税备案和审批

减免税申请人应当向其所在地海关申请办理减免税备案、审批手续，特殊情况除外。投资项目所在地海关与减免税申请人所在地海关不是同一海关的，减免税申请人应当向投资项目所在地海关申请办理减免税备案、审批手续。

1. 减免税备案

减免税申请人到主管海关办理减免税备案手续，海关对申请享受减免税优惠政策的减免税申请人进行资格确认，对项目是否符合减免税政策要求进行审核，确定项目的减免税额度等事项。减免税备案步骤如图 4-26 所示。

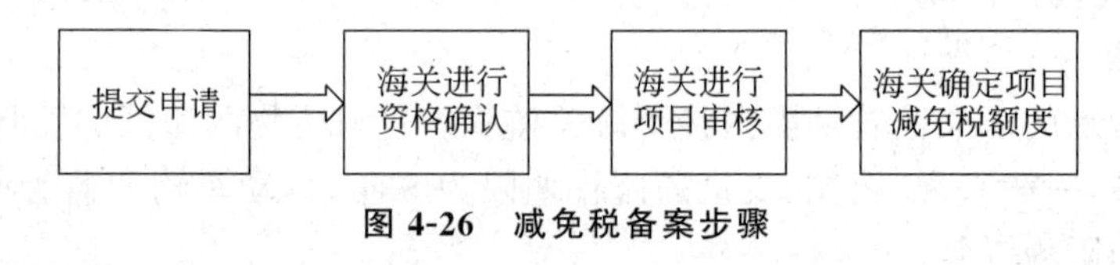

图 4-26 减免税备案步骤

2. 减免税审批

减免税备案后，货物进口前，减免税申请人应当持以下单证向主管海关申请办理进口货物减免税审批手续。

（1）进出口货物征免税申请表。

（2）企业营业执照或者事业单位法人证书、国家机关设立文件、登记证书。

（3）进出口合同、发票及进口货物情况资料。

（4）享受进口税收优惠政策资格的证明材料。

（5）海关要求的其他材料。

图 4-27 所示为减免税申请办理步骤。

海关收到减免税审批申请后，经审核确定其所申请货物征税、减税或免税的决定，并签发进出口货物征免税证明，也可以在“中国国际贸易单一窗口”中下载电子版中华人民共和国海关进出口货物征免税确认通知书。

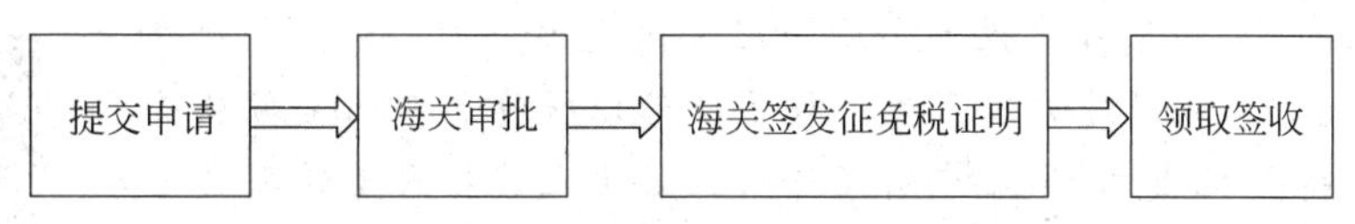

图 4-27 减免税申请办理步骤

进出口货物征免税证明有效期为 6 个月,如有特殊情况,可以向海关申请延长,延长的最长期限为 6 个月,实行"一批一证""一证一关"原则。如果一批特定减免税货物需要分两个口岸进口,或者分两次进口的,持证人应当事先分别申领征免税证明。

文档:中华人民共和国海关进出口货物征免税确认通知书

(二) 进口报关

与一般进出口货物报关不同,进口货物报关单上的"备案号"一栏要填写进出口货物征免税证明上的 12 位编号;进口时除向海关提交报关单及随附单证外,还应当提交进出口货物征免税证明。

(三) 减免税货物的后续处置

在海关监管年限内,减免税申请人往往改变了当初的使用用途,这样就存在后续处置,特定减免税货物后续处置的内容见表 4-21。

表 4-21 特定减免税货物后续处置的内容

在海关监管年限内的后续处置	海关监管
变更使用地点	需要向主管海关提出申请,持有关单证及需要异地使用的说明材料向主管海关申请办理异地监管手续
结转	需经转出地主管海关审核同意
转让	将进口减免税货物转让给不享受进口税收优惠政策或者进口同一货物不享受同等减免税优惠待遇的其他单位的,需向主管海关办理补缴税款和解除监管手续
移作他用	经海关批准后,按海关批准的使用地区、用途、企业将减免税货物移作他用的时间补缴相应税款
退运出口	持出口货物报关单向主管海关办理解除监管
减免税申请人变更、终止	减免税申请人分立、合并、股东变更、改制等变更情形,应自营业执照颁发之日起 30 日内,向主管海关报告;需补征税款的补税,继续享受减免税的办理备案变更或结转手续
	因破产、改制导致无承受人,原减免税申请人自资产清算之日起 30 日内向主管海关办理补税和解除监管手续
贷款抵押	向主管海关书面申请,经审核批准,方可且只能向金融机构抵押贷款,并应提供担保
解除监管	监管年限内补缴税款,补交许可证件,办理解除监管手续;监管年限届满自动解除监管

【思考 4-9】 广州某外商投资企业决定在东莞出口加工区投资建立一家电子产品加工厂，该新建加工厂生产设备全部以投资总额内金额从美国进口。为了获得关税减免优惠，广州某外商投资企业应在哪里的海关办理减免税的备案、审批手续？为什么？

文档：思考 4-9 答案解析

任务五 暂准进出境货物监管制度

案例导入

香港某影视公司到内地采拍外景，5 月 5 日办理了暂准进口通关手续，期限为 6 个月，摄影器材以 ATA 单证为担保免税通关。6 个月后，采拍任务未完成，需要申请延期 2 个月，得到了海关的批准，该批摄影器材仍可在境内使用，并享受暂准进口货物的“担保免税”待遇。

问题：这种说法是否合理？为什么？

一、暂准进出境货物概述

暂准进出境货物是指为了特定目的经海关批准暂时进境或暂时出境，并在规定的期限内按原状复运出境或复运进境的货物。

微课：认知暂准进出境货物

（一）暂准进出境货物的监管特征

1. 有条件暂时免予缴纳税费

在进境或者出境时向海关缴纳相当于应纳税款的保证金或者提供其他担保的，暂时免予缴纳全部税费。

2. 免予提交进出口许可证件

暂准进出境货物不是实际进出口货物，可免予交验进出口许可证件。

3. 在规定期限内按原状复运进出境

暂准进出境货物应当自进境或出境之日起 6 个月内复运出境或复运进境；经收发货人申请，主管海关可根据规定延长复运出境或者复运进境的期限。

4. 按货物实际流向办结海关手续

暂准进出境货物都必须在规定期限内，由货物的收发货人根据货物不同的情况向海关办理核销结关手续。

（二）暂准进出境货物的范围

暂准进出境货物分为两大类。

第一类：经海关批准暂时进境或出境，缴纳保证金，在规定的期限内，复运出境或复运进境的货物。包括以下 9 项。

（1）在展览会、交易会、会议及类似活动中展示或者使用的货物。

（2）文化、体育交流活动中使用的表演、比赛用品。

（3）进行新闻报道或者摄制电影、电视节目使用的仪器、设备及用品。

（4）开展科研、教学、医疗活动使用的仪器、设备及用品。

（5）上述四项所列活动中使用的交通工具及特种车辆。

（6）暂时进出的货样。

（7）供安装、调试、检测设备时使用的仪器、工具。

（8）盛装货物的容器。

（9）其他暂时进出境货物用于非商业目的的货物。

第二类：第一类以外的暂准进出境货物，如工程施工中使用的设备、仪器和用品。第二类暂准进出境货物应当按照该货物的完税价格和其在境内、境外滞留时间的比例，按月缴纳进口税和出口税。

二、暂准进出境货物的报关程序

（一）使用ATA单证册的暂准进出境货物

世界海关组织推行的ATA单证册，其目的是简化特定货物的进出境通关程序，促进国际经济、科技、文化的交流。

1. ATA单证册的含义

ATA单证册是"暂准进口单证册"的简称，是指世界海关组织通过的《货物暂准进口公约》及附约A和《关于货物暂准进口的ATA单证册海关公约》中规定使用的，用于替代各缔约方海关暂准进出口货物报关单和税费担保的国际性通关文件。

2. ATA单证册的格式

一份ATA单证册一般由8页ATA单证组成：一页绿色封面单证、一页黄色出口单证、一页白色进口单证、一页白色复出口单证、两页蓝色过境单证、一页黄色复进口单证、一页绿色封底单证。

3. ATA单证册的适用范围

在我国ATA单证册的适用范围仅限于展览会、交易会、会议及类似活动项下的货物。除此以外的货物，我国海关不接受持ATA单证册办理进出口申报手续。

4. ATA单证册的管理

ATA单证册的担保协会和出证协会一般是由国际商会国际局的各国海关批准的各国国际商会。中国国际商会（www. ccoic. cn）是我国ATA单证册的担保协会和出证协会。ATA单证的有效期，我国为6个月，超过6个月的可以向海关申请延期，延期最多不超过3次，每次延长期限不超过6个月。18个月延长期限届满后仍需延期的，由主管直属海关报海关总署审批，参加展期在24个月以上展览会的展览品，在18个月延长期届满后仍需延期的，由主管地直属海关报海关总署审批，我国海关接受中文或英文填写的ATA单证册。

5. 使用ATA单证册的暂准进出境货物报关

以暂准出境货物为例，其报关程序如图4-28所示。

① 出境货物发货人向出证协会（中国国际商会）提出申请，缴纳一定手续费，按规定提供担保。

② 中国国际商会向出境货物发货人发放ATA单证册。

③ 出境货物发货人或代理人持ATA单证册向出境地海关申报出境展览品，提交国家主管部门的批准文件、纸质ATA单证册、装货单等单证；海关在绿色封面单证和黄色出口单证上签注，并留存黄色出口单证（正联），退还其存根联和ATA单证册其他各联。

④ 货物出境，用于境外特定使用。

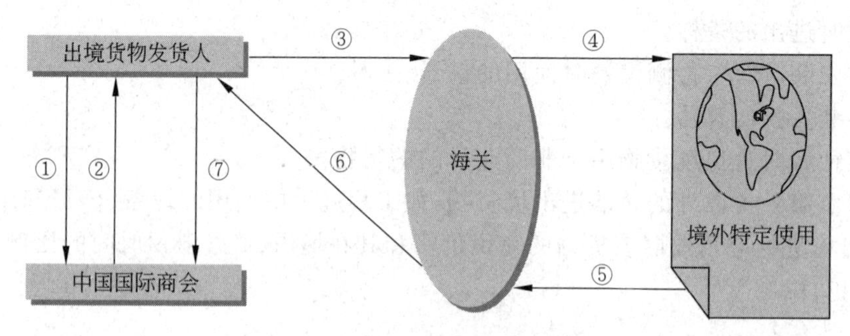

图 4-28 暂准出境货物报关程序

⑤ 在规定期限内出境展览品复运进境。

⑥ ATA 单证册持证人向进境地海关申报复运进境，进境地海关在黄色复进口单证上签注，留存单证（正联），退还其存根联和 ATA 单证册其他各联，正式核销结关。

⑦ ATA 单证册持证人将经各海关签注的 ATA 单证册交还给出证协会（中国国际商会）。

（二）不使用 ATA 单证册的暂准进出境货物

1. 进出境展览品的范围

（1）进境展览品。在展览会中展示或示范用的货物、物品，为示范展出的机器或器具所需用的物品，展览者设置临时展台的建筑材料及装饰材料，供展览品做示范宣传用的电影片、幻灯片、录像带、录音带、说明书、广告、光盘、显示器材等。

凡展览会中使用、按展览品申报的展览用品，在合理范围内的可免征进口关税和进口环节税，具体包括以下几类：①在展览会中展示或示范用的小件样品；②为示范展出的机器或器具所需用的物品；③展览者设置临时展台的建筑材料及装饰材料；④供展览品做示范宣传用的电影片、幻灯片、录像带、录音带、说明书、广告等；⑤供展览会使用的档案、表格及其他文件。

展览会期间出售的小卖品，属于一般进口货物范围，进口时应缴纳进口关税和进口环节税，并提交相关许可证件；展览会期间使用的酒精饮料、烟草制品及燃料，不适用有关免税规定。

（2）出境展览品。出境展览品包括国内单位赴国外举办展览会或参加外国博览会、展览会而运出境的展览品，以及与展览活动有关的宣传品、布置品、招待品及其他公用物品。与展览活动有关的小卖品、展卖品，可以按展览品报关出境，不按规定期限复运进境的办理一般出口手续，缴纳出口关税并交验相关出口许可证件。

2. 展览品的暂准进出境期限

展览品的暂准进出境期限与 ATA 单证册下货物的期限一致。

3. 展览品的进出境申报

展览品进出境 20 个工作日前，应持举办展览会的批准文件、有关部门备案证明，连同展览品清单送交展出地（指运地）或出境地海关，办理登记备案手续。展览会主办单位或其代理人向海关提供担保。

进出境展览品必须在规定期限复运进出境，海关分别签发报关单证明联，凭以向主管海关办理核销结关手续。

进境展览品在展览期间被人购买的，出口展览品在境外参加展览会后被销售的，或展览品放弃或赠送的，一律按一般进出口货物办理进出口报关手续。对于损毁的展览品，海关根据毁坏程度估价征税，对于丢失或被窃的展览品，海关按照进出口同类货物征收进出口税。

（三）集装箱箱体

集装箱箱体既是一种运输设备，也是一种货物。当货物用集装箱装载进出口时，集装箱箱体就作为一种运输设备，当一个企业购买进口或销售出口集装箱时，集装箱箱体又与普通的进出口货物一样。

根据集装箱的所有权情况，暂准进出境的集装箱分为两种，并具有不同的报关要求，暂准进出境集装箱箱体的报关要求见表 4-22。

表 4-22 暂准进出境集装箱箱体的报关要求

所有权	报关要求
境内生产的集装箱及我国营运人购买进口的集装箱	① 投入国际运输前，营运人应当向其所在地海关办理登记手续； ② 海关准予登记并符合规定的集装箱箱体，无论是否装载货物，海关准予暂时进境和异地出境，营运人或其代理人无须对箱体单独向海关办理报关手续，进出境时也不受规定的期限限制
境外集装箱箱体	① 暂准进境，无论是否装载货物，承运人或其代理人应当对箱体单独向海关申报，并应当于入境之日起 6 个月内复运出境； ② 如因特殊情况不能按期复运出境的，营运人应当向"暂准进境地"海关提出延期申请，经海关审核后可以延期，但延期最长不得超过 3 个月，逾期应按规定向海关办理进口报关纳税手续

（四）其他暂准进出境货物

可暂不缴纳税款的 9 项暂准进出境货物除上述 3 种按各自的监管方式由海关进行监管外，均按其他暂准进出境货物进行监管。

其他暂准进出境货物进出境属海关行政许可项目，海关审核许可的，原则上暂缓缴纳进出口税费，不需交验许可证件，但必须向海关提供担保。

应当自进境之日起 6 个月内复运进出境，超过 6 个月的可以向海关申请延期，延期最多不超过 3 次，每次延长期限不超过 6 个月。18 个月延长期限届满后仍需要延期的，由主管直属海关报海关总署审批。

其他暂准进出境货物在报关后续阶段均应按货物的实际去向，提供有关单据、单证核销，海关退还保证金等，办理核销结关手续或相关手续。复运进出境的凭复运进出境报关单核销结关；转为正式进出口的提交相关许可证件，缴纳税费；放弃的按放弃货物处理。

【思考 4-10】 中国政府已部分加入《关于货物暂准进口的 ATA 单证册海关公约》和《货物暂准进口公约》，按照现行规定，请判断以下货物是否都属于我国 ATA 单证册适用范围的货物，并谈谈为什么？

A. 昆明世界园艺博览会上的进口展览品

B. 广州商品交易会上的暂准进口的货物

C. 财富论坛年会暂准进口的陈列品

D. 美国政府代表团访华人员随身携带的物品

文档：思考 4-10 答案解析

任务六 退运、退关及修理货物监管制度

案例导入

2024 年 4 月，湖南某鼓风机集团向南非出口了一批鼓风机，客户在销售过程中发现部分鼓风机质量不合格，经双方协商同意将不合格货物运回国内。

问题：

(1) 这种货物在进口时如何报关？

(2) 进口报关时如何处理税款？

(3) 其他进出境货物如何报关？

一、退运货物

退运货物是指原出口货物或进口货物因各种原因造成退运进口或者退运出口的货物。退运货物包括一般退运货物和直接退运货物。

1. 一般退运货物

一般退运货物是指已经办理出口或进口申报手续且海关放行后因各种原因造成退运进口或退运出口的货物。一般退运货物的报关程序见表 4-23。

表 4-23 一般退运货物的报关程序

<table>
<tr><th colspan="2">类别</th><th>报关</th><th>税收</th></tr>
<tr><td rowspan="2">一般退运进口货物</td><td>原出口货物已收汇</td><td>填写进口货物报关单凭以下单证报关：
原出口货物报关单
外汇核销单出口退税专用联(正本)/出口商品退运已补证明
保险公司证明/承运人溢装、漏泄证明</td><td rowspan="2">因品质/规格自出口之日起 1 年内原状退运进境货物，免征进口税。在缴纳出口退税所获款项后，可在 1 年内申请退还所征出口关税</td></tr>
<tr><td>原出口货物未收汇</td><td>填写进口货物报关单凭以下单证报关：
原出口货物报关单
出口收汇核销单正本
报关单退税证明联</td></tr>
<tr><td colspan="2">一般退运出口货物</td><td>填写出口货物报关单凭以下单证报关：
进口货物报关单
保险公司证明/承运人溢装、漏泄证明</td><td>因品质/规格自进口之日起 1 年内原状退运出境货物，已征进口税可在 1 年内申请退还</td></tr>
</table>

2. 直接退运货物

微课：退运货物报关

直接退运货物是指在进境后、办结海关放行手续前，进口货物收发货人、原运输工具负责人或其代理人申请直接退运境外，或者海关根据国家有关规定责令直接退运境外的全部或部分货物。

进口转关货物在进境地海关放行后，进口货物收发货人、原运输工具负责人或代理人申请办理退运手续的，不属于直接退运货物，应按照一般退运货物办理退运手续。直接退运货物的报关程序见表 4-24。

表 4-24 直接退运货物的报关程序

类　别	范　　围	报　　关
进口货物收货人、原运输工具负责人或代理人直接申请退运货物	① 因国家贸易管理政策调整，收货人无法提供相关证件的； ② 属于错发、误卸或溢卸货物，能够提供发货人或承运人书面证明文书的； ③ 收发货人双方协商一致同意退运，能够提供双方同意退运的书面证明文书的； ④ 有关贸易发生纠纷，能够提供法院判决书、仲裁机构仲裁决定书或无争议的有效货物所有权凭证的； ⑤ 货物残损或国家检验检疫不合格，能提供国家检验检疫部门根据收货人申请而出具的相关检验证明文书的	① 报关单证：进口货物直接退运申请表、合同、发票、装箱单、原报关货物的原报关单、运输单证、证明文件； ② 报关程序：(准予直接退运决定书)出口货物报关单→进口货物报关单(注意填写要点)； 属错发/误卸/溢出退运的免填，凭准予直接退运决定书办理直接退运手续； ③ 税证：免税免滞报金，不统计，免证
海关责令直接退运货物	① 进口国家禁止进口的货物，经海关依法处理的； ② 违反国家检验检疫政策法规，经国家检验检疫部门处理并且出具检验检疫处理通知书或者其他证明文书的； ③ 未经许可擅自进口属于限制进口用作原料的固体废物，经海关依法处理的； ④ 违反国家有关法律、行政法规，应当责令直接退运的其他情形	① 报关单证：责令直接退运决定书； ② 报关程序：出口货物报关单→进口货物报关单(注意填写要点)； 属错发/误卸/溢出退运的免填，凭责令直接退运决定书办理直接退运手续； ③ 税证：免税免滞报金，不统计，免证

二、退关货物

1. 退关货物的含义

退关货物又称出口退关货物，指向海关申报出口并获准放行，因故未能装上运输工具，经发货单位请求，退运出海关监管区不再出口的货物。

2. 退关货物的海关手续

(1) 在得知出口货物未装上运输工具，并决定不再出口之日起3日内，向海关申请退关。

(2) 经海关核准且撤销出口申报后，方能将货物运出海关监管场所。

(3) 已缴纳出口税的退关货物，可以在缴纳税款之日起1年内，向海关申请退税。

(4) 办理退关手续后，海关应对所有单证予以注销，并删除有关报关电子数据。

三、进出境修理货物

(一) 进出境修理货物概述

1. 进出境修理货物的含义

进境修理货物是指运进境进行维护修理后，复运出境的机械器具、运输工具或其他货物，以及为维修这些货物需要进口的原材料、零部件。出境修理货物是指运出境进行维护修理后，复运进境的机械器具、运输工具或其他货物，以及为维修这些货物需要出口的原材料、零部件。

进境修理包括原出口货物运进境修理和其他货物运进境修理。出境修理包括原进口货物运出境修理和其他货物运出境修理。

原进口货物出境修理包括原进口货物在保修期内运出境修理和原进口货物在保修期外运出境修理。

2. 进出境修理货物的特征

（1）进境维修货物免纳税费，但要提供担保，并接受海关的后续监管。

（2）出境维修货物进境时，在保修期内并由境外免费维修的免征税费。

注意：在保修期外（或虽然是保修期内，但境外维修收费的），按境外修理费和料件费审定完税价格，计征税费。

（3）进出境维修货物免交许可证件。

（二）进出境修理货物报关程序

微课：修理货物报关

1. 进境修理货物

（1）货物进境后，收货人或其代理人持维修合同或含有保修条款的原出口合同及申报进口的有关单证办理货物进口申报手续，并提供进口税款担保。

（2）货物进境后，在境内维修的期限为进口之日起 6 个月，可以申请延长，延长的期限最长不超过 6 个月。

（3）修理货物复出境申报时，应当提供原修理货物进口申报时的报关单。

（4）复出境后应当申请销案，正常销案的海关应退还保证金或撤销担保。

2. 出境修理货物

（1）货物出境时，向海关提交维修合同和含有维修条款的原进口合同及申报出口需要的有关单证，办理出境申报手续。

（2）货物出境后，在境外维修的期限为出境之日起 6 个月，可以申请延长，延长的期限最长不超过 6 个月。

（3）货物复运进境时，应向海关申报在境外支付的修理费和材料费，由海关审查确定完税价格。

超过海关规定期限复运进境的，海关按一般进口货物计征进口关税和进口代征税。

【思考 4-11】 我公司收到一票从日本发过来的免费小货样（价值 4900 日元），但检查后发现该货物涉及 3C 认证，我公司无法提供。该货物从飞机上下来后，一直没有进行任何申报，现在想直接退回到日本。应如何办理相关手续？

文档：思考 4-11 答案解析

任务七　跨境电子商务货物监管制度

案例导入

深圳捷达网络科技有限公司经营跨境电子商务的进口业务，在 2021 年 8 月以网购保税模式进口一批麦片，用于电商平台销售。

问题：

（1）货物进口前如何做好报关前的准备？

（2）货物如何报关？

一、跨境电子商务认知

1. 跨境电子商务的定义

跨境电子商务是指分属不同关境的交易主体，通过电子商务平台达成交易、进行电子支付结算，并通过跨境电子商务物流及异地仓储送达商品，完成交易的一种国际商业活动。

在B2C模式下，跨境电子商务企业直接面对消费者，以销售个人消费品为主，物流方面主要采用航空小包、邮寄、快递等方式。

2. 参与跨境电子商务的相关企业

跨境电子商务企业是指经海关登记认可，通过自建或者利用第三方跨境电子商务交易平台开展跨境电子商务零售进出口业务的境内企业。

跨境电子商务交易平台企业是指经海关登记认可且与海关联网，运营提供跨境电子商务零售进出口商品交易、支付、物流等服务平台的企业。

跨境电子商务支付企业是指为跨境电子商务零售进出口商品交易提供支付服务的企业。

跨境电子商务物流企业是指为跨境电子商务零售商品运输提供物流服务的企业。

3. 电子商务通关服务平台

电子商务通关服务平台是由中国电子口岸搭建的，实现企业、海关以及相关管理部门之间数据交换与信息共享的平台。

4. 跨境电子商务零售进出口商品的报关要点

文档：跨境电子商务零售进出口通关办事指南

（1）跨境电子商务零售进出口商品申报前，跨境电子商务企业或电子商务交易平台企业、支付企业、物流企业应分别如实向海关传输交易、支付/收款、物流等电子信息，并对数据真实性承担相应法律责任。

（2）跨境电子商务企业或代理人应提交《中华人民共和国海关跨境电子商务零售进出口商品申报清单》，出口采取“清单核放、汇总申报”方式办理报关手续，进口采取“清单核放”方式办理报关手续。

（3）跨境电子商务零售进口商品的申报币制为人民币；跨境电子商务企业应对购买跨境电子商务零售进口商品的个人（订购人）身份信息进行核实，并向海关提供身份有效信息；无法提供或无法核实订购人身份信息的，订购人与支付人视为同一人。

（4）跨境电子商务零售商品出口后，跨境电子商务企业或其代理人应当于每月15日前（当月15日是法定节假日或者法定休息日的，顺延至其后的第一个工作日），将上月结关的《中华人民共和国海关跨境电子商务零售进出口商品申报清单》依据清单表头同一收发货人、同一运输方式、同一生产销售单位、同一运抵国、同一出境关别，以及清单表体同一最终目的国、同一10位海关商品编码、同一币制的规则进行归并，汇总形成中华人民共和国海关出口货物报关单向海关申报。

允许以“清单核放、汇总统计”方式办理报关手续的，不再汇总形成中华人民共和国海关出口货物报关单。

(5)《中华人民共和国海关跨境电子商务零售进出口商品申报清单》的修改或撤销，参照海关中华人民共和国海关进(出)口货物报关单修改或撤销有关规定办理。

(6) 在报关单“标记唛码及备注”栏目填报“跨境电子商务”。

(7) 跨境电子商务零售进出口商品的报关主体为进出境快件的经营人、邮政企业等。

二、跨境电子商务的海关监管

海关总署于2014年先后发布第12号、第54号公告，分别增列海关监管方式代码9610和1210。此外，针对跨境电子商务进口商品的监管，海关总署又于2016年发布第75号公告，增列海关监管方式代码1239。

1. 海关监管方式代码9610

海关监管方式代码9610全称跨境贸易电子商务，适用于境内个人或电子商务企业通过电子商务交易平台实现交易，并采用“清单核放、汇总申报”模式办理通关手续的电子商务零售进出口商品，但通过海关特殊监管区域或保税监管场所一线的电子商务零售进出口商品除外。

2. 海关监管方式代码1210

海关监管方式代码1210全称保税跨境贸易电子商务，适用于境内个人或电子商务企业在经海关认可的电子商务平台实现跨境交易，并通过海关特殊监管区域或保税监管场所进出口电子商务零售进出境商品。1210监管方式用于进口时，仅限经批准开展跨境贸易电子商务进口试点的海关特殊监管区域和保税物流中心(B型)。

需要注意的是，海关特殊监管区域、保税监管场所与境内区外(场所外)之间通过电子商务平台交易的零售进出口商品不适用该监管方式。

3. 海关监管方式代码1239

海关监管方式代码1239全称保税跨境贸易电子商务A，适用于境内电子商务企业通过海关特殊监管区域或保税物流中心(B型)一线进境的跨境电子商务零售进口商品。其中，天津、上海、杭州、宁波、福州、平潭、郑州、广州、深圳、重庆等37个试点城市及跨境电子商务综合试验区的城市开展跨境电子商务零售进口业务暂不适用1239监管方式。

三、跨境电子商务进出口货物报关

(一) 跨境电子商务出口货物报关

1. 9610通关模式

9610报关出口主要针对的是小体量商品，俗称集货模式，例如国际快递发送的货物。它对普通城市采取“清单核放、汇总申报”方式；对跨境电子商务综合试验区符合条件的企业，可采取“清单核放、汇总统计”方式。跨境电子商务企业将数据汇总给税务及外汇管理部门，实现退税。

(1) 清单核放。跨境电子商务出口公司“三单信息”(商品信息、物流信息、支付信息)推送到“中国国际贸易单一窗口”，海关对清单进行审核并办理货物放行手续，通关效率更高，通关成本更低。

（2）汇总申报。跨境电子商务出口企业定期汇总清单，形成报关单，海关为企业出具报关单退税确认书，解决企业出口退税难题。

（3）汇总统计。清单直统模式，不用再汇总形成报关单。

2. 9610 监管模式下的通关流程

9610 监管模式下的 B2C 出口流程：国外买家网上购物→订单支付→清单核放→买家收到货物→汇总申报/汇总统计。

（1）企业注册。所有参与跨境电子商务零售出口业务的企业，包括跨境电子商务企业、物流等。如需办理报关业务，应向当地海关办理信息登记。

（2）通关申报。跨境电子商务企业或其代理人在申报跨境电子商务零售出口商品前，应当通过"中国国际贸易单一窗口"或跨境电子商务通关服务平台，向海关发送交易、收款、物流等电子信息，并申报出口明细清单。

（3）离境通关。出口申报清单放行后，跨境电子商务出口货物通过运输工具离境，提交出口申报清单结关。

（4）汇总申报/汇总统计。跨境电子商务零售商品出口后，跨境电子商务企业或其代理人应在每月 15 日前汇总上月结关的进口申报清单形成出口报关单；并允许以"清单核查、汇总统计"方式办理报关手续的，则不再汇总申报。

（5）出口退税。跨境卖家需要在 21 日内整理出口前 20 日的商品清单，并向海关出具清单。要求海关出具相关证件，办理出口退税。

（二）跨境电子商务进口货物报关

1. 1210 和 1239 通关模式

1210 和 1239 用于跨境电子商务进口，均属于保税模式；1210 适用于跨境电子商务进口示范城市及跨境电子商务综合试验区城市；1239 适用于开放保税进口业务的其他城市。

2. 跨境电子商务保税进口模式下的通关流程

（1）企业注册。跨境电子商务平台企业、物流企业、支付企业等参与跨境电子商务零售进口业务的企业，应当依据海关报关单位注册登记管理相关规定，向所在地海关办理注册登记；境外跨境电子商务企业应委托境内代理人向该代理人所在地海关办理注册登记。

（2）通关申报。跨境电子商务零售进口商品申报前，跨境电子商务平台企业或跨境电子商务企业境内代理人、支付企业、物流企业应当分别通过"中国国际贸易单一窗口"或跨境电子商务通关服务平台向海关传输交易、支付、物流等电子信息，并对数据真实性承担相应责任。

跨境电子商务零售商品进口时，跨境电子商务企业境内代理人或其委托的报关企业应提交《中华人民共和国海关跨境电子商务零售进出口商品申报清单》，采取"清单核放"方式办理报关手续。

（3）税收征管。对跨境电子商务零售进口商品，应按照国家关于跨境电子商务零售进口税收政策上缴关税和进口环节增值税、消费税，完税价格为实际交易价格，包括商品零售价格、运费和保险费。

(4) 进入海关监管场所。跨境电子商务进口商品抵港，由海关监管车辆运输到海关监管场所。跨境电子商务监管作业场所经营人、仓储企业应当建立符合海关监管要求的计算机管理系统，并按照海关要求交换电子数据；跨境电子商务网购保税进口业务应当在海关特殊监管区域或保税物流中心(B型)内开展。

(5) 检疫、查验。货物需要在进境口岸完成检疫及检疫处理工作后，才能被运至跨境电子商务监管作业场所；海关实施查验时，跨境电子商务企业或其代理人、跨境电子商务监管作业场所经营人、仓储企业应当按照有关规定提供便利，配合海关查验。

(6) 通关放行。对于查验正常的货物，海关会向国际物流企业或者监管场所经营人发送放行信息，之后国内物流企业办理物流配送手续及反馈派送信息。

四、跨境电子商务货物的申报方式

1.“中国国际贸易单一窗口”申报方式

在“中国国际贸易单一窗口”界面，单击“业务应用”按钮，选择“标准版应用”选项，然后选择“跨境电商”选项，单击“进口申报”或“出口申报”按钮，再选择“出口报关单整合申报”或“进口报关单整合申报”选项，进入“报关单录入”界面。“中国国际贸易单一窗口”跨境电商货物申报界面如图4-29所示。

图4-29 “中国国际贸易单一窗口”跨境电商货物申报界面

2.“互联网+海关”申报方式

在“互联网+海关”界面中选择“物品通关”模块，然后单击“其他”按钮，再单击“跨境电子商务监管”按钮，进入“报关单录入”界面。“互联网+海关”跨境电商货物申报界面如图4-30所示。

图 4-30 “互联网＋海关”跨境电商货物申报界面

拓展训练

文档：项目四在线自测

一、在线自测

扫描右侧二维码查阅题目。

二、实务操作

沈阳宏达鞋业有限公司因生产需要从德国购买一批 PU 面童鞋，单价 USD3.5 FOB Hamburger，数量 500 件。沈阳宏达鞋业有限公司的主管海关是沈阳经济技术开发区海关，货物在大连大窑湾海关进境。

该批货物采用直转方式，作为沈阳宏达鞋业有限公司的报关员，应如何办理报关手续？该报关员的工作任务如下。

(1) 在规定期限内向大连大窑湾海关录入转关申报数据，持单证办理转关手续。

(2) 货物运到沈阳，在规定期限内持单证向沈阳经济技术开发区海关办理报关手续。

文档：项目四实务操作答案

项目五

进出口税费核算

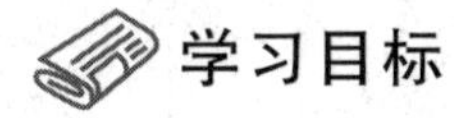

学习目标

知识目标

1. 理解进出口税费的含义和种类；
2. 掌握进出口货物完税价格的审定原则；
3. 掌握进出口货物原产地确定原则和方法；
4. 掌握税率适用原则。

技能目标

1. 能够确定进出口货物的完税价格；
2. 能够根据资料查询、确定适用的税率；
3. 能够计算进出口环节的税费；
4. 能够处理进出口税费的退补。

素养目标

1. 将"诚实守信"作为本章课程学习的思政教育主题，培养依法纳税的爱国价值观，传播诚实守信、责任意识的正能量；

2. 掌握税费筹划的法律、法规及风险，培养依法纳税、廉洁自律的关务人。

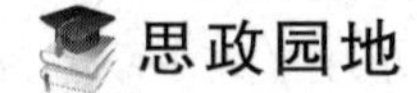

思政园地

打击走私"国门利剑2022"联合行动

海关总署近日通报，全国海关坚持"以打促税"，切实维护贸易秩序，组织开展打击走私"国门利剑2022"联合行动，整治粤港澳海上跨境、离岛免税套代购、水客、成品油、农产品、跨境电子商务等重点渠道、重点商品走私，营造公平公正的外贸环境。立案侦办涉税走私犯罪案件1295起，案值246.8亿元，涉嫌偷逃税款36.5亿元。

面对复杂严峻的外部环境和国内疫情冲击带来的经济下行压力，党中央统筹疫情防控和经济社会发展，积极稳定宏观经济大盘，国内生产需求逐步恢复向好，外贸进口增长，为海关税收增长提供了有力支撑。原油、天然气等国际大宗商品价格高位运行带动海关税收增长。全国海关统筹通关便利与依法科学征管，量质效并举，2022年上半年税收入库11653亿元，同比增长12.2%。

为促进外贸保稳提质，纾困惠企保市场主体，海关总署相继出台促进外贸保稳提质的十条措施和助企纾困降成本七条措施，服务我国企业出口，推动RCEP等自贸协定红利落地，减让税款523亿元。积极助力企业复工复产，免除1.46万家加工贸易企业内销缓税利息4753万元。对因疫情导致经营困难等无法按期缴税以及主动披露补税的655家企业减免滞纳金1.7亿元。落实各项进口降税政策减税448亿元。

资料来源：http://www.customs.gov.cn//customs/xwfb34/mtjj35/4470791/index.html.

任务一　进出口税费概述

案例导入

吕莹跟随秦阳经理报一票单子：辽宁大连海洋模具进出口公司进口设备300套（属于自动许可证管理、法定检验的商品），该企业向海关出具的发票价格为CIF 50000美元/台。但在该货物进口后，该企业在境内将设备售出，并将其所提价款的10%（8000美元/台）返还给境外的分公司。吕莹查看《中国海关报关实用手册》，发现该设备适用的最惠国税率为11%，增值税税率为13%。秦阳经理让吕莹在报关之前先计算出这票单子应征的税款，并通知收货人或其货代，让他们准备税款，这样海关的税款缴款书（俗称税单）一出来，就可以及时缴税，从而可以结束通关，及时提货。

微课：进出口税费概述

问题：

(1) 什么是关税？什么是增值税？

(2) 该批货物属于哪些禁止进口货物？

(3) 进出口完税价格如何审定？进出口货物原产地确定原则是什么？

(4) 进口税费如何计算？

进出口税费是指由海关依法征收的关税、消费税、增值税、船舶吨税等税费。其征收的依据是各国的海关法、进出口关税条例以及其他有关法律、行政法规。

一、关税

关税（customs 或 tariff）是海关代表国家，按照国家制定的关税政策和公布实施的税法及进出口税则，对准许进出关境的货物和物品征收的一种流转税。

关税的征税主体是国家，由海关代表国家向纳税义务人征收。关税的征收对象是进出关境的货物和物品。关税纳税义务人又称关税纳税人或关税纳税主体，包括进口货物的收货人、出口货物的发货人、进（出）境物品的所有人。

按不同的标准，关税有以下分类。

1. 按货物流向分类

(1) 进口关税（import duties/tariff）。一国（地区）海关以进境货物和物品为征税对象所征收的关税。

(2) 出口关税（export duties/tariff）。一国（地区）海关以出境货物和物品为课税对象所征收的关税。为鼓励出口，世界各国一般不征收出口税或仅对少数商品征收出口税。征收出口关税的主要目的是限制和调控某些商品的过度、无序出口，特别是防止本国一些重要自然资源和原材料的无序出口。目前，我国主要对资源性、高耗能类商品征收出口关税。

（3）过境关税。一国（地区）海关对通过其关境的外国货物所征收的一种关税，伴随着国际贸易的发展，目前世界各国很少征收过境关税，大多以税款担保形式保障过境货物依法原状运出关境。

2. 按计征标准分类

（1）从价税（ad valorem duties/tariff）。以货物、物品的价格作为计税标准，以应征税额占货物价格的百分比为税率，价格和税额成正比例关系的关税。我国对进出口货物征收关税主要采用从价税计税标准。

从价税应征税额＝货物的完税价格×从价税税率

（2）从量税（specific duties/tariff）。以货物和物品的计量单位（如重量、数量、容量等）作为计税标准，按每一计量单位应征税额征收的关税。我国目前对冻整鸡及鸡产品、啤酒、石油原油、胶卷等进口商品，对尿素、硫酸钾等出口化学商品征收从量税。

从量税应征税额＝货物数量×单位税额

（3）复合税（compound duties/tariff）。在《中华人民共和国海关进出口税则》中，一个税目中的商品同时使用从价、从量两种标准计税，计税时按两者之和作为应征税额征收的关税。我国目前对录像机、放映机、摄像机、非家用型摄录一体机、部分数字照相机等进口商品征收复合关税。从价、从量两种计税标准各有优缺点，两者混合使用可以取长补短，有利于关税作用的发挥。

复合税应征税额＝货物的完税价格×从价税税率＋货物数量×单位税额

（4）滑准税（sliding scale duties/tariff）。又称滑动税，是指在海关税则中，预先按产品的价格高低分档制定若干不同的税率，然后根据进口商品价格的变动而增减进口税率的一种关税。当商品价格上涨时采用较低税率，当商品价格下跌时采用较高税率，其目的是使该种商品的国内市场价格保持稳定。我国目前对关税配额外进口的一定数量的棉花实行滑准税。

3. 按是否根据《中华人民共和国进出口税则》征收分类

（1）正税。按照《中华人民共和国进出口税则》中的进口税率征收的关税，具有规范性、相对稳定性的特点。

（2）附加税。国家出于特定需要，对进口货物除征收关税正税之外另行征收的关税，一般具有临时性特点。包括反倾销税、反补贴税、保障措施关税、报复性关税等。世界贸易组织不准其成员方在一般情况下随意征收进口附加税，只有符合世界贸易组织反倾销、反补贴等有关规定的才可以征收。

4. 按是否施惠分类

（1）普通关税。对与本国没有签署贸易或经济互惠等友好协定的国家或地区原产的货物征收的非优惠关税；对无法判明原产地的货物，适用普通税率。

（2）优惠关税。优惠关税包括最惠国待遇关税（目前主要是IT业）、协定优惠关税（共

15个)、特定优惠关税(对40个最不发达国家)和普通优惠关税(发达国家对发展中国家出口产品普通给予的一种关税优惠制度)。我国是发展中国家,对进口货物不存在普惠税率。

二、进口环节海关代征税

进口货物、物品在办理海关手续放行后,进入国内流通领域,与国内货物同等对待,需缴纳应征的国内税。进口货物、物品的国内税依法由海关在进口环节征收。目前,进口环节海关代征税主要有增值税、消费税两种。

(一) 增值税

1. 增值税的含义

增值税(value added tax,VAT)是以商品的生产、流通和劳务服务各个环节所创造的新增价值为课税对象的一种流转税。进口环节增值税是在货物、物品进口时,由海关依法向进口货物、物品的法人或自然人征收的一种增值税。

进口环节增值税的免税、减税项目由国务院规定,任何地区、部门都无权擅自决定增值税的减免。进口环节增值税的起征额为人民币50元,低于50元的免征。

2. 征收范围

我国增值税的征收采取基本税率再加一档低税率的模式。适用于基本税率(13%)的范围,包括纳税人销售或者进口除适用低税率的货物以外的货物以及提供加工、修理修配劳务。适用低税率(9%)的范围是指纳税人销售或者进口下列货物。

(1) 粮食、食用植物油。

(2) 自来水、暖气、冷气、热水、煤气、石油液化气、天然气、沼气、居民用煤炭制品。

(3) 图书、报纸、杂志。

(4) 饲料、化肥、农药、农机、农膜。

(5) 国务院规定的其他货物。

3. 计算公式

进口环节的增值税以组成价格作为计税价格,征税时不得抵扣任何税额。

$$增值税组成价格 = 进口货物完税价格 + 关税税额 + 消费税税额$$

$$应纳增值税税额 = 增值税组成价格 \times 增值税税率$$

(二) 消费税

1. 消费税的含义

消费税(consumption tax)是以消费品或消费行为的流转额作为课税对象而征收的一种流转税。我国开征消费税的目的是调节我国的消费结构,引导消费方向,确保国家财政收入。

进口环节消费税除国务院另有规定者外,一律不得给予减税、免税。进口的应税消费品,由纳税人(进口人或者其代理人)向报关地海关申报纳税。进口环节消费税的缴纳期限与关税相同,起征额为人民币50元,低于50元的免征。

2. 征收范围

我国征收消费税的范围仅限于少数消费品,征税的消费品大体可分为以下四种类型。

(1) 一些过度消费会对人的身体健康、社会秩序、生态环境等方面造成危害的特殊消费品，例如烟、酒、酒精、鞭炮、烟火等。

(2) 奢侈品、非生活必需品，例如贵重首饰及珠宝玉石、化妆品等。

(3) 高能耗的高档消费品，例如小轿车、摩托车、汽车轮胎等。

(4) 不可再生和替代的资源类消费品，例如汽油、柴油等。

3. 计算公式

我国消费税采用价内税计算方法，即计税价格的组成中包括了消费税税额。

我国消费税采用从价、从量的方法计征。

(1) 从价征收的消费税按照组成的计税价格计算，其计算公式为

应纳税额 = 消费税组成计税价格 × 消费税税率

消费税组成计税价格 = 进口货物完税价格 + 关税税额 + 消费税税额

= (进口货物完税价格 + 关税税额) ÷ (1 − 消费税税率)

(2) 从量征收的消费税的计算公式为

应纳税额 = 应征消费税消费品数量 × 单位税额

(3) 同时实行从量、从价征收的消费税是上述两种征税方法之后。其计算公式为

应纳税额 = 应征消费税消费品数量 × 单位税额 + 组成计税价格 × 消费税税率

【思考 5-1】 我公司在亚马逊旗下网站 Shopbop 上购买了价值分别为 870 元、700 元的两条裙子，在惠工街邮政报关大厅办理个人缴税取件业务时，办理窗口收取了 30% 的税费。但根据财政部跨境电子商务税收新政，2000 元以内免关税，增值税及消费税按应纳税款的 70% 征收，则我公司理解应该征收的税率为 (13% + 0%) × 70% = 9.1%，而非行邮税 30%。30% 的税费收取是否有误？

文档：思考 5-1 答案解析

(三) 船舶吨税

1. 船舶吨税的含义

船舶吨税(vessel tonnage)是由海关在设关口岸对自我国境外港口进入境内港口的船舶征收的一种使用税，是对船舶使用港口助航设施征收的税款。征收船舶吨税的目的是用于航道设施的建设。

2. 征纳

船舶吨税分为优惠税率和普通税率两种。凡与中华人民共和国签订互惠协议的国家或地区以及中国香港、澳门籍船舶适用船舶吨税优惠税率，未签订互惠协议的国家或地区适用船舶吨税普通税率。

3. 征收范围

根据《中华人民共和国船舶吨税法》规定，应征船舶吨税的船舶有以下几种。

(1) 在我国港口行驶的外国籍船舶。

(2) 外商租用(程租除外)的中国籍船舶。

(3) 中外合营海运企业自有或租用的中、外国籍船舶。

(4) 我国租用的外国籍国际航行船舶。

根据规定,对于香港、澳门特别行政区海关已征收船舶吨税的外国籍船舶,进入内地港口时,仍应照章征收船舶吨税,因为香港、澳门特别行政区为单独关税区。

4. 计算公式

船舶吨税起征日为"船舶直接抵口之日",即进口船舶应自申报进口之日起征。如进境后驶达锚地的,以船舶抵达锚地之日起计算;进境后直接靠泊的,以靠泊之日起计算。

船舶吨税的征收方法分为90日期缴纳和30日期缴纳两种,并分别确定税额,缴纳期限由纳税义务人在申请完税时自行选择。

船舶吨税的计算公式为

应纳船舶吨税税额=注册净吨位×船舶吨税税率(元/净吨)

船舶吨税按净吨位计征。船舶净吨位的尾数,按四舍五入原则,半吨以下的免征尾数;半吨上的按1吨计算。不及1吨的小型船舶,除经海关总署特准免征者外,应一律按1吨计征。

【思考5-2】 下列几种船舶,应征收船舶吨税的有(　　)。

A. 在大连港口行驶的美国油轮

B. 在厦门港口航行的中国货轮

C. 航行于广州港口被新加坡商人以期租的方式租用的中国籍船舶

D. 航行于国外,兼营国内沿海贸易的被中国商人租用的日本籍船舶

文档:思考5-2
答案解析

三、税款滞纳金

1. 征收范围

按照规定,关税、进口环节税、船舶吨税的纳税义务人或其代理人未能自海关填发税款缴款书之日起15日内向指定银行缴纳税款,逾期缴纳的,海关依法在原应纳税款的基础上,按日加收滞纳税款万分之五的款项。

2. 征收标准

滞纳金按每票货物的关税、进口环节增值税、消费税单独计算,滞纳金的起征额为人民币50元,不足50元的免予征收。

海关对滞纳天数的计算是自滞纳税款之日起至进出口货物的纳税义务人缴纳税费之日止,其中的法定节假日不予扣除。缴纳期限届满日遇星期六、星期日等休息日或者法定节假日的,应当顺延至休息日或法定节假日之后的第一个工作日。

计算公式为

关税滞纳金金额=滞纳关税税额×0.5‰×滞纳天数

代征税滞纳金金额=滞纳代征税税额×0.5‰×滞纳天数

【思考5-3】 上海某公司进口一批割草机,应征关税税额为60000元,进口环节增值税为12000元,海关于2024年7月18日(星期一)填发海关专用缴款书,该公司于2024年8月12日缴纳税款,则该企业应向海关缴纳的滞纳金是多少?

文档:思考5-3
答案解析

任务二　进出口货物完税价格的确定

案例导入

上海某公司从日本进口一套机械设备，发票列明如下：发票价格为 CIF 上海 USD300000，设备进口后的安装及调试费为 USD9000，设备进口后从上海运至武汉的运费为 USD1000，进口关税为 USD2000，上述安装调试费、上海运至武汉的运费、进口关税已包括在价款中。

微课：进出口货物完税价格的确定

问题：经海关审定的该设备的成交价格为多少？

进出口货物完税价格是海关对进出口货物征收从价税时审查估定的应税价格，是凭以计征关税及进口环节税税额的基础。目前，我国海关审价的法律依据可分为三个层次：第一个层次是法律层次，即《中华人民共和国海关法》；第二个层次是行政法规层次，即《中华人民共和国进出口关税条例》；第三个层次是部门规章，如海关总署颁布施行的《中华人民共和国海关审定进出口货物完税价格办法》《中华人民共和国海关进出口货物征税管理办法》等。《中华人民共和国海关法》第五十五条规定："进出口货物的完税价格，由海关以该货物的成交价格为基础审查确定。成交价格不能确定时，完税价格由海关依法估定。"由以上规定可知，审定进出口货物完税价格应首先使用成交价格估价方法。

完税价格以人民币计征，采用四舍五入法计算到分。

一、一般进口货物完税价格的审定

海关依次使用六种估价方法确定进口货物的完税价格，具体如图 5-1 所示。

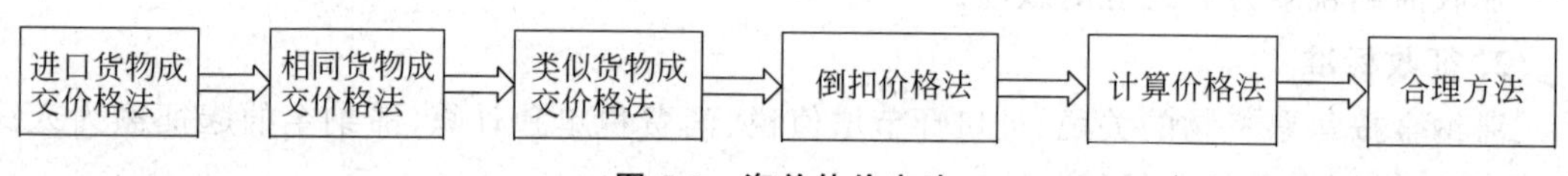

图 5-1　海关估价方法

这六种估价方法必须依次使用，即只有在不能使用前一种估价方法的情况下，才可以顺延使用其他估价方法。如果进口货物收货人提出要求并提供相关资料，经海关同意，可以颠倒倒扣价格法和计算价格法的使用次序。

（一）进口货物成交价格法

1. 进口货物的完税价格

《中华人民共和国海关审定进出口货物完税价格办法》第五条规定："进口货物的完税价格，由海关以该货物的成交价格为基础审查确定，并且应当包括货物运抵中华人民共和国境内输入地点起卸前的运输及相关费用、保险费。"相关费用主要指与运输有关的费用，如装卸费、搬运费等。

2. 进口货物的成交价格

进口货物的成交价格是指卖方向中华人民共和国境内销售该货物时买方为进口该货物

向卖方实付、应付的，并按有关规定调整后的价款总额，包括直接支付的价款和间接支付的价款。

成交价格定义的三层含义：第一层含义是“买方购买进口货物”。购买必须符合两个条件：一是买方支付货款；二是卖方向买方转移货物所有权。不符合条件的，即不存在“购买”的，不能采用进口货物成交价格法。第二层含义是“按《中华人民共和国进出口关税条例》相关条款及《中华人民共和国海关审定进出口货物完税价格办法》的相关规定调整后的价格”。因此成交价格不完全等于贸易中发生的发票价格，而是需要按有关规定进行调整。第三层含义是“向卖方实付、应付的价款，包括直接支付的价款和间接支付的价款”。买方支付价款的目的是获得进口货物，支付的对象包括卖方，也包括与卖方有联系的第三方；支付的价款为已经支付与将要支付两者的总额。

3. 成交价格本身需满足的条件

（1）买方对进口货物的处置和使用不受限制。

（2）货物的出口销售或价格不应受到某些条件或因素的影响，由于这些条件和因素导致该货物的价格无法确定。

（3）卖方不得直接或间接从买方获得因转售、处置或使用进口货物而产生的任何收益，除非上述收益能够被合理确定。

（4）买卖双方之间的特殊关系不影响价格。

若不能满足上述四个条件，应当顺延采用下一种估价法。

4. 成交价格的调整因素

（1）计入项目。下列项目若由买方支付，必须计入完税价格。

① 除购货佣金以外的佣金和经纪费。

② 与进口货物作为一个整体的容器费。

③ 包装费，包括材料费、劳务费。

④ 协助的价值（在国际贸易中，买方以免费或以低于成本价的方式向卖方提供一些货物或服务）。

⑤ 特许权使用费。

⑥ 返回给卖方的转售收益。

计入同时满足三个条件：由买方负担；未包括在实付或应付价格中；有客观量化的数据资料。

【思考 5-4】 国内企业甲（买方）从国外厂商（卖方）处订购一批衬衣和西裤，根据合同的规定，生产衬衣和西裤用的剪刀、纽扣、设计图纸和漂白剂由买方免费提供，在衬衣和西裤进口的时候，国外卖方开立的发票价格只包括在国外的原料成本、加工制造成本和利润。该批进口货物的完税价格就是发票价格吗？该批进口货物的完税价格应包括哪些价值？

文档：思考 5-4
答案解析

（2）扣减项目。价款中单独列明的税收、费用，不计入完税价格。

① 厂房、机械或设备进口后发生的建设、安装、装配、维修或者技术援助费用，但保修费用除外。

② 货物运抵境内输入地点起卸后发生的运输及相关费用、保险费，例如，码头装卸费（THC 费）是货物从船舷到集装箱码头堆场间发生的运输相关费用，不应计入货物的完税价

格中。

③ 进口关税、进口环节税及其他国内税。

④ 为在境内复制进口货物而支付的费用。

⑤ 境内外技术培训及境外考察费用。

⑥ 符合一定条件的利息费用。

文档：思考 5-5 答案解析

【思考 5-5】 买卖双方签订了一份销售协议，协议规定的成交条款为 FOB 旧金山，单价为 USD80/个。货物经上海口岸进口，并在上海口岸转换国内船舶后运输到最终目的地南京。该批货物的完税价格应是多少？

（二）相同及类似货物成交价格法

相同及类似进口货物成交价格估价方法，即以与被估货物同时或大约同时向中华人民共和国境内销售的相同货物及类似货物的成交价格为基础，审查确定进口货物价格的方法。

1. 相同货物和类似货物

相同货物是指与进口货物在同一国家或者地区生产的，在物理性质、质量和信誉等所有方面都相同的货物，但是表面的微小差异允许存在。

类似货物是指与进口货物在同一国家或者地区生产的，虽然不是在所有方面都相同，但是却具有相似的特征、相似的组成材料、相同的功能，并且在商业中可以互换的货物。

2. 相同或类似货物的时间要素

时间要素是指相同货物或类似货物必须与进口货物同时或大约同时进口，其中的“同时或大约同时”是指在进口货物接受申报之日的前后各 45 日以内。

3. 采用相同或类似货物成交价格法应具备的要素

（1）货类同，即必须与进口货物相同或类似。

（2）产同地，即必须与进口货物在同一国家或地区生产。

（3）进同时，即必须与进口货物同时或大约同时进口。

（4）数相当，即必须与进口货物的商业水平与进口数量相同或大致相同。

（5）价最低，即当存在多个价格时，必须选择最低的价格。

4. 相同或类似货物成交价格法的应用

相同或类似货物成交价格法的应用见表 5-1。

表 5-1 相同或类似货物成交价格法的应用

优先使用	其次使用
与进口货物处于“相同商业水平、大致相同数量”的“相同或类似货物成交价格”	与进口货物处于“不同商业水平和不同数量”的“相同或类似货物成交价格”
同一生产商生产的“相同或类似货物成交价格”	同一生产国（地区）不同生产商生产的“相同或类似货物成交价格”
最低的“相同或类似货物成交价格”（有多个时）	

注：只有在没有“优先使用”的情况时，才使用“其次使用”的情况。

（三）倒扣价格法

倒扣价格法以进口货物、相同或类似进口货物在境内第一环节的销售价格为基础，扣除境内发生的有关费用来估定完税价格。

1. 使用倒扣价格法需满足的条件

(1) 在被估货物进口时或大约同时，以该货物、相同或类似进口货物在境内销售的价格为基础。其中“进口时或大约同时”为在进口货物接受申报之日的前后各45日以内。如果进口货物、相同或者类似货物没有在海关接受进口货物申报之日前后45日内在境内销售，可以将在境内销售的时间延长至接受货物申报之日前后90日内。

(2) 按照该货物进口时的状态销售的价格，如果没有按进口时的状态销售的价格，应纳税义务人要求，可以使用经过加工后在境内销售的价格作为倒扣的基础。

(3) 在境内第一环节销售的价格，“第一环节”是指有关货物进口后进行的第一次转售，且转售者与境内买方之间不能有特殊关系。

(4) 向境内无特殊关系方销售的价格，即成交价格估价方法规定的特殊关系。

(5) 按照该价格销售的货物合计销售总量最大，即必须使用被估的进口货物、相同或类似进口货物合计销售总量最大的价格为基础估定货物价格。

2. 倒扣价格法的倒扣项目

(1) 同等级或者同种类货物在境内第一销售环节销售时，通常的利润和一般费用(包括直接费用和间接费用)及通常支付的佣金。

(2) 货物运抵境内输入地点之后的运输及相关费用、保险费。

(3) 进口关税、进口环节代征税及其他国内税。

(4) 加工增值额。如果以货物经过加工后在境内转售的价格作为倒扣价格的基础，则必须扣除上述加工增值部分。

(四) 计算价格法

计算价格法既不是以成交价格，也不是以在境内的转售价格作为基础，它是以发生在生产国或地区的生产成本作为基础的价格。按有关规定采用计算价格法时，进口货物的完税价格由下列各项目的总和构成。

(1) 生产该货物所使用的料件成本和加工费用。料件成本是指生产被估货物的原料成本，包括原材料的采购价值及原材料投入实际生产之前发生的各类费用。加工费用是指将原材料加工为制成品过程中发生的生产费用，包括人工成本、装配费用及有关间接成本。

(2) 向境内销售同等级或者同种类货物通常的利润和一般费用(包括直接费用和间接费用)。

(3) 货物运抵中华人民共和国境内输入地点起卸前的运输及相关费用、保险费。

计算价格估价方法按顺序为第四种估价方法，但如果进口货物纳税义务人提出要求，可以与倒扣价格估价方法颠倒顺序使用。此外，海关在征得境外生产商同意并提前通知有关国家或者地区政府后，可以在境外核实该企业提供的有关资料。

(五) 合理方法

合理方法是指当海关不能根据成交价格估价方法、相同货物成交价格估价方法、类似货物成交价格估价方法、倒扣价格估价方法和计算价格估价方法确定完税价格时，根据公平、统一、客观的估价原则，以客观量化的数据资料为基础审查确定进口货物价格的估价方法。

合理方法本身不是一种具体的估价方法，实际运用时，应按顺序合理、灵活使用，但禁止使用以下6种价格。

（1）境内生产的货物在境内的销售价格。

（2）在两种价格中较高的价格。

（3）依据货物在出口地市场的销售价格。

（4）以计算价格法规定之外的价值或者费用计算的相同或者类似货物的价格。

（5）依据出口到第三国或地区货物的销售价格。

（6）依据最低限价或武断、虚构的价格。

二、出口货物完税价格审价方法

1. 出口货物的完税价格

出口货物的完税价格以成交价格为基础确定，包括货物运至输出地点前的运输及相关费用、保险费。

2. 出口货物的成交价格

出口货物的成交价格是指货物出口销售时，卖方为出口该货物向买方直接收取和间接收取的价款总额。

3. 不计入的税收、费用

（1）出口关税。

（2）在货物价款中单独列明的货物运至中华人民共和国境内输出地点装载后的运费及相关费用、保险费。

（3）在货物价款中单独列明由卖方承担的佣金。

4. 出口货物其他估价方法

海关依次以下列价格审查确定货物的完税价格。

（1）同时或者大约同时向同一国家或者地区出口的相同货物的成交价格。

（2）同时或者大约同时向同一国家或者地区出口的类似货物的成交价格。

（3）根据境内生产相同或类似货物的成本、利润和一般费用（包括直接费用和间接费用）、境内发生的运输及相关费用、保险费计算所得的价格。

（4）按照合理方法估定的价格。出口货物完税价格的计算公式如下：

出口货物完税价格＝FOB（中国境内口岸）－出口关税

＝FOB（中国境内口岸）÷（1＋出口关税税率）

【思考5-6】 某工厂从德国某企业购买了一批机械设备，成交条件为CIF大连，该批货物的发票列示如下：机械设备USD100000，运保费USD500，卖方佣金USD1500，设备调试费USD2000，特许权使用费USD1000。该批货物向海关申报的总价应是多少？

文档：思考5-6答案解析

任务三 进出口货物原产地的确定与税率适用

案例导入

大连某渔业发展有限公司申报进口原产于印度尼西亚的冻鱼一批，申请享受中国—东盟自由贸易区协定税率并提交中国—东盟自由贸易区项下印度尼西亚原产地证书。海关经审核发现，该原产地证书缺少签证机构签章及官员签名。企业称相关证书均由印度尼西亚出口企业向签证机构按正常程序申请，但无法解释证书缺少签章和签名的原因。海关启动境外核查程序，经印度尼西亚方面核实，该证书因签证机构工作人员失误导致填制不规范，认定证书无效，但相关货物能否享受协定税率交由中方判断。最后，海关判定企业不能凭该份填制不规范的无效证书享受协定税率，要求企业重新提交符合规定的原产地证书。

问题：

（1）什么是优惠原产地规则？

（2）中国—东盟自由贸易协定有哪些通关管理措施？

一、原产地规则的含义

微课：原产地的确认

在国际贸易中，原产地是指货物生产的国家（地区），就是货物的“国籍”。随着世界经济一体化和生产国际化的发展，准确认定进口货物的“国籍”变得更为重要。因为确定了进口货物的“国籍”，就确定了其依照进口国（地区）的贸易政策所适用的关税和非关税待遇。原产地的不同决定了进口商品所享受的待遇不同，为适应国际贸易的需要，并为执行本国（地区）关税及非关税方面的贸易措施，进口国（地区）必须对进出口商品的原产地进行认定。为此，各国（地区）以本国（地区）立法形式制定出其鉴别货物“国籍”的标准，这就是原产地规则。一般而言，能够确定进口货物属于优惠原产地规则适用范围，则货物适用较为优惠的协定税率或特惠税率。进口货物如属于非优惠原产地规则适用范围，则货物适用最惠国税率。

二、原产地规则的类别

按是否适用优惠贸易协定，原产地规则分为两大类：一类为优惠原产地规则；另一类为非优惠原产地规则。

1. 优惠原产地规则

优惠原产地规则是指一国为了实施国别优惠政策而制定的法律、法规，是以优惠贸易协定通过双边、多边协定形式或者是由本国自主制定的一些特殊原产地认定标准，因此也称协定原产地规则。优惠原产地规则下进口货物享受比最惠国税率更优惠的待遇。

我国加入WTO组织后，为了进一步改善所处的贸易环境，推进市场多元化进程，先后签订的优惠贸易协定主要有《亚洲及太平洋经济和社会理事会发展中国家成员国关于贸易谈判的第一协定》《中华人民共和国与东南亚国家联盟全面经济合作框架协议》《内地与香港关于建立更紧密经贸关系的安排》(CEPA)、《内地与澳门 CEPA 服务贸易协议》和《区域全面经济伙伴关系协定》(RCEP)等。

2. 非优惠原产地规则

非优惠原产地规则是指一国根据实施其海关税则和其他贸易措施的需要,由本国立法自主制定的原产地规则,也称自主原产地规则。按照 WTO 的规定,其实施必须遵循最惠国待遇规则,包括实施最惠国待遇、反倾销、反补贴、保障措施、数量限制或关税配额、原产地标记或贸易统计、政府采购时采用的原产地规则。《WTO 协调非优惠原产地规则》正由各国进行磋商,待谈判达成一致并正式实施后,世界贸易组织成员将实施统一的协调非优惠原产地规则,以取代各国自主制定的非优惠原产地规则。

三、原产地认定标准

原产地认定标准有优惠原产地认定标准和非优惠原产地认定标准两种。

(一) 优惠原产地认定标准

优惠原产地认定标准主要分为完全获得标准和实质性改变标准。

1. 完全获得标准

完全获得标准是指货物完全是在一个国家(地区)获得或者生产制造品。相关货物包括:

(1) 在该成员国或者地区境内收获、采摘或者采集的植物产品。

(2) 在该成员国或者地区境内出生并饲养的活动物。

(3) 在该成员国或者地区领土、领海开采、提取的矿产品。

(4) 其他符合相应优惠贸易协定项下完全获得标准的货物。

2. 实质性改变标准

实质性改变标准适用于非完全在一国(地区)获得或者生产的货物。实质性改变标准主要分以下 4 种。

(1) 税则归类改变标准,是指原产于非成员国或者地区的材料在出口成员国或者地区境内进行制造、加工后,所得货物在协调制度中税则归类发生了变化。《亚洲及太平洋经济和社会理事会发展中国家成员国关于贸易谈判的第一协定》原产地证书所列货物税则号列与海关认定的实际进口货物税则号列前 4 位应当相同。其他优惠贸易协定货物,实际税则号列与原产地证书所列货物税则号列前 6 位应当相同。

(2) 区域价值成分标准,是指出口货物船上交货价格(FOB)扣除该货物生产过程中该成员国或者地区非原产材料价格后,所余价款在出口货物船上交货价格(FOB)中所占的百分比。用公式表示如下:

区域价值成分=[货物的出口价格(FOB)-非原产材料价格]
÷货物的出口价格(FOB)×100%

不同协定框架下的优惠原产地规则均包含区域价值成分标准,但各有不同。部分贸易协定的区域价值成分标准见表 5-2。

表 5-2 部分贸易协定的区域价值成分标准

协定名称	非成员国原产的原材料价值占 FOB 价的比例	成员国原产的原材料价值占 FOB 价的比例
《亚洲及太平洋经济和社会理事会发展中国家成员国关于贸易谈判的第一协定》(孟加拉国除外)	≤55%	>45%
《中华人民共和国与东南亚国家联盟全面经济合作框架协议》	<60%	≥40%
《亚洲及太平洋经济和社会理事会发展中国家成员国关于贸易谈判的第一协定》(孟加拉国)	≤65%	>35%
CEPA 项下的港澳产品	<70%	≥30%
《中韩自由贸易协定》	<40%	≥60%

(3) 制造加工工序标准,是指赋予加工后所得货物基本特征的主要工序。

(4) 其他标准,是指除上述标准之外,成员国或者地区一致同意采用的确定货物原产地的其他标准。

3. 直接运输规则

直接运输是指优惠贸易协定项下进口货物从该协定成员国或者地区直接运输至中国境内,途中未经过该协定成员国或者地区以外的其他国家或者地区。原产于优惠贸易协定成员国或者地区的货物,经过其他国家或者地区运输至我国境内,不论在运输途中是否转换运输工具或者作临时储存,同时符合下列条件的,视为直接运输。

(1) 该货物在经过其他国家或者地区时,未做除使货物保持良好状态所必须处理以外的其他处理。

(2) 该货物在其他国家或者地区停留的时间未超过相应优惠贸易协定规定的期限。

(3) 该货物在其他国家或者地区做临时储存时,处于该国家或者地区海关监管之下。

(二) 非优惠原产地认定标准

我国的非优惠原产地认定标准主要有完全获得标准和实质性改变的确定标准。

1. 完全获得标准

(1) 在该国(地区)出生并饲养的活的动物。

(2) 在该国(地区)野外捕捉、捕捞、搜集的动物。

(3) 从该国(地区)的活的动物获得的未经加工的物品。

(4) 在该国(地区)收获的植物和植物产品。

(5) 在该国(地区)采掘的矿物。

(6) 在该国(地区)获得的除上述五项范围之外的其他天然生成的物品。

(7) 在该国(地区)生产过程中产生的只能弃置或回收用作材料的废碎料。

(8) 在该国(地区)收集的不能修复或修理的物品,或者从该物品中加收的零件或者材料。

(9) 由合法悬挂该国旗帜的船舶从其领海以外海域获得的海洋捕捞物和其他物品。

(10) 从该国领海外享有专有开采权的海床或海床底上获得的物品。

2. 实质性改变的确定标准

适用非优惠原产地贸易措施下两个及以上国家参与生产或制造的货物,以最后完成实质性改变的国家为原产地。

(1) 税则归类改变。它是指某一国家(地区)对非该国(地区)原产材料进行制造、加工后,使其4位税号一级的税则归类发生改变。

(2) 若税则归类不能反映实质性改变,则采用下列标准。

① 制造或加工工序。制造或加工工序是指在某一国家(地区)进行的赋予制造、加工后所得货物基本特征的主要工序。

② 从价百分比。从价百分比是指在某一国家(地区)对非该国(地区)原产材料进行的制造、加工后的增值部分,超过货物价值30%。

【思考5-7】 一部苹果手机由台湾富士康公司设在大陆的工厂组装完成,然后出口到美国,大陆的进口商又进口该手机,再卖给批发商,批发商销售给零售商,零售商卖给消费者,从而完成一部手机从组装到消费的全过程。而在组装前,手机的原材料和零部件的来源比较复杂,供应商来自日本、韩国等不同国家的不同企业,如三星就是苹果重要的配件供应商之一。请确定苹果手机的原产地。

文档:思考5-7答案解析

四、享惠原产地申报

对于享受协定税率或特惠税率的进口货物,进口人需要向海关申报享惠原产地信息。对于不享惠的进口货物,进口人只需要在报关单商品项的原产国(地区)填报原产地即可。

1. 核实原产地证明的有效性

原产地证明包括原产地证书和原产地声明两种形式,是证明货物原产于某地的书面文件。它是受惠国或地区的原产品出口到给惠国或地区时享受关税优惠的凭证,也是进口货物是否适用反倾销、反补贴及保障措施等贸易政策的参考凭证。在申报原产地证明前,进口人应当核实其有效性,需要注意下列事项。

(1) 原产地证书应当由受惠国或地区授权机构签发。

(2) 具有签名以及印章等安全特征,并且真实有效。

(3) 以规定的语言填制。

(4) 具有不重复的编号。

(5) 注明货物具备原产地资格的依据。

(6) 在规定的有效期内。

2. 核实是否符合"直接运输规则"

原产地规则中的"直接运输规则"是指申报适用协定税率、特惠税率的进口货物应该从优惠贸易协定的签订国或地区直接运输到我国境内,对于经非签约国或地区转运的货物,应符合海关的相关规定。

(1) 经港澳中转进口货物单证提交要求。根据《关于进一步简化经港澳中转货物原产地管理要求的公告》(海关总署公告2017年第26号),自2017年7月10日起,对于依照《关于各优惠贸易安排项下经港澳中转进口货物单证提交事宜的公告》(海关总署公告2016年第52号)规定,进口人应当提交中转确认书的情形,如果海关已收到有关中转确认书电子信息,且与进口人申报内容一致,海关不再要求进口人提交中转确认书正本。如果海关未收到相关中转确认书电子信息或认为有必要时，进口人仍应当提交中转确认书正本。

（2）经香港或澳门之外的第三方中转进口货物单证提交要求。向海关申报进口经香港或澳门之外的第三方中转并享受协定优惠的货物时，进口人必须交验该国家或地区海关出具的未再加工证明文件和自优惠贸易协定成员国或地区启运后换装运输工具至我国的全程提（运）单。

（3）非直接运输时无须提供中转确认书或未再加工证明文件的情形。进口人申报适用协定税率或特惠税率时向海关提交下列运输单证之一的，海关不再要求提交中转地海关授权机构出具的证明文件。

① 对空运或海运进口货物，经营国际快递业务的企业、民用航空运输企业、国际班轮运输经营者及委托代理人出具的单份运输单证。该运输单证应在同一页上载明始发地为进口货物的原产国（地区）境内，且目的地为中国境内；原产于内陆国家（地区）的海运进口货物，始发地可为其海运始发地。

② 对已实现原产地电子数据交换的《海峡两岸经济合作框架协议》（ECFA）等协定项下集装箱运输货物，也可提交能够证明货物在运输过程中集装箱箱号、封志号未发生变动的全程运输单证。

3. 享惠原产地单证申报要求

根据《关于优惠贸易协定项下进出口货物报关单有关原产地栏目填制规范和申报事宜的公告》（海关总署公告2021年第34号），进口人可以自行选择“有纸报关”方式或“通关无纸化”方式申报“优惠贸易协定享惠”类栏目，同时在商品项对应的“原产国（地区）”栏填报。选择“有纸报关”方式申报的，进口人在申报进口时提交原产地单证纸质文件；选择“通关无纸化”方式申报的，进口人应当按以下要求以电子方式提交原产地单证。

（1）对尚未实现原产地电子信息交换的优惠贸易协定项下的进口货物，通过“优惠贸易协定原产地要素申报系统”填报原产地证明电子数据和直接运输规则承诺事项，并且在申报进口时以电子方式上传原产地证明。对已实现原产地电子信息交换的优惠贸易协定项下进口货物，无须填报原产地证明电子数据和直接运输规则承诺事项，也无须以电子方式上传原产地证明。

（2）凭《中华人民共和国和瑞士联邦自由贸易协定》项下原产地声明申报进口时，无须以电子方式上传原产地声明。

（3）以电子方式上传商业发票、运输单证和未再加工证明文件。中国香港、澳门特别行政区的中转确认书无须上传。

（4）对免提交原产地证明的小金额进口货物，无须以电子方式上传原产地证明。

（5）进口人填报的原产地证明电子数据、直接运输规则承诺事项和以电子方式上传的单证内容应当与其持有的单证正本一致。

五、税率适用的规定

微课：关税税率的确定

税率适用是指进出口货物在征税、补税或退税时选择适用的各种税率。我国进口关税调协最惠国税率、协定税率、特惠税率、普通税率、关税配额税率等税率。对进出口货物在一定期限内可以实行暂定税率。

对于同时适用多种税率的进口货物,在选择适用的税率时,基本原则是"从低计征",特殊情况除外。对于出口货物,在计算出口关税时,出口暂定税率优先于出口税率执行。进出口货物适用税率汇总表见表5-3。

表5-3 进出口货物适用税率汇总表

适用货物	可选用的税率	最终适用的税率
进口货物	同时适用最惠国税率、进口暂定税率	应当适用进口暂定税率
	同时适用协定税率、特惠税率、进口暂定税率	应当从低适用税率
	同时适用国家优惠政策、进口暂定税率	按国家优惠政策进口暂定税率商品时,以优惠政策计算确定的税率与进口暂定税率两者取低计征关税,但不得在进口暂定税率基础上再进行减免
	适用普通税率的进口货物,存在进口暂定税率	适用普通税率的进口货物,不适用进口暂定税率
	适用关税配额税率、其他税率	关税配额内的、适用关税配额税率;关税配额外的,适用其他税率
	同时适用ITA税率、其他税率	适用ITA税率
	反倾销税率、反补贴税率、保障措施税率、报复性关税税率	适用反倾销税率、反补贴税率、保障措施税率、报复性关税税率,除按《中华人民共和国进出口税则》的税率征收关税外,另外加征的关税
出口货物	出口暂定税率、出口税率	适用出口暂定税率

【思考5-8】 中国长春某公司与香港某公司签约进口韩国生产的彩色超声波诊断仪一台,直接由韩国运抵中国大连,成交价格为CIF大连10000美元/台。设1美元=6.85元人民币,最惠国税率为5%,普通税税率为17%,《亚洲及太平洋经济和社会理事会发展中国家成员国关于贸易谈判的第一协定》税率为4.5%。该货物适用何种税率?

文档:思考5-8答案解析

六、税率适用的时间

《中华人民共和国进出口关税条例》规定,进出口货物应当适用海关接受该货物申报进口或出口之日实施的税率,税率适用时间见表5-4。

表5-4 税率适用时间

货物类别	税率适用时间的规定
进出口货物	适用海关接受该货物申报进口或出口之日实施的税率
超期未申报,海关依法变卖的进口货物	适用装载该货物的运输工具申报进境之日实施
经海关批准,实行集中申报的进出口货物	适用每次货物进出口时海关接受该货物申报之日实施的税率

续表

货物类别	税率适用时间的规定
因纳税人违反规定需要追征税款的进出口货物： ① 保税货物经批准不复运出境的； ② 保税仓储货物转入国内市场销售的； ③ 减免税货物经批准转让或移作他用的； ④ 暂准进境/出境货物经批准不复运出境/进境的； ⑤ 租赁进口货物，分期缴纳税款的	适用违反规定的行为发生之日实施的税率；行为发生之日不能确定的，适用海关发现该行为之日实施的税率
已申报进境并放行，有下列情形需缴纳税款的： ① 保税货物经批准不复运出境的； ② 保税仓储货物转入国内市场销售的； ③ 减免税货物经批准转让或移作他用的； ④ 可暂不缴纳税款的暂时进出境货物，经批准不复运出境或者进境的； ⑤ 租赁进口货物，分期缴纳税款的	适用海关接受（纳税义务人再次填制报关单）申报办理纳税及有关手续之日实施的税率
进出口货物关税的补征和退还	按上述规定确定适用的税率

七、汇率适用的时间

进出口货物的成交价格及有关费用以外币计价的，海关按该货物适用税率之日所适用的计征汇率折合为人民币计算完税价格。计征汇率的使用原则如下。

（1）海关每月使用的计征汇率为上一个月第三个星期三（第三个星期三为法定节假日的，顺延采用第四个星期三）中国人民银行公布的外币对人民币的基准汇率。

（2）以基准汇率币种以外的外币计价的，采用同一时间中国银行公布的现汇买入价和现汇卖出价的中间值（人民币元后采用四舍五入法保留 4 位小数）。

（3）汇率发生重大波动的，海关总署认为必要时，可另行规定计征汇率。

任务四　进出口税费的计算

案例导入

报关员马娟接到深圳某进出口公司的咨询，该公司出口某种货物 1000 件，每件重 300 千克，成交价格为 CFR 香港 50000 元人民币。已申报运费为每公吨 300 元，出口关税税率为 15%。

问题：

（1）该货物是否征收出口关税？

（2）海关应征收多少出口税税额？

一、进出口关税的计算

（一）进口税费的计算

1. 从价税

税费计算的程序：①确定货物的完税价格(即确定货物的 CIF 报价)；②根据汇率适用原则将外币计算为人民币；③按照公式计算应征收的税款。

【例 5-1】 中国天津某汽车贸易公司从日本进口皇冠轿车 10 辆，成交价格合计为 FOB 横滨 120000 美元，实际支付运费 5000 美元，保险费 800 美元。已知该轿车的气缸容量为 2000 毫升，适用中国银行外汇折算价为 1 美元＝6.8396 元人民币。要求：计算应纳进口关税税额(原产国日本适用最惠国税率为 25％)。

微课：进出口税费的计算

解 （1）确定进口货物完税价格：

完税价格＝CIF 价格＝120000＋5000＋800＝125800(美元)

（2）根据汇率适用原则将外币计算为人民币：

完税价格＝125800×6.8396＝860421.68(元)

（3）计算应纳进口关税税额：

应纳关税税额＝进口货物完税价格×进口关税税率
＝860421.68×25％
＝215105.42(元)

2. 从量税

税费计算的程序：①确定货物的实际进口数量，如果进口计量单位与计税的单位不同，应该进行换算；②按照公式计算应征收的税款。

【例 5-2】 国内某公司从日本购进日本产激光胶片 61820 平方米，成交价格为 CIF 境内某口岸 602 日元/平方米，日本产激光胶片适用最惠国税率 2.4 元/平方米。已知适用的外汇折算价为 1 日元＝0.058403 元人民币。要求：计算应征进口关税。

解 （1）确定其实际进口量 61820 平方米。

（2）按照公式计算应征关税税额：

应征进口关税税额＝货物数量×单位税额
＝61820×2.4
＝148368(元)

3. 复合税

税费计算的程序：①根据完税价格审定办法、规定，确定应税货物的完税价格；②根据汇率使用原则，将外币折算成人民币；③按照公式计算应征收的税款。

【例 5-3】 国内某公司从日本进口非特种用途广播级电视摄像机 20 台，其中有 12 台成交价格为 CIF 境内某口岸 4900 美元/台，其余 8 台成交价格为 CIF 境内某口岸 5200 美元/台。已知适用的外汇折算价为 1 美元＝6.8396 元人民币。要求：计算应征进口关税税额。

解 （1）运用进口货物完税价格审定的方法，结合合同及发票内容，按照成交价格的定义及条件所述要求全面对申报价格进行审查认定，经审查未发现不符合成交价格规定的情形，按照成交价格方法确定完税价格，审定 CIF 价格分别合计为 58800 美元（12 台×4900 美元）和 41600 美元（8 台×5200 美元）。

（2）按照税率设置规定，该货物适用复合税率。原产国为日本，适用最惠国税率。完税价格不高于 5000 美元/台的，关税税率为单一从价税率 35%；完税价格高于 5000 美元/台的，关税税率为 3%，每台加征 12960 元人民币从量税。

（3）根据汇率适用规定，确定完税价格分别为"58800 美元×6.8396＝402168.48（元）"和"41600 美元×6.8396＝284527.36（元）"。

（4）按照计算公式分别计算进口关税税额：

12 台单一从价进口关税税额＝完税价格×关税税率

＝402168.48×35%

＝140758.97（元）

8 台复合进口关税税额＝货物数量×单位税额＋完税价格×关税税率

＝8×12960＋284527.36×3%

＝103680＋8535.82

＝112215.82（元）

20 台合计进口关税税额＝从价进口关税税额＋复合进口关税税额

＝140758.97＋112215.82

＝252974.79（元）

（二）出口税费的计算

税费计算的程序：①确定应税货物的完税价格（即确定货物的 FOB 报价）；②根据汇率使用原则，将外币折算成人民币；③按照公式计算应征收的税款。

【例 5-4】 国内某进出口公司出口锌砂 300 吨到日本，经海关审定成交价格为 FOB 上海 600 美元/吨，锌砂的出口关税税率为 30%。要求：计算应纳出口关税税额（其适用中国人民银行公布的基准汇率：1 美元＝6.68 元人民币）。

解 （1）该出口货物完税价格：

300 吨×600 美元＝180000（美元）

该出口货物完税价格＝FOB 价格÷（1＋出口关税税率）

＝180000÷（1＋30%）

＝138461.54（美元）

（2）根据汇率使用原则，将外币折算成人民币：

138461.54×6.68＝924923.09（元）

（3）计算应纳出口关税税额：

应纳出口关税税额＝出口货物完税价格×适用的出口关税税率

＝924923.09×30%

＝277476.93（元）

二、进口环节海关代征税的计算

（一）消费税计算

税费计算程序：①根据有关规定，确定应税货物所适用的消费税税率；②根据审定完税价格的有关规定，确定应税货物的CIF价格；③根据汇率适用规定，将外币折算成人民币（完税价格）；④按照计算公式正确计算消费税税款。

【例5-5】 国内某进出口公司进口啤酒4000升（啤酒：1吨＝988升），经海关审核其成交价格为CIF上海1800美元。已知进口完税价格≥360美元/吨时，啤酒消费税税率为250元/吨；进口完税价格＜360美元/吨时，啤酒消费税税率为220元/吨。其适用中国人民银行公布的基准汇率为1美元＝6.83元人民币。要求：计算应纳进口环节消费税税额。

解 （1）确定应税货物的单位完税价格：

将进口货物的计量单位折算为计税单位：4000÷988＝4.05（吨）

进口货物的单位完税价格：1800÷4.05＝444.44（美元/吨）

（2）确定应税货物适用的消费税税率为250元/吨。

（3）计算应纳进口消费税税额：

应纳进口消费税税额＝进口货物数量×消费税从量税率

＝4.05×250

＝1012.50（元）

（二）增值税计算

【例5-6】 天津某汽车贸易公司从日本进口排气量为90毫升的女式摩托车100台，成交价格CIF天津100000日元/台，且经海关审定。查摩托车的适用关税税率为34.2%，增值税税率为13%，消费税税率为10%，其适用的汇率为100日元＝6.8531元/人民币。要求：计算应纳进口环节增值税税额。

解 （1）确定进口货物完税价格：

完税价格＝CIF价格＝100000×100＝10000000（日元）

（2）将外汇计价的完税价格折合成人民币计价的完税价格：

完税价格＝10000000×0.068531＝685310（元）

（3）计算应纳进口关税税额：

应纳进口关税税额＝进口货物完税价格×进口关税税率

＝685310×34.2%

＝234376.02（元）

（4）计算消费税组成计税价格：

消费税组成计税价格＝（进口货物完税价格＋进口关税税额）÷（1－消费税税率）

＝（685310＋234376.02）÷（1－10%）

＝1021873.36（元）

（5）计算应纳进口环节消费税税额：

应纳进口环节消费税税额＝消费税组成计税价格×消费税税率

＝1021873.36×10%

＝102187.34（元）

（6）计算增值税组成计税价格：

增值税组成计税价格 = 进口货物完税价格 + 进口关税税额 + 消费税税额
= 685310 + 234376.02 + 102187.34
= 1021873.36(元)

(7) 计算应纳进口环节增值税税额:

应纳进口环节增值税税额 = 增值税组成计税价格 × 增值税税率
= 1021873.36 × 13%
= 132843.54(元)

文档:思考 5-9 答案解析

【思考 5-9】 国内某远洋渔业企业向美国购进国内性能不能满足需要的柴油船用发动机 2 台,成交价格合计为 CIF 境内目的地口岸 700000 美元。经批准该发动机进口关税税率减按 1%计征。已知适用中国银行的外汇折算价为 1 美元=6.8396 元人民币,计算应征进口关税税额(原产国美国适用最惠国税率 5%,减按 1%计征)。

三、进出口税费的缴纳与退补

(一) 税款缴纳

进出口货物的纳税义务人应自海关填发税款缴款书之日起 15 日内缴纳税款,全国通关一体化无纸化报关模式下,纳税义务人可在"中国国际贸易单一窗口"申报时自报自缴。

(二) 税款退还

纳税义务人按照规定缴纳税款后,因误征、溢征及其他国家政策调整原因应予退还的税款可由海关依法退还。

1. 多征税款退税

(1) 海关发现多征税款的,应当立即通知纳税义务人办理退还手续;纳税义务人应当自收到通知之日起 3 个月内办理有关退税手续。

(2) 纳税义务人发现多缴税款的,自缴纳税款之日起 1 年内,可以书面形式要求海关退还多缴的税款并加算银行同期活期存款利息。

2. 品质或规格原因退税

已缴纳税款的进口货物,因品质或者规格原因原状退货复运出境的;已缴纳出口关税的出口货物,因品质或者规格原因原状退货复运进境并已重新缴纳因出口而退还的国内环节有关税收的;纳税义务人自缴纳税款之日起 1 年内可向海关申请退税。

3. 短装退税

散装进出口货物发生短装并已征税放行的,如果该货物发货人、承运人、保险公司已对短装部分退还或赔偿相应货款,纳税义务人自缴纳税款之日起 1 年内,可向海关申请退还短装部分相应税款。

4. 退关退税

已缴纳出口关税的货物,因故未装运出口申报退关的;纳税义务人自缴纳税款之日起 1 年内可向海关申请退税。

5. 赔偿退税

进出口货物因残损、品质不良、规格不符等原因,由进出口货物的发货人、承运人或保险公司赔偿相应货款的，纳税义务人自缴纳税款之日起1年内，可向海关申请退还赔偿货款部分的相应税款。

进出口环节增值税已予抵缴的除国家另有规定外不予退还；已征收的滞纳金不予退还。海关应当自受理退税申请之日起30日内查实并通知纳税义务人办理退还手续。纳税义务人应当自收到通知之日起3个月内办理有关退税手续。

（三）税款追补

1. 少征、漏征税款补税

进出口货物放行后，海关发现少征税款，应当自缴纳税款之日起1年内，由海关补征；海关发现漏征税款，应当自货物放行之日起1年内，向纳税义务人补征漏征的税款。

2. 少征、漏征税款追税

因纳税义务人违反规定导致海关对进出口货物或海关监管货物少征税款的，海关应当自纳税义务人缴纳税款之日起3年内追征少征的税款；因纳税义务人违反规定导致海关对进出口货物或海关监管货物漏征税款的，海关应当自该货物放行之日起3年内追征漏征的税款。

少征或漏征税款部分涉及滞纳金的一并征收。

拓展训练

文档：项目五
在线自测

一、在线自测

扫描右侧二维码查阅题目。

二、实务操作

宁波瑞思公司是美国外商独资企业，瑞思公司向该企业境外的美国母公司使用自有资金订购进口设备15台（属法定检验商品，自动许可证管理商品），该企业向海关提供的发票价格为CIF XIAMEN 20000美元/台。但海关核查后发现，国内其他公司同期购进相同设备的成交价格为CIF XIAMEN 25000美元/台；另外，设备进口后在国内销售，该企业将所得价款的10%返还给美国母公司。

查《中华人民共和国进出口税则》获知，该产品最惠国税率为20%，普通税率为40%，若适用的外汇折算价为1美元＝6.68元人民币。

作为宁波瑞思公司的报关员应完成以下工作。

（1）该进口设备按一般进口货物申报，应提交哪些报关单证？

（2）判断海关审定的完税价格应为多少？

（3）计算海关应征进口税额。

文档：项目五实务操作答案

项目六

海关出入境检验检疫

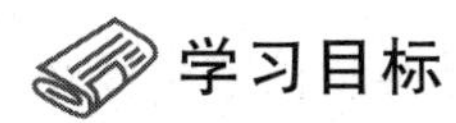

学习目标

知识目标

1. 了解出入境检验检疫的含义、相关法律；
2. 掌握我国出入境检验检疫工作的主要内容；
3. 熟悉我国报检的范围、时间、地点。

技能目标

1. 能够熟识检验检疫相关法律、法规；
2. 能够按照检验检疫相关要求申报。

素养目标

1. 增强"法治意识"，养成遵纪守法、服从管理的意识；

2. 在理解习近平新时代中国特色社会主义思想和总体国家安全观的基础上，认识出入境检验检疫为维护人类的健康安全和人类社会发展的重要作用。

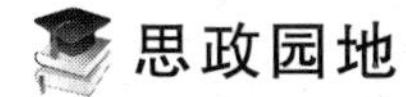

思政园地

生物安全法——维护人民生命健康权的根本保障

《中华人民共和国生物安全法》(简称《生物安全法》)是为了维护国家安全，防范和应对生物安全风险，保障人民生命健康，保护生物资源和生态环境，促进生物技术健康发展，推动构建人类命运共同体，实现人与自然和谐共生而制定的。《生物安全法》所称生物安全，是指国家有效防范和应对危险生物因子及相关因素威胁，生物技术能够稳定健康发展，人民生命健康和生态系统相对处于没有危险和不受威胁的状态，生物领域具备维护国家安全和持续发展的能力。

《生物安全法》作为生物安全领域基础性、系统性、综合性、统领性法律，是习近平新时代中国特色社会主义思想和总体国家安全观在生物安全领域的重要体现。《生物安全法》将党中央关于生物安全的重大决策部署以法律形式转化为国家意志，是国家生物安全体系建设的一个新的里程碑。

资料来源：https://m.gmw.cn/baijia/2021-04/14/34762441.html.

任务一　出入境检验检疫制度概述

案例导入

大连晨宇进出口有限公司委托大连皓月报关有限公司以一般贸易方式向海关申报进口自动仓储货柜(旧),申报 CIF 总价为 37540 欧元,申报包装种类为其他包装。但经查,该批货物包装种类实际为天然木托,故大连晨宇进出口有限公司进口商品包装种类申报与实际不符。

问题:企业如此申报是否可以?是否违反检验检疫的相关法律、法规?

出入境检验检疫制度是我国贸易管制制度的重要组成部分,其目的是维护国家声誉和对外贸易有关当事人的合法权益,保证国内的生产、促进对外贸易健康发展,保护我国的公共安全和人民生命财产安全等,是国家主权的具体体现。

一、出入境检验检疫概况

(一) 出入境检验检疫的含义

出入境检验检疫是国家出入境检验检疫部门依照国家检验检疫法律、法规规定,对进出境的商品(包括动植物产品),以及运载这些商品、动植物和旅客的交通工具、运输设备,分别实施检验、检疫、鉴定、监督管理和对出入境人员实施卫生检疫及口岸卫生监督的统称。

(二) 出入境检验检疫的相关法律、法规

我国现行的出入境检验检疫法律制度是 20 世纪 80 年代逐步建立起来的。目前为止,我国初步形成一个包括《中华人民共和国进出口商品检验法》等法律、法规在内的出入境检验检疫法律框架。

1. 检验检疫法律

(1)《中华人民共和国进出口商品检验法》。1989 年 2 月 21 日第七届全国人民代表大会常务委员会第六次会议通过,之后分别于 2002 年、2013 年、2018 年、2021 年进行了四次修正。该法主要是为了加强进出口商品检验工作,规范进出口商品检验行为,维护社会公共利益和进出口贸易有关各方的合法权益,促进对外经济贸易关系的顺利发展。

(2)《中华人民共和国进出境动植物检疫法》。1991 年 10 月 30 日第七届全国人民代表大会常务委员会第二十二次会议通过,根据 2009 年 8 月 27 日第十一届全国人民代表大会常务委员会第十次会议《关于修改部分法律的决定》进行了修正。该法主要是为了防止动物传染病、寄生虫病和植物危险性病、虫、杂草以及其他有害生物传入、传出国境。保护农、林、牧、渔业生产和人体健康,促进对外经济贸易发展。

(3)《中华人民共和国国境卫生检疫法》。1986 年 12 月 2 日第六届全国人民代表大会常务委员会第十八次会议通过,之后分别于 2007 年、2009 年、2018 年进行了三次修正。该法主要是为了防止传染病由国外传入或者由国内传出,实施国境卫生检疫,保护人体健康。

(4)《中华人民共和国食品安全法》。2009 年 2 月 28 日第十一届全国人民代表大会常务委员会第七次会议通过,2015 年 4 月 24 日第十二届全国人民代表大会常务委员会第十四次会议修订,之后又于 2018 年、2021 年进行了两次修正。该法主要是为了保证食品安

全,保障公众身体健康和生命安全。

(5)《中华人民共和国生物安全法》。2020 年 10 月 17 日第十三届全国人民代表大会常务委员会第二十二次会议通过。该法主要是为了维护国家安全,防范和应对生物安全风险,保障人民生命健康,保护生物资源和生态环境,促进生物技术健康发展,推动构建人类命运共同体,实现人与自然和谐共生。

(6)其他相关法律。其他相关法律包括《中华人民共和国产品质量法》《中华人民共和国计量法》《中华人民共和国标准化法》《中华人民共和国对外贸易法》《中华人民共和国海关法》《中华人民共和国农产品质量法》等。

2. 检验检疫行政法规

文档:《中华人民共和国进出口商品检验法实施条例》

(1)《中华人民共和国进出口商品检验法实施条例》。该条例于 2005 年 8 月 31 日中华人民共和国国务院令第 447 号公布,之后分别于 2013 年、2016 年、2017 年、2019 年、2022 年进行了五次修订。

(2)《中华人民共和国进出境动植物检疫法实施条例》。1996 年 12 月 2 日中华人民共和国国务院令第 206 号发布,自 1997 年 1 月 1 日起施行。

(3)《中华人民共和国国境卫生检疫法实施细则》。1989 年 2 月 10 日国务院批准,1989 年 3 月 6 日卫生部令第 2 号公布,后又分别于 2010 年、2016 年、2019 年进行了三次修订。

(4)《中华人民共和国食品安全法实施条例》。2009 年 7 月 20 日中华人民共和国国务院令第 557 号公布,根据 2016 年 2 月 6 日《国务院关于修改部分行政法规的决定》修订,2019 年 3 月 26 日国务院第 42 次常务会议修订通过,2019 年 10 月 11 日中华人民共和国国务院令第 712 号公布,自 2019 年 12 月 1 日起施行。

(5)其他相关法规。其他相关法规包括《中华人民共和国计量法实施细则》《中华人民共和国标准化法实施条例》《中华人民共和国认证认可条例》《中华人民共和国进出口货物原产地条例》《特种设备安全监察条例》《中华人民共和国工业产品生产许可证管理条例》《国际航行船舶进出中华人民共和国口岸检查办法》。

(三)出入境检验检疫的改革历程

(1)1947 年,中国共产党领导下的第一个检验检疫机构——中苏联合化验室成立。这是在苏联专家的帮助下,东北人民政府贸易部在满洲里和绥芬河两处设立的化验室,主要目的是促进东北解放区对苏联贸易的顺利开展,对我国输往苏联的粮食和猪肉实施检验。

(2)1949 年,中华人民共和国成立后,在上海、汉口、天津、青岛、广州、重庆设立 6 个商品检验局并在上海、汉口、秦皇岛等设立 17 个海港卫生检疫所,为社会主义建设服务。中央人民政府贸易部对外贸易司商品检验处成立,主管全国的进出口商品检验工作。

(3)1952 年,撤销中央人民政府贸易部,分别成立中央人民政府对外贸易部和中央人民政府商业部,在对外贸易部下设商品检验总局,加强了对全国进出口商品检验的领导。

(4)1953 年,卫生部决定,除北京、天津、秦皇岛三处检疫所外,其他卫生检疫机构统一划归各省、市、自治区卫生厅(局)管辖。

(5)1960 年,各地商品检验局统一下放到各省、市、自治区管理,成为地方外贸局(商业厅)的一部分。

(6)1964 年,国务院决定将进出境动植物检疫由对外贸易部商品检验总局划归农业部管理,并于次年在部分开放口岸设立进出境动植物检疫所。至此。我国的检验检疫形成了由进出口商品检验、进出境动植物检疫和国境卫生检疫三个独立的执法行政体系。

(7) 1978 年,改革开放以后,为了适应形势的需要,各级检验检疫机构又陆续划归中央垂直领导,进口食品卫生监督检验工作也于 1987 开始统一由各级卫生防疫部门和卫生行政部门移交给各级卫生检疫所负责。到 1989 年年初,实现了以国家进出口商品检验局、农业部进出境动植物检疫局(总所)和卫生部国境卫生检疫局(总所)分别领导下的“三检”共同把关、各负其责的检验检疫体制,检验检疫工作在各自归口管理部门的领导下,开始实现跨越式发展,取得了辉煌的成就。

(8) 1981 年,农业部成立进出境动植物检疫总所,对外称中华人民共和国进出境动植物检疫总所。1987 年,卫生部成立国境卫生检疫总所,对外称中华人民共和国国境卫生检疫总所。

(9) 1998 年 4 月,为了更好地适应改革开放的形势和外经贸发展的需要,党中央和国务院再次对原有的检验检疫管理体制进行了改革,将原国家进出口商品检验局、卫生部卫生检疫局和农业部动植物检疫局合并组建成中华人民共和国国家出入境检验检疫局,这就是统称的“三检合一”。各直属、分支检验检疫局也于 1999 年完成了改革。

(10) 2001 年 4 月 30 日,为了进一步完善社会主义市场经济,适应中国加入 WTO 有关协议的精神,国务院决定将国家质量技术监督局、国家出入境检验检疫局合并,成立中华人民共和国国家质量监督检验检疫总局。

(11) 2018 年 4 月,按照《深化党和国家机构改革方案》的精神,出入境检验检疫管理职责和队伍正式划入海关,由海关总署统一领导和管理出入境检验检疫工作,即“关检融合”。

(四) 出入境检验检疫工作内容涉及的主要方面

(1) 进出口商品检验。凡列入《海关实行检验检疫的进出境商品目录》(又称《法检目录》)的进出口商品和其他法律、法规规定必须检验的进出口商品,必须经过出入境检验检疫部门或其指定的检验机构检验。必须实施的进出口商品检验,是指确定列入《海关实行检验检疫的进出境商品目录》的商品是否符合国家技术规范的强制性要求的合格评定活动。规定进口商品应检验未检验或检验不合格的,不准销售、使用;出口商品未经检验合格的,不准出口。

(2) 动植物检疫。检验检疫部门依法实施动植物检疫的包括:进境、出境、过境的动植物、动植物产品和其他检疫物;装载动植物、动植物产品和其他检疫物的装载容器、包装物、铺垫材料;来自动植物疫区的运输工具;进境拆解的废旧船舶;有关法律、法规、国际条约规定或贸易合同约定应当实施进出境动植物检疫的其他货物、物品。

(3) 卫生检疫与处理。出入境检验检疫部门统一负责对出入境的人员、交通工具、集装箱、行李、货物、邮包等实施医学检查和卫生检查,检验检疫机构对入境、出境人员实施传染病监测,负责对国境口岸和停留在国境口岸的出入境交通工具的卫生状况实施卫生监督,负责对发现的患有检疫传染病、监测传染病、疑似检疫传染病的入境人员实施隔离、留验和就地诊验等医学措施。对来自疫区、被传染病污染或发现传染病媒介的出入境交通工具、集装箱、行李、货物、邮包等物品进行消毒、除鼠、除虫等卫生处理,检验检疫机构对未染有检疫传染病或已实施卫生处理的交通工具签发入境或出境检疫证。

(4) 进口废物原料、旧机电产品装运前检验。对国家允许作为原料进口的废物和旧机电产品,实施装运前检验制度。收货人与发货人签订的废物原料进口贸易合同中,需订明所进口废物原料符合中国环境保护控制标准的要求，并约定实施装运前检验的进口旧机电产品，其收、发货人或者其代理人应当按照海关总署的规定申请主管海关或者委托检验机构实施装运前检验。实施装运前检验的目的，是防止境外有害废物或不符合我国安全、卫生和环保等技术规范要求的旧机电进入国内，从而有效保障人身和财产安全，有效地保护环境。

(5) 进口商品认证管理。国家对涉及人类健康、动植物生命和健康、环境保护和公共安全的产品实行强制性认证制度。凡列入《中华人民共和国实施强制性产品认证的产品目录》内的商品，必须经过认证合格、取得认证证书后，方可进口。

(6) 出口商品质量许可。国家对重要出口商品实行质量许可制度，未获得出入境检验检疫部门单独或会同有关主管部门共同发放的质量许可证书的商品不准出口。检验检疫部门已对机械、电子、轻工、机电、玩具、医疗器械、煤炭类等商品实施出口商品质量许可制度。

(7) 卫生注册管理。国家对出口食品及生产企业(包括加工厂、屠宰场、冷库、仓库等)实施卫生注册登记制度。实施卫生注册登记制度的出口食品生产企业，应向检验检疫机构申请卫生注册登记，取得卫生注册登记证书后，方可生产、加工、储存出口食品。

(8) 出口危险货物运输包装检验。生产危险货物出口包装容器的企业，必须向检验检疫机构申请包装容器的性能鉴定。包装容器经检验检疫机构鉴定合格后，方可用于包装危险货物。生产出口危险货物的企业，必须向检验检疫机构申请危险货物包装容器的使用鉴定。危险货物包装容器经检验检疫机构鉴定合格的，方可包装危险货物出口。

(9) 外商投资财产价值鉴定。外商投资财产价值鉴定的内容包括外商投资财产的品种、质量、数量、价值和损失鉴定等。通过价值鉴定，可有效防止低价高报或高价低报的现象，保护外商投资企业各投资方的合法权益。

(10) 货物装载和残损鉴定。用船舶和集装箱装运粮油食品、冷冻品等易腐食品出口的，应向口岸检验检疫机构申请检验船舶和集装箱，经检验符合装运技术条件并发给证书后，方准装运。

(11) 进出口商品质量认证。认证机构可以根据国务院认证认可监督管理部门同外国有关机构签订的协议或者接受外国有关机构的委托进行进出口商品质量认证工作，准许在认证合格的进出口商品上使用质量认证标志。

(12) 涉外检验检疫、鉴定、认证机构审核认可和监督。海关总署负责对拟设立的中外合资、合作进出口商品检验、鉴定、认证公司就其资格信誉、技术力量、装备设施及业务范围四方面进行审查，对从事进出口商品检验、鉴定、认证业务公司的经营活动实行统一监督管理，对境内外检验鉴定认证公司设在各地的办事处实行备案管理。

(13) 其他。与外国政府部门及 UN、APEC、ASEM 等国际组织开展合作，并承担 WTO/TBT 协议、WTO/SPS 协议的相关业务，负责对外签订政府部门间的检验检疫合作协议、认证认可合作协议、检验检疫协议执行议定书等，并组织实施。

二、报检

报检是指进出口货物收发货人或其代理人，依照有关法律、行政法规的规定，在规定的地点和期限内，以书面或电子申报方式向出入境检验检疫机构报告其法定检验检疫物的情况，随附有关单证，并接受出入境检验检疫机构对其法定检验检疫物实施检验检疫，以获得出

文档：《中华人民共和国海关进出口商品检验采信管理办法》

入境通关放行凭证及其他证单的行为。

（一）报检范围

（1）法律、行政法规规定必须由检验检疫机构实施检验检疫的。以下对象在出入境时必须向检验检疫机构报检，由检验检疫机构实施检验检疫或鉴定工作。

① 列入《出入境检验检疫机构实施检验检疫的进出境商品目录》内的货物。

② 入境废物、进口旧机电产品。

③ 出口危险货物包装容器的性能检验和使用鉴定。

④ 进出境集装箱。

⑤ 进境、出境、过境的动植物、动植物产品及其他检疫物。

⑥ 装载动植物、动植物产品和其他检疫物的装载容器、包装物、铺垫材料，进境动植物性包装物、铺垫材料。

⑦ 来自动植物疫区的运输工具，装载进境、出境、过境的动植物，动植物产品及其他检疫物的运输工具。

⑧ 进境拆解的废旧船舶。

⑨ 出入境人员、交通工具、运输设备及可能传播检疫传染病的行李、货物、邮包等物品。

⑩ 旅客携带物（包括微生物、人体组织、生物制品、血液及制品、骸骨、骨灰、废旧物品和可能传播传染病的物品及动植物、动植物产品和其他检疫物）和携带伴侣动物。

⑪ 国际邮寄物（包括动植物、动植物产品和其他检疫物、人体组织、微生物、生物制品、血液及制品以及其他需要实施检疫的国际邮寄物）。

⑫ 其他法律、行政法规规定需经检验检疫机构实施检验检疫的其他应检对象。

（2）输入国家或地区规定必须凭检验检疫机构出具的证书方准入境的。

（3）有关国际条约或与我国有协定、协议，必须经检验检疫并取得有关证书方准入境的。凡是国际条约、公约或者协定规定必须经我国检验检疫机构实施检验检疫的出入境货物，报检人必须向检验检疫机构报检，由检验检疫机构实施检验检疫。

（4）对外贸易合同约定必须凭检验检疫机构签发的证书进行交接、结算的。凡对外贸易合同、协议中规定以我国检验检疫机构签发的检验检疫证书为交接、结算依据的进出境货物，报检人必须向检验检疫机构报检，由检验检疫机构按照合同、协议的要求实施检验检疫或鉴定并签发检验检疫证书。

（5）申请签发一般原产地证明书、普惠制原产地证明书等原产地证明书的。

（二）报检时限和地点

（1）对入境货物，应在入境前或入境时向入境口岸、指定的或到达站的海关办理报检手续；入境的运输工具及人员应在入境前或入境时申报。

文档：海关总署公告2022年第79号（关于调整必须实施检验的进出口商品目录的公告）

（2）入境货物需对外索赔出证的，应在索赔有效期前不少于20日内向到货口岸或货物到达地的海关报检。

（3）输入微生物、人体组织、生物制品、血液及制品或种畜、禽及精液、胚胎、受精卵的，应当在入境前30日报检。

（4）输入其他动物的，应当在入境前15日报检。

(5) 输入植物、种子、种苗及其他繁殖材料的,应当在入境前7日报检。

(6) 出境货物最迟应于报关或装运前7日报检,对于个别检验检疫周期较长的货物,应留有相应的检验检疫时间。

(7) 出境的运输工具和人员应在出境前向口岸海关报检或申报。

(8) 需隔离检疫的出境动物在出境前60日预报,隔离前7日报检。

(9) 报检人对检验检疫证单有特殊要求的,应在报检单上注明并交附相关文件。

(三) 特殊检验检疫方式

除正常的检验检疫之外,根据检验检疫要求不同,还有四种特殊的检验检疫类型。

1. 出口预验

出口预验是指主管海关为了方便对外贸易,根据需要和可能对某些经常出口的、品质较为稳定的、非易腐易烂的出境货物预先接受的检验检疫。

2. 复验

经出入境检验检疫机构初验的进出口商品,因各种原因需要进行第二次检验时称为复验。海关在接受报验后,经初验的进出口商品,对外贸易关系人对进出口商品检验结果有异议时,可向原出入境检验检疫机构申请复验一次。

3. 重验

重验是重新检验的简称。报检人在向主管海关办理了报检手续,并领取了检验检疫单证后,凡有下列情况之一的应重新报验:已申请过复验一次的出入境商品;已超过检验有效期的出境商品;更换货物包装或重新拼装的;预验商品出境时,发现货物批次混乱,标记、批号、数量与预验合格单证的记载内容不符的;原预验商品经另行并批加工整理,已改变原来质量情况的;申请人不能提供预验合格证单的;变更输入国家或地区,并有不同检验检疫要求的;已撤销报检的出入境商品。重验由申请人重新报请检验,按初验办理,并应另交检验费。重新报检的出入境商品要按规定填写报检信息,交附有关函电等证明单据;交还原发的证书或单证,不能交还的应按有关规定办理。

4. 免验

海关总署统一管理全国进出口商品免验工作,负责对申请免验生产企业的考核、审查批准和监督管理。主管海关负责所辖地区内申请免验生产企业的初审和监督管理。列入必须实施检验的进出口商品目录的进出口商品(有规定的商品除外),由收货人、发货人或其生产企业提出申请,经海关总署审核批准,可以免予检验。免验证书由海关总署颁发,有效期为3年。

【思考 6-1】 杭州新荣进出口公司出口货物20公吨,由检验检疫机构对货物进行了检验,检验合格并取得证书。这时新荣进出口公司接到买方来函,由于买方市场上对该货物的需求量大,市场价格不断上涨,希望新荣公司可以多提供3公吨货物与原来货物一起发运。新荣公司认为所要增加的货物与原来货物品质以及各项指标完全一致,因此无须报检验检疫部门重新检查,就自行对之前取得的证书进行了局部的修改。其做法是否符合规范?为什么?

文档:思考 6-1
答案解析

任务二 出入境检验检疫流程

案例导入

大连晨宇进出口有限公司申报出口一批货物，品名为六氟化硫，HS编码为2812901990，无检验检疫类别，共计2个40尺(约13.32米)集装箱货物，货值为128086.72美元。出口时海关查验发现，该批货物属于《危险化学品目录》(2022调整版)中列明的危险化学品，出口需要实施法定检验，但当事人不能提供该批货物在出口报关前在产地海关报检的申报资料和检验证明。

问题：

(1) 该批货物违反了哪些相关的法律、法规？

(2) 这种情况下，该批货物如何才能出口？

一、常见进境检验检疫

(一) 进境动植物

1. 检疫审批

输入动物、动物产品、植物种子、种苗及其他繁殖材料的，必须事先提出申请，办理检疫审批手续。检疫审批手续应当在贸易合同或者协议签订前办妥。通过贸易、科技合作、交换、赠送、援助等方式输入动植物、动植物产品和其他检疫物的，应当在合同或者协议中订明中国法定的检疫要求，并订明必须附有输出国家或者地区政府动植物检疫机关出具的检疫证书。

2. 报检

货主或者其代理人应当在动植物、动植物产品和其他检疫物进境前或者进境时持输出国家或者地区的检疫证书、贸易合同等单证，向进境口岸动植物检疫机关报检。

3. 现场预防

装载动物的运输工具抵达口岸时，口岸动植物检疫机关应当采取现场预防措施，对上下运输工具或者接近动物的人员、装载动物的运输工具和被污染的场地做防疫消毒处理。

4. 检疫

输入动植物、动植物产品和其他检疫物，应当在进境口岸实施检疫。未经口岸动植物检疫机关同意，不得卸离运输工具。

5. 隔离检疫

输入动植物，需隔离检疫的，在口岸动植物检疫机关指定的隔离场所检疫。因口岸条件限制等原因，可以由国家动植物检疫机关决定将动植物、动植物产品和其他检疫物运往指定地点检疫。在运输、装卸过程中，货主或其代理人应当采取防疫措施。指定的存放、加工和隔离饲养或者隔离种植的场所，应当符合动植物检疫和防疫的规定。

6. 检疫处理

(1) 检疫合格。输入动植物、动植物产品和其他检疫物，经检疫合格的，准予进境；海关凭口岸动植物检疫机关签发的检疫单证或者在报关单上加盖的印章验放。输入动植物、动植物产品和其他检疫物，需调离海关监管区检疫的，海关凭口岸动植物检疫机关签发的检疫调离通知单验放。

（2）检疫不合格。输入动物，经检疫不合格的，由口岸动植物检疫机关签发检疫处理通知单，通知货主或其代理人做如下处理：检出一类传染病、寄生虫病的动物，连同其同群动物全群退回或者全群扑杀并销毁尸体；检出二类传染病、寄生虫病的动物，退回或者扑杀，同群其他动物在隔离场所或者其他指定地点隔离观察。

输入动物产品和其他检疫物经检疫不合格的，由口岸动植物检疫机关签发检疫处理通知单，通知货主或者其代理人做除害、退回或者销毁处理。经除害处理合格的，准予进境。

输入植物、植物产品和其他检疫物，经检疫发现有植物危险性病、虫、杂草的，由口岸动植物检疫机关签发检疫处理通知单，通知货主或者其代理人作除害、退回或者销毁处理。经除害处理合格的，准予进境。

7. 国家禁止进境物

（1）动植物病原体（包括菌种、毒种等）、害虫及其他有害生物。

（2）动植物疫情流行的国家和地区的有关动植物、动植物产品和其他检疫物。

（3）动物尸体。

（4）土壤。

口岸动植物检疫机关发现有前款规定的禁止进境物的，做退回或者销毁处理。因科学研究等特殊需要引进禁止进境物的，必须事先提出申请，经国家动植物检疫机关批准。

8. 携带、邮寄动植物检疫

（1）携带、邮寄植物种子、种苗及其他繁殖材料进境的，必须事先提出申请，办理检疫审批手续。

（2）携带、邮寄禁止进境动植物、动植物产品和其他检疫物进境的，做退回或者销毁处理。

（3）携带禁止进境动植物、动植物产品和其他检疫物名录以外的动植物、动植物产品和其他检疫物进境的，在进境时向海关申报并接受口岸动植物检疫机关检疫。携带动物进境的，必须持有输出国家或者地区的检疫证书等证件。

（4）邮寄禁止进境动植物、动植物产品和其他检疫物名录以外的动植物、动植物产品和其他检疫物进境的，由口岸动植物检疫机关在国际邮件互换局实施检疫，必要时可以取回口岸动植物检疫机关检疫；未经检疫不得运递。

（5）邮寄进境的动植物、动植物产品和其他检疫物，经检疫或者除害处理合格后放行；经检疫不合格又无有效方法做除害处理的，做退回或者销毁处理，并签发检疫处理通知单。

（6）邮寄出境的动植物、动植物产品和其他检疫物，物主有检疫要求的，由口岸动植物检疫机关实施检疫。

（二）进口食品

进口食品应当符合中国法律、法规和食品安全国家标准，中国缔结或者参加的国际条约、协定有特殊要求的，还应当符合国际条约、协定的要求。

1. 评估和审查

海关依据进出口商品检验相关法律、行政法规的规定对进口食品实施合格评定。海关总署对境外国家（地区）的食品安全管理体系和食品安全状况开展评估和审查，并根据评估和审查结果，确定相应的检验检疫要求。

文档："进境(过境)动物及其产品检疫审批"政务服务事项办事指南

有下列情形之一的，海关总署对境外国家(地区)启动评估和审查。

(1) 境外国家(地区)申请向中国首次输出某类(种)食品的。

(2) 境外国家(地区)食品安全、动植物检疫法律、法规、组织机构等发生重大调整的。

(3) 境外国家(地区)主管部门申请对其输往中国某类(种)食品的检验检疫要求发生重大调整的。

(4) 境外国家(地区)发生重大动植物疫情或者食品安全事件的。

(5) 海关在输华食品中发现严重问题，认为存在动植物疫情或者食品安全隐患的。

(6) 其他需要开展评估和审查的情形。

海关总署组织专家通过资料审查、视频检查、现场检查等形式及组合，实施评估和审查。评估和审查完成后，海关总署向接受评估和审查的国家(地区)主管部门通报评估和审查结果。

2. 注册、备案管理

海关总署对向中国境内出口食品的境外生产企业实施注册管理，并公布获得注册的企业名单。

向中国境内出口食品的境外出口商或者代理商应当向海关总署备案。向中国境内出口食品的境外出口商或者代理商、食品进口商办理备案时，应当对其提供资料的真实性、有效性负责。向中国境内出口食品的境外出口商或者代理商、食品进口商备案名单由海关总署公布。食品进口商应当向其住所地海关备案。向中国境内出口食品的境外出口商或者代理商、食品进口商备案内容发生变更的，应当在变更发生之日起 60 日内，向备案机关办理变更手续。

3. 销售记录

食品进口商应当建立食品进口和销售记录制度，如实记录食品名称、净含量/规格、数量、生产日期、生产或者进口批号、保质期、境外出口商和购货者名称、地址及联系方式、交货日期等内容，并保存相关凭证。记录和凭证保存期限不得少于食品保质期满后 6 个月；没有明确保质期的，保存期限为销售后 2 年以上。

4. 报检检疫

食品进口商或者其代理人进口食品时应当依法向海关如实申报。海关依法对应当实施入境检疫的进口食品实施检疫。海关依法对需要进境动植物检疫审批的进口食品实施检疫审批管理。食品进口商应当在签订贸易合同或者协议前取得进境动植物检疫许可。大宗散装进口食品应当按照海关要求在卸货口岸进行检验。

海关根据监督管理需要，对进口食品实施现场查验，现场查验包括但不限于以下内容。

(1) 运输工具、存放场所是否符合安全卫生要求。

(2) 集装箱号、封识号、内外包装上的标识内容、货物的实际状况是否与申报信息及随附单证相符。

(3) 动植物源性食品、包装物及铺垫材料是否存在《进出境动植物检疫法实施条例》第二十二条规定的情况。

(4) 内外包装是否符合食品安全国家标准，是否存在污染、破损、湿浸、渗透。

(5) 内外包装的标签、标识及说明书是否符合法律、行政法规、食品安全国家标准以及海关总署规定的要求。

(6) 食品感官性状是否符合该食品应有性状。

(7) 冷冻冷藏食品的新鲜程度、中心温度是否符合要求、是否有病变、冷冻冷藏环境温度是否符合相关标准要求、冷链控温设备设施运作是否正常、温度记录是否符合要求,必要时可以进行蒸煮试验。

5. 标签

进口食品的包装和标签、标识应当符合中国法律、法规和食品安全国家标准;依法应当有说明书的,还应当有中文说明书。

对于进口鲜冻肉类产品,内外包装上应当有牢固、清晰、易辨的中英文或者中文和出口国家(地区)文字标识,标明以下内容:产地国家(地区)、品名、生产企业注册编号、生产批号;外包装上应当以中文标明规格、产地(具体到州/省/市)、目的地、生产日期、保质期限、储存温度等内容,必须标注目的地为中华人民共和国,加施出口国家(地区)官方检验检疫标识。

对于进口水产品,内外包装上应当有牢固、清晰、易辨的中英文或者中文和出口国家(地区)文字标识,标明以下内容:商品名和学名、规格、生产日期、批号、保质期限和保存条件、生产方式(海水捕捞、淡水捕捞、养殖)、生产地区(海洋捕捞海域、淡水捕捞国家或者地区、养殖产品所在国家或者地区)、涉及的所有生产加工企业(含捕捞船、加工船、运输船、独立冷库)名称、注册编号及地址(具体到州/省/市)、必须标注目的地为中华人民共和国。

进口保健食品、特殊膳食用食品的中文标签必须印制在最小销售包装上,不得加贴。

6. 放行与处理

进口食品经海关评定合格的,准予进口。

进口食品经海关评定不合格的,由海关出具不合格证明;涉及安全、健康、环境保护项目不合格的,由海关书面通知食品进口商,责令其销毁或者退运;其他项目不合格的,经技术处理符合合格评定要求的,方准进口。相关进口食品不能在规定时间内完成技术处理或者经技术处理仍不合格的,由海关责令食品进口商销毁或者退运。

(三) 进口化妆品

进口化妆品由口岸海关实施检验检疫。海关总署也可以根据便利贸易和进口检验工作的需要,指定在其他地点检验。

文档:海关总署公告 2022 年第 136 号(关于婴幼儿配方食品、再制干酪等产品进口执行食品安全国家标准检验相关要求的公告)

1. 备案管理

海关对进口化妆品的收货人实施备案管理。进口化妆品的收货人应当如实记录进口化妆品流向,记录保存期限不得少于 2 年。进口化妆品的收货人或者其代理人应当按照海关总署相关规定报检,同时提供收货人备案号。

其中首次进口的化妆品应当符合下列要求。

(1) 国家实施卫生许可的化妆品,应当取得国家相关主管部门批准的进口化妆品卫生许可批件,海关对进口化妆品卫生许可批件电子数据进行系统自动比对验核。

(2) 国家实施备案的化妆品,应当凭备案凭证办理报检手续。

(3) 国家没有实施卫生许可或者备案的化妆品，应当提供具有相关资质的机构出具的可能存在安全性风险物质的有关安全性评估资料；在生产国家（地区）允许生产、销售的证明文件或者原产地证明。

(4) 销售包装化妆品成品除前三项外，还应当提交中文标签样张和外文标签及翻译件。

(5) 非销售包装的化妆品成品还应当提供包括产品的名称、数/重量、规格、产地、生产批号和限期使用日期（生产日期和保质期）、加施包装的目的地名称、加施包装的工厂名称、地址、联系方式。

2. 检验检疫

进口化妆品在取得检验检疫合格证明之前，应当存放在海关指定或者认可的场所，未经海关许可，任何单位和个人不得擅自调离、销售、使用。海关受理报检后，对进口化妆品进行检验检疫，包括现场查验、抽样留样、实验室检验、出证等。现场查验内容包括货证相符情况、产品包装、标签版面格式、产品感官性状、运输工具、集装箱或者存放场所的卫生状况。

3. 标签

进口化妆品成品的标签标注应当符合我国相关的法律、行政法规及国家技术规范的强制性要求。海关对化妆品标签内容是否符合法律、行政法规规定要求进行审核，对与质量有关的内容的真实性和准确性进行检验。

4. 放行与处理

进口化妆品经检验检疫合格的，海关出具入境货物检验检疫证明，并列明货物的名称、品牌、原产国家（地区）、规格、数/重量、生产批号/生产日期等。进口化妆品取得入境货物检验检疫证明后，方可销售、使用。

进口化妆品经检验检疫不合格，涉及安全、健康、环境保护项目的，由海关责令当事人销毁，或者出具退货处理通知单，由当事人办理退运手续。其他项目不合格的，可以在海关的监督下进行技术处理，经重新检验检疫合格后，方可销售、使用。

（四）进口玩具

进口玩具的收货人或者其代理人在办理报检时，应利用“中国国际贸易单一窗口”填写报检信息并提供合同、发票、装箱单和提运单等有关的单据。对列入强制性产品认证目录的进口玩具还应当取得强制性产品认证证书。海关对强制性产品认证证书电子数据进行系统自动比对验核。

文档：威海海关查获夹藏走私进口化妆品、医疗美容产品8万余件

1. 验证管理

海关对列入强制性产品认证目录内的进口玩具，按照《进口许可制度民用商品入境验证管理办法》的规定实施验证管理。

对未列入强制性产品认证目录内的进口玩具，报检人已提供进出口玩具检测实验室出具的合格的检测报告的，海关对报检人提供的有关单证与货物是否符合进行审核。

对未能提供检测报告或者经审核发现有关单证与货物不相符的，应当对该批货物实施现场检验并抽样送进出口玩具检测实验室检测。

2. 放行与处理

进口玩具经检验合格的，海关出具检验证明。进口玩具经检验不合格的，由海关出具检验检疫处理通知书。涉及人身财产安全、健康、环境保护项目不合格的，由海关责令当事人退货或者销毁；其他项目不合格的，可以在海关的监督下进行技术处理，经重新检验合格后，方可销售或者使用。

3. 标识使用

在国内市场销售的进口玩具，其安全、使用标识应当符合我国玩具安全的有关强制性要求。

4. 召回

海关总署对进口玩具的召回实施监督管理。进入我国国内市场的进口玩具存在缺陷的，进口玩具的经营者、品牌商应当主动召回；不主动召回的，由海关总署责令召回。

进口玩具的经营者、品牌商和出口玩具生产经营者、品牌商获知其提供的玩具可能存在缺陷的，应当进行调查，确认产品质量安全风险，同时在24小时内报告所在地主管海关。实施召回时应当制作并保存完整的召回记录，并在召回完成时限期满后15个工作日内，向海关总署和所在地直属海关提交召回总结。

已经出口的玩具在国外被召回、通报或者出现安全质量问题的，其生产经营者、品牌商应当向主管海关报告相关信息。

（五）进口饲料和饲料添加剂

1. 注册登记

海关总署对允许进口饲料的国家或者地区的生产企业实施注册登记制度，进口饲料应当来自注册登记的境外生产企业。注册登记的有效期为5年。

需要延期的境外生产企业，由输出国家或者地区主管部门在有效期届满前6个月向海关总署提出延期。必要时，海关总署可以派出专家到输出国家或者地区对其饲料安全监管体系进行回顾性审查，并对申请延期的境外生产企业进行抽查，对抽查符合要求的及未被抽查的其他申请延期境外生产企业，注册登记有效期延长5年。

经注册登记的境外生产企业停产、转产、倒闭或者被输出国家或者地区主管部门吊销生产许可证、营业执照的，海关总署注销其注册登记。

2. 检验检疫

进口饲料需要办理进境动植物检疫许可证的，应当按照相关规定办理进境动植物检疫许可证。

货主或者其代理人应当在饲料入境前或入境时向海关报检，报检时应当提供原产地证书、贸易合同、提单、发票等，并根据对产品的不同要求提供输出国家或者地区检验检疫证书。

海关按照以下要求对进口饲料实施检验检疫。

(1) 中国法律、法规、国家强制性标准和相关检验检疫要求。

(2) 双边协议、议定书、备忘录。

(3) 进境动植物检疫许可证列明的要求。

海关按照下列规定对进口饲料实施现场查验。

(1) 核对货证。核对单证与货物的名称、数(重)量、包装、生产日期、集装箱号码、输出国家或者地区、生产企业名称和注册登记号等是否相符。

(2) 标签检查。标签是否符合《饲料标签》国家标准。

(3) 感官检查。包装、容器是否完好，是否超过保质期，有无腐败变质，有无携带有害生物，有无土壤、动物尸体、动物排泄物等禁止进境物。

现场查验有下列情形之一的,海关签发检验检疫处理通知单,由货主或者其代理人在海关的监督下,做退回或者销毁处理:

(1)输出国家或者地区未被列入允许进口的国家或者地区名单的。

(2)来自非注册登记境外生产企业的产品。

(3)来自注册登记境外生产企业的非注册登记产品。

(4)货证不符的。

(5)标签不符合标准且无法更正的。

(6)超过保质期或者腐败变质的。

(7)发现土壤、动物尸体、动物排泄物、检疫性有害生物,无法进行有效的检疫处理的。

现场查验发现散包、容器破裂的,由货主或者代理人负责整理完好。包装破损且有传播动植物疫病风险的,应当对所污染的场地、物品、器具进行检疫处理。

海关对来自不同类别境外生产企业的产品按照相应的检验检疫监管模式抽取样品,出具抽/采样凭证,送实验室进行安全卫生项目的检测。被抽取样品送实验室检测的货物,应当调运到海关指定的待检存放场所等待检测结果。

3. 放行与处理

经检验检疫合格的,海关签发入境货物检验检疫证明,予以放行。经检验检疫不合格的,海关签发检验检疫处理通知书,由货主或者其代理人在海关的监督下,做除害、退回或者销毁处理,经除害处理合格的准予进境;需要对外索赔的,由海关出具相关证书。海关应当将进口饲料检验检疫不合格信息上报海关总署。

货主或者其代理人未取得海关出具的入境货物检验检疫证明前,不得擅自转移、销售、使用进口饲料。

4. 监督管理

进口饲料包装上应当有中文标签,标签应当符合中国饲料标签国家标准。

散装的进口饲料,进口企业应当在海关指定的场所包装并加施饲料标签后方可入境,直接调运到海关指定的生产、加工企业用于饲料生产的,免予加施标签。国家对进口动物源性饲料的饲用范围有限制的,进入市场销售的动物源性饲料包装上应当注明饲用范围。

海关对饲料进口企业实施备案管理。饲料进口企业应当在首次报检前或者报检时向所在地海关备案。

饲料进口企业应当建立经营档案,记录进口饲料的报检号、品名、数/重量、包装、输出国家或者地区、国外出口商、境外生产企业名称及注册登记号、入境货物检验检疫证明、进口饲料流向等信息,记录保存期限不得少于2年。

海关对备案饲料进口企业的经营档案进行定期审查,审查不合格的,将其列入不良记录企业名单,对其进口的饲料加严检验检疫。

(六)进口旧机电产品

1. 旧机电产品的含义

旧机电产品是指具有下列情形之一的机电产品。

(1)已经使用(不含使用前测试、调试的设备),仍具备基本功能和一定使用价值的。

(2)未经使用,但是超过质量保证期(非保修期)的。

(3)未经使用,但是存放时间过长,部件产生明显有形损耗的。

（4）新旧部件混装的。

（5）经过翻新的。

进口旧机电产品应当实施口岸查验、目的地检验以及监督管理。价值较高、涉及人身财产安全、健康、环境保护项目的高风险进口旧机电产品，还需实施装运前检验。

2. 装运前检验

需实施装运前检验的进口旧机电产品，其收、发货人或者其代理人应当按照海关总署的规定申请主管海关或者委托检验机构实施装运前检验。装运前检验应当在货物启运前完成。

收、发货人或者其代理人申请海关实施装运前检验的，海关可以根据需要，组织实施或者派出检验人员参加进口旧机电产品装运前检验。

进口旧机电产品装运前检验应当按照国家技术规范的强制性要求实施。

装运前检验内容如下。

（1）对安全、卫生、健康、环境保护、防止欺诈、能源消耗等项目做出初步评价。

（2）核查产品品名、数量、规格（型号）、新旧、残损情况是否与合同、发票等贸易文件所列相符。

（3）是否包括、夹带禁止进口货物。

海关或者检验机构应当在完成装运前检验工作后，签发装运前检验证书，并随附装运前检验报告。

3. 报检与检验

进口旧机电产品运抵口岸后，收货人或者其代理人应当凭合同、发票、装箱单、提单等资料向海关办理报检手续。需实施装运前检验的，报检前还应当取得装运前检验证书。

口岸海关对进口旧机电产品实施口岸查验。实施口岸查验时，应当对报检资料进行逐批核查。必要时，对进口旧机电产品与报检资料是否相符进行现场核查。目的地海关对进口旧机电产品实施目的地检验。检验内容包括：一致性核查，安全、卫生、环境保护等项目检验。

4. 放行与处理

经目的地检验，涉及人身财产安全、健康、环境保护项目不合格的，由海关责令收货人销毁、退运；其他项目不合格的，可以在海关的监督下进行技术处理，经重新检验合格的，方可销售或者使用。

经目的地检验不合格的进口旧机电产品，属成套设备及材料的，签发不准安装使用通知书。经技术处理，并经海关重新检验合格的，方可安装使用。

（七）进境货物木质包装

木质包装是指用于承载、包装、铺垫、支撑、加固货物的木质材料，如木板箱、木条箱、木托盘、木框、木桶（盛装酒类的橡木桶除外）、木轴、木楔、垫木、枕木、衬木等。不包括经人工合成或者经加热、加压等深度加工的包装用木质材料（如胶合板、刨花板、纤维板等）以及薄板旋切芯、锯屑、木丝、刨花等以及厚度等于或小于 6mm 的木质材料。

进境货物使用木质包装的，应当在输出国家或者地区政府检疫主管部门监督下按照《国际植物保护公约》（IPPC）的要求进行除害处理，并加施 IPPC 专用标识。除害处理方法和专用标识应当符合相关规定。

进境货物使用木质包装的，货主或者其代理人应当向海关报检。海关按照以下情况处理。

(1) 对已加施 IPPC 专用标识的木质包装，按规定抽查检疫，未发现活的有害生物的，立即予以放行；发现活的有害生物的，监督货主或其代理人对木质包装进行除害处理。

(2) 对未加施 IPPC 专用标识的木质包装，在海关监督下对木质包装进行除害处理或者销毁处理。

(3) 对报检时不能确定木质包装是否加施 IPPC 专用标识的，海关按规定抽查检疫。经抽查确认木质包装加施了 IPPC 专用标识，且未发现活的有害生物的，予以放行；发现活的有害生物的，监督货主或者代理人对木质包装进行除害处理；经抽查发现木质包装未加施 IPPC 专用标识的，对木质包装进行除害处理或者销毁处理。

(八) 进境水生动物

水生动物是指人工养殖或者天然水域捕捞的活的鱼类、软体类、甲壳类、水母类、棘皮类、头索类、两栖类动物，包括其繁殖用的精液、受精卵。

1. 检疫准入

海关总署对进境水生动物实施检疫准入制度，包括产品风险分析、安全卫生控制体系评估与审查、检验检疫要求确定、境外养殖和包装企业注册登记。

海关总署可以派出专家组到输出国家或者地区对其水生动物安全卫生控制体系进行现场审核评估。根据风险分析、评估审查结果和检验检疫要求，与向中国输出水生动物的国家或者地区官方主管部门协商签订有关议定书或者确定检验检疫证书。

海关总署对向中国输出水生动物的养殖和包装企业实施注册登记管理。向中国输出水生动物的境外养殖和包装企业应当符合输出国家或者地区有关法律、法规，输出国家或者地区官方主管部门批准后向海关总署推荐。

海关总署应当对推荐材料进行审查。审查不合格的，通知输出国家或者地区官方主管部门补正；审查合格的，海关总署可以派出专家组对申请注册登记的企业进行抽查。对抽查不符合要求的企业不予注册登记；对抽查符合要求的及未被抽查的其他推荐企业，结合水生动物安全卫生控制体系评估结果，决定是否给予注册登记。

境外养殖和包装企业注册登记有效期为 3 年。需要延期注册登记的企业，应当在有效期届满前至少 6 个月，由输出国家或者地区主管部门向海关总署提出延期申请。海关总署可以派出专家组到输出国家或者地区对其安全卫生控制体系进行回顾性审查，并对申请延期的境外养殖和包装企业进行抽查。对回顾性审查符合要求的国家或者地区，抽查符合要求的及未被抽查的其他申请延期的注册登记企业，注册登记有效期延长 3 年。

2. 境外检验检疫

注册登记的企业和相关捕捞区域应当符合输出国家有关法律、法规，并处于输出国家或者地区官方主管部门的有效监管之下。

种用、养殖和观赏水生动物的注册登记企业，应当由输出国家或者地区官方主管部门按照世界动物卫生组织推荐的方法和标准，按照输出国家或者地区的规定和双边检验检疫协定规定连续监测两年以上，未发现有关疫病。

食用水生动物的注册登记企业，应当经过输出国家或者地区官方主管部门有关水生动物疫病、有毒有害物质和致病微生物监测，结果符合双边检验检疫协定规定、中国强制性标准或者海关总署指定标准的要求。

向中国输出水生动物的国家或者地区发生重大水生动物疫病，或者向中国输出水生动物的注册登记企业、捕捞区域发生水生动物不明原因的大规模死亡时，输出国家或者地区官方主管部门应当主动停止向中国出口并向海关总署通报相关信息。

向中国输出的水生动物精液和受精卵，必须来自健康的亲代种群。种用、养殖和观赏水生动物输出前，应当在输出国家或者地区官方主管部门认可的场所实施隔离检疫。隔离检疫期间，不得与其他水生动物接触。海关总署可以派遣检疫官员赴输出国家或者地区协助开展出口前隔离检疫。

向中国输出水生动物的注册登记企业和隔离检疫场所应当具备适当的生物安全防护设施和防疫管理制度，能有效防止其他水域的水生动物入侵，确保输出水生动物的安全卫生。

不同养殖场或者捕捞区域的水生动物应当分开包装，不同种类的水生动物应当独立包装，能够满足动物生存和福利需要。包装容器应当是全新的或者经消毒处理，能够防止渗漏，内包装应当透明，便于检查。

向中国输出水生动物的包装用水或者冰及铺垫材料应当符合安全卫生要求，不能含有危害动植物和人体健康的病原微生物、有毒有害物质以及可能破坏水体生态环境的水生生物。

向中国输出的水生动物在运输前 48 小时内，不得有动物传染病和寄生虫病的临床症状。必要时，应当使用输出国家或者地区官方主管部门批准的有效药物进行消毒和驱虫。

输出国家或者地区官方主管部门应当按照与海关总署确认的检验检疫证书格式和内容对向中国输出的水生动物出具检验检疫证书。

3. 进境检验检疫

进境水生动物应当符合下列要求。

(1) 中国法律、法规规定和强制性标准要求。

(2) 海关总署分类制定的检验检疫要求。

(3) 双边检验检疫协定确定的相关要求。

(4) 双方确认的检验检疫证书规定的相关要求。

(5) 进境动植物检疫许可证列明的要求。

(6) 海关总署规定的其他检验检疫要求。

食用水生动物应当从海关总署公布的指定口岸进境。进境水生动物收货人或者其代理人应当按照相关规定办理进境动植物检疫许可证。

进境水生动物自输出国家或者地区出境后中转第三方国家或者地区进境的，收货人或者其代理人办理进境动植物检疫许可证时应当详细填写运输路线及在第三方国家或者地区中转处理情况，包括是否离开海关监管区、更换运输工具、拆换包装以及进入第三方国家或者地区水体环境等。

进境种用、养殖和观赏水生动物收货人或者其代理人，应当在指定隔离场所所在地海关办理进境动植物检疫许可证，办理前应当按照《进境动物隔离检疫场使用监督管理办法》的规定取得隔离场所使用证；进境食用水生动物的，应当在进境口岸海关办理进境动植物检疫许可证。

水生动物进境前或者进境时，收货人或者其代理人应当凭进境动植物检疫许可证、输出国家或者地区官方主管部门出具的检验检疫证书正本、贸易合同、提单、装箱单、发票等单证向进境口岸海关报检。

进境动植物检疫许可证上的申请单位、国外官方主管部门出具的检验检疫证书上的收货人和货运提单上的收货人应当一致。

海关对收货人或者其代理人提交的相关单证进行审核，符合要求的受理报检，并按照有关规定对进境动植物检疫许可证批准的数量进行核销。

4. 放行与处理

进境食用水生动物，经海关现场查验合格后予以放行；查验不合格的，做退回或者销毁处理。监控计划和警示通报有要求的，按照要求实施抽样检测。实验室检测不合格的，进境食用水生动物收货人或其代理人应当主动召回不合格食用水生动物并采取有效措施进行处理。

进境种用、养殖和观赏水生动物应当在指定隔离场所进行至少14日的隔离检疫。现场查验合格后，由进境口岸海关出具入境货物调离通知单，运抵指定隔离场所所在地后，收货人或其代理人应当向海关申报。隔离检疫合格的，签发入境货物检验检疫证明，予以放行；不合格的，签发检验检疫处理通知书，对同一隔离设施内全部水生动物实行扑杀或者销毁处理，并对隔离场所进行消毒。

二、常见出境检验检疫

（一）出境动植物

1. 报检

货主或者其代理人在动植物、动植物产品和其他检疫物出境前，向口岸动植物检疫机关报检。

2. 检疫

输出动植物、动植物产品和其他检疫物，由口岸动植物检疫机关实施检疫，经检疫合格或者经除害处理合格的，准予出境；海关凭口岸动植物检疫机关签发的检疫证书或者在报关单上加盖的印章验放。检疫不合格又无有效方法做除害处理的，不准出境。出境前需经隔离检疫的动物，在口岸动植物检疫机关指定的隔离场所检疫。

3. 重新报检

经检疫合格的动植物、动植物产品和其他检疫物，有下列情形之一的，货主或者其代理人应当重新报检。

（1）更改输入国家或者地区，更改后的输入国家或者地区又有不同检疫要求的。

（2）改换包装或者原未拼装后来拼装的。

（3）超过检疫规定有效期限的。

（二）出口食品

出口食品生产企业应当保证其出口食品符合进口国家（地区）的标准或者合同要求；中国缔结或者参加的国际条约、协定有特殊要求的，还应当符合国际条约、协定的要求。

1. 监督管理

海关依法对出口食品实施监督管理。出口食品监督管理措施包括出口食品原料种植养殖场备案、出口食品生产企业备案、企业核查、单证审核、现场查验、监督抽检、口岸抽查、境外通报核查以及各项的组合。

出口食品原料种植、养殖场应当向所在地海关备案。海关总署统一公布原料种植、养殖场备案名单，并依法采取资料审查、现场检查、企业核查等方式，对备案原料种植、养殖场进行监督。

出口食品生产企业应当向住所地海关备案。境外国家（地区）对中国输往该国家（地区）的出口食品生产企业实施注册管理且要求海关总署推荐的，出口食品生产企业需向住所地海关提出申请，住所地海关进行初核后报海关总署。

出口食品生产企业应当建立完善可追溯的食品安全卫生控制体系，保证食品安全卫生控制体系有效运行，确保出口食品生产、加工、储存过程持续符合中国相关法律、法规出口食品生产企业安全卫生要求；进口国家（地区）相关法律、法规和相关国际条约、协定有特殊要求的，还应当符合相关要求。

出口食品生产企业应当建立供应商评估制度、进货查验记录制度、生产记录档案制度、出厂检验记录制度、出口食品追溯制度和不合格食品处置制度。相关记录应当真实有效，保存期限不得少于食品保质期期满后6个月；没有明确保质期的，保存期限不得少于2年。

出口食品生产企业应当保证出口食品包装和运输方式符合食品安全要求。出口食品生产企业应当在运输包装上标注生产企业备案号、产品品名、生产批号和生产日期。

海关对辖区内出口食品生产企业的食品安全卫生控制体系运行情况进行监督检查。监督检查包括日常监督检查和年度监督检查。监督检查可以采取资料审查、现场检查、企业核查等方式，并可以与出口食品境外通报核查、监督抽检、现场查验等工作结合开展。

2. 检验检疫

出口食品应当依法由产地海关实施检验检疫。海关总署根据便利对外贸易和出口食品检验检疫工作需要，可以指定其他地点实施检验检疫。

出口食品生产企业、出口商应当按照法律、行政法规和海关总署规定，向产地或者组货地海关提出出口申报前监管申请。产地或者组货地海关受理食品出口申报前监管申请后，依法对需要实施检验检疫的出口食品实施现场检查和监督抽检。

出口食品经海关现场检查和监督抽检符合要求的，由海关出具证书，准予出口。进口国家（地区）对证书的形式和内容要求有变化的，经海关总署同意可以对证书的形式和内容进行变更。

出口食品经海关现场检查和监督抽检不符合要求的，由海关书面通知出口商或者其代理人。相关出口食品可以进行技术处理的，经技术处理合格后方准出口；不能进行技术处理或者经技术处理仍不合格的，不准出口。

3. 报检

食品出口商或者其代理人出口食品时应当依法向海关如实申报。海关对出口食品在口岸实施查验，查验不合格的，不准出口。

（三）出口化妆品

1. 备案管理

海关总署对出口化妆品生产企业实施备案管理。出口化妆品生产企业应当建立质量管理体系并持续有效运行。海关对出口化妆品生产企业质量管理体系及运行情况进行日常监督检查。应当建立原料采购、验收、使用管理制度,要求供应商提供原料的合格证明。应当建立生产记录档案,如实记录化妆品生产过程的安全管理情况。应当建立检验记录制度,依照相关规定要求对其出口化妆品进行检验,确保产品合格。记录应当真实,保存期不得少于2年。

2. 报检

出口化妆品的发货人或者其代理人应当按照海关总署相关规定报检。其中,首次出口的化妆品应当提供以下文件。

(1) 出口化妆品生产企业备案材料。

(2) 自我声明。声明企业已经取得化妆品生产许可证,且化妆品符合进口国家(地区)相关法规和标准的要求,正常使用不会对人体健康产生危害等内容。

(3) 销售包装化妆品成品应当提交外文标签样张和中文翻译件。

3. 检验检疫

海关受理报检后,对出口化妆品进行检验检疫,包括现场查验、抽样留样、实验室检验、出证等。

现场查验内容包括货证相符情况、产品感官性状、产品包装、标签版面格式、运输工具、集装箱或者存放场所的卫生状况。

出口化妆品的抽样应当按照国家有关规定执行,样品数量应当满足检验、复验、备查等使用需要。

抽样时,海关应当出具印有序列号、加盖检验检疫业务印章的抽/采样凭证,抽样人与发货人或者其代理人应当双方签字。

样品应当按照国家相关规定进行管理,合格样品保存至抽样后4个月,特殊用途化妆品合格样品保存至证书签发后一年,不合格样品应当保存至保质期结束。涉及案件调查的样品,应当保存至案件结束。

需要进行实验室检验的,海关应当确定检验项目和检验要求,并将样品送具有相关资质的检验机构。检验机构应当按照要求实施检验,并在规定时间内出具检验报告。

4. 放行与处理

出口化妆品经检验检疫合格,进口国家(地区)对检验检疫证书有要求的,应当按照要求同时出具有关检验检疫证书。

出口化妆品经检验检疫不合格的,可以在海关的监督下进行技术处理,经重新检验检疫合格的,方准出口。不能进行技术处理或者技术处理后重新检验仍不合格的,不准出口。

来料加工全部复出口的化妆品,来料进口时,能够提供符合拟复出口国家(地区)法规或者标准的证明性文件的,可免于按照我国标准进行检验;加工后的产品,按照进口国家(地区)的标准进行检验检疫。

(四) 出口玩具

1. 报检

出口玩具首次报检时,还应当提供进出口玩具检测实验室出具的检测报告以及海关总署规定的其他材料等。

2. 检验

出口玩具按照输入国家或者地区的技术法规和标准实施检验,如贸易双方约定的技术要求高于技术法规和标准的，按照约定要求实施检验。输入国家或者地区的技术法规和标准无明确规定的，按照我国国家技术规范的强制性要求实施检验。政府间已签订协议的，应当按照协议规定的要求实施检验。

3. 放行与处理

出口玩具应当由产地海关实施检验。出口玩具经检验合格的，产地海关出具换证凭单。出口玩具经检验不合格的，出具不合格通知单。

出口玩具经产地海关检验合格后，发货人应当在规定的期限内向口岸海关申请查验。未能在检验有效期内出口或者在检验有效期内变更输入国家或者地区且检验要求不同的，应当重新向海关报检。

4. 监督管理

海关对出口玩具生产企业实施分类管理。对出口玩具生产、经营企业实施监督管理，监督管理包括对企业质量保证能力的检查以及对质量安全重点项目的检验。

主管海关对具有下列情形之一的玩具生产、经营企业实施重点监督管理。

(1) 企业安全质量控制体系未能有效运行的。

(2) 发生国外预警通报或者召回、退运事件经主管海关调查确属企业责任的。

(3) 出口玩具经抽批检验连续 2 次，或者 6 个月内累计 3 次出现安全项目检验不合格的。

(4) 进口玩具在销售和使用过程中发现存在安全质量缺陷，或者发生相关安全质量事件，未按要求主动向海关总署或者主管海关报告和配合调查的。

(5) 违反检验检疫法律、法规规定受到行政处罚的。

对实施重点监督管理的企业，海关对该企业加严管理，对该企业的进出口产品加大抽查比例，期限一般为 6 个月。

海关总署对进出口玩具检测实验室实施监督管理。进出口玩具检测实验室应当通过中国合格评定国家认可委员会(CNAS)的资质认可并获得海关总署指定。对出现检测责任事故的进出口玩具检测实验室，暂停其检测资格，责令整改，整改合格后，方可恢复；情节严重的，取消其指定实验室资格。

5. 召回

海关总署对出口玩具的召回实施监督管理。已经出口的玩具在国外被召回、通报或者出现安全质量问题的，其生产经营者、品牌商应当向主管海关报告相关信息。

(五) 出口饲料和饲料添加剂

1. 注册登记

海关总署对出口饲料的出口生产企业实施注册登记制度，出口饲料应当来自注册登记的出口生产企业。

申请注册登记的企业应当符合下列条件。

(1) 厂房、工艺、设备和设施。

(2) 具有与其所生产产品相适应的质量管理机构和专业技术人员。

(3) 具有与安全卫生控制相适应的检测能力。

(4) 管理制度。

(5) 海关总署按照饲料产品种类分别制定的出口检验检疫要求。

出口生产企业应当向所在地直属海关申请注册登记，并提交相关材料。直属海关应当对申请材料及时进行审查，根据下列情况在5日内做出受理或者不予受理决定，并书面通知申请人。直属海关应当在受理申请后组成评审组，对申请注册登记的出口生产企业进行现场评审。评审组应当在现场评审结束后向直属海关提交评审报告。

直属海关应当自受理申请之日起20日内对申请人的申请事项做出是否准予注册登记的决定；准予注册登记的，颁发出口饲料生产、加工、存放企业检验检疫注册登记证，该证自颁发之日起生效，有效期5年。获得注册登记的出口生产企业需要延续注册登记有效期的，应当在有效期届满前3个月按照规定提出申请。直属海关应当在完成注册登记、变更或者注销工作后30日内，将相关信息上报海关总署备案。

2. 检验检疫

海关按照下列要求对出口饲料实施检验检疫。

(1) 输入国家或者地区检验检疫要求。

(2) 双边协议、议定书、备忘录。

(3) 中国法律、法规、强制性标准和相关检验检疫要求。

(4) 贸易合同或者信用证注明的检疫要求。

饲料出口前，货主或者代理人应当凭贸易合同、出厂合格证明等单证向产地海关报检。海关对所提供的单证进行审核，符合要求的受理报检。

受理报检后，海关按照下列规定实施现场检验检疫。

(1) 核对货证。核对单证与货物的名称、数(重)量、生产日期、批号、包装、唛头、出口生产企业名称或者注册登记号等是否相符。

(2) 标签检查。标签是否符合要求。

(3) 感官检查。包装、容器是否完好，有无腐败变质，有无携带有害生物，有无土壤、动物尸体、动物排泄物等。

海关对来自不同类别出口生产企业的产品按照相应的检验检疫监管模式抽取样品，出具抽/采样凭证，送实验室进行安全卫生项目的检测。

3. 放行与处理

经检验检疫合格的，海关出具出境货物换证凭单、检验检疫证书等相关证书；检验检疫不合格的，经有效方法处理并重新检验检疫合格的，可以按照规定出具相关单证，予以放行；无有效方法处理或者虽经处理重新检验检疫仍不合格的，不予放行，并出具出境货物不合格通知单。

出境口岸海关按照出境货物换证查验的相关规定查验，重点检查货证是否相符。查验不合格的，不予放行。

4. 监督管理

取得注册登记的出口饲料生产、加工企业应当遵守要求，有效运行自检自控体系；按照进口国家或者地区的标准或者合同要求生产出口产品；遵守我国有关药物和添加剂管理规定，不得存放、使用我国和进口国家或者地区禁止使用的药物和添加物；出口饲料的包装、装载容器和运输工具应当符合安全卫生要求。标签应当符合进口国家或者地区的有关要求。包装或者标签上应当注明生产企业名称或者注册登记号、产品用途；建立企业档案，记录生产过程中使用的原辅料名称、数(重)量及供应商、原料验收、半产品及成品自检自控、入库、出库、出口、有害生物控制、产品召回等情况，记录档案至少保存2年；如实填写出口饲料监管手册，记录海关监管、抽样、检查、年审情况以及国外官方机构考察等内容。取得注册登记的饲料存放企业应当建立企业档案，记录存放饲料名称、数/重量、货主、入库、出库、有害生物防控情况，记录档案至少保留 2 年。

海关对注册登记的出口生产企业实施年审，年审合格的在出口饲料生产、加工、存放企业检验检疫注册登记证(副本)上加注年审合格记录。海关对饲料出口企业实施备案管理。饲料出口企业应当在首次报检前或者报检时向所在地海关备案。出口与生产为同一企业的，不必办理备案。

饲料出口企业应当建立经营档案并接受海关的核查。档案应当记录出口饲料的报检号、品名、数(重)量、包装、进口国家或者地区、国外进口商、供货企业名称及注册登记号等信息，档案至少保留 2 年。

已注册登记的出口生产企业发生下列情况之一的，由直属海关撤回其注册登记：

(1) 准予注册登记所依据的客观情况发生重大变化，达不到注册登记条件要求的。

(2) 注册登记内容发生变更，未办理变更手续的。

(3) 年审不合格的。

(六) 出境水果

1. 注册登记

出境水果果园、水果包装厂应当申请注册登记，并要求提交相关材料。海关按照规定对申请材料进行审核，确定材料是否齐全、是否符合有关规定要求，做出受理或者不受理的决定，并出具书面凭证。提交的材料不齐全或者不规范的，应当当场或者在接到申请后 5 个工作日内一次告知申请人补正。逾期不告知的，自收到申请材料之日起即为受理。

受理申请后，海关应当对申请注册登记的出境水果果园和包装厂提交的申请资料进行审核，并组织专家组进行现场考核。海关应当自受理申请之日起 20 个工作日内，做出准予注册登记或者不予注册登记的决定。

直属海关应当将注册登记的果园、包装厂名单报海关总署备案。

注册登记证书有效期为 3 年，注册登记证书有效期满前 3 个月，果园、包装厂应当向所在地海关申请换证。

我国与输入国家或者地区签订的双边协议、议定书等明确规定，或者输入国家或者地区法律、法规要求对输入该国家或者地区的水果果园和包装厂实施注册登记的，出境水果果园、包装厂应当经海关总署集中组织推荐，获得输入国家或地区检验检疫部门认可后，方可向有关国家输出水果。

2. 监督管理

海关对所辖地区出境水果果园、包装厂进行有害生物监测、有毒有害物质监控和监督管理。监测结果及监管情况作为出境水果检验检疫分类管理的重要依据。

出境水果果园、包装厂应当采取有效的有害生物监测、预防和综合管理措施，避免和控制输入国家或者地区关注的检疫性有害生物发生。出境水果果园和包装厂应当遵守相关法规标准，安全合理使用农用化学品，不得购买、存放和使用我国或者输入国家或者地区禁止在水果上使用的化学品。

海关在每年水果采收季节前对注册登记的出境水果果园、包装厂进行年度审核，对年审考核不合格的果园、包装厂限期整改。

已注册登记的出境水果果园、包装厂出现以下情况之一的，取消其注册登记资格。

（1）限期整改不符合要求的。

（2）隐瞒或者瞒报质量和安全问题的。

（3）拒不接受海关监督管理的。

（4）未按《出境水果检验检疫监督管理办法》第十三条规定重新申请注册登记的。

出境水果果园、包装厂应当建立稳定的供货与协作关系。包装厂应当要求果园加强疫情、有毒有害物质监测与防控工作，确保提供优质安全的水果货源。

注册登记果园向包装厂提供出境水果时，应当随附产地供货证明，注明水果名称、数量及果园名称或者注册登记编号等信息。

3. 检验检疫

出境水果应当向包装厂所在地海关报检，按报检规定提供有关单证及产地供货证明；出境水果来源不清楚的，不予受理报检。

根据输入国家或者地区进境水果检验检疫规定和果园、包装厂的注册登记情况，结合日常监督管理，海关实施相应的出境检验检疫措施。

海关根据下列要求对出境水果实施检验检疫。

（1）我国与输入国家或者地区签订的双边检疫协议（含协定、议定书、备忘录等）。

（2）输入国家或者地区进境水果检验检疫规定或者要求。

（3）国际植物检疫措施标准。

（4）我国出境水果检验检疫规定。

（5）贸易合同和信用证等订明的检验检疫要求。

海关依照相关工作程序和技术标准实施现场检验检疫和实验室检测。

（1）核查货证是否相符。

（2）检查植物检疫证书和包装箱的相关信息是否符合输入国或者地区的要求。

（3）检查水果是否带虫体、病症、枝叶、土壤和病虫为害状，发现可疑疫情的，应及时按有关规定和要求将相关样品和病虫体送实验室检疫鉴定。

海关对出境水果实施出境检验检疫及日常监督管理。

4. 放行与处理

出境水果经检验检疫合格的，按照有关规定签发检验检疫证书、出境货物换证凭单等有关检验检疫证单。未经检验检疫或者检验检疫不合格的，不准出境。

出境水果经检验检疫不合格的，海关应当向出境水果果园、包装厂反馈有关信息，并协助调查原因，采取改进措施。出境水果果园、包装厂不在本辖区的，实施检验检疫的海关应当将有关情况及时通知出境水果果园、包装厂所在地海关。

（七）出境水生动物

1. 注册登记

符合条件的出境水生动物养殖场、中转场应当向所在地直属海关申请注册登记，并提交相关材料。直属海关应当对申请材料及时进行审查，根据下列情况在5日内作出受理或者不予受理决定，并书面通知申请人。直属海关应当在受理申请后组成评审组，对申请注册登记的养殖场或者中转场进行现场评审。评审组应当在现场评审结束后

文档：海关总署公告2022年第68号（关于中国鲜梨出口厄瓜多尔植物检疫要求的公告）

向直属海关提交评审报告。

直属海关应当自受理申请之日起20日内对申请人的申请事项作出是否准予注册登记的决定;准予注册登记的,颁发出境水生动物养殖场/中转场检验检疫注册登记证,并上报海关总署,该证自颁发之日起生效,有效期5年。

出境水生动物养殖场、中转场变更企业名称、法定代表人、养殖品种、养殖能力等的,应当在30日内向所在地直属海关提出书面申请,填写出境水生动物养殖场/中转场检验检疫注册登记申请表,并提交与变更内容相关的资料。

获得注册登记的出境水生动物养殖场、中转包装场需要延续注册登记有效期的,应当在有效期届满30日前按照规定提出申请。直属海关应当在完成注册登记、变更或者注销工作后30日内,将辖区内相关信息上报海关总署备案。

2. 检验检疫

出境养殖水生动物的货主或者其代理人应当在水生动物出境7日前向注册登记养殖场、中转场所在地海关报检。除捕捞后直接出口的野生捕捞水生动物外,出境水生动物必须来自注册登记养殖场或者中转场。注册登记养殖场、中转场应当保证其出境水生动物符合进口国或者地区的标准或者合同要求,并出具出境水生动物供货证明。中转场凭注册登记养殖场出具的出境水生动物供货证明接收水生动物。

产地海关受理报检后,应当查验注册登记养殖场或者中转场出具的出境水生动物供货证明,根据疫病和有毒有害物质监控结果、日常监管记录、企业分类管理等情况,对出境养殖水生动物进行检验检疫。

3. 放行与处理

经检验检疫合格的,海关对装载容器或者运输工具加施封识,并按照进口国家或者地区的要求出具动物卫生证书。

经检验检疫合格的出境水生动物,不更换原包装异地出口的,经离境口岸海关现场查验,货证相符、封识完好的准予放行。需在离境口岸换水、加冰、充氧、接驳更换运输工具的,应当在离境口岸海关监督下,在海关指定的场所进行,并在加施封识后准予放行。

文档:象山海关综合施策助力辖区养殖场活海鱼出口

4. 监督管理

海关对辖区内取得注册登记的出境水生动物养殖场、中转场实行日常监督管理和年度审查制度。

(八)出境货物木质包装

木质包装是指用于承载、包装、铺垫、支撑、加固货物的木质材料,如木板箱、木条箱、木托盘、木框、木桶、木轴、木楔、垫木、枕木、衬木等。经人工合成或者经加热、加压等深度加工的包装用木质材料(如胶合板、纤维板等)除外。薄板旋切芯、锯屑、木丝、刨花等以及厚度等于或小于6mm的木质材料除外。

1. 监督管理

海关总署统一管理全国出境货物木质包装的检疫监督管理工作。主管海关负责所辖地区出境货物木质包装的检疫监督管理。

2. 加施标识

对木质包装实施除害处理并加施标识的企业应当建立木质包装生产防疫制度和质量控制体系。出境货物木质包装应当按照《出境货物木质包装除害处理方法》列明的检疫除害处理方法实施处理，并按照《出境货物木质包装除害处理标识要求》的要求加施专用标识。

直属海关对标识加施企业的热处理或者熏蒸处理设施、人员及相关质量管理体系等进行考核，符合《出境货物木质包装除害处理标识加施企业考核要求》的，颁发除害处理标识加施资格证书，并公布标识加施企业名单，同时报海关总署备案，标识加施资格有效期为3年；不符合要求的，不予颁发资格证书，并连同不予颁发的理由一并书面告知申请企业。未取得资格证书的，不得擅自加施除害处理标识。

标识加施企业应当将木质包装除害处理计划在除害处理前向所在地海关申报，海关对除害处理过程和加施标识情况实施监督管理。

除害处理结束后，标识加施企业应当出具处理结果报告单。经海关认定除害处理合格的，标识加施企业按照规定加施标识。

再利用、再加工或者经修理的木质包装应当重新验证并重新加施标识，确保木质包装材料的所有组成部分均得到处理。

标识加施企业对加施标识的木质包装应当单独存放，采取必要的防疫措施防止有害生物再次侵染，建立木质包装销售、使用记录，并按照海关的要求核销。

未获得标识加施资格的木质包装使用企业，可以从海关公布的标识加施企业购买木质包装，并要求标识加施企业提供出境货物木质包装除害处理合格凭证。海关对出境货物使用的木质包装实施抽查检疫。海关对标识加施企业实施日常监督检查。

拓展训练

文档：项目六
在线自测

一、在线自测

扫描右侧二维码查阅题目。

二、实务操作

某年1月18日，中国大连海关从乘坐航班来自日本东京入境的旅客行李中，截获非法携带的日本牛肉，共计480千克，总值3000万日元。该批非法携带入境牛肉的数量之大、参与非法携带的人员之多，均是大连海关截留违禁物品较多的一次。目前，该批违禁物品已按照有关规定做了销毁处理。

据了解，1月18日晚，中国大连国际机场海关工作人员在机场对来自日本东京的航班行李进行巡查时，发现行李转盘上有数个又重又冷的行李箱，随即对该航班进行了重点检查。之后不久，发现1名中国旅客与5名日本旅客推着7个行李车的可疑行李准备出关。检验检疫工作人员通过X光机对所有行李一一进行检查后，发现行李内全部是牛肉。经统计，在包括双肩包、行李箱等在内13件行李中，一共查获480千克牛肉。

文档：项目六
实务操作答案

由于日本就是疯牛病疫区，我国依法禁止产于日本的牛肉及产品进境。鉴于屡次截获大量非法入境日本牛肉的情况，有关检验检疫部门已经加大执法与打击力度，确保进口食品安全。

问题：检验检疫机构对此案件应该如何行使检验检疫处罚权？

项目七

进出口货物报关单填报

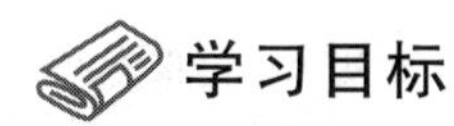

学习目标

知识目标

1. 了解报关单的含义、类别、法律地位及填制的一般要求；
2. 掌握报关单基本信息(表头)栏目的填制规范；
3. 掌握报关单基本信息(表体)栏目的填制规范；
4. 掌握"中国国际贸易单一窗口"录入规则。

技能目标

1. 能够根据业务资料和单据，找到填制报关单所需要的信息来源；
2. 能够根据报关单填制规范，正确填制进出口货物报关单；
3. 能够审核已填制报关单，及时纠正错误。

素养目标

1. 弘扬敬业、诚信的社会主义核心价值观；
2. 将"工匠精神"作为本项目课程学习的思政教育主题，培养关务人员追求卓越的科学精神、严谨细致的工作作风和如实申报的工作态度。

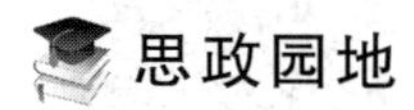

思政园地

弘扬工匠精神　引领关务技能人才成长

中华人民共和国第一届职业技能大赛是由人力资源和社会保障部主办，广东省人民政府承办，广东省人社厅、广州市人民政府协办的全国性职业技能大赛。

第一届全国技能大赛以"新时代 新技能 新梦想"为主题，于2020年12月10日至13日在广东省广州市举办。大赛共设86个比赛项目，其中，世赛选拔项目63个、国赛精选项目23个，全国各省(区、市)、新疆生产建设兵团和有关行业组成36支代表队，将有2565名选手、2383名裁判参赛。

2020年12月10日，习近平总书记致信祝贺首届全国职业技能大赛举办，并强调"各级党委和政府要高度重视技能人才工作，大力弘扬劳模精神、劳动精神、工匠精神，激励更多劳动者特别是青年一代走技能成才、技能报国之路，培养更多高技能人才和大国工匠，为全面建设社会主义现代化国家提供有力人才保障"。

报关是一个对从业人员要求非常严谨细致的岗位工作。关务人员必须牢记习近平总书记嘱托，弘扬工匠精神，苦练基本技能，走好技能报国之路。

资料来源：http://www.mohrss.gov.cn/SYrlzyhshbzb/dongtaixinwen/buneiyaowen/hyhd/202011/t20201111_396070.html.

任务一　进出口货物报关单概述

案例导入

张丽是天津鸿运国际货运代理有限公司新来的报关员，报关经理黄华告知张丽有一票进口报关业务需要去办理，业务的大概情况如下。

北京吉达进出口公司(91110112693228278R)于2023年5月从天津新港进口一批真空吸尘器，运载该批货物的运输工具于2023年5月8日申报进境，该公司委托天津鸿运国际货运代理有限公司于当日全权办理该批货物的报关手续。现在请张丽完成这票货物的全套报关手续。

问题：张丽根据所学的报关操作流程，明确海关申报的第一步就是填制报关单草单。但是比较模糊的是，报关单草单到底起什么作用呢？本票货物的监管方式与征免性质如何填报？

进出口货物收发货人或其代理人向海关办理进出口手续时需要填制报关单。能否正确填制报关单将直接影响报关率、企业的经济利益以及海关监管的各环节。所以，正确填制报关单是海关对报关企业和报关员的基本要求，也是报关员必须履行的义务。

海关总署公告2019年第18号对《中华人民共和国海关进出口货物报关单填制规范》进行了完善，实施了进出口货物整合申报，将关检业务融合至报关单中，停止使用出入境报检单。对报关单布局结构进行了优化，版式由竖版变更为横版；纸质单证全部采用普通打印方式，取消套打，不再印制空白格式单证。

一、进出口货物报关单的含义

微课：认知进出口货物报关单

进出口货物报关单是指进出口货物的收发货人或其代理人，按照海关规定格式对进出口货物的实际情况做出书面申明，以此要求海关对其货物按适用的海关制度办理通关手续的法律文书。

二、进出口货物报关单的类别

(1) 按进出口流向，报关单分为进口货物报关单和出口货物报关单。

(2) 按载体表现形式，报关单分为电子数据报关单和纸质报关单。

根据海关总署公告2016年第28号《关于修改进出口货物报关单和进出境货物备案清单格式的公告》，加工贸易专用报关单作废。目前，在实际申报业务中，进出口货物报关单通过中国电子口岸向海关申报，实现了数据联网核查，具有海关作业、加工贸易核销、进口货物付汇、出口货物收汇和退税、海关和企业留存的用途。

三、进出口货物报关单的法律效力

《中华人民共和国海关法》第二十四条规定：“进口货物的收货人、出口货物的发货人应当向海关如实申报，交验进出口许可证件和有关单证。”

进出口货物报关单及其他进出境报关单（证）在对外经济贸易活动中具有十分重要的法律效力，它是货物的收发货人向海关报告其进出口货物实际情况及适用海关业务制度，申请海关审查并放行货物的必备法律书证。它既是海关对进出口货物进行监管、征税、统计以及开展稽查、调查的重要依据，又是出口退税和外汇管理的重要凭证，也是海关处理进出口货物走私、违规案件及税务、外汇管理部门查处骗税、逃套汇犯罪活动的重要书证。因此，申报人对所填报的进出口货物报关单的真实性和准确性应承担法律责任。电子数据报关单与纸质报关单具有同等法律效力。

四、进出口货物报关单填制的一般要求

微课：进出口货物报关单填制的一般要求

进出境货物的收发货人或其代理人向海关申报时，必须填写并向海关递交进口或出口货物报关单。申报人在填制报关单时，必须做到真实、准确、齐全、清楚。

（1）进出口货物收发货人或其代理人应按照《中华人民共和国海关进出口货物申报管理规定》《中华人民共和国海关进出口货物报关单填制规范》《中华人民共和国海关统计商品目录》《中华人民共和国海关进出口商品规范申报目录》等有关规定要求向海关申报，并对申报内容的真实性、准备性、完整性和规范性承担相应的法律责任。

（2）报关单的填报应当做到“两个相符”：一是单证相符，即所填报关单各栏目的内容必须与合同、发票、装箱单、提单及批文等随附单据相符；二是单货相符，即所填报关单各栏目的内容必须与实际进出口货物情况相符，不得伪报、瞒报、虚报。

（3）不同运输工具、不同航次、不同提运单、不同贸易方式、不同备案号、不同征免性质的货物，均应分单填报。同一份报关单上的商品不能同时享受协定税率和减免税。

一份原产地证书，只能用于同一批次进口货物。含有原产地证书管理商品的一份报关单，只能对应一份原产地证书；同一批次货物中，实行原产地证书联网管理的，如涉及多份原产地证书应分单填报。如同时含非原产地证书商品，《内地与香港关于建立更紧密经贸关系的安排》《内地与澳门 CEPA 服务贸易协议》项下应分单填报，但《海峡两岸经济合作框架协议》(ECEA)项下可在同一张报关单中填报。

（4）一份报关单所申报的货物，需分项填报的情况主要包括：商品编号不同的，商品名称不同的，计量单位不同的，原产国（地区）/最终目的国（地区）不同的，币制不同的，征免不同的等。

【思考 7-1】 某公司一次到货进口木材一批，分属甲（一般贸易合同）、乙（加工贸易合同）两个合同项下，清单简列如下。

（1）胶合板，三种规格，合同甲，海运提单号为 A01、A02、A03。

（2）地板条，一种规格，合同甲，海运提单号为 A04。

（3）锯材，两种规格，合同乙，海运提单号为 B01、B02。

（4）薄板，两种规格，合同乙，海运提单号为 B03、B04。

该公司在向海关一次性申报进口时，应填报几份报关单？

文档：思考 7-1 答案解析

五、进出口货物报关单模板

进出口货物报关单模板见表 7-1、表 7-2。

表 7-1 中华人民共和国海关进口货物报关单

预录入编号：　　　　海关编号：　　　　（××海关）

<table>
<tr><td>境内收货人</td><td colspan="2">进境关别</td><td colspan="2">进口日期</td><td colspan="2">申报日期</td><td>备案号</td></tr>
<tr><td>境外发货人</td><td colspan="2">运输方式</td><td colspan="2">运输工具名称及航次</td><td colspan="2">提运单号</td><td>货物存入地点</td></tr>
<tr><td>消费使用单位</td><td colspan="2">监管方式</td><td colspan="2">征免性质</td><td colspan="2">许可证号</td><td>启运港</td></tr>
<tr><td>合同协议号</td><td colspan="2">贸易国(地区)</td><td colspan="2">启运国(地区)</td><td colspan="2">经停港</td><td>入境口岸</td></tr>
<tr><td>包装种类</td><td>件数</td><td>毛重(千克)</td><td>净重(千克)</td><td>成交方式</td><td>运费</td><td>保费</td><td>杂费</td></tr>
<tr><td colspan="8">随附单证及编号</td></tr>
<tr><td colspan="8">标记唛码及备注</td></tr>
<tr><td colspan="8">项号　商品编号　商品名称及规格型号　数量及单位　单价/总价/币制　原产国(地区)　最终目的国(地区)　境内目的地　征免</td></tr>
<tr><td colspan="8"></td></tr>
<tr><td colspan="8"></td></tr>
<tr><td colspan="8"></td></tr>
<tr><td colspan="8"></td></tr>
<tr><td colspan="8"></td></tr>
<tr><td colspan="8">特殊关系确认：　价格影响确认：　支付特许权使用费确认：　自报自缴：</td></tr>
<tr><td colspan="7">报关人员　报关人员证号　电话　兹申明对以上内容承担如实申报、依法纳税之法律责任
申报单位　申报单位(签章)</td><td>海关批注及签章</td></tr>
</table>

表 7-2　中华人民共和国海关出口货物报关单

预录入编号：　　　　　　　　　　海关编号：　　　　（××海关）

境内收货人	出境关别		出口日期		申报日期		备案号
境外发货人	运输方式		运输工具名称及航次		提运单号		
生产销售单位	监管方式		征免性质		许可证号		
合同协议号	贸易国（地区）		运抵国（地区）		指运港		离境口岸
包装种类	件数	毛重（千克）	净重（千克）	成交方式	运费	保费	杂费
随附单证及编号							
标记唛码及备注							

项号	商品编号	商品名称及规格型号	数量及单位	单价/总价/币制	原产国（地区）	最终目的国（地区）	境内货源地	征免

特殊关系确认：　　　　价格影响确认：　　　　支付特许权使用费确认：　　　　自报自缴：

报关人员　　报关人员证号　　电话　　兹申明对以上内容承担如实申报、依法纳税之法律责任 申报单位　　　　　　　　　　　　　　　　申报单位（签章）	海关批注及签章

任务二　报关单表头栏目填制规范及"中国国际贸易单一窗口"录入

案例导入

2023年9月，深圳某公司从美国进口一批100公吨的牛皮卡纸。由于到货港是香港，所以深圳某公司还得安排从香港到深圳的陆路运输，时间紧、任务重。同时，由于深圳某公司仓库库容有限，装卸能力差，因此不可能同时把总共五个40英尺(约12米)的集装箱一次拉进深圳，完成卸货任务。9月底，第一批三个集装箱进入文锦渡海关，深圳公司的报关员立刻带齐所有的单据(美国公司寄来的原始发票、装箱单、海运提单，由报关公司计算机打制的报关单、司机簿及香港运输公司重新填制的进境汽车清单)，赴海关报关大楼报关。但报关第一步就受挫，因为此批货物是三辆货柜车，而美国原始发票是整批货物5个集装箱一起开立的，海关关员不同意深圳公司以此报关。于是，深圳公司立即电告美国公司，让美国公司赶制两份发票及装箱单，一份为3个集装箱，另一份为2个集装箱。

次日，深圳公司报关员再度报关。结果，海关拒受美国方面开来的原始发票，因为美方开来的发票只有签名而没有印鉴。由于中美文化习俗上的差异，美方注重的是签名，而中国注重的是印鉴，所以又造成了麻烦，深圳公司只得再与美国公司联系。但由于时差关系，等到外商急件传真过来已是第三日的早晨。

深圳公司的报关员只有三度出击，可是此时又节外生枝了。深圳公司报关的是牛皮卡纸，而司机载货清单上赫然写着"白板纸"3个字。这问题严重了，因为牛皮卡纸每公吨只有280美元，而白板纸每公吨却要1100美元左右，两者之间有着天壤之别。说得轻一点，是以假乱真，偷逃国家税款；说得重一点，则要背上走私的罪名。事到如此，只得让海关关员开箱检查，纸卷外层被捅破足有五六厘米，造成了不必要的损失。最后检查下来的结果证明是牛皮卡纸，但3个集装箱在深圳耽误两夜，共损失1.8万港元的租箱费，这还不包括司机过夜费、临时停车场费等。

问题：如果你是该公司的报关员，应吸取哪些教训？

为规范进出口货物收发货人的申报行为，统一进出口货物报关单填制要求，保证报关单数据质量，根据《中华人民共和国海关法》及有关法规，海关总署制定了报关单各栏目的填制规范。

一、预录入编号

预录入编号是指预录入报关单的编号，一份报关单对应一个预录入编号，由系统自动生成。

1. 填制规范

报关单预录入编号为18位，其中第一位至第四位为接受申报海关的代码(海关编制的关区代码表中相应的海关代码)，第五位至第八位为录入时的公历年份，第九位为进出口标志("1"为进口，"2"为出口；集中申报清单"I"为进口，"E"为出口)，后9位为顺序编号。

2. 规范解读

预录入编号由系统自动生成，因此，该栏目无须申报人填报。

二、海关编号

海关编号是指海关接受申报时给予报关单的编号，一份报关单对应一个海关编号，由系统自动生成。

1. 填制规范

报关单海关编号为18位，其中第一位至第四位为接受申报海关的编号（海关规定的关区代码表中相应海关代码），第五位至第八位为海关接受申报的公历年份，第九位为进出口标志（“1”为进口，“0”为出口；集中申报清单“I”为进口，“E”为出口），后9位为顺序编号。“海关编号”是计算机系统自动打印生成的。

例如，某报关公司2023年7月18日向上海吴淞海关申报出口货物，报关单上的海关编号组合为220220230215514088。

2. 规范解读

海关编号由系统自动生成，因此，该栏目无须申报人填报。

三、境内收发货人

境内收发货人是指在海关注册的对外签订并执行进出口贸易合同的中国境内法人、其他组织或个人。

（一）填制规范

本栏目填报在海关注册的对外签订并执行进出口贸易合同的中国境内法人、其他组织或个人的名称及编码。编码可选填18位法人和其他组织统一社会信用代码，没有统一社会信用代码的，填报其在海关的备案编码。

特殊情况填制要求如下。

（1）进出口货物合同的签订者和执行者非同一企业的，填报执行合同的企业。

（2）外商投资企业委托进出口企业进口投资设备、物品的，填报外商投资企业，并在“标记唛码及备注”栏注明“委托某进出口企业进口”，同时注明被委托企业的18位法人和其他组织统一社会信用代码。

（3）有代理报关资格的报关企业代理其他进出口企业办理进出口报关手续时，填报委托的进出口企业。

（4）海关特殊监管区域收发货人填报该货物的实际经营单位或海关特殊监管区域内经营企业。

（5）免税品经营单位经营出口退税国产商品的，填报免税品经营单位的名称。

（二）规范解读

1. 境内收发货人的海关编码10位数字结构

第一位至第四位为进出口单位属地的行政区划代码，其中第一位、第二位表示省、自治区、直辖市，如北京市为11，广东省为44；第三位、第四位表示省辖市（地区、省直辖行政单位），包括省会城市和沿海开放城市，若第三位、第四位是用“90”的，则表示未列名的省直辖行政单位。

第五位为市经济区划代码。

“1”表示经济特区；

“2”表示经济技术开发区和上海浦东新区、海南洋浦经济开发区；

“3”表示高新技术产业开发区；

“4”表示保税区；

“5”表示出口加工区；

“6”表示保税港区；

“7”表示保税物流园区；

“8”表示综合实验区；

“9”表示其他。

例如，珠海市编码为4404，其中，珠海特区44041、珠海保税区44044、珠海国家高新技术产业开发区44043、珠澳跨境工业区（珠海园区）44045（使用出口加工区代码）、珠海市其他地区44049。

第六位为进出口单位经济类型代码。

“1”表示有进出口经营权的国有企业；

“2”表示中外合作企业；

“3”表示中外合资企业；

“4”表示外商独资企业；

“5”表示有进出口经营权的集体企业；

“6”表示有进出口经营权的私营企业；

“7”表示有进出口经营权的个体工商户；

“8”表示有报关权而没有进出口经营权的企业；

“9”表示其他，包括外国驻华企事业机构、外国驻华使领馆和临时有进出口经营权的单位。

第七位至第十位为顺序代码，如上海宏达针织有限公司（3101935039）。

2. 填报要求

（1）本栏目必须“双填”，既填报境内收发货人的中文名称，又填报统一社会信用代码或其在海关的备案编码。

（2）编码的第五位和第六位很重要。第五位关联到“境内目的地”“境内货源地”栏；第六位关联到“境内收（发）货人”“标记唛码及备注”栏。

（3）外商投资企业（编码第六位数为“2”“3”“4”）委托某进出口企业进口投资设备、物品的，本栏填报“外商投资企业的中文名称及编码”，并在“标记唛码及备注”栏注明“委托某进出口企业进口”。例如，上海宏达针织有限公司（3101935039）委托上海机械进出口公司进口“方形针织机”5台，本栏填报“上海宏达针织有限公司（3101935039）”，同时在“标记唛码及备注”栏注明“委托上海机械进出口公司进口”。

（4）非外商投资企业或没有进出口经营权的企业委托某进出口企业进（出）口的，本栏填报“某进出口企业的中文名称及编码”。例如，上海城建局委托上海土产进出口公司（3101915031）进口黄桐木材，本栏填报“上海土产进出口公司（3101915031）”。

(5) 援助、赠送、捐赠的货物，本栏填报“直接接受货物的单位的中文名称及编码”。

(6) 境内收发货人编码第六位数为“8”的单位是只有报关权而没有进出口经营权的企业，不得作为经营单位填报。

(三)“中国国际贸易单一窗口”录入规则

本栏目为必填项，由4个单元格组成，从左到右依次是“18位统一社会信用代码”“10位海关代码”“10位检验检疫编码”“企业名称(中文)”。优先录入18位统一社会信用代码。没有18位统一社会信用代码的，录入10位海关代码或者10位检验检疫编码。人工录入代码后，系统返填企业中文名称。“中国国际贸易单一窗口”境内收发货人填报如图7-1所示。

图 7-1 “中国国际贸易单一窗口”境内收发货人填报

四、进境关别/出境关别

文档：经典案例 7-1

报关单中进出境关别是指国家对外开发的港口及边界关口。在进出口货物报关单中，特指货物实际进出境的口岸海关的名称。

1. 填制规范

本栏目应根据货物实际进出境的口岸海关，填报海关规定的关区代码表中相应口岸海关的名称及代码。

关区代码由4位数字组成，前两位为直属关区关别代码，后两位为隶属海关或海关监管场所的代码；填报此栏目应填隶属海关名称及代码。例如，货物由天津新港口岸进境，“进境关别口岸”栏填报为“新港海关”+“0202”。

特殊情况填报要求如下。

进口转关运输货物应填报货物进境地海关名称及代码，出口转关运输货物应填报货物出境地海关名称及代码。按转关运输方式监管的跨关区深加工结转货物，出口报关单填报转出地海关名称及代码，进口报关单填报转入地海关名称及代码。

在不同海关特殊监管区域或保税监管场所之间调拨、转让的货物，填报对方特殊监管区域或保税监管场所所在的海关名称及代码。

其他无实际进出境的货物，填报接受申报的海关名称及代码。

2. 规范解读

本栏目应填报货物实际进出境的口岸海关。例如，四川乐山市某单位空运进口仪器一批，经上海浦东国际机场转至成都机场后，在乐山海关报关。其进口口岸应填报为上海浦东国际机场海关(2233)。

五、进口日期/出口日期

进口日期填报运载进口货物的运输工具申报进境的日期。

出口日期是指运载出口货物的运输工具办结出境手续的日期，在申报时免予填报。

无实际进出境的报关单填报海关接受申报的日期。本栏目为8位数字，顺序为年(4位)、月(2位)、日(2位)。

例如，某票货物于2023年1月12日运抵口岸，则进口日期应该怎样填报？

这里用运抵口岸的日期(20230112)来表达运输工具申报进境的日期，因为运输工具必须在运抵口岸之时向海关申报进境。

六、申报日期

申报日期是指海关接受进出口货物收发货人、受委托的报关企业申报数据的日期。以电子数据报关单方式申报的，申报日期为海关计算机系统接受申报数据时记录的日期。以纸质报关单方式申报的，申报日期为海关接受纸质报关单并对报关单进行登记处理的日期。申报日期为8位数字，顺序为年(4位)、月(2位)、日(2位)。本栏目在申报时免予填报。

七、备案号

备案号是指进出口企业在海关办理加工贸易合同备案或征、减、免税审批备案等手续时，海关给予进料加工登记手册、来料加工及中小型补偿贸易登记手册、外商投资企业履行产品出口合同进口料件及加工出口成品登记手册、电子账册及分册(以下简称加工贸易手册)，进出口货物征免税证明或其他有关备案审批文件的编号。

1. 填制规范

本栏目填报进出口货物收发货人、消费使用单位、生产销售单位在海关办理加工贸易合同备案或征、减、免税备案审批等手续时，海关核发的加工贸易手册、海关特殊监管区域和保税监管场所保税账册、进出口货物征免税证明或其他备案审批文件的编号。一份报关单只允许填报一个备案号。具体填报要求如下。

(1) 加工贸易项下货物，除少量低值辅料按规定不使用加工贸易手册及以后续补税监管方式办理内销征税的外，填报加工贸易手册编号。

使用异地直接报关分册和异地深加工结转出口分册在异地口岸报关的，本栏目应填报分册号；本地直接报关分册和本地深加工结转分册限制在本地报关，本栏目应填报总册号。

加工贸易成品凭进出口货物征免税证明转为减免税进口货物的，进口报关单填报进出口货物征免税证明编号，出口报关单填报加工贸易手册编号。

对加工贸易设备、使用账册管理的海关特殊监管区域内减免税设备之间的结转，转入和转出企业分别填制进出口报关单，在报关单“备案号”栏目填报加工贸易手册编号。

（2）涉及征、减、免税备案审批的报关单，填报进出口货物征免税证明编号。

（3）减免税货物退运出口，填报中华人民共和国海关进口减免税货物准予退运证明的编号；减免税货物补税进口，填报减免税货物补税通知书的编号；减免税货物进口或结转进口（转入），填报进出口货物征免税证明的编号；相应的结转出口（转出），填报海关减免税进口货物结转联系函的编号。

（4）免税品经营单位经营出口退税国产商品的，免予填报。

2. 规范解读

备案号的填报一般与报关单“监管方式”“征免性质”“征免”“项号”等栏目具有一定的逻辑关系，内容上必须相互对应。

备案号长度为12位，其中第一位为标记码，备案号标记代码见表7-3。

表7-3 备案号第一位是标记代码表

首位代码	备案审批文件	首位代码	备案审批文件
A	外商投资企业为生产内销产品进口料件	H	出口加工区电子账册
B	加工贸易手册（来料加工）	J	保税仓库记账式电子账册
C	加工贸易手册（进料加工）	K	保税仓库备案式电子账册
D	加工贸易不作价设备	Q	汽车零部件电子账册
E	加工贸易电子账册	Y	原产地证书
F	加工贸易异地报关分册	Z	进出口货物征免税证明
G	加工贸易深加工结转异地报关分册		

3. “中国国际贸易单一窗口”录入规则

本栏目录入电子化手册、账册、进出口货物征免税证明等编号时，系统将该备案号已在海关备案的数据，更新在进/出口报关单“商品名称”“商品编码”“计量单位”等栏目。

文档：经典案例7-2

【思考7-2】 根据背景材料，回答问题。

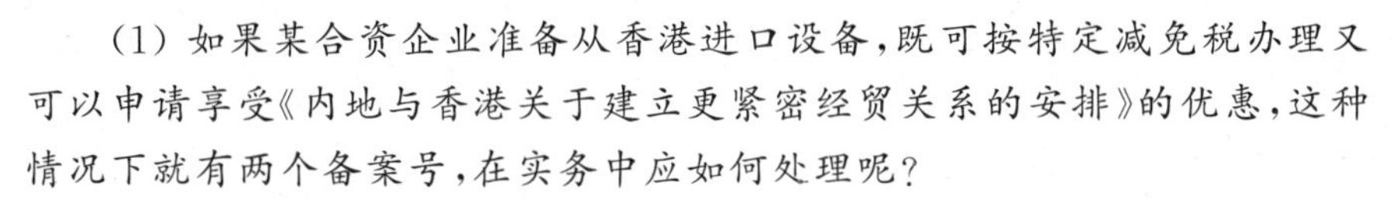

（1）如果某合资企业准备从香港进口设备，既可按特定减免税办理又可以申请享受《内地与香港关于建立更紧密经贸关系的安排》的优惠，这种情况下就有两个备案号，在实务中应如何处理呢？

（2）中国矿产钢铁有限责任公司订购进口一批热拔合金无缝钢管（属法定检验检疫、自动进口许可管理商品），委托辽宁抚顺锅炉厂有限责任公司制造出口锅炉。辽宁龙信国际货运公司持经营单位登记手册和相关单证向大连大窑湾海关申报进口，则报关单中备案号首个字母是什么？

（3）北京某单位进口中泰水果协定项下的水果一批，包括鲜菠萝、鲜番石榴、鲜柚子三种商品。该单位向海关提供的原产地证明书编号为Y20040698111，证明书上所列商品排列顺序为：①鲜菠萝；②鲜番石榴；③鲜柚子。上述商品该单位采用原产地证明书网络管理系统及海关H2000通关系统向海关申报。备案号应如何填报？

(4) 北京某单位进口原产于香港的货物一批，其中有两项商品属于内地与香港紧密贸易关系安排项下的商品，分别为香水及眼用化妆品。该单位向海关提供的原产地证明书编号为YHK040698111，证明书上所列商品排序为：①香水；②眼用化妆品。上述两项商品在报关单中分别为第二项和第六项商品。上述商品该单位未使用原产地证明书网络管理系统，只使用了海关H2000通关管理系统向海关申报。备案号应如何填报？

文档：思考7-2答案解析

八、境外收发货人

境外收货人是指签订并执行出口贸易合同中的买方或合同指定的收货人，境外发货人是指签订并执行进口贸易合同中的卖方。

1. 填制规范

本栏目填报境外收发货人的名称及编码，一般填报英文名称，检验检疫要求填报其他外文名称的，在英文名称后填报，以半角括号分隔；对于AEO互认国家(地区)的企业，编码填报AEO编码，填报样式为"国别(地区)代码＋海关企业编码"，例如，新加坡AEO企业填报"SG123456789012"(新加坡国别代码＋12位企业编码)；非互认国家(地区)AEO企业等其他情形，编码免于填报。

微课：境外收货人能填报"NO"吗

特殊情况下无境外收发货人的，名称及编码填报"NO"。

2. 规范解读

截至目前，已与中国海关签订AEO互认的国家或地区有新加坡、韩国、中国香港、欧盟成员国、瑞士、新西兰、以色列、日本、白俄罗斯、智利、澳大利亚、中国台湾、哈萨克斯坦、蒙古、塞尔维亚、乌干达、南非、巴西、伊朗、乌拉圭、阿联酋、菲律宾、哥斯达黎加、中国澳门。各个国家或地区，AEO认证海关企业编码位数各有不同，如中国香港10位，韩国7位，中国台湾9位，新加坡12位，瑞士8位加1位识别码。

文档：经典案例7-3

3. "中国国际贸易单一窗口"录入规则

本栏目由两个单元格组成，分别为"境外收货人代码"和"企业名称(外文)"，均由人工录入。

九、运输方式

运输方式是指国际贸易买卖双方就进出口货物交接、交换所磋商决定可采用的运输形式。

海关规定的运输方式可以分为实际运输方式和海关规定的特殊运输方式两大类。前者是指货物实际进出境的运输方式，按进出境所使用的运输工具分类；后者是指货物无实际进出境的运输方式，按货物在境内的流向分类。

(一) 填制规范

本栏目应根据货物实际进出境的运输方式或货物在境内流向的类别，按照海关规定的运输方式代码表选择填报相应的运输方式。运输方式代码表及说明见表7-4。

表 7-4 运输方式代码表及说明

运输方式代码	运输方式名称	运输方式代码	运输方式名称
0	非保税区	9	其他运输
1	监管仓库	H	边境特殊海关作业区
2	水路运输	T	综合实验区
3	铁路运输	W	物流中心
4	公路运输	X	物流园区
5	航空运输	Y	保税港区
6	邮件运输	Z	出口加工区
7	保税区	L	旅客携带
8	保税仓库	G	固定设施运输

1. 特殊情况填报要求

(1) 非邮件方式进出境的快递货物,按实际运输方式填报。

(2) 进出境旅客随身携带的货物,填报"旅客携带"(代码 L)。

(3) 进口转关运输货物,按载运货物抵达进境地的运输工具填报;出口转关运输货物,按载运货物驶离出境地的运输工具填报。

(4) 不复运出(入)境而留在境内(外)销售的进出境展览品、留赠转卖物品等,填报"其他运输"(代码 9)。

(5) 以固定设施(包括输油、输水管道和输电网等)运输货物的,填报"固定设施运输"(代码 G)。

2. 无实际进出境货物在境内流转时填报要求

(1) 境内非保税区运入保税区货物和保税区退区货物,填报"非保税区"(代码 0)。

(2) 保税区运往境内非保税区货物,填报"保税区"(代码 7)。

(3) 境内存入出口监管仓库和出口监管仓库退仓货物,填报"监管仓库"(代码 1)。

(4) 保税仓库转内销货物,填报"保税仓库"(代码 8)。

(5) 从境内保税物流中心外运入中心或从中心运往境内中心外的货物,填报"物流中心"(代码 W)。

(6) 从境内保税物流园区外运入园区或从园区内运往境内园区外的货物,填报"物流园区"(代码 X)。

(7) 保税港区、综合保税区与境内(区外)(非特殊区域、保税监管场所)之间进出的货物,填报"保税港区/综合保税区"(代码 Y)。

(8) 出口加工区、珠澳跨境工业区(珠海园区)、中哈霍尔果斯边境合作区(中方配套区)与境内(区外)(非海关特殊监管区域、保税监管场所)之间进出的货物,填报"出口加工区"(代码 Z)。

(9) 境内运入深港西部通道港方口岸区的货物以及境内进出中哈霍尔果斯边境合作中心中方区域的货物,填报"边境特殊海关作业区"(代码 H)。

(10) 经横琴新区和平潭综合实验区二线指定申报通道运往境内(区外)或从境内经二线指定申报通道进入横琴新区和平潭综合实验区的货物,以及横琴新区和平潭综合实验区内按选择性征收关税申报的货物，填报“综合实验区”(代码 T)。

(11) 海关特殊监管区域内货物之间的流转、调拨货物，特殊监管区域与境内(区外)之间进出的货物，海关特殊监管区域外的加工贸易余料结转、深加工结转、内销等货物，以及其他境内流转货物，填报“其他运输”(代码 9)。

(二) “中国国际贸易单一窗口”录入规则

本栏目为必填项，可以手工录入相应的运输方式代码或名称关键字，系统自动弹出代码表下拉菜单，在下拉菜单中选择填报即可。“中国国际贸易单一窗口”运输方式填报如图 7-2 所示。

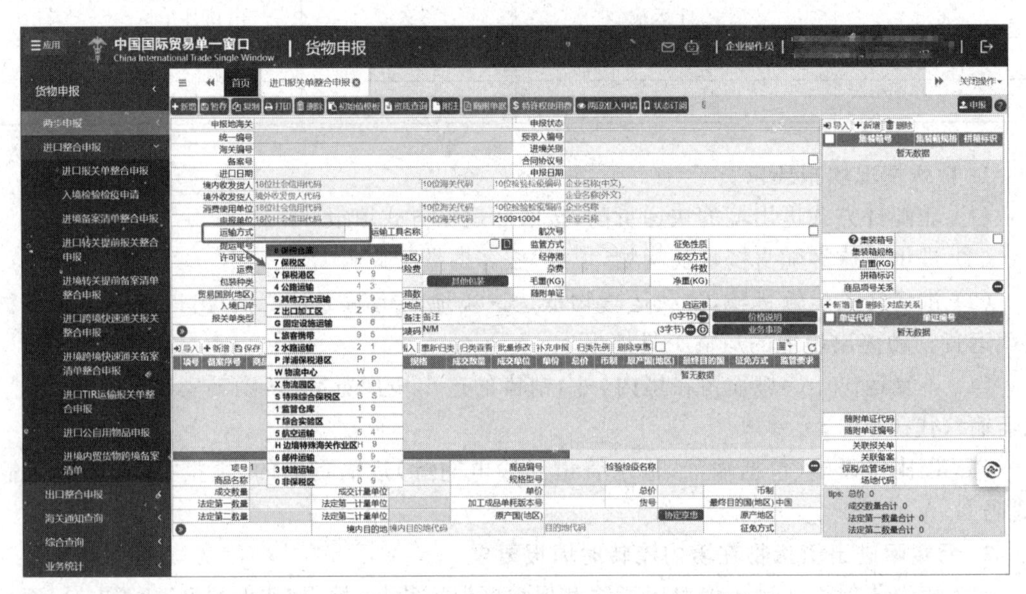

图 7-2 “中国国际贸易单一窗口”运输方式填报

【思考 7-3】

(1) 保定某公司采用国际联运方式在新港海运进口设备一批后，铁路转运至保定报关，运输方式如何填报？

(2) 北京某服装厂加工企业将原由日本海运进口后存入保税仓库的面料转为正式进口，运输方式如何填报？

文档：思考 7-3 答案解析

(3) 山西某单位邮运进口仪表维修零件一批，运输方式如何填报？

(4) 国内某单位通过输变电网向澳门出口电力，运输方式如何填报？

(5) 国内某单位将国产面料运入出口加工区加工服装出口，运输方式如何填报？

十、运输工具名称及航次

运输工具名称是指从事国际(地区)间运营业务进出关境和境内载运海关监管货物的工具。

(一) 填制规范

本栏目填报载运货物进出境的运输工具名称、编号及航次号。填报内容应与运输部门向海关申报的舱单(载货清单)所列相应内容一致。

1. 运输工具名称的具体填报要求

(1) 直接在进出境地或采用区域通关一体化通关模式办理报关手续的报关单填报要求如下。

① 水路运输。填报船舶编号(来往港澳小型船舶为监管簿编号)或者船舶英文名称。

② 公路运输。启用公路舱单前,填报该跨境运输车辆的国内行驶车牌号,深圳提前报关模式的报关单填报国内行驶车牌号+“/”+“提前报关”。启用公路舱单后,免予填报。

③ 铁路运输。填报车厢编号或交接单号。

④ 航空运输。填报航班号。

⑤ 邮件运输。填报邮政包裹单号。

⑥ 其他运输。填报具体运输方式名称,例如管道、驮畜等。

(2) 转关运输货物的报关单填报要求如下。

① 进口。

a. 水路运输。直转、提前报关填报“@”+16 位转关申报单预录入号(或 13 位载货清单号);中转填报进境英文船名。

b. 铁路运输。直转、提前报关填报“@”+16 位转关申报单预录入号;中转填报车厢编号。

c. 航空运输。直转、提前报关填报“@”+16 位转关申报单预录入号(或 13 位载货清单号);中转填报“@”。

d. 公路及其他运输。填报“@”+16 位转关申报单预录入号(或 13 位载货清单号)。

e. 以上各种运输方式使用广东地区载货清单转关的提前报关货物填报“@”+13 位载货清单号。

② 出口。

a. 水路运输。非中转填报“@”+16 位转关申报单预录入号(或 13 位载货清单号)。如多张报关单需要通过一张转关单转关的,运输工具名称字段填报“@”。

中转货物,境内水路运输填报驳船船名;境内铁路运输填报车名(主管海关 4 位关区代码+“TRAIN”);境内公路运输填报车名(主管海关 4 位关区代码+“TRUCK”)。

b. 铁路运输。填报“@”+16 位转关申报单预录入号(或 13 位载货清单号),如多张报关单需要通过一张转关单转关的,填报“@”。

c. 航空运输。填报“@”+16 位转关申报单预录入号(或 13 位载货清单号),如多张报关单需要通过一张转关单转关的,填报“@”。

d. 其他运输方式。填报“@”+16 位转关申报单预录入号(或 13 位载货清单号)。

(3) 采用“集中申报”通关方式办理报关手续的,报关单本栏目填报“集中申报”。

(4) 无实际进出境的报关单,本栏目免予填报。

(5) 免税品经营单位经营出口退税国产商品的,免予填报。

2. 航次的具体填报要求

(1) 直接在进出境地或采用区域通关一体化通关模式办理报关手续的报关单。

① 水路运输。填报船舶的航次号。

② 公路运输。启用公路舱单前,填报运输车辆的 8 位进出境日期[顺序为年(4 位)、月(2 位)、日(2 位)]。启用公路舱单后,填报货物运输批次号。

③ 铁路运输。填报列车的进出境日期。

④ 航空运输。免予填报。

⑤ 邮件运输。填报运输工具的进出境日期。

⑥ 其他运输方式。免予填报。

(2) 转关运输货物的报关单。

① 进口。

a. 水路运输。中转转关方式填报“@”+进境干线船舶航次。直转、提前报关免予填报。

b. 公路运输。免予填报。

c. 铁路运输。“@”+8 位进境日期。

d. 航空运输。免予填报。

e. 其他运输方式。免予填报。

② 出口。

a. 水路运输。非中转货物免予填报。中转货物：境内水路运输填报驳船航次号；境内铁路、公路运输填报 6 位启运日期[顺序为年(2 位)、月(2 位)、日(2 位)]。

b. 铁路拼车拼箱捆绑出口。免予填报。

c. 航空运输。免予填报。

d. 其他运输方式。免予填报。

【例 7-1】 大连某公司从美国进口货物一批，该货物装于名为 EAST EXPRESS 号轮 801E 航次，于 2024 年 1 月 18 日向海关申报进境，“运输工具名称”栏填 EAST EXPRESS/801E。

【例 7-2】 北京某进出口公司于 2023 年 12 月 15 日进口货物一批，载运该货物的航班为 CA365，总运单号码为 CA731980854，则“运输工具名称”栏填 CA365。

(3) 免税品经营单位经营出口退税国产商品的，免予填报。

(4) 无实际进出境的报关单，本栏目免予填报。

(二)“中国国际贸易单一窗口”录入规则

本栏目为有条件必填项，即载运货物进出境的运输工具有具体名称或编号以及具体航次号时为必填项。“中国国际贸易单一窗口”运输工具名称及航次号填报如图 7-3 所示。

图 7-3 “中国国际贸易单一窗口”运输工具名称及航次号填报

【思考7-4】 根据背景材料判断下列填报是否正确,若不正确请改正。

文档:思考7-4答案解析

(1) 厦门某外商投资企业利用自有资金进口零件,货物于2023年6月28日乘MU2450航班运抵上海浦东国际机场办理了相关手续后,于6月29日运至厦门高崎机场向海关办理进口报关纳税手续。"运输工具名称"栏应填MU2450。

(2) 2022年10月杭州凌云公司从国外购买点焊机,用ROTTERDAM BRIDGE号货轮装运进境,在向口岸海关办理转关手续(转关申报单编号073104999505171)后,运抵指运地海关办理正式进口报关手续,"运输工具名称"栏应填ROTTERDAM BRIDGE。

(3) 北京某单位海运出口货物一批,向北京海关朝阳办事处申报后,交接转关至天津新港海关出境。该批货物在出口转关运输货物报关单的预录入编号为0120040631800526,出口转关运输货物申报单的"运输工具名称"栏应填报0120040631800526。

(4) 北京某服装加工企业将原日本进口的料件,通过公路运输结转给天津某服装加工企业。进口转关运输申报单预录入编号为2200305028917659,其进口转关运输货物申报单上"运输工具名称"栏应填报@2200305028917659。

十一、提运单号

(一) 填制规范

本栏目填报进出口货物提单或运单的编号。一份报关单只允许填报一个提单或运单号,一票货物对应多个提单或运单时,应分单填报。具体填报要求如下。

1. 直接在进出境地或采用区域通关一体化通关模式办理报关手续的

(1) 水路运输。填报进出口提单号。如有分提单的,填报进出口提单号+"*"+分提单号。

(2) 公路运输。启用公路舱单前,免予填报;启用公路舱单后,填报进出口总运单号。

(3) 铁路运输。填报运单号。

(4) 航空运输。填报总运单号+"-"+分运单号,无分运单的,填报总运单号。

(5) 邮件运输。填报邮运包裹单号。

2. 转关运输货物的报关单

(1) 进口。

① 水路运输。直转、中转填报提单号。提前报关免予填报。

② 铁路运输。直转、中转填报铁路运单号。提前报关免予填报。

③ 航空运输。直转、中转货物填报总运单号+"-"+分运单号。提前报关免予填报。

④ 其他运输方式。免予填报。

⑤ 以上运输方式进境货物,在广东省内用公路运输转关的,填报车牌号。

(2) 出口。

① 水路运输。中转货物填报提单号;非中转货物免予填报;广东省内汽车运输提前报关的转关货物,填报承运车辆的车牌号。

② 其他运输方式。免予填报。广东省内汽车运输提前报关的转关货物,填报承运车辆的车牌号。

3. 采用“集中申报”通关方式办理报关手续的

采用“集中申报”通关方式办理报关手续的，报关单填报归并的集中申报清单的进出口起止日期[按年(4位)、月(2位)、日(2位)、年(4位)、月(2位)、日(2位)]。

4. 无实际进出境的

无实际进出境的，本栏目免予填报。

(二) 规范解读

海运提单号一般在提单右上角，以英文“B/L No.：×××”或在“Bill of Lading”的下一行表示。

航空运输的分运单号用“HAWB：××××××××(8位数)”表示，一般在空运单的右上角，只填8位数于总运单号后面。总运单号用“MAWB：×××-××××××××”表示，由11位数字组成。填写时，总运单号只填数字，其中的“-”和空格不填。在总、分运单之间要加“-”。

(三) “中国国际贸易单一窗口”录入规则

本栏目为有条件必填项。“中国国际贸易单一窗口”提运单号填报如图7-4所示。

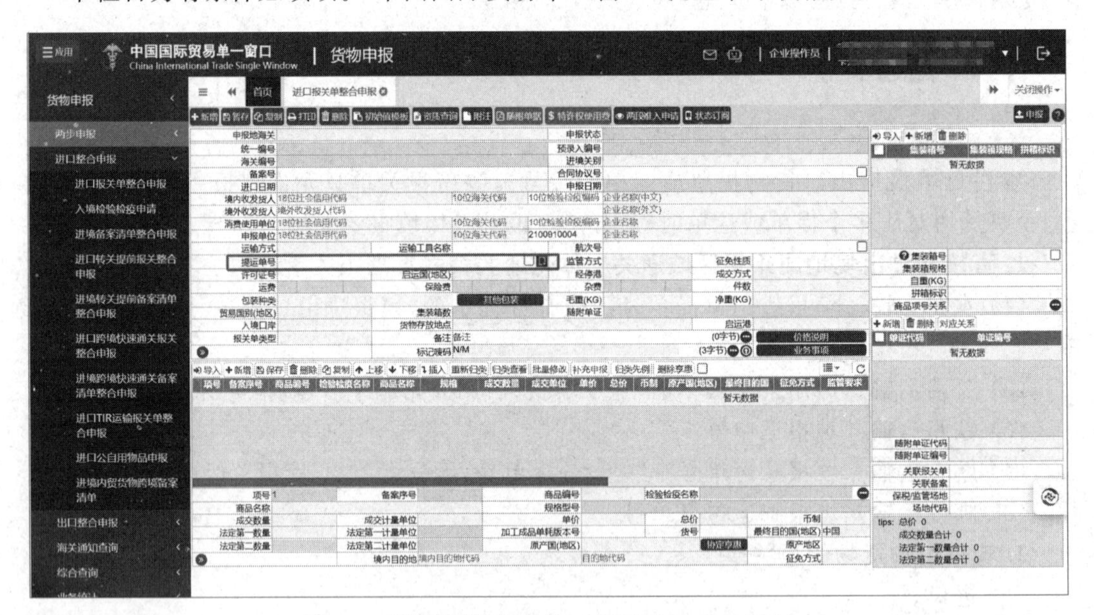

图7-4 “中国国际贸易单一窗口”提运单号填报

【思考7-5】 根据背景材料判断下列填报是否正确，若不正确请改正。

文档：思考7-5答案解析

(1) 北京某企业海运进口设备一批，提前向北京海关朝阳办事处申报提单号为COSC0831221991。其进口转关运输申报单提运单号应填报COSC0831221991。

(2) 北京某企业海运进口设备一批，在天津东港海关直接申报进口。其提运单号分别为HTT381221771991、HTT381221771992。其进口货物报关单提运单号应填报HTT381221771991、HTT381221771992。

(3) 成都某企业空运进口设备一批，国际航班在北京入境后，又利用国内航班直接转至成都海关办理报关手续。总运单号 CAR33166578，分运单号 CA789321。其进口转关运输货物申报单提运单号应填报 CAR33166578_CA789321。

(4) 广州某单位通过汽车运输从香港进口设备一批。载运该批货物的汽车广州车牌号为粤 00000，其进口货物报关单提运单号应填报为粤 00000。

(5) 北京某出口服装加工企业经海关同意，将部分料件结转给天津某出口服装加工企业。北京某出口服装加工企业的出口报关单海关编号为 114611632。其出口货物报关单提运单号应填报“不填”。

十二、货物存入地点

1. 填制规范

填报货物进境后存放的场所或地点，包括海关监管作业场所、分拨仓库中、定点加工厂、隔离检疫场、企业自有仓库等。

2. 规范解读

本栏目为进口报关单专有栏目，出口报关单无此栏目。没有相关代码表，填报货物存放地点的中文名称，如 DHL 快件库、UPS 快件库、中外运库、中远库等。

十三、消费使用单位/生产销售单位

1. 填制规范

(1) 消费使用单位填报已知的进口货物在境内的最终消费、使用单位的名称，包括：①自行从境外进口货物的单位；②委托进出口企业进口货物的单位。

例如，清华大学委托北京银盾报关行代为申报进口日本政府赠送的教学仪器一批。其收货单位应填报“清华大学”。

(2) 生产销售单位填报出口货物在境内的生产或销售单位的名称，包括：①自行出口货物的单位；②委托进出口企业出口货物的单位。

(3) 减免税货物报关单的消费使用单位/生产销售单位应与进出口货物征免税证明的“减免税申请人”一致。

(4) 保税监管场所与境外之间的进出境货物，消费使用单位/生产销售单位填报保税监管场所的名称。保税物流中心(B 型)填报中心内企业名称。

(5) 海关特殊监管区域的消费使用单位/生产销售单位填报区域内经营企业(“加工单位”或“仓库”)。

(6) 编码填报要求：①本栏目可选填 18 位法人和其他组织统一社会信用代码；②无 18 位统一社会信用代码的，填报“NO”；③进口货物在境内的最终消费或使用以及出口货物在境内的生产或销售的对象为自然人的，填报身份证号、护照号等有效证件号码及姓名。

2. “中国国际贸易单一窗口”录入规则

本栏目为必填项，由四个单元格组成，从左到右依次是“18 位统一社会信用代码”“10 位海关代码”“10 位检验检疫编码”“企业名称(中文)”。可以在上述前三个单元格中任选其一，录入代码(编码)。无 18 位统一社会信用代码的，“18 位统一社会信用代码”单元格里填入“NO”；未取得 10 位检验检疫编码的，“10 位检验检疫编码”单元格留空，不填写内容。人工填入代码(编码)后,系统可返填企业中文名称。境内收发货人与消费使用单位/生产销售单位填报逻辑关系见表7-5。

表7-5　境内收发货人与消费使用单位/生产销售单位填报逻辑关系

进出口状况	境内收发货人	消费使用单位/生产销售单位	备　注
外贸代理进出口	外贸流通企业	国内委托进出口的单位	不包括外商投资企业在投资总额内委托进口
外贸自营进出口	外贸流通企业	外贸流通企业	自营进出口
外商投资企业自营进出口	外商投资企业	外商投资企业	自营进出口
外商投资企业在投资总额内委托进口	外商投资企业	外商投资企业	被委托的外贸流通企业应在备注栏说明"委托×××公司进口"
签约与执行合同分离	执行合同的外贸流通企业	执行合同的外贸流通企业或委托进出口的单位	
直接接受进出口	直接接受货物的国内单位	直接接受货物的国内单位	该批货物的进出口应经批准

十四、监管方式

1. 填制规范

监管方式是以国际贸易中进出口货物的交易方式为基础,结合海关对进出口货物的征税、统计及监管条件综合设定的海关对进出口货物的管理方式。其代码由4位数字构成,前两位是按照海关监管要求和计算机管理需要划分的分类代码,后两位是参照国际标准编制的贸易方式代码。

本栏目应根据实际对外贸易情况按海关规定的监管方式代码表选择填报相应的监管方式简称及代码。一份报关单只允许填报一种监管方式。监管方式代码表节选见表7-6。

表7-6　监管方式代码表节选

监管方式代码	监管方式简称	监管方式代码全称
0110	一般贸易	一般贸易
0130	易货贸易	易货贸易
0139	旅游购物商品	用于旅游者5万美元以下的出口小批量订货
0200	料件放弃	主动放弃交由海关处理的来料或进料加工料件
0214	来料加工	来料加工装配贸易进口料件及加工出口货物
0245	来料料件内销	来料加工料件转内销
0255	来料深加工	来料深加工结转货物
0258	来料余料结转	来料加工余料结转
0265	来料余料复出	来料加工复运出境的原进口料件
0300	来料料件退换	来料加工料件退换
0314	加工专用油	国营贸易企业代理来料加工企业进口柴油

续表

监管方式代码	监管方式简称	监管方式代码全称
0320	不作价设备	加工贸易外商提供的不作价进口设备
0345	来料成品减免	来料加工成品凭进出口货物征免税证明转减免税
0400	成品放弃	主动放弃交由海关处理的来料及进料加工成品
0420	加工贸易设备	加工贸易项下外商提供的进口设备
0444	保区进料成品	按成品征税的保税区进料加工成品转内销货物
0445	保区来料成品	按成品征税的保税区来料加工成品转内销货物
0446	加工设备内销	加工贸易免税进口设备转内销
0456	加工设备结转	加工贸易免税进口设备结转
0466	加工设备退运	加工贸易免税进口设备退运出境
0500	减免设备结转	用于监管年限内减免税设备的结转
0513	补偿贸易	补偿贸易
0544	保区进料料件	按料件征税的保税区进料加工成品转内销货物
0545	保区来料料件	按料件征税的保税区来料加工成品转内销货物
0615	进料对口	进料加工(对口合同)
0642	进料以产顶进	进料加工产品以产顶进
0644	进料料件内销	进料加工料件转内销
0654	进料深加工	进料深加工结转货物
0657	进料余料结转	进料加工余料结转
0664	进料料件复出	进料加工复运出境的原进口料件
0700	进料料件退换	进料加工料件退换
0715	进料非对口	进料加工(非对口合同)
0744	进料成品减免	进料加工成品凭进出口货物征免税证明转减免税
0815	进料成品减免	进料加工成品凭征免税证明转减免税
0844	进料边角料内销	进料加工项下边角料转内销
0845	来料边角料内销	来料加工项下边角料内销
0864	进料边角料复出	进料加工项下边角料复出
0865	来料边角料复出	来料加工项下边角料复出
1139	国轮油物料	中国籍运输工具境内添加的保税油料、物料
1200	保税间货物	海关保税场所及保税区域之间往来的货物
1233	保税仓库货物	保税仓库进出境货物
1234	保税区仓储转口	保税区进出境仓储转口货物
1300	修理物品	进出境修理物品
1427	出料加工	出料加工
1500	租赁不满一年	租期不满一年的租赁贸易货物
1523	租赁贸易	租期在一年及以上的租赁贸易货物
1616	寄售代销	寄售、代销贸易
1741	免税品	免税品
1831	外汇商品	免税外汇商品

续表

监管方式代码	监管方式简称	监管方式代码全称
2025	合资合作设备	合资合作企业作为投资进口设备物品
2225	外资设备物品	外资企业作为投资进口的设备物品
2439	常驻机构公用	外国常驻机构进口办公用品
2600	暂时进出货物	暂时进出口货物
2700	展览品	进出境展览品
2939	陈列样品	驻华商品机构不复运出口的进口陈列样品
3010	货样广告品 A	有经营权单位进出口的货样广告品
3039	货样广告品 B	无经营权单位进出口的货样广告品
3100	无代价抵偿	无代价抵偿进出口货物
3339	其他进出口免费	其他进出口免费提供货物
3410	承包工程进口	对外承包工程进口物资
3422	对外承包出口	对外承包工程出口物资
3511	援助物资	国家和国际组织无偿援助物资
3612	捐赠物资	进出口捐赠物资
4019	边境小额	边境小额贸易(边民互市贸易除外)
4039	对台小额	对台小额贸易
4200	驻外机构运回	我驻外机构运回旧公用物品
4239	驻外机构购进	我驻外机构境外购买运回国的公务用品
4319	对台小额商品贸易市场	进入对台小额商品专用市场的货物
4400	来料成品退换	来料加工成品退换
4500	直接退运	直接退运
4539	进口溢、误卸	进口溢卸、误卸货物
4561	退运货物	因质量不符、延误交货等原因退运进出境货物
4600	进料成品退换	进料成品退换
5000	料件进出区	料件进出海关特殊监管区域
5010	特殊区域研发货物	海关特殊监管区域与境外之间进出的研发货物
5014	区内来料加工	海关特殊监管区域与境外之间进出的来料加工货物
5015	区内进料加工货物	海关特殊监管区域与境外之间进出的进料加工货物
5034	区内物流货物	海关特殊监管区域与境外之间进出的物流货物
5100	成品进出区	成品进出海关特殊监管区域
5300	设备进出区	设备及物资进出海关特殊监管区域
5335	境外设备进区	海关特殊监管区域从境外进口的设备及物资
5361	区内设备退运	海关特殊监管区域设备及货物退运境外
6033	物流中心进出境货物	保税物流中心与境外之间进出仓储货物
9610	电子商务	跨境贸易电子商务
9639	海关处理货物	海关变卖处理的超期未报货物,走私违规货物

续表

监管方式代码	监管方式简称	监管方式代码全称
9700	后续补税	无原始报关单的后续补税
9739	其他贸易	其他贸易
9800	租赁征税	租赁期一年及以上的租赁贸易货物的租金
9839	留赠转卖物品	外交机构转售境内或国际活动留赠放弃特批货物
9900	其他	其他

特殊情况加工贸易货物监管方式填报要求如下。

(1) 进口少量低值辅料(即5000美元以下,78种以内的低值辅料)按规定不使用加工贸易手册的,填报"低值辅料"。使用加工贸易手册的,按加工贸易手册上的监管方式填报。

(2) 加工贸易料件转内销货物以及按料件办理进口手续的转内销制成品、残次品、未完成品,应填制进口报关单,填报"来料料件内销"或"进料料件内销";加工贸易成品凭进出口货物征免税证明转为减免税进口货物的,应分别填制进、出口报关单,出口报关单本栏目填报"来料成品减免"或"进料成品减免",进口报关单本栏目按照实际监管方式填报。

(3) 加工贸易出口成品因故退运进口及复运出口的,填报"来料成品退换"或"进料成品退换";加工贸易进口料件因换料退运出口及复运进口的,填报"来料料件退换"或"进料料件退换";加工贸易过程中产生的剩余料件、边角料退运出口,以及进口料件因品质、规格等原因退运出口且不再更换同类货物进口的,分别填报"来料料件复出""来料边角料复出""进料料件复出""进料边角料复出"。

(4) 加工贸易边角料内销和副产品内销,应填制进口报关单,填报"来料边角料内销"或"进料边角料内销"。

(5) 企业销毁处置加工贸易货物未获得收入,销毁处置货物为料件、残次品的,填报"料件销毁";销毁处置货物为边角料、副产品的,填报"边角料销毁"。

企业销毁处置加工贸易货物获得收入的,填报"进料边角料内销"或"来料边角料内销"。

(6) 免税品经营单位经营出口退税国产商品的,填报"其他"。

2. 规范解读

监管方式根据国际贸易的具体情形而定。

(1) 我国境内有进出口经营权的企业单位进口或单边出口的贸易,其监管方式为"一般贸易"。

(2) 加工贸易来料加工项下进口的料件和加工成品,其监管方式为"来料加工";进料加工项下的为"进料对口"。

除上述两种情形外,还有以下其他情形:加工贸易下其他货物(如深加工、结转、内销、退换、销毁等),加工贸易进口设备,外商投资企业进口自用设备、物品,退运进出口货物、特许权使用费后续征税等。在这些情形下,应根据具体情况填报对应的监管方式。

3. "中国国际贸易单一窗口"录入规则

本栏目为必填项。可以手工录入相应的监管方式代码或名称关键字,系统自动弹出代码表下拉菜单,在下拉菜单中选择填报。"中国国际贸易单一窗口"监管方式填报如图7-5所示。

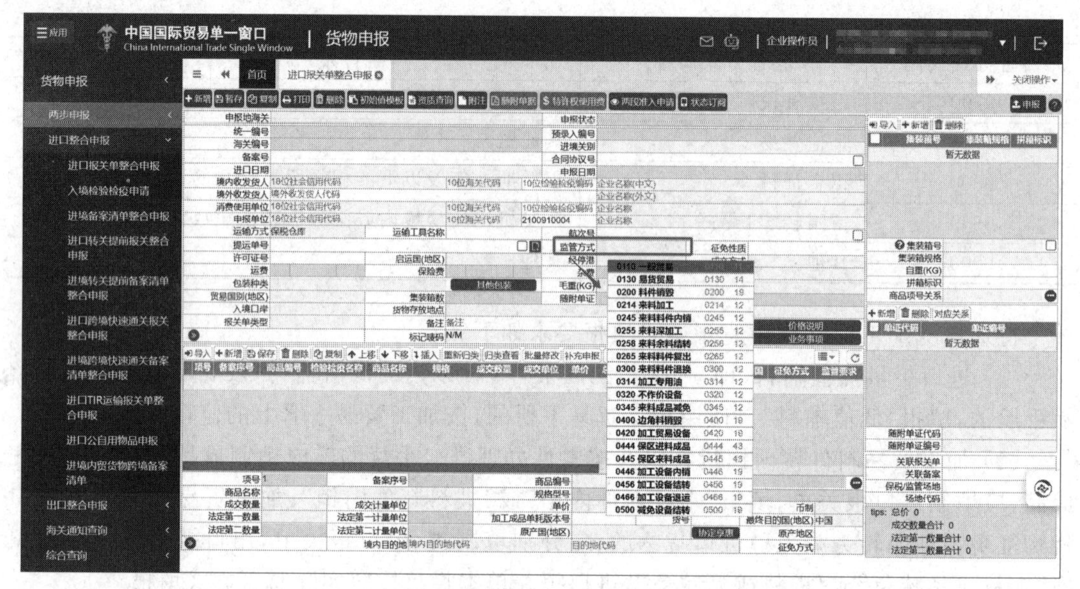

图 7-5 “中国国际贸易单一窗口”监管方式填报

【关务技能大赛】

报关单的填制技巧：特定减免税货物进口报关。

业务背景：航信电子(广州)有限公司(9132××××××××××7321)在投资总额内从航信中国有限公司进口两台原产于马来西亚的五轴联运加工中心(结构龙门式)。

作业要求：根据业务背景要求录入随附单证，完成报关单指定栏目的填制。

报关单填制技巧的分析：

在“中国国际贸易单一窗口”录入时，按照各栏目的逻辑关系将报关单栏目模块化进行信息来源查找和填制，具体为“备案号、监管方式、征免性质、征免”模块，“运输方式、运输工具名称、航次号、提运单号、启运国(地区)、最终目的国(地区)、启运港、入境口岸”模块，“包装种类及其他包装、件数、毛重、净重”模块，“数量及单位、单价/总价/币制”模块等。

从业务背景判定：备案号为 Z52181313571，监管方式为外资设备物品，征免性质为鼓励项目，征免为特案。

从提单信息可以判定：运输方式为水路运输，运输工具名称为东风 027，航次号为 031720201303211，提运单号为 SK2832137，启运国(地区)为中国香港，启运港为香港，入境口岸为广州。

从提单和箱单信息可以判定：包装种类为天然木托，件数为 2(提单显示)，毛重为 1900(提单显示)，净重为 1800(提单、箱单显示)。

十五、征免性质

征免性质是指海关根据《中华人民共和国海关法》《中华人民共和国进出口关税条例》及国家有关政策对进出口货物实施的征、减、免税管理的性质类别。征免性质是海关对进出口货物征、减、免税进行分类统计分析的重要基础。

1. 填制规范

本栏目应根据实际情况按海关规定的征免性质代码表选择填报相应的征免性质简称及代码,持有海关核发的进出口货物征免税证明的,应按照进出口货物征免税证明中批注的征免性质填报。一份报关单只允许填报一种征免性质。

加工贸易货物报关单应按照海关核发的加工贸易手册中批注的征免性质简称及代码填报。特殊情况填报要求如下。

(1) 加工贸易转内销货物,按实际情况填报(如一般征税、科教用品、其他法定等)。

(2) 料件退运出口、成品退运进口货物填报“其他法定”(代码299)。

(3) 加工贸易结转货物,本栏目免予填报。

(4) 免税品经营单位出口退税国家商品的,填报“其他法定”。

2. 规范解读

与监管方式一样,征免性质也需要根据贸易的具体情形而定,其填报与监管方式的填报,反映了进出口货物的报关程序,两者之间存在相应的逻辑关系,其“中国国际贸易单一窗口”录入规则同“监管方式”。征免性质代码表见表7-7。

表7-7 征免性质代码表

代码	征免性质简称	征免性质全称
101	一般征税	一般征税进出口货物
201	无偿援助	无偿援助进出口物资
299	其他法定	其他法定减免税进出口货物
301	特定区域	特定区域进口自用物资及出口货物
307	保税区	保税区进口自用物资
399	其他地区	其他执行特殊政策地区出口货物
401	科教用品	大专院校及科研机构进口科教用品
403	技术改造	企业技术改造进口货物
406	重大项目	国家重大项目进口货物
412	基础设施	通信、港口、铁路、公路、机场建设进口设备
413	残疾人	残疾人组织和企业进出口货物
417	远洋渔业	远洋渔业自捕水产品
418	国产化	国家定点生产小轿车和摄录机企业进口散件
419	整车特征	构成整车特征的汽车零部件进口
420	远洋船舶	远洋船舶及设备部件
421	内销设备	内销远洋船用设备及关键部件
422	集成电路	集成电路生产企业进口货物
423	新型显示器件	新型显示器件生产企业进口货物
499	ITA产品	非全税号信息技术产品
501	加工设备	加工贸易外商提供的不作价进口设备
502	来料加工	来料加工装配和补偿贸易进口料件及出口成品
503	进料加工	进料加工贸易进口料件及出口成品
506	边境小额	边境小额贸易进口货物

续表

代码	征免性质简称	征免性质全称
601	中外合资	中外合资经营企业进出口货物
602	中外合作	中外合作经营企业进出口货物
603	外资企业	外商独资企业进出口货物
606	海洋石油	勘探、开发海洋石油进口货物
611	贷款中标	国际金融组织贷款、外国政府贷款中标机电设备零部件
789	鼓励项目	国家鼓励发展的内外资项目进口设备
799	自有资金	外商投资额度外利用自有资金进口设备、备件、配件
801	救灾捐赠	救灾捐赠进口物资
802	扶贫慈善	境外向我国境内无偿捐赠用于扶贫慈善的免税进口物资
898	国批减免	国务院特准减免税的进出口货物
998	内部暂定	享受内部暂定税率的进出口货物
999	例外减免	例外减免税进出口货物

3. “中国国际贸易单一窗口”录入规则

本栏目为必填项。“中国国际贸易单一窗口”征免性质填报如图 7-6 所示。

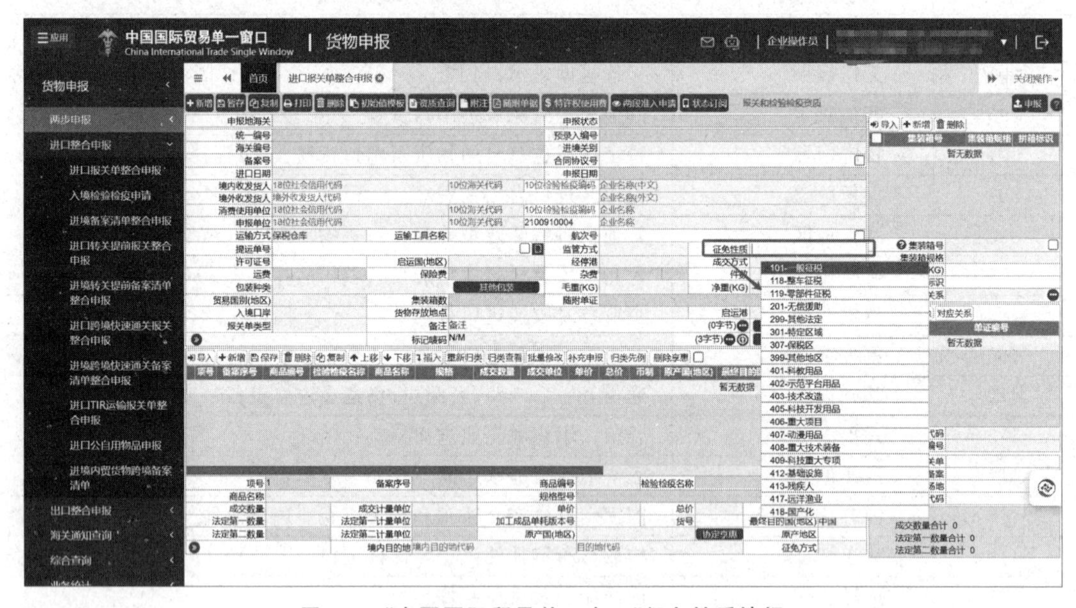

图 7-6 “中国国际贸易单一窗口”征免性质填报

十六、许可证号

1. 填制规范

进出口货物许可证是指一国根据其进出口管制法令，由商务主管部门签发的允许管制商品进出口的证件。许可证号是指由商务部及授权发证机关签发的进出口货物许可证的编号。

本栏目填报以下许可证的编号：进（出）口许可证、两用物项和技术进（出）口许可证、两用物项和技术出口许可证（定向）、纺织品临时出口许可证、出口许可证（边境小额贸易）的编号。免税品经营单位经营出口退税国产商品的，免予填报。

一份报关单只允许填报一个许可证号。

2. 规范解读

在海关总署公布的监管证件中，只有上述监管证件填入“许可证号”栏，其他的监管证件填入“随附单证”栏中。

3.“中国国际贸易单一窗口”录入规则

本栏目为选填项，最多支持录入20位字符。

文档：思考7-6
答案解析

【思考7-6】 某企业一般贸易海运进口钢材一批。重要工业品自动进口许可证编号为C00220030714011。则在进口货物报关单中的“许可证号”栏应填报为C00220030714011。填报的对吗？为什么？

十七、贸易国（地区）

本栏目填报对外贸易中与境内企业签订贸易合同的外方所属的国家（地区）。进口填报购自国，出口填报售予国。未发生商业性交易的填报货物所有权拥有者所属的国家（地区）。

本栏目应按海关规定的国别（地区）代码表选择填报相应的贸易国（地区）中文名称及代码。

十八、启运港

1. 填制规范

填报进口货物在运抵我国关境前的第一个境外装运港。

根据实际情况，按海关规定的港口代码表填报相应的港口名称及代码，未在港口代码表中列明的，填报相应的国家名称及代码。货物从海关特殊监管区域或保税监管场所运至境内（区外）的，填报港口代码表中相应海关特殊监管区域或保税监管场所的名称及代码，未在港口代码表中列明的，填报未列出的特殊监管区及代码。

其他无实际进境的货物，填报“中国境内”及代码。

2. 规范解读

编码规则：一般港口代码统一采用3位国别（地区）字母代码[取自国别（地区）代码表]+3位顺序号。例如，巴黎（法国）的港口代码为FRA901，其中FRA为法国的国别代码，901为顺序号；但是，海关特殊监管区域或保税监管场所仍保留原有检验检疫编制的6位数字码。例如，“北京天竺综合保税区”的港口代码为991101。

3.“中国国际贸易单一窗口”录入规则

本栏目为必填项，可以手工录入相应的港口代码或名称关键字，系统自动弹出代码表下拉菜单，在下拉菜单中选择填报即可。

十九、合同协议号

合同协议号是指在进出口贸易中，买卖双方或数方当事人根据国际贸易惯例或国家的法律、法规，自愿按照一定的条件买卖某种商品所签署的合同协议的编号。

本栏目填报进出口货物合同(包括协议或订单)编号。未发生商业性交易的免予填报。免税品经营单位经营出口退税国产商品的，免予填报。在“中国国际贸易单一窗口”录入时，直接录入即可。

注意合同的译法。在原始单据(发票)上的合同协议号一般表示为“Contract No. ”“S/C NO. ”“P/O NO. ”等。“S/C”的全称为“Sales Confirmation”，“P/O”的全称为“Purchase Oder”。

二十、启运国(地区)/运抵国(地区)

启运国(地区)是指在未与任何中间国发生任何商业性交易或其他改变货物法律地位的活动的情况下，把货物发出并运往进口国(地区)的国家或地区。

运抵国(地区)又称目的国(地区)，是指在未发生任何商业性交易或其他改变货物法律地位的活动的情况下，货物被出口国(地区)所发往的或最后交付的国家或地区。

1. 填制规范

启运国(地区)填报进口货物起始发出直接运抵我国或者在运输中转国(地区)未发生任何商业性交易的情况下运抵我国的国家(地区)。

运抵国(地区)填报出口货物离开我国关境直接运抵或者在运输中转国(地区)未发生任何商业性交易的情况下最后运抵的国家(地区)。

不经过第三国(地区)转运的直接运输进出口货物，以进口货物的装货港所在国(地区)为启运国(地区)，以出口货物的指运港所在国(地区)为运抵国(地区)。

例如，天津某公司从美国进口一批货物，货物直接从旧金山运输到天津，则启运国为美国。

天津某公司出口一批货物到美国，货物直接从天津运输到旧金山，则运抵国为美国。

经过第三国(地区)转运的进出口货物，如在中转国(地区)发生商业性交易，则以中转国(地区)作为启运/运抵国(地区)。

例如，唐山某公司从美国进口一批货物，货物从纽约启运，经香港中转(发生商业交易)，再运输到唐山，则启运国为中国香港。

唐山某公司出口一批货物到美国，在香港中转(发生商业交易)，再运输到纽约，则运抵国为中国香港。

本栏目应按海关规定的国别(地区)代码表选择填报相应的启运国(地区)或运抵国(地区)中文名称及代码。

无实际进出境的，填报“中国境内”(代码 142)。

2. 规范解读

运输方式代码为“0”“1”“7”“8”“W”“X”“Z”“H”的以及监管方式为42～46、54～58 的货物，启运国(地区)和运抵国(地区)均为“中国”(CHN)。

3. “中国国际贸易单一窗口”录入规则

本栏目为必填项目。可以手工录入，也可以在下拉菜单中选择填报。

文档：经典案例 7-4

二十一、经停港/指运港

1. 填制规范

经停港填报进口货物在运抵我国关境前的最后一个境外装运港。

指运港填报出口货物运往境外的最终目的港，最终目的港不可预知的，按尽可能预知的目的港填报。

本栏目应根据实际情况按海关规定的港口代码表选择填报相应的港口中文名称及代码。经停港/指运港在港口代码表中无港口中文名称及代码的，可选择填报相应的国家中文名称或代码。

无实际进出境的，本栏目填报“中国境内”(代码 142)。

2.“中国国际贸易单一窗口”录入规则

本栏目为必填项。“中国国际贸易单一窗口”录入时，可以手工输入，也可在下拉菜单中选择填报。“中国国际贸易单一窗口”经停港填报如图 7-7 所示。

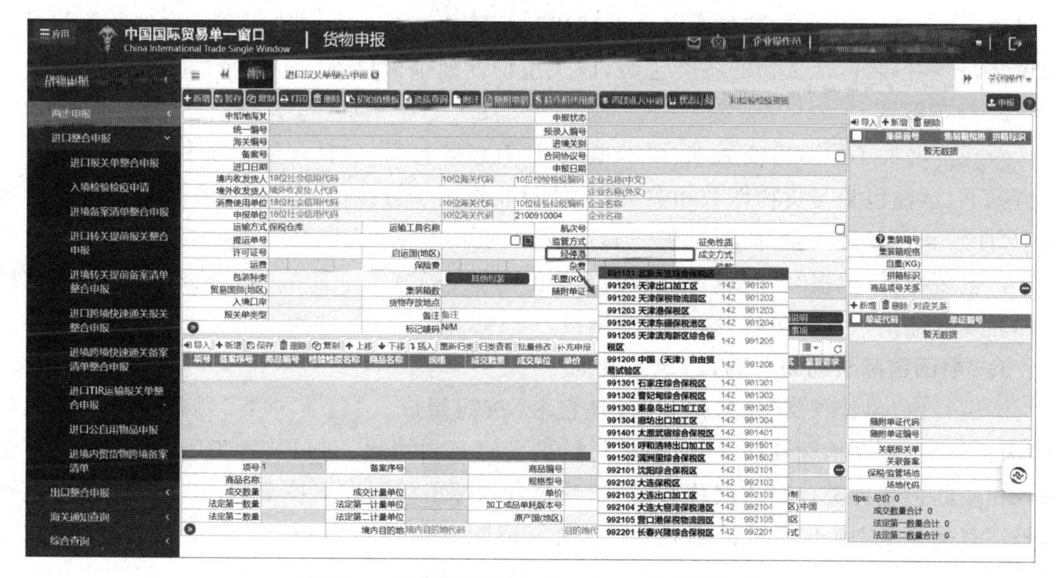

图 7-7 “中国国际贸易单一窗口”经停港填报

二十二、入境口岸/离境口岸

1. 填制规范

入境口岸填报进境货物从跨境运输工具卸离的第一个境内口岸的中文名称及代码；采取多式联运跨境运输的，填报多式联运货物最终卸离的境内口岸的中文名称及代码；过境货物填报货物进入境内的第一个口岸的中文名称及代码；从海关特殊监管区域或保税监管场所进境的，填报海关特殊监管区域或保税监管场所的中文名称及代码。其他无实际进境的货物，填报货物所在地的城市名称及代码。

离境口岸填报出境货物的跨境运输工具离境的第一个境内口岸的中文名称及代码；采取多式联运跨境运输的，填报多式联运货物最初离境的境内口岸的中文名称及代码；过境货物填报货物进离境的第一个境内口岸的中文名称及代码;从海关特殊监管区域或保税监管场所离境的,填报海关特殊监管区域或保税监管场所的中文名称及代码。其他无实际进境的货物,填报货物所在地的城市名称及代码。

入境口岸/离境口岸类型包括港口、码头、机场、机场货运通道、边境口岸、火车站、车辆装卸点、车检场、陆路港、坐落在口岸的海关特殊监管区域等。按海关规定"国内口岸编码表"选择填报相应的境内口岸名称及代码。

2. "中国国际贸易单一窗口"录入规则

本项目为必填项,进出口时分别申报"入境口岸"和"离境口岸"。可以手工输入相应的国内口岸代码或名称关键字,系统自动弹出代码表下拉菜单,在下拉菜单中选择填报。

二十三、包装种类

1. 填制规范

填报进出口货物的所有包装材料,包括运输包装和其他包装。按海关规定的包装种类代码表选择填报相应的包装种类名称及代码。运输包装是指提运单所列货物件数单位对应的包装,其他包装包括货物的各类包装,以及植物性铺垫材料等。

2. 规范解读

新规范增加了检验检疫需求,要求填报"所有包装材料,包括运输包装和其他包装"。一般情况下,运输包装与货物件数相关联,其他包装不用于直接包装货物。在装箱单或提运单据中,件数和包装种类通常合并在一起出现。例如,PACKED IN 22 CNTS,"件数"填报"22","包装种类"填报"纸制或纤维板制盒(箱)"或代码"22"。如果集装箱内未使用其他材料加固或者铺垫,"其他包装"则不需要填报。

3. "中国国际贸易单一窗口"录入规则

本栏目由"包装种类"录入框和"其他包装"按钮组成。"包装种类"为必填项,"其他包装"为选填项,但动植物性包装物、铺垫材料进境时必须填报。"包装种类"录入框可以手工输入相应的包装种类代码或名称关键字,系统自动弹出代码表下拉菜单,在下拉菜单中选择填报;"其他包装"则点开对话框勾选。"中国国际贸易单一窗口"包装种类填报如图 7-8 所示。

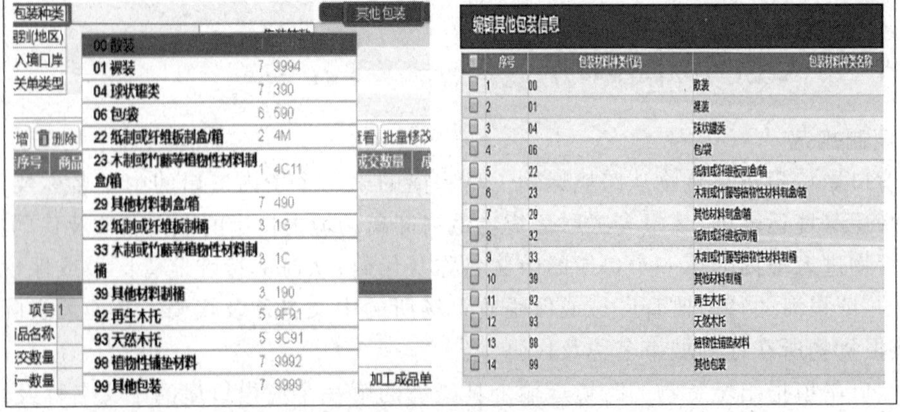

图 7-8 "中国国际贸易单一窗口"包装种类填报

二十四、件数

件数是指有外包装的单件进(出)口货物的实际数量。本栏目填报有外包装的进出口货物的实际件数。特殊情况填报要求如下。

(1) 舱单件数为集装箱的,填报集装箱个数。

(2) 舱单件数为托盘的,填报托盘数。

本栏目不得填报"0",散装、裸装货物填报"1"。

例如,2 PALLETS 100 CTNS,件数栏填报:2。

微课:进出口货物报关单包装种类、件数填制

二十五、毛重

毛重是指商品重量加上商品的外包装的重量。在进出口商品中,大多数商品是按重量来计量的。毛重在装箱单或提运单据"Gross Weight"栏体现。

本栏目填报进出口货物及包装材料的重量之和,不得为空。毛重的计量单位为千克,毛重应大于或等于1千克,不足1千克的填报"1"千克。

例如,空运进口一批钻石,毛重为900克,则进口报关单中的"毛重"栏填报"1"。

二十六、净重

净重是指货物的毛重减去外包装材料后的重量,即商品本身的实际重量;部分商品的净重还包括直接接触商品的销售包装物料的重量(如罐头装食品等)。净重在装箱单或提运单据"Net Weight"栏体现。

本栏目填报进出口货物的毛重减去外包装材料后的重量,即货物本身的实际重量,计量单位为千克,不足1千克的填报"1"。

此栏目不得为空。以毛作净的,可填报毛重,如矿砂、粮食等大宗散货或裸装的钢管、钢板等。按照国际惯例,以公量计价的货物,如未脱脂羊毛、羊毛条等,填报公量重。

文档:经典案例7-5

二十七、成交方式

成交方式是指在进出口贸易中进出口商品的价格构成和买卖双方各自应承担的责任、费用和风险,以及货物所有权转移的界限。

本栏目应根据进出口货物实际成交价格条款,按海关规定的成交方式代码表(表7-8)选择填报相应的成交方式代码。

微课:进出口货物报关单成交方式等填制

无实际进出境的报关单,进口填报CIF或其代码,出口填报FOB或其代码。采用集中申报的归并后的报关单,进口的成交方式必须为CIF或其代码,出口的成交方式必须为FOB或其代码。

报关单填制中的"CIF""CFR""FOB"等成交方式是中国海关规定的"成交方式代码表"中所指定的成交方式,与《国际贸易术语通则2020》中的贸易术语内涵并非完全一致。这里的"CIF""CFR""FOB"并不仅限于水路而适用于任何运输方式,主要体现成本、运费、保险

费等成交价格构成因素，目的在于方便海关税费的计算。

表 7-8 成交方式代码表

成交方式代码	成交方式名称	成交方式代码	成交方式名称
1	CIF	5	市场价
2	CFR(CNF/C&F)	6	垫仓
3	FOB	7	EXW
4	C&I		

《国际贸易术语通则 2020》中的 11 种贸易术语与报关单“成交方式”栏一般对应关系见表 7-9。

表 7-9 《国际贸易术语通则 2020》中的 11 种贸易术语与报关单“成交方式”栏一般对应关系

组别	E 组	F 组			C 组				D 组		
术语	EXW	FOB	FAS	FCA	CFR	CPT	CIF	CIP	DAP	DPU	DDP
成交方式	FOB				CFR		CIF				

二十八、运费

1. 填制规范

本栏目填报进口货物运抵我国境内输入地点起卸前的运输费用，出口货物运至我国境内输出地点装载后的运输费用。

运费可按运费单价、总价或运费率三种方式之一填报，注明运费标记（运费标记“1”表示运费率，“2”表示每吨货物的运费单价，“3”表示运费总价），并按海关规定的货币代码表选择填报相应的币种代码。

免税品经营单位经营出口退税国产商品的，免予填报。

2. 规范解读

运费是指进出口货物从始发地至目的地的国际运输所需要的各种费用。

3. “中国国际贸易单一窗口”录入规则

本栏目由三个单元格组成，从左到右依次为“运费标志”“运费率”和“运费币制”。“运费标志”中的“运费率”“每吨货物的运费单价”和“运费总价”分别由“1”“2”“3”表示。

【例 7-3】 5%的运费率“中国国际贸易单一窗口”录入如图 7-9 所示，生成纸质报关单显示为 000/5/1。

【例 7-4】 每吨货物 24 美元的运费单价“中国国际贸易单一窗口”录入如图 7-10 所示，生成纸质报关单显示为 502/24/2。

二十九、保费

1. 填制规范

本栏目填报进口货物运抵我国境内输入地点起卸前的保险费用，出口货物运至我国境内输出地点装载后的保险费用。

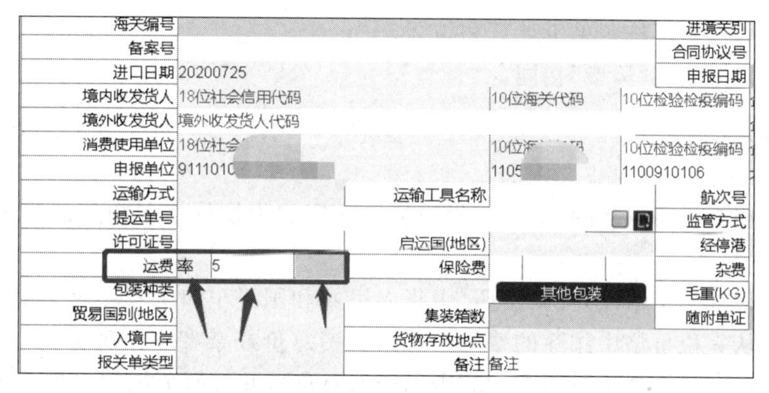

图 7-9 “中国国际贸易单一窗口”运费率填报

图 7-10 “中国国际贸易单一窗口”运费单价填报

保费可按保险费总价或保险费率两种方式之一填报，注明保险费标记(保险费标记“1”表示保险费率，“3”表示保险费总价)，并按海关规定的货币代码表选择填报相应的币种代码。

免税品经营单位经营出口退税国产商品的，免予填报。

2. 规范解读

“运费”栏、“保费”栏直接和“成交方式”栏形成逻辑关系，要不要填视实际成交价格条款而定。“成交方式”“运费”“保费”各栏之间的逻辑关系见表 7-10。

表 7-10 “成交方式”“运费”“保费”各栏之间的逻辑关系

货物流向	成交方式	运费	保费
进口	CIF	不填	不填
	CFR	不填	填
	FOB	填	填
出口	FOB	不填	不填
	CFR	填	不填
	CIF	填	填

3. “中国国际贸易单一窗口”录入规则

本栏目由三个单元格组成，从左到右依次为“保险费标志”“保险费/率”和“保费费币制”。一般来说,保费不按照单价计算和填写。

本栏目录入方式与“运费”相同。

三十、杂费

杂费是指成交价格以外的,应计入货物价格或应从货物价格中扣除的费用,如手续费、佣金、折扣等。

本栏目填报成交价格以外的、按照《中华人民共和国进出口关税条例》相关规定应计入完税价格或应从完税价格中扣除的费用。可按杂费总价或杂费率两种方式之一填报,注明杂费标记(杂费标记“1”表示杂费率,“3”表示杂费总价),并按海关规定的货币代码表选择填报相应的币种代码。

应计入完税价格的杂费填报为正值或正率,应从完税价格中扣除的杂费填报为负值或负率。

免税品经营单位经营出口退税国产商品的,免予填报。

三十一、随附单证及编号

1. 填制规范

随附单证是指根据海关规定的监管证件代码表和随附单据代码表选择“十六、许可证号”规定的许可证件以外的其他进出口许可证件或监管证件、随附单据代码及编号。

本栏目分为“随附单证代码”和“随附单证编号”两栏,其中“随附单证代码”栏应按海关规定的监管证件代码表和随附单据代码表选择填报相应证件代码;“随附单证编号”栏应填报证件编号。

(1) 加工贸易内销征税报关单[使用金关工程(二期)加贸管理系统的除外],“随附单证代码”栏填写“C”,“随附单证编号”栏填报海关审核通过的内销征税联系单号。

(2) 一般贸易进出口货物,只能使用原产地证书申请享受协定税率或特惠税率的“无原产地声明模式”。在“随附单据代码”栏填报原产地证书代码“Y”;在“随附单证编号”栏填报“〈优惠贸易协定代码〉”和“原产地证书编号”。可以使用原产地证书或者原产地声明申请享受协定税率或特惠税率的“有原产地声明模式”,“随附单据代码”栏填报“Y”,“随附单证编号”栏填报“〈优惠贸易协定代码〉”“C”(凭原产地证书申报)、“D”(凭原产地声明申报)和“原产地证书编号(或者原产地声明序列号)”。

一份报关单对应一份原产地证书或原产地声明。

各优惠贸易协定代码如下:“01”为“亚太贸易协定”;“02”为“中国—东盟自贸协定”;“03”为“中国内地与中国香港紧密经贸关系安排”(《内地与香港关于建立更紧密经贸关系的安排》);“04”为“中国内地与中国澳门紧密经贸关系安排”(《内地与澳门CEPA服务贸易协议》);“06”为“大陆对台湾地区部分农产品零关税措施”;“07”为“中国—巴基斯坦自贸协定”;“08”为“中国—智利自贸协定”;“10”为“中国—新西兰自贸协定”;“11”为“中国—新加坡自贸协定”;“12”为“中国—秘鲁自贸协定”;“13”为“最不发达国家特别优惠关税待遇”;“14”为“海峡两岸经济合作框架协议”(ECFA);“15”为“中国—哥斯达黎加自贸协定”;“16”为“中国—冰岛自贸协定”;“17”为“中国—瑞士自贸协定”;“18”为“中国—澳大利亚自贸协定”;“19”为“中国—韩国自贸协定”;“20”为“中国—格鲁吉亚自贸协定”。

海关特殊监管区域和保税监管场所内销货物申请适用协定税率或特惠税率的，有关货物进出海关特殊监管区域和各税监管场所以及内销时，已通过原产地电子信息交换系统实现电子联网的优惠贸易协定项下货物报关单，按照上述一般贸易要求填报；未实现电子联网的优惠贸易协定项下货物报关单，“随附单证代码”栏填报“Y”，“随附单证编号”栏填报“〈优惠贸易协定代码〉”和“原产地证据文件备案号”。“原产地证据文件备案号”为进出口货物的收发货人或者其代理人录入原产地证据文件电子信息后，系统自动生成的号码。

向中国香港或者中国澳门特别行政区出口用于生产《内地与香港关于建立更紧密经贸关系的安排》或者《内地与澳门 CEPA 服务贸易协议》项下货物的原材料时，按照上述一般贸易填报要求填制报关单，中国香港或中国澳门生产厂商在香港工贸署或者澳门经济局登记备案的有关备案号填报在“关联备案”栏。

单证对应关系表中填报报关单上的申报商品项与原产地证书(原产地声明)上的商品项之间的对应关系。报关单上的商品序号与原产地证书(原产地声明)上的项目编号应一一对应，不要求顺序对应。同一批次进口货物可以在同一报关单中申报，不享受协定税率或特惠税率的货物序号不填报在单证对应关系表中。

(3) 各优惠贸易协定项下，免提交原产地证据文件的小金额进口货物“随附单证代码”栏填报“Y”，“随附单证编号”栏填报“〈优惠贸易协定代码〉XJE00000”，单证对应关系表享惠报关单项号按实际填报，对应单证项号与享惠报关单项号相同。

2. 规范解读及“中国国际贸易单一窗口”录入规则

(1) 本栏目包含随附单证代码及编号的录入和随附单据上传及编号录入(视报关单类型而定)。如果报关单类型为“通关无纸化”，需根据随附单据代码表，上传相应的随附单据电子版文件。

(2) 本栏目“随附单据”栏位于申报系统上部，单击“随附单据”按钮，弹出“随附单据编辑”对话框。在“随附单据编辑”对话框中有“随附单据文件类别”“随附单据编号”“选择随附单据文件”三个栏目。第一步，在“随附单据文件类别”栏下拉菜单选择相应的随附单据；第二步，在“随附单据编号”栏录入编号；第三步，在“选择随附单据文件”栏上传相应的随附单据电子文件。“中国国际贸易单一窗口”随附单证填报如图 7-11 所示。

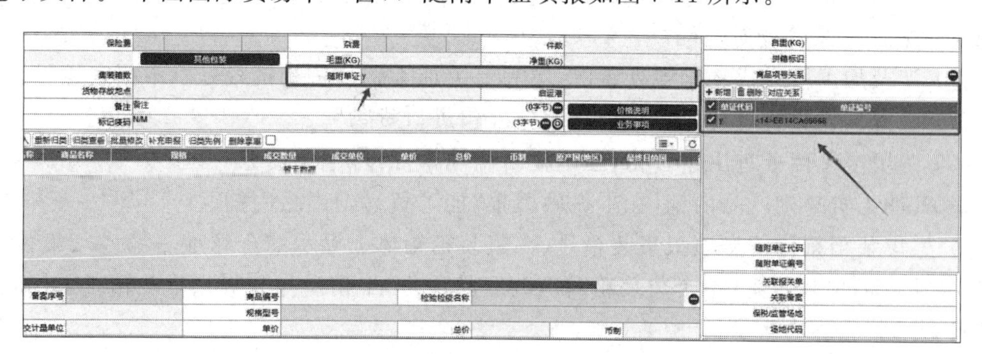

图 7-11 “中国国际贸易单一窗口”随附单证填报

三十二、标记唛码及备注

标记唛码是运输标志的俗称，英文表示为 Marks、Marking、MKS、Marks & NO.、

Shipping Marks 等。一般包括收货人、文件号(如合同号等)、目的地和包装件号。

备注是指填制报关单时需要标注的事项,也是其他栏目的补充及说明。

本栏目填报要求如下。

(1) 标记唛码中除图形以外的文字、数字。无标记唛码的填报“N/M”。

(2) 受外商投资企业委托代理其进口投资设备、物品的进出口企业名称。

(3) 与本报关单有关联关系的,同时在业务管理规范方面又要求填报的备案号,填报在电子数据报关单中“关联备案”栏。

保税间流转货物、加工贸易结转货物及凭进出口货物征免税证明转内销货物,其对应的备案号应填报在“关联备案”栏。

减免税货物结转进口(转入),在“关联备案”栏填报本次减免税货物结转所申请的“中华人民共和国海关进口减免税货物结转联系函”的编号。

减免税货物结转出口(转出),在“关联备案”栏填报与其相对应的进口(转入)报关单“备案号”栏中进出口货物征免税证明的编号。

(4) 与本报关单有关联关系的,同时在业务管理规范方面又要求填报的报关单号,填报在电子数据报关单中“关联报关单”栏。

保税间流转货物、加工贸易结转类的报关单,应先办理进口报关,并将进口报关单号填入出口报关单的“关联报关单”栏。

办理进口货物直接退运手续的,除另有规定外,应当先填写出口报关单,再填写进口报关单,并将出口报关单号填入进口报关单的“关联报关单”栏。

减免税货物结转出口(转出),应先办理进口报关,并将进口(转入)报关单号填入出口(转出)报关单的“关联报关单”栏。

(5) 办理进口货物直接退运手续的,本栏目填报“＜ZT”+“海关审核联系单号或者‘海关责令进口货物直接退运通知书’编号”+“＞”。办理固体废物直接退运手续的,填报“固体废物,直接退运表××号/责令直接退运通知书××号”。

(6) 保税监管场所进出货物,在“保税/监管场所”栏填写本保税监管场所编码[保税物流中心(B型)填报本中心的国内地区代码],其中涉及货物在保税监管场所间流转的,在本栏填写对方保税监管场所代码。

(7) 涉及加工贸易货物销毁处置的,填写海关加工贸易货物销毁处置申报表编号。

(8) 服务外包货物进口,填报“国际服务外包进口货物”。

(9) 跨境电子商务进出口货物,在本栏目内填报“跨境电子商务”。

(10) 加工贸易副产品内销,在本栏内填报“加工贸易副产品内销”。

(11) 集装箱箱体信息填报集装箱号(在集装箱箱体上标示的全球唯一编号)、集装箱规格、集装箱商品项号关系(单个集装箱对应的商品项号,半角逗号分隔)、集装箱货重(集装箱箱体自重+装载货物重量,千克)

(12) 进口直接退运的货物,填报“直接退运”字样。

(13) 企业提供 ATA 单证册的货物,填报“ATA 单证册”字样。

(14) 不含动物源性低风险生物制品,填报“不含动物源性”字样。

(15) 货物自境外进入境内特殊监管区或者保税仓库的,填报“保税入库”或者“境外入区”字样。

(16) 海关特殊监管区域与境内区外之间采用分送集报方式进出的货物，填报“分送集报”字样。

(17) 军事装备出入境的，填报“军品”或“军事装备”字样。

(18) 属于修理物品的，填报“修理物品”字样。

(19) 属于下列情况的，填报“压力容器”“成套设备”“食品添加剂”“成品退换”“旧机电产品”字样。

(20) 申报 HS 为 2903890020(入境六溴环十二烷)，用途为“其他(99)”的，填报具体用途。

(21) 列入目录的进出口商品及法律、行政法规规定必须经海关检验的其他进出口商品实施检验的，填报“应检商品”字样。

(22) 申报时其他必须说明的事项。

在“中国国际贸易单一窗口”系统中，“标记唛码及备注”栏分为四部分：标记唛码、备注、关联报关单及关联备案、集装箱项目，应根据相关规定填报。“中国国际贸易单一窗口”备注填报如图 7-12 所示。

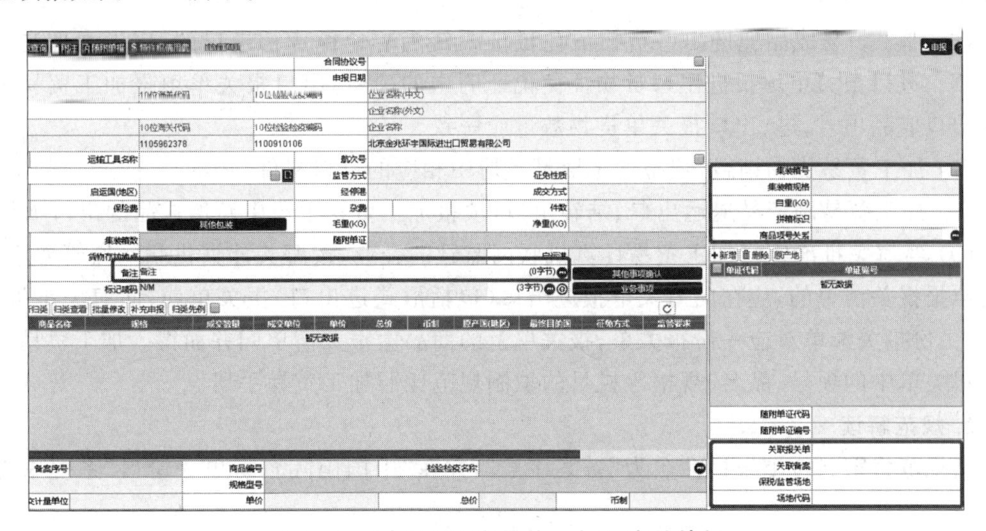

图 7-12 “中国国际贸易单一窗口”备注填报

任务三 报关单表体栏目填制规范及“中国国际贸易单一窗口”录入

三十三、项号

项号是指申报货物在报关单中的商品排列序号及该项商品在加工贸易手册进出口货物征免税证明等备案单证中的顺序编号。

1. 填制规范

本栏目分两行填报及打印。第一行填报报关单中的商品顺序编号；第二行专用于加工贸易、减免税等已备案、审批的货物，填报该项货物在加工贸易手册或进出口货物征免税证明等备案、审批单证中的顺序编号。有关优惠贸易协定项下报关单填制要求，按照海关总署的相关规定执行。其中第二行特殊情况填报要求如下。

（1）深加工结转货物，分别按照加工贸易手册中的进口料件项号和出口成品项号填报。

（2）料件结转货物（包括料件、制成品和未完成品折料），出口报关单按照转出加工贸易手册中出口料件的项号填报；进口报关单按照转进加工贸易手册中进口料件的项号填报。

（3）料件复出货物（包括料件、边角料），出口报关单按照转出加工贸易手册中出口料件的项号填报；如边角料对应一个以上料件项号时，填报主要料件项号。料件退换货物（包括料件，不包括未完成品），进出口报关单按照加工贸易手册中进口料件的项号填报。

（4）成品退换货物，退运进境报关单和复运出境报关单按照加工贸易手册原出口成品的项号填报。

（5）加工贸易料件转内销货物（以及按料件办理进口手续的转内销制成品、列次品、未完成品）填制进口报关单，填报加工贸易手册进口料件的项号；加工贸易边角料、副产品内销，填报加工贸易手册中对应的进口料件项号。如边角料或副产品对应一个以上料件项号，填报主要料件项号。

（6）加工贸易成品凭进出口货物征免税证明转为减免税货物进口的，应先办理进口报关手续。进口报关单填报进出口货物征免税证明中的项号，出口报关单填报加工贸易手册中原出口成品项号，进、出口报关单货物数量应一致。

（7）加工贸易货物销毁，填报加工贸易手册中相应的进口料件项号。

（8）加工贸易副产品退运出口、结转出口，填报加工贸易手册中新增成品的出口项号。

（9）经海关批准实行加工贸易计算机联网监管的企业，按海关计算机联网监管要求，企业需申报报关清单的，应在向海关申报进出口（包括形式进出口）报关单前，向海关申报"清单"。一份报关清单对应一份报关单，报关单上的商品由报关清单归并而得。加工贸易电子账册报关单中的项号、品名、规格等栏目的填制规范比照加工贸易手册。

2. 规范解读

新规范将第二行填报栏命名为"备案序号"，并在"中国国际贸易单一窗口"系统中得以体现。

3. "中国国际贸易单一窗口"录入规则

"项号"栏为必填项，由系统自动生成，不能录入。"备案序号"栏为选填项，最多支持录入 19 位数字。

例如，某公司进口一批货物（包括 3 种商品），第一种商品为布料，在加工贸易手册中第七项，第二种商品为纽扣，在加工贸易手册中第八项，第三种商品为花边，在加工贸易手册中第十二项。"中国国际贸易单一窗口"录入结果见表 7-11。

表 7-11 "中国国际贸易单一窗口"录入结果

项号	1	备案序号	07
项号	2	备案序号	08
项号	3	备案序号	12

报关单生成结果见表 7-12。

表 7-12 报关单生成结果

项号	商品编号	商品名称及规格型号	数量及单位	单价/总价/币制	原产国(地区)最终目的国(地区)境内目的地	征免
01 07		布料				
02 08		纽扣				
03 12		花边				

三十四、商品编号

1. 填制规范

商品编号又称商品编码,是指按商品分类编码规则确定的进出口货物的商品编号。

本栏目填报的商品编号由10位数字组成。前8位为《中华人民共和国进出口税则》确定的进出口货物的税则号列,同时也是《中华人民共和国海关统计商品目录》确定的商品编码,后2位为符合海关监管要求的附加编号。

2. 规范解读

本栏目为必填项,可手工输入10位商品编号。

三十五、商品名称及规格型号

商品名称(即商品品名)是指进出口货物规范的中文名称。商品的规格型号是指反映商品性能、品质的一系列指标,如等级、成分、含量、纯度、大小、长短和粗细等。

1. 填制规范

本栏目分两行填报:第一行填报进出口货物规范的中文商品名称;第二行填报规格型号。具体填报要求如下。

(1) 商品名称及规格型号应据实填报,并与进出口货物收发货人或受委托的报关企业所提交的合同、发票等相关单证相符。

(2) 商品名称应当规范,规格型号应当足够详细,以能满足海关归类、审价及许可证件管理要求为准。

(3) 加工贸易等已备案的货物,填报的内容必须与备案登记中同项号下货物的商品名称一致。

(4) 对需要海关签发货物进口证明书的车辆,"商品名称"栏应填报"车辆品牌+排气量(注明CC)+车型(如越野车、小轿车等)"。进口汽车底盘不填报排气量。车辆品牌应按照进口机动车辆制造厂名称和车辆品牌中英文对照表中"签注名称"一栏的要求填报。"规格型号"栏可填报"汽油型"等。

(5) 由同一运输工具同时运抵同一口岸并且属于同一收货人、使用同一提单的多种进口货物,按照商品归类规则应当归入同一商品编号的,应当将有关商品一并归入该商品编号。"商品名称"栏填报一并归类后的商品名称;"规格型号"栏填报一并归类后商品的规格型号。

(6) 加工贸易边角料和副产品内销，边角料复出口，填报其报验状态的名称和规格型号。

(7) 出口享惠情况。出口享惠情况为出口报关单必填项目。可选择“出口货物在最终目的国(地区)不享受优惠关税”“出口货物在最终目的国(地区)享受优惠关税”“出口货物不能确定在最终目的国(地区)享受优惠关税”如实填报。进口货物报关单不填报该申报项。

(8) 进口货物收货人以一般贸易方式申报进口属于需要详细列明申报的汽车零部件清单《关于汽车零部件规范申报问题》(海关总署公告 2006 年第 64 号)范围内的汽车生产件的，按以下要求填报。

① 商品名称填报进口汽车零部件的详细中文名称和品牌，中文商品名称与品牌之间用“/”相隔，必要时加注英文商业名称；进口的成套散件或者毛坯件应在品牌后加注“成套散件”“毛坯件”等字样，并与品牌之间用“/”相隔。

② 规格型号填报汽车零部件的完整编号。在零部件编号前应当加注“S”字样，并与零部件编号之间用“/”相隔，零部件编号之后应当依次加注该零部件适用的汽车品牌和车型。汽车零部件属于可以适用于多种汽车车型的通用零部件的，零部件编号后应当加注“TY”字样，并用“/”与零部件编号相隔。与进口汽车零部件规格型号相关的其他需要申报的要素，或者海关规定的其他需要申报的要素，如“功率”等，应当在车型或“TY”之后填报，并用“/”与之相隔。汽车零部件报检状态是成套散件的，应当在“标记唛码及备注”栏内填报该成套散件装配后的最终完整品的零部件编号。

(9) 品牌类型。品牌类型为必填项目。可选择“无品牌”(代码 0)、“境内自主品牌”(代码 1)、“境内收购品牌”(代码 2)、“境外品牌(贴牌生产)”(代码 3)、“境外品牌(其他)”(代码 4) 如实填报。其中，“境内自主品牌”是指由境内企业自主开发、拥有自主知识产权的品牌；“境内收购品牌”是指境内企业收购的原境外品牌；“境外品牌(贴牌生产)”是指境内企业代工贴牌生产中使用的境外品牌；“境外品牌(其他)”是指除代工贴牌生产以外使用的境外品牌。上述品牌类型中，除“境外品牌(贴牌生产)”仅用于出口外，其他类型均可用于进口和出口。

2. “中国国际贸易单一窗口”录入规则

“商品名称”栏为必填项，最多支持录入 255 字符。“规格型号”栏为必填项，最多支持录入 255 字符。“商品编号”录入完成后，系统将自动弹出“商品申报要素”对话框，在“商品申报要素”对话框中录入相应内容，单击“确定”按钮，系统自动将结果返填至该栏目中。“中国国际贸易单一窗口”商品规范申报-商品申报要素填报如图 7-13 所示，“中国国际贸易单一窗口”规格型号填报如图 7-14 所示。

三十六、数量及单位

1. 填制规范

本栏目分三行填报。

(1) 第一行应按进出口货物的法定第一计量单位填报数量及单位，法定计量单位以《中华人民共和国海关统计商品目录》中的计量单位为准。

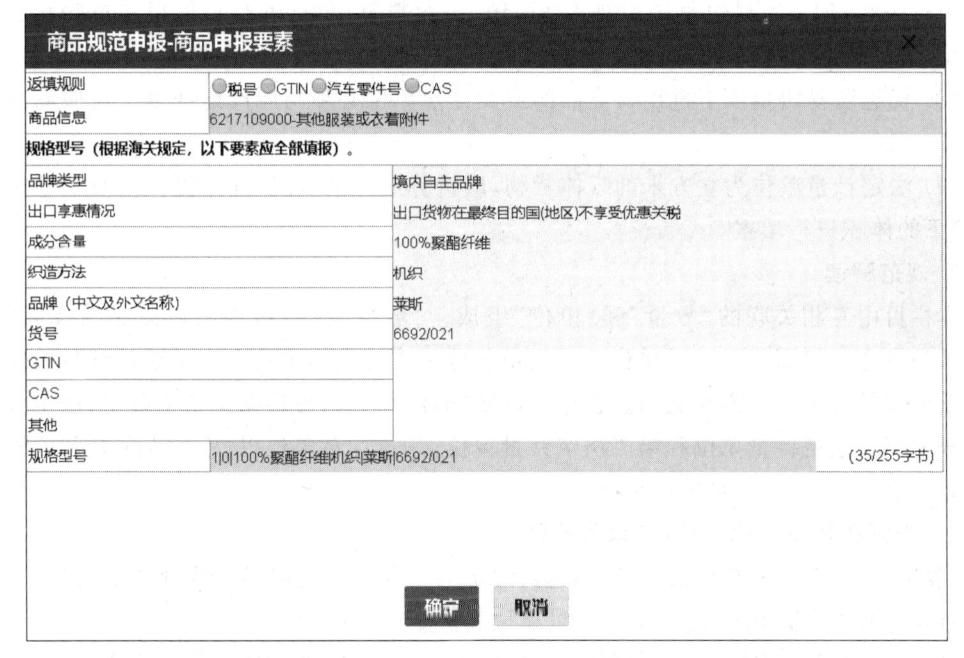
商品规范申报-商品申报要素

返填规则	税号 GTIN 汽车零件号 CAS
商品信息	6217109000-其他服装或衣着附件

规格型号（根据海关规定，以下要素应全部填报）。

品牌类型	境内自主品牌
出口享惠情况	出口货物在最终目的国(地区)不享受优惠关税
成分含量	100%聚酯纤维
织造方法	机织
品牌（中文及外文名称）	莱斯
货号	6692/021
GTIN	
CAS	
其他	

<table><tr><td>规格型号</td><td>1|0|100%聚酯纤维|机织|莱斯|6692/021</td><td>(35/255字节)</td></tr></table>

确定 取消

图 7-13 “中国国际贸易单一窗口”商品规范申报-商品申报要素填报

<table>
<tr><td>项号</td><td>1</td><td>备案序号</td><td></td><td>商品编号</td><td>6217109000</td><td>检验检疫名称</td><td></td><td></td><td></td></tr>
<tr><td>商品名称</td><td>其他服装或衣着附件</td><td></td><td></td><td>规格型号</td><td>1|0|100%聚酯纤维|机织|莱斯RICE|6692/021</td><td></td><td></td><td></td><td></td></tr>
<tr><td>成交数量</td><td></td><td>成交计量单位</td><td>千克</td><td>单价</td><td>-</td><td>总价</td><td></td><td>币制</td><td></td></tr>
<tr><td>法定第一数量</td><td></td><td>法定第一计量单位</td><td>千克</td><td>加工成品单耗版本号</td><td></td><td>货号</td><td></td><td>最终目的国(地区)</td><td></td></tr>
<tr><td>法定第二数量</td><td></td><td>法定第二计量单位</td><td></td><td>原产国(地区)</td><td>中国</td><td></td><td></td><td></td><td></td></tr>
</table>

图 7-14 “中国国际贸易单一窗口”规格型号填报

(2) 凡列明有法定第二计量单位的，应在第二行按照法定第二计量单位填报数量及单位。无法定第二计量单位的，本栏目第二行为空。

(3) 成交计量单位及数量应填报在第三行。

(4) 法定计量单位为“千克”的数量填报，特殊情况填报要求如下。

① 装入可重复使用的包装容器的货物，应按货物扣除包装容器后的重量填报，如罐装同位素、罐装氧气及类似品等。

② 使用不可分割包装材料和包装容器的货物，按货物的净重填报(即包括内层直接包装的净重重量)，如采用供零售包装的罐头、化妆品、药品及类似品等。

③ 按照商业惯例以公量重计价的商品，应按公量重填报，如未脱脂羊毛、羊毛条等。

④ 用以毛重作为净重计价的货物，可按毛重填报，如粮食、饲料等大宗散装货物。

⑤ 采用零售包装的酒类、饮料、化妆品，按照液体/乳状/膏状/粉状部分的重量填报。

(5) 成套设备、减免税货物如需分批进口，货物实际进口时，应按照实际报验状态确定数量。

(6) 具有完整品或制成品基本特征的不完整品、未制成品，根据协调制度归类规则应按完整品归类的，按照构成完整品的实际数量填报。

(7) 加工贸易等已备案的货物，成交计量单位必须与加工贸易手册中同项号下货物的计量单位一致,加工贸易边角料和副产品内销、边角料复出口,本栏目填报其报验状态的计量单位。

(8) 优惠贸易协定项下进出口商品的成交计量单位必须与原产地证书上对应商品的计量单位一致。

(9) 法定计量单位为立方米的气体货物,应折算成标准状况(即零摄氏度及1个标准大气压)下的体积进行填报。

2. 规范解读

本栏目由互相关联的"数量"和"单位"组成。"数量"栏是指进出口商品的实际数量。"单位"是指进出口商品的计量单位。计量单位分为成交计量单位和海关法定计量单位。成交计量单位是指买卖双方在交易过程中所确定的计量单位,可根据发票来确定;法定计量单位又分为第一法定计量单位和第二法定计量单位,法定计量单位以《中华人民共和国海关统计商品目录》中规定的计量单位为准。

3. "中国国际贸易单一窗口"录入规则

"数量"由三个单元格组成:成交数量、法定第一数量和法定第二数量;"单位"由三个单元格组成:成交计量单位、法定第一计量单位和法定第二计量单位。

(1) 成交数量。本栏目为必填项,最多支持录入19位,19位中小数点后支持录入5位。

(2) 成交计量单位。本栏目为必填项,按照海关规定的计量单位代码表录入货物实际成交所用的计量单位。可以手工输入相应的计量单位代码或者名称关键字,系统自动弹出代码表下拉菜单,在下拉菜单中选择填报。

(3) 法定第一数量。本栏目为必填项,最多支持录入19位,19位中小数点后支持录入5位。当成交计量单位和法定第一计量单位相同时,完成"成交数量"项的录入后,系统自动将"成交数量"项的数值返填至"法定第一数量"项。

(4) 法定第一计量单位。本栏目为系统返填项。系统根据"商品编号"项的录入结果自动将相应的法定第一计量单位填入该栏目,无须手工录入。

(5) 法定第二数量。本栏目为有条件必填项。凡列明有法定第二计量单位的,按照法定第二计量单位录入对应的数量;无法定第二计量单位的,该项目为灰色,无须录入。最多支持录入19位,19位中小数点后支持录入5位。

(6) 法定第二计量单位。本栏目为系统返填项。系统根据"商品编号"项的录入结果自动将相应的法定第二计量单位填入该栏目,无法定第二计量单位的,该项目为灰色,无须手工录入。

"中国国际贸易单一窗口"数量及单位填报如图7-15所示。

项号	1	备案序号	3	商品编号	
商品名称					
成交数量	720		成交计量单位	台	
法定第一数量	720		法定第一计量单位	个	
法定第二数量	3566.16		法定第二计量单位	千克	
>>			境内货源地	珠	

图7-15 "中国国际贸易单一窗口"数量及单位填报

三十七、单价

1. 填制规范

本栏目填报同一项号下进出口货物实际成交的商品单位价格。无实际成交价格的，本栏目填报单位货值。

2. 规范解读

商品的单价包括单位商品价值金额、计量单位、计价货币和价格术语四个部分，如果有佣金和折扣的，佣金和折扣的大小应在价格术语中注明。

3. “中国国际贸易单一窗口”录入规则

本栏目为必填项，最多支持录入 19 位数字，19 位中，小数点后支持录入 4 位。录入成交数量、成交单位、总价之后，单价自动生成。

三十八、总价

1. 填制规范

本栏目填报同一项号下进出口货物实际成交的商品总价格。无实际成交价格的，本栏目填报货值。

2. 规范解读

报关单总价栏目要求填报的是成交术语下的总价。

3. “中国国际贸易单一窗口”录入规则

本栏目为必填项，最多支持录入 19 位数字，19 位中，小数点后支持录入 4 位。录入成交数量、成交单位、单价之后，总价自动生成。

三十九、币制

本栏目应按海关规定的货币代码表选择相应的货币名称及代码填报，如货币代码表中无实际成交币种，需将实际成交货币按申报日外汇折算率折算成货币代码表列明的货币填报。常用货币代码表见表 7-13。

表 7-13 常用货币代码表

货币代码	货币符号	货币名称	货币代码	货币符号	货币名称
110	HKD	港元	330	SEK	瑞典克朗
116	JPY	日元	331	CHF	瑞士法郎
132	SGD	新加坡元	344	RUB	俄罗斯卢布
133	KRW	韩国元	501	CAD	加拿大元
142	CNY	人民币	502	USD	美元
300	EUR	欧元	601	AUD	澳大利亚元
302	DKK	丹麦克朗	609	NZD	新西兰元
303	GBP	英镑			

四十、原产国(地区)

微课：进出口货物报关单原产国、最终目的国填制

1. 填制规范

原产国(地区)应依据《中华人民共和国进出口货物原产地条例》《中华人民共和国海关关于执行〈非优惠原产地规则中实质性改变标准〉的规定》以及海关总署关于各项优惠贸易协定原产地管理规章规定的原产地确定标准填报。同一批进出口货物的原产地不同的,应分别填报原产国(地区)。进出口货物原产国(地区)无法确定的,填报“国别不详”(代码701)。

本栏目应按海关规定的国别(地区)代码表选择填报相应的国家(地区)名称及代码。

2. 规范解读

除了上述一般填报要求之外,针对加工贸易,报关单有其特殊情况的填报要求。

(1) 料件结转货物,原产国(地区)为原进口料件原产国(地区)。

(2) 深加工结转货物,原产国(地区)和最终目的国(地区)均填报“中国”。

(3) 加工出口成品因故退运境内的,原产国(地区)填报“中国”。

(4) 加工贸易剩余料件内销,原产国(地区)填报料件和原实际生产国(地区);加工贸易成品(包括半成品、残次品、副产品)转内销,原产国(地区)均填报“中国”。

(5) 海关特殊监管区域运往区外,未经加工的进口货物,填报货物原进口时的原产国(地区);经加工的成品或半成品,按现行原产地规则确定原产国(地区)。

四十一、最终目的国(地区)

1. 填制规范

最终目的国(地区)填报已知的进出口货物的最终实际消费、使用或进一步加工制造国家(地区)。不经过第三国(地区)转运的直接运输货物,以运抵国(地区)为最终目的国(地区);经过第三国(地区)转运的货物,以最后运往国(地区)为最终目的国(地区)。同一批进出口货物的最终目的国(地区)不同的,应分别填报最终目的国(地区)。进出口货物不能确定最终目的国(地区)时,以尽可能预知的最后运往国(地区)为最终目的国(地区)。

本栏目应按海关规定的国别(地区)代码表选择填报相应的国家(地区)名称及代码。

2. 规范解读

除上述一般要求之外,针对加工贸易,报关单有其特殊情况的填报要求。

(1) 料件结转货物,最终目的国(地区)为“中国”。

(2) 深加工结转货物,原产国(地区)和最终目的国(地区)均为“中国”。

(3) 料件或成品复运出境货物,填报实际最终目的国(地区)。

(4) 海关特殊监管区域外运入区的货物,最终目的国(地区)填报“中国”。

【思考 7-7】 发票显示：Invoice No. 82N3430213 To：PAN—CHEM COMPOVNDS SINGAPORE LTD. Shipped from DALIAN to SINGAPORE. Shipping Mark：SINGAPORE FOR TRANSSHIPMENT TO CHITTAGONG，BANGLADESH。“最终目的国”栏如何填报?

四十二、境内目的地/境内货源地

文档：思考 7-7
答案解析

1. 填制规范

境内目的地填报已知的进口货物在国内的消费、使用地或最终运抵地，其中最终运抵地为最终使用单位所在的地区。最终使用单位难以确定的，填报货物进口时预知的最终收货单位所在地。

境内货源地填报出口货物在国内的产地或原始发货地。出口货物产地难以确定的，填报最早发运该出口货物的单位所在地。

海关特殊监管区域、保税物流中心（B 型）与境外之间的进出境货物，境内目的地/境内货源地填报本海关特殊监管区域、保税物流中心（B 型）所对应的国内地区。

本栏目按海关规定的国内地区代码表选择填报相应的国内地区名称及代码。境内目的地还需根据中华人民共和国行政区划代码表选择填报其对应的县级行政区名称及代码。无下属区县级行政区的，可选择填报地市级行政区。

2. 规范解读

系统默认境内收发货人海关编码的前 5 位为境内目的地/境内货源地的代码，如果实际流向与此不符，则按实际货物流向确定。

境内收发货人的 10 位海关编码可以通过网络查询，例如，中国海关企业进出口信用信息公示平台和海关总署网站。

3. "中国国际贸易单一窗口"录入规则

本栏目为必填项。"境内目的地"由"境内目的地代码"和"目的地代码"两个单元格组成；"境内货源地"由"境内货源地代码"和"产地代码"两个单元格组成。"境内目的地代码"和"境内货源地代码"按照国内地区代码表录入；"目的地代码"和"产地代码"按照中华人民共和国行政区划代码表录入。

【思考 7-8】 江苏南通富士通电子有限公司（320693××××）进口电子设备一批（企业自用），宁波鞋业有限公司（330244××××）将自产的皮鞋委托宁波某进出口公司（330224××××）出口非洲。上述资料中进口货物报关单的"境内目的地"栏该如何填？上述资料中出口货物报关单的"境内货源地"栏该如何填？

四十三、征免

征免是指海关依据《中华人民共和国海关法》《中华人民共和国进出口关税条例》及其他法律、行政法规，对进出口货物进行征税、减税、免税或特案处理的实际操作方式。同一份报关单上可以有不同的征减免税方式。

本栏目应按照海关核发的进出口货物征免税证明或有关政策规定，对报关单所列每项商品选择海关规定的征减免税方式代码表中相应的征减免税方式填报。

文档：思考 7-8
答案解析

加工贸易货物报关单应根据加工贸易手册中备案的征免规定填报；加工贸易手册中备案的征免规定为"保金"或"保函"的，应填报"全免"。征减免税方式代码表见表 7-14，常用监管方式、备案号、征免性质、征免方式的逻辑关系见表 7-15。

表 7-14 征减免税方式代码表

代码	名 称	代码	名 称	代码	名 称
1	照章征税	4	特案	7	保函
2	折半征税	5	随征免性质	8	折半补税
3	全免	6	保证金	9	全额退税

表 7-15 常用监管方式、备案号、征免性质、征免方式的逻辑关系

<table>
<tr><th>监管方式</th><th>备案号</th><th>征免性质</th><th>征免方式</th><th>适 用 范 围</th></tr>
<tr><td rowspan="4">一般贸易</td><td>无</td><td>一般征税</td><td>照章征税
保函
保证金</td><td>一般进出口货物</td></tr>
<tr><td rowspan="5">有(Z)</td><td>科教用品</td><td rowspan="5">全免等(一些不常使用的情况没有列出)</td><td>科教单位凭征免税确认通知书进口的直接用于科研或教学的货物</td></tr>
<tr><td>自有资金</td><td>外商投资企业在投资总额外利用自有资金凭征免税确认通知书进口的设备、配件等</td></tr>
<tr><td>鼓励项目</td><td>国有企业投资总额内进口(如贷款援助的进出口货物),报关进提交征免税确认通知书编号</td></tr>
<tr><td>合资合作设备</td><td>鼓励项目等</td><td>中外合资、合作企业投资总额内进口,报关时提交征免税确认通知书编号,则征免性质为“鼓励项目”</td></tr>
<tr><td>外资设备物品</td><td>鼓励项目等</td><td>外资企业投资总额内进口,报关时提交征免税确认通知书编号,则征免性质为“鼓励项目”</td></tr>
<tr><td>不作价设备</td><td>有(D)</td><td>加工设备</td><td rowspan="4">全免</td><td>外商免费提供的加工生产所需设备</td></tr>
<tr><td>来料加工</td><td>有(B)</td><td>来料加工</td><td>凭加工贸易手册进口料件</td></tr>
<tr><td>进料对口</td><td>有(C)</td><td>进料加工</td><td>补偿货物出口(无须征税)</td></tr>
<tr><td rowspan="2">无代价抵偿</td><td rowspan="2">无</td><td>其他法定</td><td>补偿货物进口(无须征税)</td></tr>
<tr><td>一般征税</td><td>照章征税
保函
保证金</td><td>补偿货物进出口(对超过原进出口货物价值部分需依法征税)</td></tr>
</table>

四十四、特殊关系确认

1. 填制规范

本栏目根据《中华人民共和国海关审定进出口货物完税价格办法》第十六条,填报确认进出口行为中买卖双方是否存在特殊关系,有下列情形之一的,应当认为买卖双方存在特殊关系,在本栏目应填报“是”,反之则填报“否”。

(1) 买卖双方为同一家族成员的。

(2) 买卖双方互为商业上的高级职员或者董事的。

(3) 一方直接或者间接地受另一方控制的。

(4) 买卖双方都直接或者间接地受第三方控制的。

(5) 买卖双方共同直接或者间接地控制第三方的。

(6) 一方直接或者间接地拥有、控制或者持有对方5%以上(含5%)公开发行的有表决权的股票或者股份的。

(7) 一方是另一方的雇员、高级职员或者董事的。

(8) 买卖双方是同一合伙的成员的。

买卖双方在经营上相互有联系,一方是另一方的独家代理、独家经销或者独家受让人,如果符合前款的规定,也应当视为存在特殊关系。

出口货物免予填报,加工贸易及保税监管货物(内销保税货物除外)免予填报。

2."中国国际贸易单一窗口"录入规则

本栏目为选填项。单击"其他事项确认"按钮,打开后在下拉菜单的"0—否""1—是""9—空"三个选项中进行相应选择。

四十五、价格影响确认

1. 填制规范

本栏目根据《中华人民共和国海关审定进出口货物完税价格办法》第十七条,填报确认进出口行为中买卖双方存在的特殊关系是否影响成交价格,纳税义务人如不能证明其成交价格与同时或者大约同时发生的下列任何一款价格相近的,应当视为特殊关系对进出口货物的成交价格产生影响,在本栏目应填报"是",反之则填报"否"。

(1) 向境内无特殊关系的买方出售的相同或者类似进出口货物的成交价格。

(2) 按照《中华人民共和国海关审定进出口货物完税价格办法》倒扣价格估价方法的规定所确定的相同或者类似进出口货物的完税价格。

(3) 按照《中华人民共和国海关审定进出口货物完税价格办法》计算价格估价方法的规定所确定的相同或者类似进出口货物的完税价格。

出口货物免予填报,加工贸易及保税监管货物(内销保税货物除外)免予填报。

2."中国国际贸易单一窗口"录入规则

本栏目为选填项。单击"其他事项确认"按钮,打开后在下拉菜单的"0—否""1—是""9—空"三个选项中进行相应选择。

四十六、支付特许权使用费确认

1. 填制规范

本栏目根据《中华人民共和国海关审定进出口货物完税价格办法》第十一条和第十三条,填报确认买方是否存在向卖方或者有关方直接或者间接支付与进口货物有关的特许权使用费,且未包括在进口货物的实付和应付价格中。

买方存在需向卖方或者有关方直接或者间接支付特许权使用费,且未包含在进口货物实付、应付价格中,并且符合《中华人民共和国海关审定进出口货物完税价格办法》第十三条的,在"支付特许权使用费确认"栏目中填报"是"。

买方存在需向卖方或者有关方直接或者间接支付特许权使用费,且未包含在进口货物实付、应付价格中,但纳税义务人无法确认是否符合《中华人民共和国海关审定进出口货物完税价格办法》第十三条,可以确认需支付的特许权使用费与进口货物无关的,填报"否"。

买方不存在向卖方或者有关方直接或者间接支付特许权使用费的，或者特许权使用费已经包含在进口货物实付、应付价格中的，填报“否”。

出口货物免予填报，加工贸易及保税监管货物（内销保税货物除外）免予填报。

2. “中国国际贸易单一窗口”录入规则

本栏目为选填项。单击“其他事项确认”按钮，打开后在下拉菜单的“0—否”“1—是”“9—空”三个选项中进行相应选择。

四十七、自报自缴

1. 填制规范

进出口企业、单位采用“自主申报、自行缴税”（自报自缴）模式向海关申报时，填报“是”，反之则填报“否”。

2. “中国国际贸易单一窗口”录入规则

本栏目为选填项。单击“业务事项”按钮，打开后根据业务模式进行勾选。

四十八、申报单位

1. 填制规范

自理报关的，本栏目填报进出口企业的名称及编码；委托代理报关的，本栏目填报报关企业名称及编码。编码填报18位法人和其他组织统一社会信用代码。

报关人员填报在海关备案的姓名、编码、电话，并加盖申报单位印章。

2. “中国国际贸易单一窗口”录入规则

本栏目为系统返填项。内容由系统自动返填，不可修改。

四十九、海关批注及签章

供海关作业时签注。

任务四　报关单关联申报项目的“中国国际贸易单一窗口”录入

一、集装箱

在“中国国际贸易单一窗口”的右上方是关于集装箱方面的申报栏目，集装箱信息属于非必填部分。

1. 集装箱号

集装箱号是在每个集装箱箱体两侧标示的全球唯一的编号。其组成规则是箱主代号（3位字母）＋设备识别号“U”＋顺序号（6位数字）＋校验码（1位数字），例如TEXU9809490。一份报关单有多个集装箱的，则在本栏分别填报集装箱号。

2. 集装箱规格

使用集装箱装载进出口商品的，在填报集装箱号后，在本栏按照“集装箱规格代码表”选择填报集装箱规格。例如，装载商品的集装箱规格为“普通 2 标准箱(L)”，在本栏下拉菜单选择“11—普通 2 标准箱(L)”。

3. 集装箱拼箱标识

进出口货物装运集装箱为拼箱时，在本栏目下拉菜单中选择“是”或“否”。

二、备案序号

该项目为报关单“项号”栏目第二行的电子数据申报，申报规范参照报关单填制规范。“中国国际贸易单一窗口”录入时，根据业务实际情况进行选填项，最多支持录入 19 位数字。

三、检验检疫名称

涉及检验检疫的进出口货物，需填报本栏目。例如，申报进口商品“活龙虾”，需要先在“商品编号”栏录入“0306329000”10 位编号，而后在本栏目下拉菜单中选择“活虾”作为检验检疫名称。

四、商品项号关系

本栏目体现集装箱和货物的对应关系，录入时在该项目下拦菜单中选择单个集装箱对应的商品项号，同一个集装箱对应多个商品项号的应根据实际情况选择多个项号，应在完成货物表体部分后录入。单击右侧省略号按钮，弹出“编辑商品项号关系”对话框，在该对话框中选择相应的商品项号。

五、检验检疫受理机构

本栏目为有条件必填项。申报实施检验检疫的进出境商品目录内货物和其他按照有关法律、法规必须实施检验检疫的情况时为必填。适用“通报通放”的进出口企业与货物，本栏目可以填写属地检验检疫机构。出现“申报地海关”与“检验检疫受理机关”不一致情形的，需要咨询当地接单海关是否受理，以免延误申报。

六、企业资质

1. 企业资质类别

本栏目为有条件必填项。按进出口货物种类及相关要求，需要在本栏目选择填报货物的生产商/进出口商/代理商必须取得的资质类别。多个资质的需全部填写。具体包括以下几个方面。

(1) 进口食品、食品原料类，填写进口食品境外出口商代理商备案、进口食品进口商备案。

(2) 进口水产品，填写进口食品境外出口商代理商备案、进口食品进口商备案、进口水产品储存冷库备案。

(3) 进口肉类，填写进口肉类储存冷库备案、进口食品境外出口商代理商备案、进口食品进口商备案、进口肉类收货人备案。

(4) 进口化妆品，填写进口化妆品收货人备案。

(5) 进口水果，填写进境水果境外果园/包装厂注册登记。

(6) 进口非食用动物产品，填写进境非食用动物产品生产、加工、存入企业注册登记。

(7) 饲料及饲料添加剂，填写饲料进口企业备案、进口饲料和饲料添加剂生产企业注册登记。

(8) 进口可用作废料的固体废物，填写进口可用作原料的固体废物国内收货人注册登记、国外供货商注册登记号及名称(两者需对应准确)。

(9) 除上述8种进出口货物外的其他货物，根据实际情况选择填写以下资质类别。

进境植物繁殖材料隔离检疫圃申请、进出境动物指定隔离场所使用申请、进境栽培介质使用单位注册、进境动物遗传物质进口代理及使用单位备案、进境动物及动物产品国外生产单位注册、进境粮食加工储存单位注册、境外医疗器械捐赠机构登记、进出境集装箱场站登记、进口棉花境外供货商登记注册、对出口食品包装生产企业和进口食品包装的进口商实行备案。

2. 企业资质编号

本栏目为有条件必填项。按进出口货物种类及相关要求，需在本栏目填报货物的生产商/进出口商/代理商必须取得的资质对应的注册/备案编号，多个资质的需要全部填写。

七、领证机关

本栏目为有条件必填项。申报实施检验检疫的进出境商品目录内货物和其他按照有关法律、法规必须实施检验检疫的情况时为必填。

八、口岸检验检疫机关

本栏目为有条件必填项。申报实施检验检疫的进出境商品目录内货物和其他按照有关法律、法规必须实施检验检疫的情况时为必填。填报对入境货物实施检验检疫的检验检疫机关。

九、B/L号

申报实施检验检疫的进出境商品目录内货物和其他按照有关法律、法规必须实施检验检疫的情况时为必填。填报入境的承运人开出的提单/运单号的总单号或直单号，该项目不可为空，如为空，系统会自动提取提运单号返填。

十、目的地检验检疫机关

申报实施检验检疫的进出境商品目录内货物和其他按照有关法律、法规必须实施检验检疫的情况时为必填。需要在目的地检验检疫机关实施检验检疫的，在本栏目填写对应的检验检疫机关。属地检验检疫机关如明确货物可不在属地实施检验检疫的，本栏目可不填。

十一、启运日期

填报装载入境货物的运输工具离开启运口岸的日期。本栏目为8位数字，顺序为年(4位)、月(2位)、日(2位)，格式为“YYYYMM-DD”。

十二、原箱运输

申报使用集装箱运输的货物，根据是否原集装箱原箱运输，勾选“是”或“否”。

十三、使用人

本栏目包括“使用单位联系人”“使用单位联系电话”两项，填报进境涉检货物销售、使用单位的联系人名字及电话。

十四、所需单证

进出口企业申请出具检验检疫证单时，应根据相关要求，在“所需单证”项下的“检验检疫签证申报要素”中，勾选申请出具的检验检疫证单类型，并且同时填写收发货人和商品英文名称。申请多个的可多选。

十五、特殊业务标识

属于国际赛事、特殊进出军工物资、国际会议、直通放行、外交礼遇、转关等特殊业务，根据实际情况在单击“特殊业务标识”项目右侧的省略号按钮弹出的对话框中勾选。

十六、检验检疫签证申报要素

根据实际业务需要，在该项目填报境内收发货人名称（外文）、境外收发货人（中文）、境外发货人地址、卸毕日期和商品英文名称后，根据海关现行规定和业务实际需要，在单击“检验检疫签证申报要素”按钮后弹出的对话框里，进行相应的录入及证单勾选。

十七、检验检疫货物规格

申报涉检商品时，在“检验检疫货物规格”项下，填报“成分/原料/组分”“产品有效期”“产品保质期（天）”“境外生产企业”“货物规格”“货物型号”“货物品牌”“生产日期”和“生产批次”栏目。具体填制规范如下。

（1）“成分/原料/组分”栏：填写货物含有的成分、货物原料或化学品组分。如特殊物品、化妆品、其他检疫物等所含的关键成分或其他检疫物的具体成分、食品农产品的原料等。

（2）“产品有效期”栏：有质量保证期的填写质量保证的截止日期。

（3）“产品保质期（天）”栏：有质量保证期的填写质量保证的天数。

（4）“境外生产企业”栏：填写入境货物的国外生产厂商名称。

（5）“货物规格”栏：填写货物的规格。

（6）“货物型号”栏：填写本项报关货物的所有型号。多个型号的，以“;”分隔。

（7）“货物品牌”栏：填写货物品牌名称，品牌以合同或装箱单上显示的信息为准，需要录入中英文品牌的，录入方式为“中文品牌/英文品牌”。

（8）“生产日期”栏：填写货物的生产加工日期，如 2023-05-07（半角符号）。

（9）“生产批次”栏：填写本批货物的生产批号。多个生产批号的，以“;”分隔。

十八、产品资质

1. “许可证类别”栏

进出口货物取得许可、审批或备案等资质时，应在“产品资质”项下的“编辑产品许可证/审批/备案信息”界面中填报对应的许可、审批或备案证件类别及名称。具体填制规范如下。

（1）特殊物品，填写出入境特殊物品卫生检疫审批。

（2）进口整车，填写免于强制性认证特殊用途进口汽车监测处理程序车辆一致性证书。

（3）入境民用商品验证，填写强制性产品（CCC）认证证书或免于办理强制性产品认证证书。

（4）入境需审批的动植物产品，填写进境动植物检疫许可证。

（5）进口废物原料，填写进口废物原料装运前检验证书。

（6）进口旧机电，填写进口旧机电境外预检验证书。

（7）进口化妆品，填写进口化妆品产品备案。

（8）进口预包装食品，填写进口预包装食品标签备案。

（9）实施境外生产企业注册的进口食品，填写进口食品境外生产企业注册。

2. 企业资质编号

进出口货物取得许可、审批或备案等资质时，应在“产品资质”项下的“编辑产品许可证/审批/备案信息”界面中填报对应的许可、审批或备案证件编号。同一商品有许可、审批或备案证件号码时，需全部录入。

3. 核销货物序号

进出口货物取得了许可、审批或备案等资质时，应在“产品资质”项下的“编辑产品许可证/审批/备案信息”界面中填报被核销文件中对应货物的序号。特殊物品审批单支持导入。此栏数据类型为2位字符型。

4. 核销数量

进出口货物取得许可、审批或备案等资质时，应在“产品资质”项下的“编辑产品许可证/审批/备案信息”界面中填报被核销文件中对应货物的本次实际进出口数（重）量。

5. 核销数量单位

在“编辑产品许可证/审批/备案信息”弹出框，填报核销数量时，必须填报核销数量单位。

6. 许可证 VIN 信息

申报进口已获3C认证的机动车辆时，填报机动车车辆识别代码，包括VIN序号、车辆识别代码（VIN）、单价、底盘（车架号）、发动机号或电机号、发票所列数量、品名（中文名称）、品名（英文名称）、提运单日期、型号（英文）、质量保质期11项内容。

7. 关联号码及理由

进出口货物报关单有关联报关单时，在本栏目中填报相关关联报关单号码，并在下拉菜单中选择关联报关单的关联理由。

十九、货物属性

根据进出口货物的商品编号和货物的实际情况，按照海关规定的货物属性代码表，在本栏目下拉菜单中勾选货物属性的对应代码。有多种属性的，要同时选择。具体填制规范如下。

(1) 入境强制性认证产品，必须在入境民用商品认证(11—3C目录内、12—3C目录外、13—无须办理3C认证)中勾选对应项。

(2) 食品、化妆品是否预包装、是否首次进口，必须在食品及化妆品(14—预包装、15—非预包装、18—首次进口)中勾选对应项。

(3) 凡符合国家质量监督检验检疫总局发布的《进出境转基因产品检验检疫管理办法》(2004年第62号令)规定，含转基因成分必须申报的，必须在转基因(16—转基因产品、17—非转基因产品)中勾选对应项。

(4) "成套设备""旧机电"产品，必须在货物属性(18—首次进出口、19—正常、20—废品、21—旧品、22—成套设备)中勾选对应项。

(5) 特殊物品、化学试剂，必须在特殊物品(25—A级特殊物品、26—B级特殊物品、27—C级特殊物品、28—D级特殊物品、29—V/W非特殊物品)中勾选对应项。

(6) 木材(含原木)板材是否带皮，必须在是否带皮木材(23—带皮木材/板材、24—不带皮木材)中勾选对应项。

二十、用途

根据进境货物的使用范围或目的，按照海关规定的货物用途代码表在本栏目下拉菜单中选择填报。例如，进口货物为核苷酸类食品添加剂，用于工业时，应在本栏目选填"工业用途"；用于食品添加剂时，应在本栏目选填"食品添加剂"。

二十一、危险货物信息

1. "非危险化学品"栏

危险化学品和普通化学品共用一个HS编码时，申报进口的不是"危险化学品目录"内的货物，也不属于危险货物的，在"非危险化学品"栏内选择"是"。

2. "UN编码"栏

进出口货物为危险货物的，须按照"关于危险货物运输的建议书"，在"UN编码"栏中填写危险货物对应的UN编码。该栏目最多支持录入20位字符。

3. "危险货物名称"栏

进出口货物为危险货物的，须按照"危险货物名称"栏中，填写危险货物的实际名称。该栏最多支持录入80位字符。

4. "危包类别"栏

进出口货物为危险货物的，需按照《危险货物运输包装类别划分方法》，在"危险货物信息"项下的"危包类别"栏中，勾选危险货物的包装类别。

危险货物包装根据其内装物的危险程度划分为三种包装类别。

一类：盛装具有较大危险性的货物。

二类：盛装具有中等危险性的货物。

三类：盛装具有较小危险性的货物。

5.“危包规格”栏

进出口货物为危险货物的，需根据危险货物包装规格的实际情况，按照海关规定的危包规格代码表填报危险货物的包装规格。

申报商品编号涉及危险品的情况下为必填项。单击“危险货物信息”按钮，弹出“编辑危险货物信息”对话框，根据申报规范录入。

除上述各栏目之外，还有加工成品单耗版本号、保税监管场所、关联备案等项目，在此不做详述。

文档：项目七
在线自测

拓展训练

一、在线自测

扫描右侧二维码查阅题目。

二、实务操作

请根据下面背景资料填制报关单各栏目。

该批货物以公路运输方式从深圳皇岗口岸（皇岗海关）出口，货物来源珠海特区

珠海市江联进出口贸易有限公司，信用代码：91440400MA51334T69，海关十位代码：4404161685

商品名称	商品编码	品牌类型	出口享惠情况	型号	数量
空气净化器	8421391000	境内自主品牌	出口货物在最终目的国(地区)不享受优惠关税	AC-N6-SC	720个
原理	功率	品牌	用途		
依据空气动力学原理，用风机将空气抽入机器，通过内置的滤网过滤空气，达到净化空气的目的	38W	NA牌	净化空气		

珠海市江联进出口贸易有限公司

Zhuhai Jianglian import and export trade Co., Ltd.

Invoice

SOLD TO: XINYAN H.K.LIMITED　　INVOICE NO.: THB2B202401180040-C

ADD: Room 1005Mui 1010, 10 / F, Block C, Fo Tan au Pui Wan Street, Hong Kong　　INVOICE DATE: 2024/1/7

ATTN: KIN　　CURRENCY: CNY

TEL: (852)26712342　　PRICE TERM: FCA SZ

FAX: (852)26712345　　PAYMENT: 月结90天

PER: BY Truck　　SAILING ON OR 2024/1/7

ITEM	Model	DESCRIPTION	数量 (PCS)	单价 (CNY)	总金额（CNY）
1	AC-N6-SC	空气净化器	720	589.5800	424497.60
	TOTAL:		720		424497.60

珠海市江联进出口贸易有限公司

Zhuhai Jianglian import and export trade Co., Ltd .

Packing List

SOLD TO: XINYAN H.K.LIMITED   INVOICE NO.: THB2B202401180040-C

Room 1005Mui 1010, 10 / F, Block C, Fo Tan au Pui

ADD: Wan Street, Hong Kong   INVOICE DATE: 2024/1/7

ATTN: KIN   CURRENCY: CNY PRICE

TERM: FCA 深圳

PAYMENT: 月结90天

PER: BY Truck

PLT NO.	DESCRIPTION	总数量 (PCS)	净重 (KG)	毛重 (KG)	件数
1	空气净化器	720	3566.16	4600.00	20
	TOTAL:	720	3566.16	4600.00	20

珠海市江联进出口贸易有限公司

Zhuhai Jianglian import and export trade Co., Ltd.

出 口 合 同

日期: 2024/1/7   号码: THB2B202401180040-C

卖方: 珠海市江联进出口贸易有限公司 Zhuhai Jianglian import and export trade Co., Ltd.

地址: 8 Cuizhu 5th Street, Qianshan, Zhuhai

买方: XINYAN H.K.LIMITED

地址: Room 1005Mui 1010, 10 / F, Block C, Fo Tan au Pui Wan Street, Hong Kong

兹合同双方在自愿的基础上,根据以下条款达成合同如下:

(一)卖向买方销售如下成品:

NO.	品名与税号	数量 (PCS)	单位 (unit)	单价 (CNY)	总金额 (CNY)
1	空气净化器	720	台	589.5800	424497.60
	TOTAL:	720			424497.60

(二)Package: Regenerated wooden pallets

(三)装运港: 深圳

Loading port: shenzhen

(四)Delivery time: 2024/1/27

(五)目的港:hongkong

Port of destination:hongkong

(六)付款方式: T/T

Payment :T/T

仲裁: 凡执行本合同所发生的或与本合同有关的一切争议, 应由双方通过协商解决, 如协商无法解决, 应提

Arbitration: all disputes arising from the execution of or in connection with this contract shall be settled by both parties through consultation. If the dispute cannot be settled through negotiation, it shall be submitted to China International Trade.

促进委员会对外贸易仲裁委员会根据该会的仲裁程序暂行规则进行仲裁, 仲裁裁决是终局的, 对双方都有约束力

The Foreign Trade Arbitration Commission of the Promotion Commission shall conduct arbitration in accordance with its provisional rules of arbitration procedure, and the arbitration award shall be final and binding on both parties.

其他:

Buyer (signature):   Seller (signature):

文档: 项目七实务操作答案

项目八

与通关有关的海关规章制度

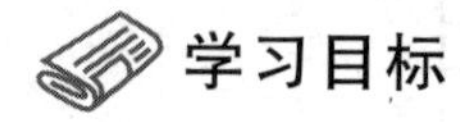

学习目标

知识目标

1. 了解海关最新政策法规制度；

2. 熟悉海关事务担保、海关知识产权保护、海关稽查、海关行政处罚的含义、程序及相应的法律责任。

技能目标

1. 增强关务操作水平，加强对海关法律、法规知识的认知和了解。

2. 依据所学的海关法律知识对海关实际案例进行分析与总结；

素养目标

1. 养成观察、分析、解决问题的能力；

2. 加强遵法、学法、守法、用法意识；

3. 提升规避海关风险的业务能力。

思政园地

2020年4月16日，长沙某公司申报出口非医用一次性防护口罩100万个。经查验发现，实际出口的货物为一次性医用口罩。当事人申报时未提交医疗器械产品注册证书和出口医疗物资声明，涉嫌逃避商品检验。

出口医疗物资质量安全直接关系人的生命健康，海关将依法履行医疗物资出口法定检验的职责。进出口企业、报关企业、出入境快件企业、交通工具所有人和运营人等参与出口医疗物资的市场主体，在出口医疗物资时必须严格履行如实申报的责任。对如实申报的守法企业，海关将一如既往地提供通关便利；对于通过伪瞒报、夹藏、夹带等方式逃避法定检验，或出口掺杂掺假、以假充真、以次充好或者以不合格医疗物资冒充合格的违法、失信企业，海关不仅给予行政处罚，符合刑事立案标准的，将移送司法机关追究刑事责任。此外，海关还将采取惩戒措施，让违法者“一处失信，处处受限”。

资料来源：https://www.gov.cn/xinwen/2020-04/28/content_5506942.htm.

任务一　海关事务担保概述

案例导入

2022年1月11日爱思开希高科技材料(苏州)有限公司工作人员在“中国国际贸易单一窗口”门户网站中,通过“征税要素担保备案”模块向海关提交了征税要素担保备案申请单,不到15分钟,便顺利办理了一票海关担保手续。

根据《关于深化海关税款担保改革的公告》(海关总署公告2021年第100号),自2021年12月1日起实施以企业为单元的税收担保改革,实现一份担保可以同时在全国海关用于多项税款担保业务。改革后,一份海关税款担保保函或保单可同时用于汇总征税、纳税期限和征税要素类等多项税款担保业务,并共用担保额度,企业缴纳税款或者担保销案后,担保额度自动恢复,可在有效期内循环使用。此次改革也实现了从申领保函、保单到海关备案全流程线上办理,企业足不出户即可通过“中国国际贸易单一窗口”实现担保业务全流程无纸化操作,并且保函、保单在备案后,企业可在所有备案范围内的海关通用,实现了“一保多用、一地备案、全国通行”,有效降低企业融资成本,大幅提升企业获得感。

资料来源:http://www.wujiang.gov.cn/zgwj/smlt/202201/457edfd6d7504a9e855c3f2d505d19b0.shtml.

问题:

(1)进出口企业在什么情况下可以申请海关事务担保?

(2)海关认可的企业的担保形式是什么?

一、海关事务担保的含义

海关事务担保是指与进出境活动有关的自然人、法人或其他组织在向海关申请从事特定的进出境经营业务或办理特定的海关事务时,以向海关提交现金、保函等方式,保证行为的合法性,或保证在一定期限内履行其承诺义务的法律行为。

二、海关事务担保制度的基本内容

文档:《中华人民共和国海关事务担保条例》

(一)海关事务担保的适用

1. 海关事务担保的一般适用

为使当事人获得提前放行、办理特定海关业务及免于扣留财产等便利,《中华人民共和国海关事务担保条例》主要规定了以下四种情形下的海关事务担保。

1)当事人申请提前放行货物的担保

有下列情形之一的,当事人可以在办结海关手续前向海关申请提供担保,要求提前放行货物。

(1)进出口货物的商品归类、完税价格、原产地尚未确定的。

(2)有效报关单证尚未提供的。

(3)在纳税期限内税款尚未缴纳的。

(4) 滞报金尚未缴纳的。

(5) 申请按"两步申报"模式通关的。

(6) 其他海关手续尚未办结的。

国家对进出境货物、物品有限制性规定,应当提供许可证件而不能提供的,以及法律、行政法规规定不得担保的其他情形,海关不予办理担保放行。

2) 当事人申请办理特定海关业务的担保

在当事人办理下列特定海关业务时,可按照海关规定提供担保。

(1) 运输企业承担来往内地与港澳公路货物运输、承担海关监管货物境内公路运输的。

(2) 货物、物品暂时进出境的。

(3) 货物进境修理和出境加工的。

(4) 租赁货物进口的。

(5) 货物和运输工具过境的。

(6) 将海关监管货物暂时存放在海关监管区外的。

(7) 将海关监管货物向金融机构抵押的。

(8) 为保税货物办理有关海关业务的。

3) 税收保全担保

进出口货物的纳税义务人在规定的纳税期限内有明显的转移、藏匿其应税货物以及其他财产迹象的,海关可以责令纳税义务人提供担保;纳税义务人不能提供担保的,海关依法采取税收保全措施。

4) 免于扣留财产的担保

(1) 有违法嫌疑的货物、物品、运输工具应当或者已经被海关依法扣留、封存的,当事人可以向海关提供担保,申请免予或者解除扣留、封存。

(2) 有违法嫌疑的货物、物品、运输工具无法或者不便扣留的,当事人或者运输工具负责人应当向海关提供等值的担保;未提供等值担保的,海关可以扣留当事人等值的其他财产。

有违法嫌疑的货物、物品、运输工具属于禁止进出境,或者必须以原物作为证据,或者依法应当予以没收的,海关不予办理担保。

(3) 法人、其他组织受到海关处罚,在罚款、违法所得或者依法应当追缴的货物、物品、走私运输工具的等值价款未缴清前,其法定代表人、主要负责人出境的,应当向海关提供担保;未提供担保的,海关可以通知出境管理机关阻止其法定代表人、主要负责人出境。受海关处罚的自然人出境的,适用上述规定。

2. 海关事务担保的其他适用

进口已采取临时反倾销措施、临时反补贴措施的货物应当提供担保的,或者进出口货物收发货人、知识产权权利人申请办理知识产权海关保护相关事务等,依照海关事务担保一般适用的规定办理海关事务担保。法律、行政法规有特别规定的,从其规定。

3. 海关事务担保的免除

《中华人民共和国海关法》的有关条款规定,如其他法律、行政法规根据实践需要规定在特定情形下可以免除担保提前放行货物的,这种"免除担保"的特别规范优先于"凭担保放行"的一般规范。因此,在这种特别规范的适用范围内,因各种原因未办结海关手续的货物,可以免除担保而被收发货人先予提取或装运出境。但同时规定，海关对享受免除担保待遇的进出口企业实行动态管理，当事人不再符合规定条件的，海关应当停止对其适用免除担保。

按照海关总署的规定，经海关认定的高级认证企业可以申请免除担保，并按照海关规定办理有关手续。

4. 海关事务的总担保

为了使进出口货物品种、数量相对稳定且业务频繁的企业免于反复办理担保，《中华人民共和国海关事务担保条例》规定：当事人在一定期限内多次办理同一类海关事务的，可以向海关申请提供总担保；提供总担保后，当事人办理该类海关事务，不再单独提供担保。同时规定，总担保的适用范围、担保金额、担保期限、终止情形等由海关总署规定。

可申请总担保的常见情形如下。

(1) ATA 单证册项下暂准出口货物由中国国际商会统一向海关总署提供总担保。

(2) 经海关同意，知识产权权利人可以向海关提供总担保，总担保金额不得低于20 万元。

(3) 由银行对纳税义务人在一定时期内通过网上支付方式申请缴纳的进出口税费提供总担保。

（二）海关事务担保的担保人资格及担保责任

1. 担保人资格

《中华人民共和国海关法》第六十七条规定："具有履行海关事务担保能力的法人、其他组织或者公民，可以成为担保人。法律规定不得为担保人的除外。"

具有履行海关担保义务能力是对自然人、法人或其他组织作为担保人的基本要求。对于担保人而言，其履行义务的能力主要表现在应当拥有足以承担担保责任的财产。公民作为担保人还应当具有民事行为能力，无民事行为能力或者限制行为能力的公民，即使拥有足以承担担保责任的财产，也不能作为担保人。

如其他有关法律对担保人资格已作出限制性规定的，则这种法人、其他组织或公民就不能作为担保人。

2. 担保责任

《中华人民共和国海关法》第六十九条规定："担保人应当在担保期限内承担担保责任。担保人履行担保责任的。不免除被担保人应当办理有关海关手续的义务。"海关则应当及时为被担保人办理有关海关手续。

(1) 担保责任的含义。担保人应承担的担保责任，主要是指被担保人应当在规定的期限内全面、正确地履行其承诺的海关义务。根据担保个案的不同情况，其责任范围也有区别。

(2) 担保的期间。担保的期间是指担保人承担担保责任的起止时间。担保人在规定的担保期间内承担担保责任，逾期，即使被担保人未履行海关义务，担保人也不再承担担保责任。鉴于法律规定可适用担保的范围内所涉及的事项千差万别，不可能对此作统一规定，因而担保期间主要由海关行政法规及海关规章来制定。

(3) 担保责任的解除。被担保人如能在规定的期间内履行担保承诺的义务或者规定的担保期间届满，担保人的担保责任则应依法予以解除，由海关及时办理销案手续，退还有关保证金等。

（三）海关事务担保的方式

《中华人民共和国海关法》明确规定的海关事务担保方式分为以下四种。

1. 以人民币、可自由兑换的货币提供担保

人民币是我国的法定货币，支付我国境内的一切公共的和私人的债务，任何单位或个人均不能拒收。

可自由兑换货币是指国家外汇管理局公布挂牌的作为国际支付手段的外币现钞。

2. 以汇票、本票、支票、债券、存单提供担保

汇票是指由出票人签发的委托付款人在见票时或者在指定日期无条件支付确定的金额给收款人或持票人的票据。

本票是由出票人签发的，承诺自己在见票时无条件支付确定的金额给收款人或持票人的票据。

支票是指出票人签发的，委托办理支票存款业务的银行或者其他金融机构在见票时无条件支付确定的金额给收款人或者持票人的票据。

债券是指依照法定程序发行的，约定在一定期限还本付息的有价证券，包括国库债券、企业债券、金融债券等。

存单是指储蓄机构发给存款人的证明其债权的单据。

3. 以银行或者非银行金融机构出具的保函提供担保

保函即法律上的保证，属于人的担保范畴。保函不是以具体的财产提供担保，而是以保证人的信誉和不特定的财产为他人的债务提供担保；保证人必须是第三人；保证人应当具有清偿债务的能力。

根据《中华人民共和国中国人民银行法》的规定，中国人民银行作为中央银行不能为任何单位和个人提供担保，故不属担保银行的范畴。

对于 ATA 单证册项下进出口的货物，可由中国国际商会这一特殊的第三方作为担保人，为展览品等暂准进出口货物提供保函方式的担保。

为优化口岸营商环境，提升跨境贸易便利化水平，海关深化多元化税收担保改革创新，推出关税保证保险、企业增信担保、企业集团财务公司担保方式。

（1）关税保证保险。关税保证保险是指企业提供由经银保监会设立的保险公司出具的关税履约担保保单，向海关申请办理担保通关手续。企业可以无须缴纳保证金，也无须向银行申请保函，采用关税保证保险保单即可办理海关事务担保，实现“先放行后缴税”。关税保证保险仅针对税款保证金，货物担保的其余情形不适用。

图 8-1 所示为关税保证保险的操作流程。

（2）企业增信担保。进出口企业通过第三方机构为其银行提供担保等增信方式，可以方便地取得银行的税收保函，向海关申请办理担保通关手续。

（3）企业集团财务公司担保。企业集团内进出口公司由集团财务公司提供税收保函，向海关申请办理担保通关手续。

4. 以海关依法认可的其他财产、权利提供担保

以海关依法认可的其他财产、权利提供担保是指除上述财产、权利外的其他财产和权利。

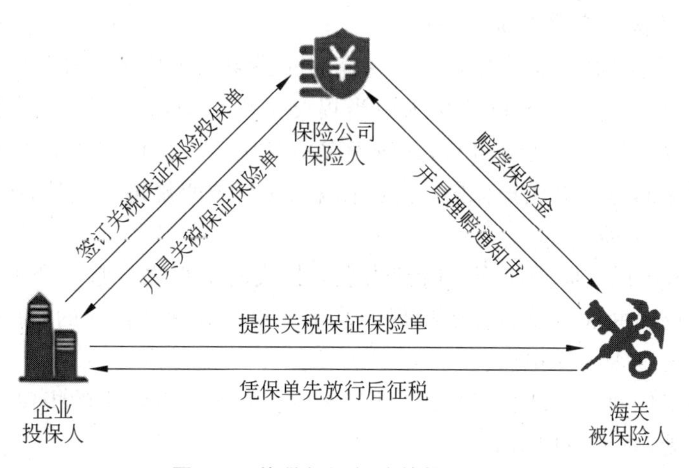

图 8-1　关税保证保险的操作流程

（四）海关事务担保的实施

文档：关于深化海关税款担保改革的公告

1. 以保函提供担保的受益人与应载明的事项

当事人以保函向海关提供担保的，保函应当以海关为受益人，并且载明下列事项。

（1）担保人、被担保人的基本情况。

（2）被担保的法律义务。

（3）担保金额。

（4）担保期限。

（5）担保责任。

（6）需要说明的其他事项。

2. 涉及担保金额的确定标准

文档：海关税款担保保函（格式）

当事人提供的担保应当与其需要履行的法律义务相当，除有违法嫌疑的货物、物品、运输工具无法或者不便扣留的情形外，担保金额按照下列标准确定。

（1）为提前放行货物提供的担保，担保金额不得超过可能承担的最高税款总额。

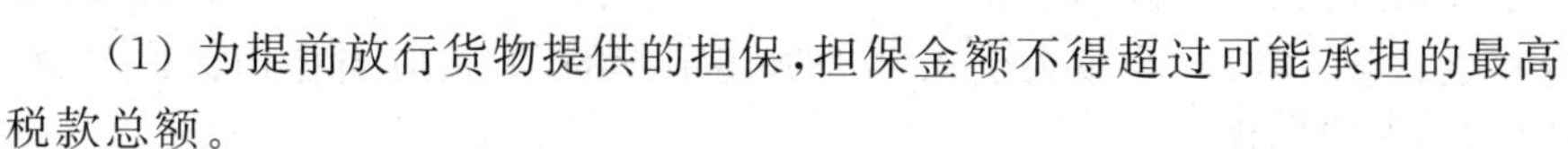

（2）为办理特定海关业务提供的担保，担保金额不得超过可能承担的最高税款总额或者海关总署规定的金额。

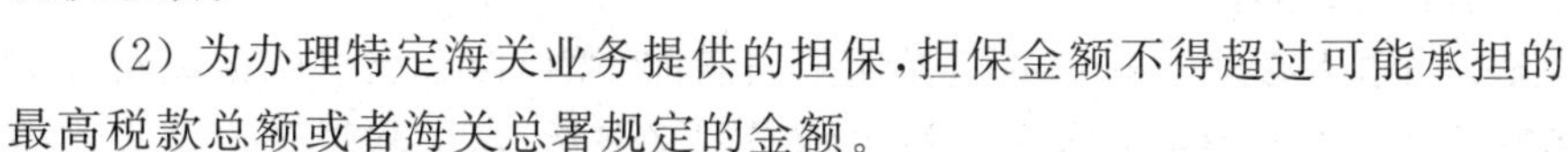

（3）因有明显的转移、藏匿应税货物以及其他财产迹象被责令提供的担保，担保金额不得超过可能承担的最高税款总额。

（4）为有关货物、物品、运输工具免予或者解除扣留、封存提供的担保，担保金额不得超过该货物、物品、运输工具的等值价款。

（5）为罚款、违法所得或者依法应当追缴的货物、物品、走私运输工具的等值价款未缴清前出境提供的担保，担保金额应当相当于罚款、违法所得数额或者依法应当追缴的货物、物品、走私运输工具的等值价款。

3. 办理海关事务担保的程序

(1) 当事人申请担保。凡符合申请担保条件的货物,由当事人向办理有关货物进出口手续的海关申请担保。办理担保,当事人应当提交书面申请,以及真实、合法、有效的财产、权利凭证和身份或者资格证明等材料,并按海关审核确定的担保方式提供担保。

当事人以保函向海关提供担保的,相关保函除应当载明规定事项外,担保人应当在保函上加盖印章,并注明日期。

(2) 海关受理担保。海关应当自收到当事人提交的材料之日起5个工作日内对相关财产、权利等进行审核,并决定是否接受担保。当事人申请办理总担保的,海关应当在10个工作日内审核并决定是否接受担保。

符合规定的担保,自海关决定接受之日起生效。对不符合规定的担保,海关应当书面通知当事人不予接受,并说明理由。

担保财产、权利不足以抵偿被担保人有关法律义务的,海关应当书面通知被担保人另行提供担保或履行法律义务。

(3) 担保的变更。被担保人履行法律义务期限届满前,担保人和被担保人因特殊原因要求变更担保内容的,应当向接受担保的海关提交书面申请及有关证明材料。海关应当自收到当事人提交的材料之日起5个工作日内作出是否同意变更的决定,并书面通知当事人;不同意变更的应当说明理由。

(4) 担保责任的履行。被担保人在规定的期限内未履行有关法律义务的,海关可以依法从担保财产、权利中抵缴。当事人以保函提供担保的,海关可以直接要求承担连带责任的担保人履行担保责任。

担保人履行担保责任的,不免除被担保人办理有关海关手续的义务。海关应当及时为被担保人办理有关海关手续。

(5) 担保财产、权利的退还。当事人已经履行有关法律义务、不再从事特定海关业务,或者担保财产、权利被海关采取抵缴措施后仍有剩余的及其他需要退还的情形,海关应当书面通知当事人办理担保财产、权利的退还手续。

自海关要求办理担保财产、权利退还手续的书面通知送达之日起3个月内,当事人无正当理由未办理退还手续的,海关应当发布公告。

自海关公告发布之日起1年内,当事人仍未办理退还手续的,海关应当将担保财产、权利依法变卖或者兑付后,上缴国库。

(6) 担保的销案。当事人必须于规定的担保期限届满前,凭担保金支付收据或留存的保函向海关办理销案手续。在当事人履行了向海关承诺的义务后,海关将退还当事人已缴纳的担保资金,或注销已提交的保函。

4. 担保人、被担保人的法律责任

担保人、被担保人违反《中华人民共和国海关事务担保条例》,使用欺骗、隐瞒等手段提供担保的,由海关责令其继续履行法律义务,处5000元以上50000元以下的罚款;情节严重的,可以暂停被担保人从事有关海关业务或者撤销其从事有关海关业务的注册登记。

担保人、被担保人对海关有关海关事务担保的具体行政行为不服的,可以依法向上一级海关申请行政复议或者向人民法院提起行政诉讼。

【思考8-1】 长沙海关关于长沙市某运输有限公司用虚假保函提供担保违规案的行政

处罚决定：

文档：思考 8-1
答案解析

2017 年 5 月，长沙市某运输有限公司持长沙银行股份有限公司开具的编号为长银(营)保函字(2017)第 023 号、担保金额为 18 万元的履约保函，到长沙海关现场业务处办理了 2017 年度承运海关监管货物运输企业及运输工具、驾驶员(驾长)年审手续。2017 年 8 月 16 日，经长沙银行股份有限公司核实，上述保函系伪造。

以上行为有长沙银行函件、伪造保函、查问笔录、情况说明、公司营业执照、身份证明材料等证据为证。请思考伪造保函将受到怎样的海关行政处罚？

资料来源：https://www.sohu.com/a/282876009_120064824.

任务二　知识产权海关保护

案例导入

2023 年 1 月 10 日，梅州某高科技有限公司委托广州冲满报关服务有限公司以一般贸易方式向花都海关申报出口货物一批，报关单号为 513120230313001227。经海关查验发现，报关单第四项带有“3M”标识的按键板 2 个。涉案货物的总价为 1114 元。商标权利人 3M 公司认为上述货物属于侵犯其“3M”商标专用权(备案号为 T2016-50895)的货物并向港珠澳大桥海关提出采取知识产权保护措施的申请。

中华人民共和国港珠澳大桥海关调查认为当事人出口的货物所使用的“3M”标识与商标权利人注册的“3M”商标相同，且事先未经商标权利人许可，依照《中华人民共和国商标法》第五十七条第(一)项之规定属于侵犯他人商标专用权的商品。当事人的行为已构成出口侵犯他人商标专用权货物的行为。

以上有海关出口货物报关单、海关查验记录、货物照片、权利人权利证明、当事人查问笔录等材料为证。

依照《中华人民共和国海关行政处罚实施条例》第二十五条第一款之规定，海关决定没收上述带有“3M”标识的按键板 2 个并对当事人处以罚款 134 元。

资料来源：https://aiqicha.baidu.com/penalty?pid=31829607271393&penaltiesId=54f55cffc3f6b73c0546f13d8fcf258c.

问题：

(1) 知识产权海关保护的适用范围如何确定？

(2) 海关“依申请保护”与“依职权保护”两种模式的区别是什么？

一、知识产权海关保护概述

1. 知识产权海关保护的含义

知识产权海关保护又称知识产权边境措施，是指海关对与进出口货物有关并受我国法律、行政法规保护的商标专用权、著作权和与著作权有关的权利、专利权实施的保护。

海关依法履行职责，在边境制止侵犯受国家法律和行政法规保护的知识产权的货物进境或者出境。由于海关是国家进出境的监督管理机关，有能力对进出口货物实施有效的控制，遏制国际贸易领域侵权假冒活动。世界各国在加强对知识产权的司法保护的同时，也越来越重视海关在制止和防止侵权货物进出境方面的重要作用。

2. 知识产权海关保护的范围

知识产权具有无形性、专有性、地域性、时间性和可复制性的特点。世界贸易组织关于《与贸易措施有关的知识产权协定》将与贸易有关的知识产权的范围确定为著作权和与著作权有关的权利、商标权、地理标志权、工业品外观设计权、专利权、集中电路布图设计权、未披露过的信息专有权。

根据《中华人民共和国知识产权海关保护条例》及其他法律、行政法规的规定，我国知识产权海关保护的适用范围为与进出口货物有关并受中华人民共和国法律、行政法规保护的知识产权，包括商标专用权、著作权和与著作权有关的权利、专利权、奥林匹克标志专有权、世界博览会标志专有权。具体地说，以下知识产权可以向海关申请备案保护。

（1）国家工商行政主管部门核准注册的商标。

（2）在世界知识产权组织注册并延伸至我国的国际注册商标。

（3）国家专利行政主管部门授予专利权的发明、外观设计、实用新型专利。

（4）《保护文学和艺术作品的伯尔尼公约》成员国的公民或者组织拥有的著作权和与著作权有关的权利。

《中华人民共和国知识产权海关保护条例》同时规定，侵犯受法律、行政法规保护的知识产权的货物禁止进出口。此外，根据《奥林匹克标志保护条例》和《世界博览会标志保护条例》的规定，我国海关也应当对奥林匹克标志和世界博览会标志实施保护。

国家禁止侵犯知识产权的货物进出口。

3. 知识产权海关保护的模式

中国海关对知识产权的保护可以划分为依申请保护和依职权保护两种模式。

文档：《中华人民共和国知识产权海关保护条例》

（1）依申请保护。依申请保护是指知识产权权利人发现侵权嫌疑货物即将进出口时、根据《中华人民共和国知识产权海关保护条例》第十二条、第十三条和第十四条的规定向海关提出采取保护措施的申请，由海关对侵权嫌疑货物实施扣留的措施。由于海关对依申请扣留的侵权嫌疑货物不进行调查，知识产权权利人需要就有关侵权纠纷向人民法院起诉，所以依申请保护也被称作海关对知识产权的“被动保护”模式。

（2）依职权保护。依职权保护是指海关在监管过程中发现进出口货物有侵犯在海关总署备案的知识产权的嫌疑时，根据《中华人民共和国知识产权海关保护条例》第十六条的规定，主动中止货物的通关程序并通知有关知识产权权利人，并根据知识产权权利人的申请对侵权嫌疑货物实施扣留的措施。由于海关依职权扣留侵权嫌疑货物属于主动采取措施制止侵权货物进出口，而且海关还有权对货物的侵权状况进行调查和对有关当事人进行处罚，所以依职权保护也被称作海关对知识产权的“主动保护”模式。知识产权权利人向海关申请采取依职权保护措施前，应当按照《中华人民共和国知识产权海关保护条例》第七条的规定，将其知识产权及其他有关情况向海关总署进行备案。表 8-1 所示为两种知识产权海关保护模式区分。

表 8-1 两种知识产权海关保护模式区分

保护模式	依职权保护	依申请保护
前提	在海关总署进行备案	无
启动主体	海关主动启动	依权利人申请(存在被驳可能)
权利人担保金	最高10万元	与货物等值
扣留后	海关调查、审理、执行处罚	双方通过司法途径解决纠纷,海关不调查

二、知识产权海关保护的程序

(一)知识产权海关保护备案

1. 知识产权海关保护备案的含义

知识产权海关保护备案是指知识产权权利人按照《中华人民共和国知识产权海关保护条例》的规定,将其知识产权的法律状况、有关货物的情况、知识产权合法使用情况和侵权货物进出口情况以书面形式通知海关总署,以便海关在对进出口货物的监管过程中能够主动对有关知识产权实施保护。

2. 知识产权海关保护的备案申请

知识产权海关保护备案的申请人应为知识产权权利人,知识产权权利人可以委托代理人办理知识产权海关保护备案。

知识产权权利人向海关总署申请知识产权海关保护备案的,应当向海关总署提交申请书。知识产权权利人应当就其申请备案的每一项知识产权单独提交一份申请书。知识产权权利人申请的国际注册商标备案的,应当就其申请的每一类商品单独提交一份申请书。

知识产权权利人向海关总署提交备案申请书,应当随附以下文件、证据。

(1) 知识产权权利人个人身份证件的复印件、营业执照的复印件或者其他注册登记文件的复印件。

(2) 商标注册、著作、专利权证明或证书。

(3) 知识产权权利人许可他人使用注册商标、作品或者实施专利,签订许可合同的,提交许可合同的复印件;未签订许可合同的,提交有关被许可人、许可范围和许可期间等情况的书面说明。

(4) 知识产权权利人合法行使知识产权的货物及包装的照片。

(5) 已知的侵权货物进出口的证据,知识产权权利人与他人之间的侵权纠纷已经通过人民法院或者知识产权主管部门处理的,还应当提交有关法律文书的复印件。

(6) 海关总署认为需要提交的其他文件或者证据。

知识产权权利人向海关总署提交的上述文件和证据应当齐全、真实和有效。有关文件和证据为外文的,应当另附中文译本。海关总署认为必要时,可以要求知识产权权利人提交有关文件或者证据的公证、认证文书。

海关总署应当自收到申请人全部申请文件之日起30个工作日内作出是否准予备案的决定并书面通知申请人。不予备案的,海关需说明理由。

文件或证据有下列情形之一的,海关总署不予受理:申请文件不齐全或者无效的;申请人不是知识产权权利人的;知识产权不再受法律、行政法规保护的。

3. 知识产权海关保护备案的时效

(1) 备案有效期。知识产权海关保护备案自海关总署核准备案之日起生效,有效期为10年。自备案生效之日起知识产权的有效期不足10年的,备案的有效期以知识产权的有效期为准。

在知识产权海关保护备案有效期届满前6个月内,知识产权权利人可以向海关总署提出续展备案的书面申请并随附有关文件。海关总署应当自收到全部续展申请文件之日起10个工作日内作出是否准予续展的决定,并书面通知知识产权权利人;不予续展的,将说明理由。

(2) 续展备案有效期。续展备案的有效期自上一届备案有效期满次日起算,有效期为10年。知识产权的有效期自上一届备案有效期满次日起不足10年的,续展备案的有效期以知识产权的有效期为准。

知识产权海关保护备案有效期届满而不申请续展或者知识产权不再受法律、行政法规保护的,知识产权海关保护备案随即失效。

4. 知识产权海关保护备案的变更、注销与撤销

向海关提交的申请书内容发生改变的,知识产权权利人应当自发生改变之日起30个工作日内向海关总署提出变更备案的申请并随附有关文件。

知识产权在备案有效期届满前不再受法律、行政法规保护或者备案的知识产权发生转让的,以及知识产权权利人在备案有效期内放弃备案的,应向海关总署申请注销备案。

海关发现知识产权权利人申请知识产权备案未如实提供有关情况或者文件的,海关总署可以撤销其备案。

知识产权备案情况发生改变,但知识产权权利人发生改变之日起30个工作日内未向海关总署办理备案变更或者注销手续,给他人合法进出口或者海关依法履行监管职责造成严重影响的,海关总署可以根据有关利害关系人的申请撤销有关备案,也可以主动撤销有关备案。

(二) 知识产权人申请扣留侵权嫌疑货物及提供担保

1. 知识产权权利人发现侵权嫌疑货物的扣留申请

文档:一文读懂知识产权海关保护备案

(1) 申请扣留侵权嫌疑货物的文件。知识产权权利人发现侵权嫌疑货物即将进出口并要求海关予以扣留的,应当向海关提交书面申请及相关证明文件,并提供足以证明侵权事实明显存在的证据。申请书内容如下。

① 知识产权权利人的名称或者姓名、注册地、国籍等。

② 知识产权的名称、内容及相关信息。

③ 侵权嫌疑货物收货人和发货人的名称。

④ 侵权嫌疑货物名称、规格等。

⑤ 侵权嫌疑货物可能进出境的口岸、时间、运输工具等。

⑥ 侵权嫌疑货物涉嫌侵犯备案知识产权的,申请书还应当包括海关备案号。

(2) 请求扣留侵权嫌疑货物的担保。知识产权权利人请求海关扣留侵权嫌疑货物,应当在海关规定的期限内向海关提供相当于货物价值的担保,用于赔偿可能因申请不当给收货人、发货人造成的损失,以及支付货物由海关扣留后的仓储、保管和处置等费用;知识产权权利人直接向仓储经营者支付仓储、保管费用的，从担保中扣除。

2. 知识产权权利人接到海关通知的扣留申请

海关发现进出口货物有侵犯备案知识产权嫌疑的，应当立即书面通知知识产权权利人。知识产权权利人自通知送达之日起3个工作日内提出扣留申请并按规定提供担保。

收货人或者发货人认为其货物未侵犯知识产权权利人的知识产权的，应当向海关提出书面说明并附送相关证据。

涉嫌侵犯专利权货物的收货人或者发货人认为其进出口货物未侵犯专利权的，可以在向海关提供货物等值的担保金后，请求海关放行其货物。知识产权权利人未能在合理期限内向人民法院起诉的，海关应当退还担保金。

3. 知识产权权利人提供总担保

知识产权权利人根据规定请求海关扣留涉嫌侵犯商标专用权货物的，可以向海关总署提供总担保。

在海关总署备案的商标专用权的知识产权权利人，经海关总署核准可以向海关总署提交银行或者非银行金融机构出具的保函，为其向海关申请商标专用权海关保护措施提供总担保。

总担保的担保金额应当相当于知识产权权利人上一年度向海关申请扣留侵权嫌疑货物后发生的仓储、保管和处置等费用之和；知识产权权利人上一年度未向海关申请扣留侵权嫌疑货物或者仓储、保管和处置等费用不足人民币20万元的，总担保的担保金额为人民币20万元。

自海关总署核准其使用总担保之日起至当年12月31日，知识产权权利人根据《中华人民共和国知识产权海关保护条例》的规定请求海关扣留涉嫌侵犯其已在海关总署备案的商标专用权的进出口货物的，无须另行提供担保，但知识产权权利人未按照《中华人民共和国知识产权海关保护条例》的规定支付有关费用或者未承担赔偿责任，海关总署向担保人发出履行担保责任通知的除外。

知识产权权利人未提出申请或者未提供担保的，海关将放行货物。

（三）海关对侵权嫌疑货物的调查处理

1. 扣留侵权嫌疑货物

（1）在“依申请保护”模式下知识产权权利人申请扣留侵权嫌疑货物，如符合有关扣留申请的规定，并提供担保的，海关应当扣留侵权嫌疑货物，书面通知知识产权权利人，并将海关扣留凭单送达收货人或者发货人。如不符合有关扣留申请的规定，或者未按规定提供担保的，海关应当驳回申请，并书面通知知识产权权利人。

（2）在“依职权保护”模式下海关接到知识产权权利人扣留申请及担保后，海关应当扣留侵权嫌疑货物，书面通知知识产权权利人，并将海关扣留凭单送达收货人或者发货人。知识产权权利人逾期未提出申请或者未提供担保的，海关不得扣留其货物。

2. 海关开展调查处理

海关发现进出口货物有侵犯备案知识产权嫌疑并通知知识产权权利人后，知识产权权利人请求海关扣留侵权嫌疑货物的，海关应当自扣留之日起30个工作日内对被扣留的侵权嫌疑货物是否侵犯知识产权进行调查、认定，不能认定的，应当立即书面通知知识产权权利人。

海关对被扣留的侵权嫌疑货物进行调查,可以请求知识产权主管部门提供协助的,有关知识产权主管部门应当予以协助;知识产权主管部门处理涉及进出口货物的侵权案件请求海关提供协助的,海关应当予以协助。

海关对被扣留的侵权嫌疑货物及有关情况进行调查时,知识产权权利人和收货人或者发货人应当予以配合。

知识产权权利人与收发货人就海关扣留的侵权嫌疑货物达成协议,向海关提出书面申请并随附相关协议,要求海关解除扣留侵权嫌疑货物的,海关除认为涉嫌构成犯罪外,可以终止调查。

3. 海关对扣留货物的处置

(1) 放行被扣留货物。海关对扣留的侵权嫌疑货物进行调查,不能认定货物是否侵犯有关知识产权的,应当自扣留侵权嫌疑货物之日起 30 个工作日内书面通知知识产权权利人和收发货人。

海关不能认定货物是否侵犯有关专利权的,收发货人向海关提供相当于货物价值的担保后,可以请求海关放行货物。海关同意放行货物的,应当书面通知知识产权权利人。知识产权权利人就有关专利侵权纠纷向人民法院起诉的,应当在海关放行货物的书面通知送达之日起 30 个工作日内,向海关提交人民法院受理案件通知书的复印件。

海关依申请扣留侵权嫌疑货物,自扣留之日起 20 个工作日未收到人民法院协助执行通知的,海关应当放行货物。

海关依职权扣留侵权嫌疑货物,自扣留侵权嫌疑货物之日起 50 个工作日内收到人民法院协助扣押有关货物书面通知的,应当予以协助;未收到人民法院协助扣押通知或者知识产权权利人要求海关放行有关货物的,海关应当放行货物。

(2) 没收被扣留货物。被扣留的侵权嫌疑货物,海关经调查后认定侵犯知识产权的,予以没收,并应当将侵犯知识产权货物的情况书面通知知识产权权利人。

进出口货物或者进出境物品经海关调查认定侵犯知识产权,根据规定应当由海关予以没收,经海关调查,货物物品的侵权事实基本清楚,但当事人无法查清的,自海关制发有关公告之日起满 3 个月后可由海关予以收缴。

对没收的侵权货物海关应当按照下列规定处置:有关货物可以直接用于社会公益事业或者知识产权权利人有收购意愿的,将货物转交给有关公益机构用于社会公益事业或者有偿转让给知识产权权利人。有关货物不能转交给有关公益机构用于社会公益事业或者有偿转让给知识产权权利人,且侵权特征能够消除的,在消除侵权特征后依法拍卖;但对进口假冒商标货物,除特殊情况外,不能仅清除货物上的商标标识即允许其进入商业渠道。拍卖货物所得款项上交国库。有关货物不能按照上述项规定处置的,应当予以销毁。

海关拍卖侵权货物,应当事先征求有关知识产权权利人的意见。海关销毁侵权货物,知识产权权利人应当提供必要的协助。有关公益机构将海关没收的侵权货物用于社会公益事业,以及知识产权权利人接受海关委托销毁侵权货物的,海关应当进行必要的监督。

图 8-2 所示为海关依申请扣留侵权嫌疑货物流程。

(四) 海关对担保的处理

海关没收侵权货物的,应当在货物处置完毕并结清有关费用后,向知识产权权利人退还担保金或者解除担保人的担保责任。

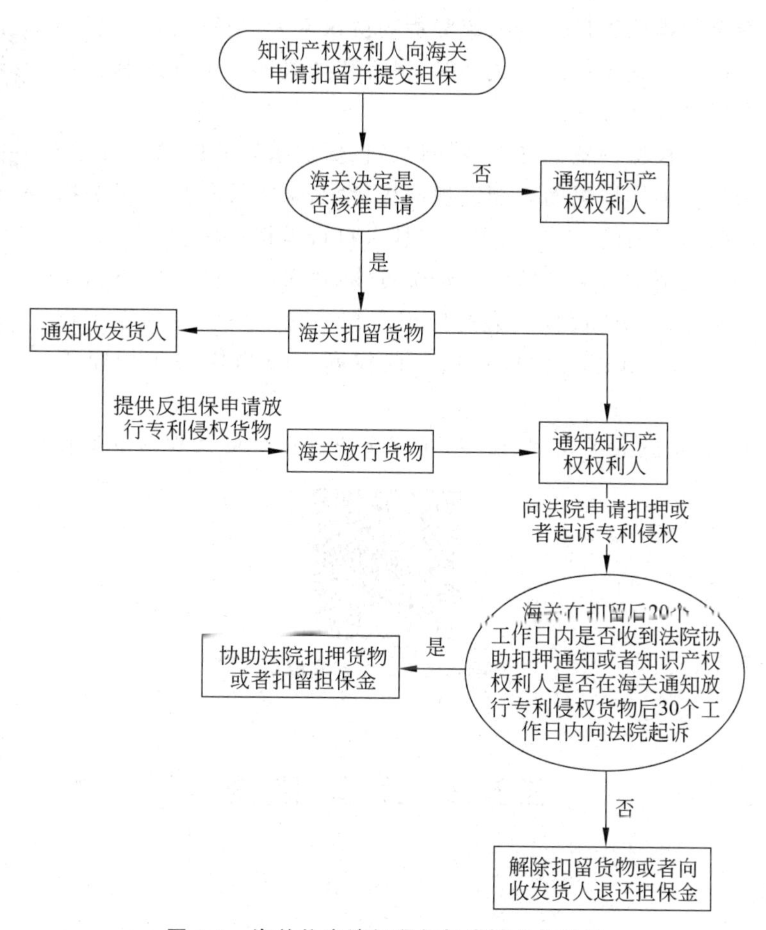

图 8-2 海关依申请扣留侵权嫌疑货物流程

海关自协助人民法院扣押侵权嫌疑货物或者放行货物之日起 20 个工作日内，未收到人民法院就知识产权权利人提供的担保采取财产保全措施的协助执行通知的，海关应当向知识产权权利人退还担保金或者解除担保人的担保责任；收到人民法院协助执行通知的，海关应当协助执行。

海关放行被扣留的涉嫌侵犯专利权的货物后，知识产权权利人向海关提交人民法院受理案件通知书复印件的，海关应当根据人民法院的判决结果处理收发货人提交的担保金；知识产权权利人未提交人民法院受理案件通知书复印件的，海关应当退还收发货人提交的担保金。

（五）知识产权权利人的法律责任

海关协助人民法院扣押侵权嫌疑货物或者放行被扣留货物的，知识产权权利人应当支付货物在海关扣留期间的仓储、保管和处置等费用。

海关没收侵权货物的，知识产权权利人应当按照货物在海关扣留后的实际存储时间支付仓储、保管和处置等费用。但海关自没收侵权货物的决定送达收发货人之日起 3 个月内不能完成货物处置，且非因收发货人申请行政复议、提起行政诉讼或者货物处置方面的其他特殊原因导致的，知识产权权利人不需支付 3 个月后的有关费用。

知识产权权利人未支付有关费用的，海关可以从其向海关提供的担保金中予以扣除或者要担保人履行有关担保责任。侵权嫌疑货物被认定为侵犯知识产权的，知识产权权利人可以将其支付的有关仓储、保管和处置等费用计入其为制止侵权行为所支付的合理开支。

文档：《中华人民共和国海关关于〈中华人民共和国知识产权海关保护条例〉的实施办法》

海关接受知识产权保护备案和采取知识产权保护措施的申请后，因知识产权权利人未提供确切情况而未能发现侵权货物，未能及时采取保护措施或者采取保护措施不力的，由知识产权权利人自行承担责任。

知识产权权利人请求海关扣留侵权嫌疑货物后，海关不能认定被扣留的侵权嫌疑货物侵犯知识产权权利人的知识产权或者人民法院判定不侵犯知识产权权利人的知识产权的，知识产权权利人应当依法承担赔偿责任。

【思考 8-2】 请查询相关法律、法规，了解企业进出口侵权货物应承担哪些法律责任？

文档：思考 8-2 答案解析

任务三 海关稽查

案例导入

某加工贸易企业，经营服装进料加工贸易。2019 年 7 月，海关接到举报，随即对该企业进行专项稽查，发现该企业将 2016 年 10 月进口的不作价设备 3 台打纽机交给相邻的某乙企业使用。海关经专项稽查，认为其涉嫌违反海关监管规定，并向企业送达了稽查报告；最终海关对企业给予行政处罚，并做补税处理。

资料来源：https://www.163.com/dy/article/HOIPQ4J605391N45. html.

问题：

（1）我国海关稽查的对象包括哪几类企业？

（2）我国海关稽查的程序是什么？

一、海关稽查的含义与特征

1. 海关稽查的含义

海关稽查制度是指海关自进出口货物放行之日起 3 年内或者在保税货物、减免税进口货物的海关监管期限内及其后的 3 年内，对与进出口货物直接有关的企业、单位的会计账簿、会计凭证、报关单证及其他有关资料和有关进出口货物进行核查，监督其进出口活动的真实性和合法性。

2. 海关稽查的特征

从本质上看，海关稽查是海关监督管理职能的实现方式，也是海关监管制度的主要组成部分。然而,海关稽查与传统的海关监管相比又有着显著的区别,其特征主要表现如下。

(1) 海关监管"前推后移",将原有海关监管的时间、空间进行了大范围的延伸和拓展。海关监管不仅局限于进出口的实时监控和进出境口岸,而是通过评估验证企业守法状况或贸易安全情况,有针对性地规范企业内部经营管理,引导企业守法自律,保障其更好地享受海关监管便利。海关对放行未结关货物的使用、管理情况和在货物结关放行之后的一定期限内,对与进出口货物直接有关的企业和单位的会计资料、报关单证及其他相关资料进行稽查。

(2) 海关监管"由企及物",将海关监管的主要目标从控制进出口货物转变为控制货物的经营主体(进出口企业),不再人为地将企业与货物割裂开来。海关围绕企业的进出口活动实施动态和全方位的监管,通过监管企业的进出口行为来达到监管进出口货物的目的。

二、海关稽查制度的基本内容

文档:《中华人民共和国海关稽查条例》

(一) 海关稽查的对象及范围

1. 海关稽查的企业、单位

根据《中华人民共和国海关稽查条例》第三条的规定,海关对下列与进出口货物直接有关的企业、单位实施海关稽查。

(1) 从事对外贸易的企业、单位,包括具备进出口业务经营权的专业对外贸易公司、工贸公司和有进出口业务经营权的企业、单位。

(2) 从事保税加工业务的企业,包括承接来料加工业务的企业、承接进料加工业务的企业等。

(3) 经营保税物流及仓储业务的企业。

(4) 使用或经营减免税进口货物的企业、单位,包括外商投资企业、使用减免税进口物资的企业、单位。

(5) 从事报关业务的企业,包括专业从事报关服务的企业,经营对外贸易仓储、运输、国际运输工具或国际运输工具服务及代理等业务又兼营报关服务的企业。

(6) 海关总署规定的从事与进出口货物直接有关的其他企业、单位。

上述企业、单位是海关稽查的对象,又称被稽查人。

2. 海关稽查的范围

文档:《〈中华人民共和国海关稽查条例〉实施办法》

根据《〈中华人民共和国海关稽查条例〉实施办法》的规定,海关对被稽查人实施稽查所涉及的进出口活动如下。

(1) 进出口关税和其他税费的缴纳。

(2) 进出口许可证件的交验。

(3) 与进出口货物有关资料的记载、保管。

(4) 保税货物的进口、使用、储存、加工、销售、运输、展示和复出口。

(5) 减免税进口货物的使用、管理。

(6) 转关运输货物的承运、管理。

(7) 暂准进出境货物的使用、管理。

(8) 其他进出口活动。

（二）海关稽查的内容与时限

1. 海关稽查的内容

海关稽查的内容是指海关实施稽查的具体指向和目标，简而言之，是指海关稽查主要查什么。具体来说，就是指记录和反映被稽查人进出口经营活动的会计账簿、会计凭证、会计报表等会计资料、报关单证和其他与进出口活动有关的资料及进出口货物。

（1）会计资料。会计资料是记录，反映一个单位资产、负债、所有者权益的增减变动情况和资金流动的过程及结果等全部经济业务的书面材料，包括会计凭证、会计账簿和会计报表。实行会计电算化的单位，能够通过计算机正确、完整地记账、核算的，其计算机储存和输出的会计记录视同会计资料。

由于会计资料动态地记录和反映了一个单位全部的经济业务，详细地记载了该单位一定时期内经济活动的发生和结果情况，因此，会计资料是海关稽查最重要、最直接的对象。

（2）报关单证。报关单证是进口货物的收货人、出口货物的发货人或其代理人在向海关申报进出口货物时向海关递交的有关单证，主要包括进出口货物报关单、合同（订货单、售货确认书等）、发（提）货单、装箱单、许可证件（包括有关批准证件）、加工贸易登记手册、原产地证明、知识产权证书等。

（3）其他与进出口活动有关的资料。其他与进出口活动有关的资料是指与当事人进出口活动直接有关，动态地记录和反映了当事人的进出口行为的资料，主要包括进出口商品的说明、与外方往来的有关传真等书面记录、电子邮件、生产工艺、单耗情况等资料。

（4）进出口货物。进出口货物是被稽查人进出口活动的载体，是进出口当事人行为指向的客体，是海关稽查的基本内容。由于海关一般是事后稽查，时间较为滞后，因此，海关对进出口货物的稽查，往往也主要通过对记录这些商品的会计资料和报关单证、其他单证来进行，同时结合对货物的实际核查。

2. 海关稽查的时限

海关稽查的时限是指海关可以对被稽查人实施稽查的时间限定，海关稽查的时限如下。

（1）海关对一般贸易和其他进出口货物的稽查期限为自进出口货物放行之日起3年内。

（2）海关对保税货物的稽查期限为保税货物的海关监管期限内及其后的3年内，包括三个方面：在保税货物的海关监管期限内；自保税货物复运出境之日起3年内；保税货物经批准转为一般贸易进口放行之日起3年内。

（3）海关对减免税货物的稽查期限为减免税货物的海关监管期限内及其后的3年内，由于海关对船舶、飞机的监管期限为8年，对应的稽查期限为11年；对机动车辆的监管期限为6年，对应的稽查期限为9年；对其他减免税货物的监管期限为3年，对应的稽查期限为6年。

（三）海关稽查的方式与机制

1. 海关稽查的方式

（1）常规稽查。常规稽查是指海关以监督和规范被稽查人进出口行为为主要目标，以例行检查和全面“体检”为基本特征，有计划地对被稽查人一定期限或业务范围内的进出口活动实施检查的一种稽查工作方式。

目前,常规稽查实施“双随机”工作机制,即通过计算机系统在全国海关随机选取常规稽查对象、在有条件的海关随机选取常规稽查人员,以最大限度提高稽查工作离散度和覆盖率,提升稽查专业化、集约化和科学化水平。

(2) 专项稽查。专项稽查是指以查缉企业各类问题,保障海关监管、税收和贸易安全,防范走私违法活动为目的,以风险程度较高或政策敏感性较强的行业、企业、商品为重点而实施的一种稽查工作方式。海关稽查部门开展自主分析,或接受其他部门提供的线索进一步开展分析,来确定专项稽查的作业对象、内容。

2. 海关稽查的机制

(1) 贸易调查。贸易调查是指海关稽查部门为了解进出口贸易情况,印证商品、行业进出口贸易风险状况,对商品、行业进出口贸易及有关信息进行收集、整理、分析而开展的综合型调研。

贸易调查的对象主要是有关行业协会、政府部门和相关企业等,可以通过实地查看、走访咨询、书面函询、网络调查和委托调查等方式展开。

(2) 主动披露。进出口企业、单位主动向海关书面报告海关尚未掌握的、其违反海关监管规定的行为并接受海关处理的,海关可以认定有关企业、单位主动披露。但有下列情形之一的除外:报告前海关已经掌握违法线索的;报告前海关已经通知被稽查人实施稽查的;报告内容严重失实或者隐瞒其他违法行为的。

进出口企业、单位主动披露应当向海关提交账簿、单证等有关资料,并对所提交资料的真实性、准确性、完整性负责。海关应当核实主动披露的进出口企业、单位的报告,可以要求其补充有关材料。

对主动披露的进出口企业、单位,违反海关监管规定的,海关结合具体情形予以从轻、减轻或者不予行政处罚。对主动披露并补缴税款的,海关可以减免滞纳金。

(3) 引入社会中介机构提供服务。海关稽查可以引入社会中介机构提供服务。海关在开展稽查工作中,根据工作需要,由海关或被稽查人委托会计师事务所、税务师事务所或者其他具备会计、税务等相关资质和能力的专业机构,对被稽查人进行审计、评估、鉴定等,并为海关提供处理依据的工作。

需要特别注意的是,被稽查人委托会计、税务等方面的专业机构作出的专业结论,仅可以作为海关稽查的参考依据。

(四) 海关稽查的程序

按照《中华人民共和国海关稽查条例》和《〈中华人民共和国海关稽查条例〉实施办法》的有关规定,海关稽查操作流程包括稽查通知、稽查实施、稽查审核和稽查处理四个阶段。这四个阶段之间既相互联系,同时每个阶段又有相对独立的程序要求。需要明确的是,这四个阶段仅适用于狭义的稽查方式,即常规稽查和专项稽查,不适用于贸易调查和主动披露。

1. 稽查通知

海关实施稽查 3 日前,应当向被稽查人制发海关稽查通知书。海关不经事先通知实施稽查的,应当在开始实施稽查时向被稽查人制发海关稽查通知书。

被稽查人在收到海关稽查通知书后,正本留存,副本加盖被稽查人印章并由被稽查人代表签名后交海关留存。在被稽查人有重大违法嫌疑,其账簿、单证等有关资料及进出口货物可能被转移、隐匿、毁弃等紧急情况下,经直属海关关长或者其授权的隶属海关关长批准,海关可以不经事先通知进行稽查。

无论是事先通知稽查还是径行稽查，企业都会收到海关稽查通知书，被稽查企业可根据稽查通知书得知稽查范围、稽查时间以及稽查联系人等信息。

2. 稽查实施

稽查实施是指海关依照稽查的程序，采用各种有效的稽查方法，对被稽查人进出口活动的合法性、真实性和规范性进行核查的行政执法活动。

海关开展稽查时，会组成稽查组。稽查组的组成人员不得少于2人，由稽查组具体实施稽查工作。知悉海关是如何实施稽查的是应对海关稽查的前提，海关在实施稽查时主要工作内容，主要包括以下四个部分。

(1) 查阅、复制被稽查人的账簿、单证等有关资料。

(2) 进入被稽查人的生产经营场所、货物存放场所，检查与进出口活动有关的生产经营情况和货物。

(3) 询问被稽查人的法定代表人、主要负责人员和其他有关人员与进出口活动有关的情况和问题。

(4) 经直属海关关长或者其授权的隶属海关关长批准，查询被稽查人在商业银行或者其他金融机构的存款账户。

其中，对于被稽查人有可能转移、隐匿、篡改、毁弃账簿、单证等有关资料的，经直属海关关长或者其授权的隶属海关关长批准，可以查封、扣押其账簿、单证等有关资料以及相关电子数据存储介质；对于被稽查人的进出口货物有违反海关法和其他有关法律、行政法规规定的嫌疑的，经直属海关关长或者其授权的隶属海关关长批准，可以查封、扣押有关进出口货物。

3. 稽查报告与反馈

稽查组实施稽查后，在作出结论前，应当向海关报送稽查报告。稽查报告是由海关稽查组向海关报送的内部文件，也是海关作出稽查结论的重要依据，海关会在收到稽查报告之日起30日内作出海关稽查结论，并送达被稽查人。

期间，若稽查报告认定被稽查人涉嫌违法的，稽查组会在报送稽查报告之前书面征求被稽查人意见，此书面意见也会一并报送海关。

4. 稽查结论

海关会在收到稽查报告之日起30日内作出海关稽查结论，并送达被稽查人。根据被稽查人不同的情况，可能产生不同的稽查结论。

(1) 对于被稽查人不存在违法、违规行为或其他漏缴税款行为的，结束稽查。

(2) 对于被稽查人存在其他不规范行为的，责令被稽查人限期改正。

(3) 存在漏缴税款无其他违法行为的，补交1年税款。

(4) 存在违反规定行为的，依照海关法及海关行政处罚实施条例的规定处理，并追征3年税款。

(5) 若存在走私行为，构成犯罪的，依法追究刑事责任，尚不构成犯罪的，依照海关法及《中华人民共和国海关行政处罚实施条例》的规定处理。

5. 终结稽查

被稽查人有下列情形之一的、经直属海关关长或者其授权的隶属海关关长批准，海关可以终结稽查：被稽查人下落不明的；被稽查人终止，无权利义务承受人的。

（五）与海关稽查相关的法律责任

1. 被稽查人的法律责任

被稽查人有下列行为之一的，由海关责令限期改正，逾期不改正的，处人民币2万元以上10万元以下的罚款；情节严重的，撤销其报关注册登记；对负有直接责任的主管人员和其他直接责任人员处人民币5000元以上5万元以下的罚款；构成犯罪的，依法追究刑事责任。

（1）向海关提供虚假情况或者隐瞒重要事实；拒绝、拖延向海关提供账簿、单证等有关资料及相关电子数据存储介质；转移、隐匿、篡改、毁弃报关单证、进出口单证、合同、与进出口业务直接有关的其他资料及相关电子数据存储介质。

（2）被稽查人未按照规定编制或者保管报关单证、进出口单证、合同及与进出口业务直接有关的其他资料的，由海关责令限期改正。逾期不改正的，处人民币1万元以上5万元以下的罚款，情节严重的，撤销其报关登记；对负有直接责任的主管人员和其他直接责任人员处人民币1000元以上5000元以下的罚款。

文档：一文读懂海关稽查

（3）被稽查人未按照规定设置、编制账簿，或者转移、隐匿、篡改、毁弃账簿的，依照《中华人民共和国会计法》的有关规定追究法律责任。

2. 海关工作人员的法律责任

海关工作人员在稽查过程中玩忽职守、徇私舞弊、滥用职权，或者利用职务上的便利，收受、索取被稽查人的财物，构成犯罪的，依法追究刑事责任；尚不构成犯罪的，依法给予处分。

文档：思考8-3答案解析

【思考8-3】 深圳某电子公司从事电子配件进口业务，海关于2023年年初到公司稽查，扣押其计算机、负责人手机及部分报关资料等。经稽查，海关认定该公司存在真、假两套资料，即提供虚假的合同、发票、装箱单等用以报关，商品价格远低于真实采购价格，存在低报价格的走私行为，涉嫌偷逃税款500余万元，案件已经移交缉私部门处理。根据所学知识说明价格稽查的重点内容是什么？

任务四　海关行政处罚

案例导入

2021年6月，某公司向海关申报出境货物检验检疫，货物名称为洋葱，申报数量为84吨，海关向其出具植物检疫证书。当事人以一般贸易方式申报出口上述货物，申报商品编号为0703101000（监管条件S、Q），申报数量为84吨。经查验，该批保鲜洋葱实际数量为95.92吨，与申报不符。对此，当事人提供情况说明称：国外客户向其订购了96吨保鲜洋葱，但要求提单显示数量为84吨。因舱单、报关单、出境货物检验检疫申请、植物检疫证书、健康证书、卫生证书需与提单一致，因此在报关与报检时将数量申报为84吨。当事人报检的保鲜洋葱数量与实际不符，构成《中华人民共和国进出境动植物检疫法》第四十条所列之“报检的植物产品与实际不符”的违法行为及《中华人民共和国进出口商品检验法实施条例》第四十五条第一款所列之“不如实提供进出口商品的真实情况，取得出入境检验检疫机构的有关证单”的违法行为。海关对当事人作出罚款的处罚决定，并吊销植物检疫证书。

资料来源：https://mp.weixin.qq.com/s?__biz=MzA5NjA2NzUzMw==&mid=2651727540&idx=3&sn=4f0b524beb03ca11cd8db5d77d431c07&chksm=8b4f4c16bc38c50079cfce1ae67f5c77455251b4525c87ca5c9fac5ecd100c03b056a4104012&scene=27.

问题：

(1) 海关行政处罚的范围有哪些？

(2) 海关行政处罚的程序是什么？

一、海关行政处罚的含义

海关行政处罚是指海关根据法律授予的行政处罚权力对公民、法人或者其他组织违反海关法律、行政法规、依法不追究刑事责任的走私行为和违反海关监管规定的行为以及法律、行政法规、国务院规范性文件规定由海关实施行政处罚的行为所实施的一种行政制裁。

海关行政处罚作为一种行政制裁行为，通过对违反海关法的当事人财产、资格或声誉予以一定的剥夺或者限制以达到规范进出境监管秩序、保护国家利益和他人合法权益的目的。

二、海关行政处罚制度的基本内容

(一) 海关行政处罚的范围

根据《中华人民共和国海关法》的规定，以走私物的品种、数量和逃税额为标准，走私情节严重的构成走私罪。认定和惩罚走私罪即追究刑事责任属于司法机关的职能，不在海关行政处罚范围内。海关行政处罚的范围则包括不予追究刑事责任的走私行为(简称走私行为)和违反海关监管规定的行为(简称违规行为)，以及法律、法规规定由海关实施行政处罚的行为。

1. 依法不追究刑事责任的走私行为

从《中华人民共和国海关行政处罚实施条例》的规定来看，广义的“走私行为”应当包括第七条规定的“走私行为”，以及第八条规定的“按走私行为论处”和第十条规定的“以走私的共同当事人论处”三种情况。

1) 走私行为

《中华人民共和国海关行政处罚实施条例》第七条规定：违反海关法及其他有关法律、行政法规，逃避海关监管，偷逃应纳税款、逃避国家有关进出境的禁止性或者限制性管理，有下列情形之一的，是走私行为。

(1) 未经国务院或者国务院授权的机关批准，从未设立海关的地点运输、携带国家禁止或者限制进出境的货物、物品或者依法应当缴纳税款的货物、物品进出境的。

(2) 经过设立海关的地点，以藏匿、伪装、瞒报、伪报或者其他方式逃避海关监管，运输、携带、邮寄国家禁止或者限制进出境的货物、物品或者依法应当缴纳税款的货物、物品进出境的。

(3) 使用伪造、变造的手册、单证、印章、账册、电子数据或者以其他方式逃避海关监管。擅自将海关监管货品、物品、进境的境外运输工具，在境内销售的。

(4) 使用伪造、变造的手册、单证、印章、账册、电子数据或者以伪报加工贸易制成品单位耗料量等方式致使海关监管货物、物品脱离监管的。

(5) 以藏匿、伪装、瞒报、伪报或者其他方式逃避海关监管,擅自将保税区、出口加工区等海关特殊监管区域内的海关监管货物、物品运出区外的。

(6) 有逃避海关监管,构成走私的其他行为的。

2) 按走私行为论处

《中华人民共和国海关行政处罚实施条例》第八条规定:有下列行为之一的,按走私行为论处。

(1) 明知是走私进口的货物、物品,直接向走私人非法收购的。

"明知是走私进口的货物、物品,直接向走私人非法收购的",应当同时符合三个条件才能判定为"按走私行为论处":一是行为人必须明知收购的货物、物品是走私进口的货物、物品。二是行为人必须明知对方是走私人,而直接向走私人非法收购走私进口的货物、物品,即所谓的"第一手交易"。如果不是直接向走私分子收购走私进境的货物、物品,而是经过第二手、第三手,甚至更多的收购环节,则不能按走私行为论处。三是收购的行为是非法进行的。

(2) 在内海、领海、界河、界湖,船舶及所载人员运输、收购、贩卖国家禁止或者限制出境的货物、物品,或者运输、收购、贩卖依法应当缴纳税款的货物,没有合法证明的。

"在内海、领海、界河、界湖,船舶及所载人员运输、收购、贩卖国家禁止或者限制进出境的货物、物品,或者运输、收购、贩卖依法应当缴纳税款的货物,没有合法证明的"要按走私行为论处,必须符合四个条件:一是区域,行为人必须是在特定的区域,即在内海、领海、界河、界湖运输、收购、贩卖国家禁止或者限制进出境的货物、物品,或者运输、收购、贩卖依法应当缴纳税款的货物。如果是在内地运输、收购、贩卖,则不是本项规定的按走私论处的行为。二是行为方式,即运输、收购、贩卖。三是运输、收购、贩卖的对象是国家禁止、限制进出境的货物、物品,或者是依法应当缴纳税款的货物。四是在上述特定区域运输、收购、贩卖上述货物、物品,没有合法证明。"合法证明"是指船舶及所载人员依照国家有关规定或者依照国际运输惯例所必须持有的证明其运输、携带、收购、贩卖所载货物、物品真实、合法、有效的商业单证、运输单证及其他有关证明、文件。

上述两项按走私行为论处的行为不具有典型的走私特征,但这些行为与走私行为联系密切,为走私货物、物品提供了销售、流通渠道,成为完成走私的一个重要环节,其违法性质、危害后果与直接走私行为相近。因此,为严厉打击走私违法行为,应当按走私行为论处。

3) 以走私的共同当事人论处

此外,《中华人民共和国海关行政处罚实施条例》第十条规定了"与走私人通谋为走私人提供贷款、资金、账号、发票、证明、海关单证的,与走私人通谋为走私人提供走私货物、物品的提取、发运、运输、保管、邮寄或者其他方便的,以走私的共同当事人论处"。即以上行为也应包含在"走私行为"的范围内。

2. 违规行为

违反海关监管规定的行为是指海关管理相对人在从事运输工具、货物,物品的进出境活动或从事海关监管货物的运输、储存、加工、装配、寄售、展示等业务活动中,违反《中华人民共和国海关法》及其他有关法律、行政法规的规定,且未构成走私的行为。主要是违反海关关于进出境监管的具体要求、监管程序和监管手续,没有按照海关规定履行应尽的义务,执法实践中简称违规行为。

违反海关监管规定的行为主要有以下几种。

(1) 违反国家进出口管理规定,进出口国家禁止进出口货物的。

(2) 违反国家进出口管理规定,进出口国家限制进出口的货物或属于自动进出口许可管理的货物,进出口货物的收发货人向海关申报时不能提交许可证件的。

(3) 进出口货物的品名、税则号列、数量、规格、价格、贸易方式、原产地、启运地、运抵地、最终目的地或者其他应当申报的项目未申报或者申报不实的。

(4) 擅自处置监管货物,违规存放监管货物,监管货物短少灭失且不能提供正当理由的,未按规定办理保税手续,单耗申报不实,过境、转运、通运货物违规,暂时进出口货物违规的。

(5) 报关单位违规(非法代理、行贿、未经许可从事报关业务、骗取许可的)。

(6) 其他违法行为(中断监管程序,伪造、变造、买卖单证,进出口侵犯知识产权货物等)。

文档:思考 8-4 答案解析

【思考 8-4】 查询资料,了解走私行为与违规行为的区别。

3. 法律、行政法规规定由海关实施行政处罚的行为

除《中华人民共和国海关法》规定了走私行为和违反海关监管规定的行为由海关处理外还包括其他法律、行政法规以及国务院的规范性文件规定(包括但不限于出入境检验检疫法律、法规)由海关实施处罚的行为。

(二) 海关行政处罚的基本形式及具体方式

文档:《中华人民共和国海关行政处罚实施条例》

1. 海关行政处罚的基本形式

由于海关行政处罚的违法标的物分别为禁止、限制进出口的货物及物品,应缴纳税款货物,既属限制进出口又属应税的货物,须实施进出境检验检疫等货物,以及法律规定其他特殊货物等,其造成的危害后果是不同的。因此,《中华人民共和国行政处罚法》《中华人民共和国海关行政处罚实施条例》对上述不同违法行为所涉及的违法标的作出了不同的处罚规定。其形式主要如下。

(1) 警告。

(2) 罚款。

(3) 没收走私货物、物品、运输工具及违法所得。

(4) 撤销报关等企业的注册登记,暂停从事有关业务。

(5) 取缔未经备案登记从事报关业务的企业的有关活动。

(6) 法律、行政法规规定的其他行政处罚。

2. 海关行政处罚的具体方式

1) 对走私行为的行政处罚

《中华人民共和国海关行政处罚实施条例》对走私行为规定了下列处罚方式。

(1) 没收走私货物、物品及违法所得。

(2) 可以并处罚款。

(3) 没收专门用于走私的运输工具或者用于掩护走私的货物、物品。

(4) 没收2年内3次以上用于走私的运输工具或者用于掩护走私的货物、物品。

(5) 藏匿走私货物、物品的特制设备、夹层、暗格,应当予以没收或者责令拆毁。

(6) 在海关注册的企业,构成走私犯罪或者1年内2次以上走私行为的,海关可以撤销其注册登记。

2) 对违规行为的行政处罚

《中华人民共和国海关行政处罚实施条例》对违规行为规定了下列处罚方式。

(1) 警告。警告应严格按照法定程序实施,单独给予警告处罚的,可以适用行政处罚简易程序。

(2) 罚款。《中华人民共和国海关行政处罚实施条例》在处罚幅度上规定了上下限,减少了处罚的随意性。

(3) 没收违法所得。

(4) 暂停有关企业从事有关业务、撤销海关注册登记。

(5) 未经海关注册登记从事报关业务的,予以取缔。

(三) 海关行政处罚的程序

1. 简易程序适用

违法事实确凿并且有法定依据,对公民处以200元以下、对法人或者其他组织处以3000元以下罚款或者警告,海关可以当场作出行政处罚决定的,可以适用简易程序。

执法人员当场作出行政处罚决定的,应当向当事人出示执法证件,填写预定格式、编有号码的行政处罚决定书,并当场交付当事人。当事人拒绝签收的,应当在行政处罚决定书上注明。

上述行政处罚决定书应当载明当事人的违法行为,行政处罚的种类和依据、罚款数额、时间、地点,申请行政复议、提起行政诉讼的途径和期限以及海关名称,并由执法人员签名或者盖章。

执法人员当场作出的行政处罚决定,应当报所属海关备案。

2. 快速办理程序适用

对不适用简易程序的,但是事实清楚,当事人书面申请、自愿认错认罚且有其他证据佐证的行政处罚案件,符合以下情形之一的,海关可以通过简化取证、审核、审批等环节,快速办理案件。

(1) 适用《中华人民共和国海关行政处罚实施条例》第十五条第一项、第二项规定进行处理的。

(2) 报关企业、报关人员对委托人所提供情况的真实性未进行合理审查,或者因为工作疏忽致使发生《中华人民共和国海关行政处罚实施条例》第十五条第一项、第二项规定情形的。

(3) 适用《中华人民共和国海关行政处罚实施条例》第二十条至第二十三条规定进行处理的。

(4) 违反海关监管规定携带货币进出境的。

(5) 旅检渠道查获走私货物、物品价值在5万元以下的。

(6) 其他违反海关监管规定,案件货物价值在50万元以下或者物品价值在10万元以下,但是影响国家出口退税管理案件货物申报价格在50万元以上的除外。

（7）法律、行政法规、海关规章规定处警告、最高罚款 3 万元以下的。

（8）海关总署规定的其他情形。

快速办理行政处罚案件，当事人在自行书写材料或者查问笔录中承认违法事实、认错认罚，并有查验、检查记录、鉴定意见等关键证据能够相互印证的，海关可以不再开展其他调查取证工作。

海关快速办理行政处罚案件的，应当在立案之日起 7 个工作日内制发行政处罚决定书或者不予行政处罚决定书。

3. 一般程序适用

不符合上述简易程序、快速办理程序的行政案件适用一般程序办理。行政处罚一般程序主要包括以下几个步骤。

1）立案调查

除依法可以当场作出的行政处罚外，海关发现公民、法人或者其他组织有依法应当由海关给予行政处罚的行为的，必须全面、客观、公正地调查，收集有关证据；必要时，依照法律、行政法规的规定，可以进行检查。符合立案标准的，海关应当及时立案。

执法人员在调查或者进行检查时，应当主动向当事人或者有关人员出示执法证件。当事人或者有关人员有权要求执法人员出示执法证件。执法人员不出示执法证件的，当事人或者有关人员有权拒绝接受调查或者检查。

当事人或者有关人员对海关调查或者检查应当予以协助和配合，不得拒绝或者阻挠。

海关发现的依法应当由其他行政机关或者司法机关处理的违法行为，应当制作案件移送函，及时将案件移送有关行政机关或者司法机关处理。

执法人员有下列情形之一的，应当自行回避，当事人及代理人有权申请其回避。

（1）案件的当事人或者当事人的近亲属。

（2）本人或者其近亲属与案件有直接利害关系。

（3）与案件有其他关系，可能影响案件公正处理的。

2）调查取证

海关立案后应当全面、客观、公正、及时地进行调查、收集证据。海关调查、收集证据，应当按照法律、行政法规及其他有关规定的要求办理。调查、收集证据涉及国家秘密、商业秘密或者个人隐私的，海关应当保守秘密。

调查取证的手段包括查问违法嫌疑人，询问证人，依法检查运输工具和场所；查验货物、物品，对有关货物、物品进行取样检测、检验、检疫、技术鉴定；查询案件涉嫌单位和嫌疑人员在金融机构、邮政企业的存款及汇款，依法扣留货物、物品、运输工具、其他财产及账册、单据等资料。执法人员查询时，应当主动向当事人或者有关人员出示执法证件和海关协助查询通知书。

海关办理行政处罚案件的调查，所获取的证据主要有书证、物证、视听资料、电子数据、证人证言、当事人的陈述、鉴定意见、勘验笔录、现场笔录。证据应当经查证属实，才能作为认定事实的根据。以暴力、威胁、引诱、欺骗以及其他非法手段取得的证据，不得作为认定案件事实的根据。

3）调查终结

经调查后行政处罚案件有下列情形之一的，可以终结调查：违法事实清楚，法律手续完备，据以定性处罚的证据充分；违法事实不能成立的；作为当事人的自然人死亡的；作为当事人的法人或者其他组织终止，无法人或者其他组织承受其权利义务，又无其他关系人可以追查的；案件已经移送其他行政机关或者司法机关的；其他依法应当终结调查的情形。

4）法制审核

海关对已经调查终结的行政处罚普通程序案件，应当由从事行政处罚决定法制审核的人员进行法制审核；未经法制审核或者审核未通过的，不得做出处理决定。但是依照快速办理的案件除外。

海关对行政处罚案件进行法制审核时，应当重点审核以下内容，并提出审核意见。

（1）执法主体是否合法。

（2）执法人员是否具备执法资格。

（3）执法程序是否合法。

（4）案件事实是否清楚，证据是否合法充分。

（5）适用法律、行政法规、海关规章等依据是否准确。

（6）自由裁量权行使是否适当。

（7）是否超越法定权限。

（8）法律文书是否完备、规范。

（9）违法行为是否依法应当移送其他行政机关或者司法机关处理。

5）告知、复核和听证

海关在作出行政处罚决定或者不予行政处罚决定前，应当告知当事人拟作出的行政处罚或者不予行政处罚内容及事实、理由、依据，并且告知当事人依法享有的陈述、申辩、要求听证等权利。

海关未依照前款规定履行告知义务，或者拒绝听取当事人的陈述、申辩，不得作出行政处罚决定或者不予行政处罚决定。

在履行告知义务时，海关应当制发行政处罚告知单或者不予行政处罚告知单，送达当事人。

除因不可抗力或者海关认可的其他正当理由外，当事人应当在收到行政处罚或者不予行政处罚告知单之日起 5 个工作日内提出书面陈述、申辩和要求听证。逾期视为放弃陈述、申辩和要求听证的权利。

当事人当场口头提出陈述、申辩或者要求听证的，海关应当制作书面记录，并且由当事人签字或者盖章确认。

当事人明确放弃陈述、申辩和听证权利的，海关可以直接作出行政处罚或者不予行政处罚决定。当事人放弃陈述、申辩和听证权利应当有书面记载，并且由当事人或者其代理人签字或者盖章确认。

海关必须充分听取当事人的陈述、申辩和听证意见，对当事人提出的事实、理由和证据，应当进行复核；当事人提出的事实、理由、证据或者意见成立的，海关应当采纳。

经复核后，变更原告知的行政处罚或者不予行政处罚内容及事实、理由、依据的，应当重新制发海关行政处罚告知单或者不予行政处罚告知单。

6）处理决定

海关负责人应当对行政处罚案件进行审查，根据不同情况，分别作出以下决定。

（1）确有应受行政处罚的违法行为的，根据情节轻重及具体情况，作出行政处罚决定。

（2）依法不予行政处罚的，作出不予行政处罚的决定。

（3）违法事实不能成立的，不予行政处罚，撤销案件。

（4）符合"作为当事人的自然人死亡的或作为当事人的法人或者其他组织终止，无法人或者其他组织承受其权利义务，又无其他关系人可以追查的"，撤销案件。

（5）符合《中华人民共和国海关行政处罚实施条例》规定的收缴条件的，予以收缴。

（6）应当由其他行政机关或者司法机关处理的，移送有关行政机关或者司法机关依法办理。

海关依法作出行政处罚决定或者不予行政处罚决定的，应当制发行政处罚决定书或者不予行政处罚决定书。

海关应当自行政处罚案件立案之日起 6 个月内作出行政处罚决定；确有必要的，经海关负责人批准可以延长期限，延长期限不得超过 6 个月。案情特别复杂或者有其他特殊情况，经延长期限仍不能做出处理决定的，应当由直属海关负责人集体讨论决定是否继续延长期限，决定继续延长期限的、应当同时确定延长的合理期限。上述期间不包括公告、检测、检验、检疫、技术鉴定、复议、诉讼的期间。在案件办理期间，发现当事人另有违法行为的，自发现之日起重新计算办案期限。

行政处罚决定书应当在宣告后，当场交付当事人；当事人不在场的，海关应当在 7 日内将行政处罚决定书送达当事人。

具有一定社会影响的行政处罚决定，海关应当依法公开。公开的行政处罚决定被依法变更、撤销、确认违法或者确认无效的，海关应当在 3 个工作日内撤回行政处罚决定信息并公开说明理由。

根据《中华人民共和国海关行政处罚实施条例》的规定，收缴有关货物、物品、违法所得、运输工具、特制设备的，应当制作收缴清单送达被收缴人。

7）处理决定的执行

海关作出行政处罚决定后，当事人应当在行政处罚决定书载明的期限内，予以履行。

海关作出罚款决定的，当事人应当自收到行政处罚决定书之日起 15 日内，到指定的银行或者通过电子支付系统缴纳罚款。

当事人确有经济困难向海关提出延期或者分期缴纳罚款的，应当以书面方式提出申请。

海关收到当事人延期、分期缴纳罚款的申请后，应当在 10 个工作日内作出是否准予延期、分期缴纳罚款的决定，并且制发通知书送达申请人。

文档：《中华人民共和国海关办理行政处罚案件程序规定》

当事人逾期不履行行政处罚决定的，海关可以采取下列措施。

（1）到期不缴纳罚款的，每日按照罚款数额的 3%加处罚款，加处罚款的数额不得超出罚款的数额。

（2）当事人逾期不履行海关的处罚决定又不申请复议或者向人民法院提起诉讼的，海关可以将其保证金抵缴或者将其被扣留的货物、物品、运输工具依法变价抵缴，也可以申请人民法院强制执行。

（3）受海关处罚的当事人或者其法定代表人、主要负责人在出境前未缴清罚款、违法所得和依法追缴的货物、物品、走私运输工具等值价款的，也未向海关提供相当于上述款项担保的，海关可以依法制作阻止出境协助函，通知出境管理机关阻止其出境。

拓展训练

文档：项目八
在线自测

一、在线自测

扫描右侧二维码查阅题目。

二、实务操作

2021年5月21日，青岛海关在对一寄自美国、申报为“衣服”的邮件过机检查时，发现图像可疑，经开箱查验，发现该邮件内由2件旧衣服包裹着66管活体黑腹果蝇，每个管内有100多只黑腹果蝇虫体，数量超过7000只。经调查，当事人明知活体黑腹果蝇是国家禁止进境物品，仍授意他人用衣服包裹黑腹果蝇邮寄进境，并将邮件面单品名填写为衣服，以藏匿、伪报等方式逃避海关监管。近年来，海关在非贸易渠道查获进境动植物及制品数量居高不下。《中华人民共和国禁止进出境物品表》规定“带有危险性病菌、害虫及其他有害生物的动物、植物及其产品”属于禁止进境物品。《中华人民共和国禁止携带、邮寄进境的动植物及其产品名录》规定“害虫及其他有害生物”属于禁止寄递进境物品。海关提醒：走私有害动植物入境的行为不仅逃避了国家有关进出境禁限管理规定，而且对国门生物安全造成严重威胁，应当引起全社会和每个公民的高度重视和自觉抵制。

资料来源：https://mp.weixin.qq.com/s?__biz=MzA5NjA2NzUzMw==&mid=2651727540&idx=3&sn=4f0b524beb03ca11cd8db5d77d431c07&chksm=8b4f4c16bc38c50079cfce1ae67f5c77455251b4525c87ca5c9fac5ecd100c03b056a4104012&scene=27.

问题：根据所学知识分析上述案例中“用衣服包裹黑腹果蝇邮寄进境”的行为性质及可能应受到怎么样的处罚？

文档：项目八实务操作答案

参考文献

[1] 中国报关协会编写委员会.关务基础知识(2023年版)[M].北京：中国海关出版社有限公司,2023.

[2] 中国报关协会编写委员会.关务基本技能(2023年版)[M].北京：中国海关出版社有限公司,2023.

[3]《中国海关报关专业教材》编写组.2023中国海关报关专业教材[M].北京：中国海关出版社有限公司,2023.

[4] 季琼,秦雯.报关与报检实务[M].北京：高等教育出版社,2020.

[5] 张淑欣,姚长佳.报关实务[M].5版.大连：大连理工大学出版社,2021.

[6] 王艳娜.报关实务[M].4版.大连：东北财经大学出版社,2023.

[7] 叶红玉.报关实务[M].4版.北京：中国人民大学出版社,2021.

[8] 刘笑诵,郭世静.报检与报关实务[M].大连：东北财经大学出版社,2022.

[9] 王瑞华,孙康.报关实务[M].北京：中国财富出版社,2020.

[10] 徐炜.报关单填制规范及案例解析[M].北京：中国海关出版社有限公司,2019.

[11] 许丽洁.报检与报关业务从入门到精通[M].北京：人民邮电出版社,2020.

[12] 苏州工业园区海关.报关实务一本通[M].2版.北京：中国海关出版社,2012.

[13] 中华人民共和国海关总署网：http://www.customs.gov.cn.

[14] 中国报关协会网：http//www.chinacba.org.

[15] 国门传媒在线网：http://www.gmcmonline.com/.

[16] 中华人民共和国商务部网：http://www.mofcom.gov.cn.